U0475812

I

自由的危机
全球视角下的英国内战史

THE CRISIS OF ENGLISH LIBERTY

［英］约翰·A.R. 马里奥特 著
张荣 译

吉林出版集团股份有限公司

图书在版编目（CIP）数据

自由的危机：全球视角下的英国内战史 /（英）约翰·A.R.马里奥特著；张荣译. — 长春：吉林出版集团股份有限公司，2025.6. — ISBN 978-7-5731-6868-9

Ⅰ.E561.9

中国国家版本馆CIP数据核字第20252E67Z1号

自由的危机：全球视角下的英国内战史
ZIYOU DE WEIJI: QUANQIU SHIJIAOXIA DE YINGGUO NEIZHANSHI

著　　者	[英] 约翰·A.R.马里奥特
译　　者	张　荣
总 策 划	韩志国
策划编辑	齐　琳
责任编辑	曲珊珊
封面设计	@框圈方圆
开　　本	720mm×980mm　1/16
字　　数	500千
印　　张	40
版　　次	2025年6月第1版
印　　次	2025年6月第1次印刷

出　　版	吉林出版集团股份有限公司
发　　行	北京吉版图书有限责任公司
地　　址	北京市西城区椿树园15-18号底商A222
	邮编：100052
电　　话	总编办　010-63109269
	发行部　010-63106240
印　　刷	固安兰星球彩色印刷有限公司

ISBN 978-7-5731-6868-9　　　　　　　　　　定价：158.00元

版权所有　侵权必究

序　言

"就像古时候戏剧中诸多老套的争论一样，任何一个和奥利弗·克伦威尔相似的人，他的事业和品质一定被不计其数地叙述与演绎过。"这就是在已有各种克伦威尔传记的情况下，约翰·莫利先生依然认为有必要再写一部的原因。我也不妨将其作为自己写这部书的理由——重新踏上这条很多人已经走过的、跨越17世纪的路，并且我将加进去一些评述，更多是出自个人的评述。长年累月沉浸于19世纪的历史和20世纪的政治之后，现在我回到了研究历史的初衷。在这场具有诱惑力的"冒险"经历中，无疑充满了各种危险，但我希望读者在我说明之前并没有发现这一点。不过，如果不说出驱使我从事这项工作的另一个动机，那就太不坦诚了。

一直以来，对我而言，历史似乎不仅是对过去的记载，而且必须是通过现在对过去的描述。因此，每一代人必须从新的视角来审视过去。和所有时代一样，对从20世纪的视角回顾17世纪的人来说，这一切都是真实的。由于这个原因，17世纪曾面临我们认为已经永久解决的问题。令人意想不到的是，这些问题在后来的日子再次出现，并且似乎成了鲜活的问题。这些问题依然让参与公共事务的人激动不已。我主要出于上述原因，重新开始了对17世纪宪政冲突的研究。这项研究始于半个世纪之前，虽然几经中断，但从未放弃。

然而，我后悔了，因为我意识到公开这样说将会让我失去一些"正统"历史学家对我良好的评价，背上"倒读历史"这样致命的罪名。但除了当代的历史，在某种程度上，所有历史都必须重读才对。

从任何意义上来说，脱离科学都是不利的，我也强烈拒绝这样的企图。但我坦率地承认，本书是从我们这个时代的角度来写的，同时提及了一些我们一直面临的问题。这可以算作唯一有独创性的地方吧。

本书最初打算写给"普通读者"，写给那些和所有英国成年人一样，作为英国政府统治下的一分子，渴望履行自己职责，并且像本书作者一样，认为只要熟悉前辈面临的问题，就可以尽好自己这一代人的职责的人。同样，我希望本书能够惠及大学里专门研究这一时期历史的学子们。

学者们将会发现，我虽然也引用了一些二手的权威资料，但大多数都是一手资料。本书尽量少使用脚注，但希望没有遗漏任何一部我引用过的作品。不过，在此我要特别感谢塞缪尔·加德纳博士和查尔斯·弗思爵士所做的工作。尤其是弗思爵士，我要向他表示真诚的感激，因为他编辑了《克拉克文件集》[①]（*Clarke Papers*）。《克拉克文件集》由该书的作者乔治·克拉克爵士的儿子、曾经担任陆军委员会秘书和乔治·蒙克将军秘书的克拉克博士遵照父亲的遗愿捐赠给了牛津大学伍斯特学院。《克拉克文件集》至今依然归伍斯特学院所有。不管从哪个角度来说，克拉克博士都是一个慷慨的捐助者。在

[①] 17世纪英国资产阶级革命的重要历史文献合集，内容主要涉及军队内部的政治辩论、军事行动和激进思想。——译者注

序言

此，我不必多言，这些材料对研究1647年到1660年英格兰的历史具有极高的价值。在伍斯特学院的图书馆重温《克拉克文件集》并重新开始年轻时做过的研究，不失为一件乐事。

另外，当时的研究成果之一——已绝版多年的《福克兰子爵卢修斯·卡里传》中的一些段落也被整合进本书中。

约翰·A.R.马里奥特爵士

目　录

序幕
行政和法律
001

第 1 章
时代的问题
021

第 2 章
君主和议会
051

第 3 章
最高统治权问题
077

第 4 章
个人自由问题
107

第 5 章
独裁统治试验
147

第 6 章
长期议会
179

第 7 章
皮姆和《大抗议书》
215

第 8 章
战争的序幕
233

第 9 章
政治与战争
261

第 10 章
君主制的崩溃
291

第 11 章
残缺议会与共和国
323

第 12 章
英格兰与爱尔兰
343

第 13 章
爱尔兰叛乱及之后
371

第 14 章
英格兰联邦和护国政体
393

第 15 章
王政复辟
437

第 16 章
查理二世和大臣们
475

第 17 章
殖民地和附属国（1603—1688）
507

第 18 章
1688 年革命
541

第 19 章
三个王国
573

第 20 章
英格兰和欧洲
603

尾声
政治和历史
619

出版后记
烽火燃史鉴　文库启新章
625

序幕

行政和**法律**

THE
EXECUTIVE
OF
THE
LAW

"我们拥有的政府形式并非来自对邻国的模仿。相反，我们的模式值得它们借鉴，而不是我们借鉴它们。"在谈及雅典政体时，伯里克利曾这样自豪地说。从前，英格兰人对自己政府形式的自豪感毫不逊色，其自信也丝毫不亚于伯里克利，认为如果可以，他们会为世界上不太发达的国家提供可以参考的道路。"不要让英格兰，"约翰·弥尔顿曾写道，"忘记它教导别人如何生活的优先权。"

同样，其他国家的时政评论员也会毫不犹豫地同意弥尔顿所说的优先权。与此相反，不同国家有才华的批评家难得一见地向英格兰表示敬意，将其视作自由的发祥地和议会制政府的诞生地。"现代政治学之父"孟德斯鸠的敬佩之情无须更多引证，它就写在《论法的精神》的封面之上。不过，一个美国作者不太为人熟悉的评论在此值得引用。

"孟德斯鸠之于英格兰宪法，"詹姆斯·麦迪逊在《联邦主义者》中写道，"就如荷马之于史诗。荷马把不朽的吟游诗人的诗句看作完美的典范，并且依此制定出史诗艺术的原则和规矩，所有类似的作品都依此来进行评判。因此，孟德斯鸠这位了不起的政治批评家似乎把英国宪法看作标准，或者用他本人的话说，就是'政治自由的镜子'，并且以基本原理的形式对英国宪法体系几条有特色的原则进行了阐述。"

麦迪逊的观察可谓细致入微。

蒙塔朗贝尔的观点写在一个世纪之后的19世纪，但他对英国政府体制的敬仰之情丝毫不亚于孟德斯鸠。与其他同时代的哲学家一样，对蒙塔朗贝尔来说，英国似乎能为现代世界上的国家提供最优秀的典范，依照这个典范，自由与秩序相得益彰。"没有哪个政府形式，"蒙塔朗贝尔写道，"曾经给予公民更多机会获得公正与合理，或者给予公民更多帮助去避免犯错和改正错误。"他又写道："限制和引导民主，但不让它贬值，并且调整和协调民主与开明的君主制或保守共和国之间的关系——这是我们这个时代的难题，但目前，这一难题除了英国，还没有哪个国家有能力解决。"

英格兰人把自己和外国人的赞扬之辞混为一谈。从约翰·弥尔顿到亨利·梅因，两个多世纪的时间里几乎没有人表达过异议。"在人们所知的公民政府中……可以说，没有一个比英格兰政府更加神圣，更加和谐，更加均衡，更有正义。"17世纪，弥尔顿这样写道。一百年以后，埃德蒙·伯克带着或许情有可原的笔触宣称："根据我们的举措，我们应该清楚让人称颂的英国宪法。对现在不能理解的地方，要心存敬畏之情。"比伯克刚好晚一个世纪的梅因写道："有人认为，英国宪法即便不是——就如一些人所称的那样——神圣之物，也是独特非凡的。对于这样的评价，许多因熟悉而轻蔑的人或许会认为不足挂齿。但英国的状况得益于一系列始料未及的变化。这些变化使政治行为的两大难题——追求满意度的问题和缺乏耐心的问题——都很合理地得到了解决。由于这种状况，英格兰真正而不是象征性地成为全世界羡慕的对象并被各国竞相模仿。"

梅因的口气表现得自信满满。毋庸置疑，这种自信是有理有据的。此外，大多数批评家都会认为，虽然英国历史的每一个阶段都为当今这种令人难忘的国家结构做出了贡献，但今天的国家结构形成的关键期是17世纪。在英国宪法的诸多显著性特征当中，有两个地方尤其显著：一个是议会主权，另一个是"法治"。德国伟大评论家鲁道夫·冯·格奈斯特用一个词来总结英格兰的特点——Rechtstaat，即法治国家——建立在正义和法律基础之上的联邦国家。瑞士评论家让-路易·德·洛姆宣称，稳定与自由的结合是英格兰独有的，他将这种结合归因于英格兰的议会制度法制的普及。这些显著的特征到底是17世纪宪法冲突的结果，还是从《革命稳固法》中做出的清晰判断，这些难道不富有争议吗？

几个世纪以来，就英国宪法的根本基础而言，人们把光荣革命看作终极的、决定性的事件。就如亨利·哈勒姆在他一篇著名的文章里所言："这场战役已经打完且打赢了。"

当时已经解决的王室和议会之间及行政与司法之间的严肃问题，会不会在我们的年代重演？各种迹象似乎表明，答案是肯定的。1929年10月30日这天，大法官约翰·桑基任命了一个委员会"来考虑内阁大臣行使的或在其指令下行使的，或者其特别委派的人员或部门行使的两项权力：授权立法及司法决定和准司法决定，并且汇报可以采取哪些可取、必要的安全措施来保障议会和法律至高无上的宪法原则"。两天后（11月1日），英国首席大法官戈登·休厄特从法庭走向市井，即使没有向全世界，至少也向全伦敦市发表了自己对当前形势的思考。休厄特的作品有一个非常有意义的标题，叫《新专制主义》。文中提出的论据如果在进一步调查后依然站得住脚，那么诱人的题目和为了能够出版采取的不同寻常的措施，都是非常合理的。

在书中，休厄特自然提到了英国为自由而斗争的漫漫长路上早期遇到的危机。

"在我们最没有智慧的国王统治的年代里人们做了什么，试图要做什么；在我们当今的年代里人们正在做什么，试图要做什么，"休厄特写道，"在这两者之间做出粗略的比较显然并非难事。在那个年代，采取的措施是拒绝承认议会——最后以失败告终。当今采取的措施是劝诱、胁迫和利用议会——奇怪的是，竟然取得了成功。被打败的旧专制主义向议会提出了一种挑战。还没有被打败的新专制主义给了议会一剂麻醉剂。策略虽然各不相同，但目标是一致的，都是为了让议会处于从属地位，避开司法部门，让政府不受约束、至高无上地按自己的意志行事，为所欲为。"①

这一问题如稍加变通，则和我们的先辈在斯图亚特王朝统治之下的情况没有什么两样。斯图亚特王朝的国王们想"不受约束、至高无上地按自己的意志行事"。他们试图通过提高国王的特权，剥夺议会的权力，尤其是让司法机构从属于政府，用培根著名的话来说就是让法官成为"王位下的狮子"，来达到自己的目标。

首席大法官休厄特认为提出严重的警告是自己义不容辞的责任，但这样做的危险似乎主要来自三个方面：一是"专家"在所有领域地位的提高。二是政府功能的增加及由此带来的公共部门的扩张。三是立法数量的增加和立法机构的成见及其漠不关心的态度。

今天的政府越来越被认为是专家的职能，是公共部门常任官员的

---

① 戈登·休厄特：《新专制主义》，伦敦，欧内斯特本出版有限公司，1929年，第17页。——原注

序幕 行政和法律

职责，而不是由业余人士组成的议会，更不是由从威斯敏斯特的立法委员中选出来的杰出业余人士组成，让他们来暂时主持白厅各个部门的工作。在确定了这一点对自己有利之后，雄心勃勃的公务人员找到了一条通往专制的捷径。向议会提交的大部分复杂的立法，必须由对其进行管理的部门起草，前提是这些立法能够最终成为法典。几乎没有哪部现代法典只具有字面上的意义，只有通过相关部门签发的备忘录，才能让立法者对其有一些理解。法典本身只是一个框架而已，其中的条款经常涉及以前的法律内容，只有根据这些内容，才能对其进行理解和解读。至于细节问题，则授权给具体的负责部门，让其根据法律制定规则和条令。真正影响公民日常生活和行为的是这些规则和条令，而远非权威的法典。在某些情况下，它们需要获得议会的批准才能生效。但如此一来，实际上，最高立法机构的控制权完全是虚假的。这意味着立法职能其实已经从威斯敏斯特的议会转移到了白厅。

此事远未结束。果真如此的话，法庭仍会为市民提供很大程度的保障。然而，法庭的职能仅限于做出解释。如果"规则"是在正当的权限之内制定的，如果某一特定部门的法令符合议会颁布的法律规定，那么无论法官是否赞同，都必须使其生效。

最近几年，一个更大的危险暴露了出来。这些不满足于侵犯立法机构职权的部门甚至取代了司法机构的职能。事实上，一个日益明显的趋势是，这些部门在案件中让自己的官员或临时的部门负责人承担法官的职责。

这样一来，公民被剥夺了基本的自由保障，其中包括：由《工位继承法案》规定的法官的独立性、舆论宣传和宗教统一等。公务人员没有独立性，一旦被发现有独立性，就可能遭到解雇。事实上，他们经常不暴露自己；他们不必去取证，即使取证也不会过于重视；他们也不受以前判决的束缚。"在这个时候，"休厄特曾经问道，"会不会有人否认，对司法行政部门来说，基于证据做出判决是极其重要的……每一个党派都应当有机会表达自己的声音……所有司法程序都应公开进行。"当今，所有这些要素因在高层部门的缺失而更惹人注意。要说"这些程序恰好是对正义的嘲弄"，一点都不过分。之所以对其纵容，主要是因为受害者相对较少，其次是因为司法部门担心公众的抗议会带来更糟的结果。

一些批评人士认为，在最近的一些趋势中，我们可以看到大陆国家普遍存在的行政法和行政法庭制度的相似性。然而，这一观点遭到了英国一些最有成就的当代法学家的强烈反对。正如我们后面即将看到的那样，行政法制度从根本上反对英国的"法治"概念。正如休厄特法官观察到的那样："无论如何，行政法都是一种法律形式或法律的一个分支……和规范公民之间关系的习惯法的规则与原则相比，其规则和原则有着本质上的差异。"但至少它是"由一个适用司法程序的法庭来管理的"，并且由于各种原因，它比"行政违法"更可取，行政违法正在逐步融入英国的司法程序。

其他一些能力不凡的批评家则更近了一步。欧洲大陆的法学家自然拒绝承认自己的制度不如别人。他们坚持认为，实际上，就公民的自由而言，英国公民的处境比法国公民或德国公民更加糟糕。这一论点不乏英国法学家的支持。

"就行政机关及其公务人员采取的法律补救措施而言，"J.H.摩根教授写道，"德国公民的情形要比这个国家好得多。德国的律师会坚定地反驳说，真正以'法治'著称的不是我们的国家，而是他们的国家。"①

对"法律救助"这一主题的全面分析出现在弗雷德里克·约翰·波特博士最近发表的论述中。学识渊博的波特博士指出，在很大程度上，英国批评家对"行政法"的反对意见在过去半个世纪已经被消除了。他认为，事实上，"没有哪个国家能像目前的法国一样，普通公民的利益能够受到如此好的保护，不受国家公务人员行为的影响"②。当然，波特博士不得不承认，行政法庭仍然有别于普通法庭。但他坚持认为，二者之所以不同，"是因为它们的管辖范围不同，而不是司法标准较低或更加多变"。同样，C.K.艾伦教授虽然坚决反对英国官僚机构的侵蚀，但他愿意承认，"法国行政法在过去半个世纪的发展更有利于公民，而不是管理者"。没有人自认为这是英国的情况。相反，对君主提出诉讼的公民，其立场会显得反常，难以让人满意。事实上，1927年起草的一项法案旨在将涉及君主的法律程序等同于主体和主体之间的法律程序；对被侵权人的侵权行为或过错，由君主承担责任；让君主在支付诉讼费用方面与其他诉讼当事人处于同等地位。不幸的是，该法案虽然得到了专业人士和非专业人士的大力支持，却没有被提出来。

由此一来，有一种观点逐渐趋于一致，认为英国的现状正年复一年变得越来越让人不可容忍。然而，与威廉·布莱克斯通爵士、艾伯

---

① 格里森·鲁滨孙：《公共当局与法律责任》。伦敦，伦敦大学出版社，1925年，第49页。——原注（以上引文引自J. H. 摩根教授作的序言。——译者注）
② 弗雷德里克·约翰·波特：《行政法》，伦敦，朗曼斯·格林公司，1929年，第330页。——原注

特·戴西一样，在牛津大学接受教育的英国人十分反感"可以通过坦率地采用行政法和行政法庭制度来找到补救办法"这一观点。针对布莱克斯通爵士的"我们自由宪法的活力"的高超辩护，几代评论家写出了不计其数的评论文章。他坚持议会的立法权，坚持英国宪法为公民的自由、人身安全和私人财产的神圣性提供保障，坚持法庭的正常行政管理和司法自由，坚持国家多种力量之间微妙的平衡，坚持行政机关、立法机关和司法机关之间的权力分配。所有这些现在都已经成为历史批评界的老生常谈。不过，在此可以引用两篇短文，它们都很经典。第一篇讲的是关于"权力"混乱或集中导致的危险，内容如下：

> 在所有专制政府中，最高权力或者制定和执行法律的权力都授予同一个人或同一个实体，当这两种力量联合在一起时，就没有公共自由可言了。

除了形式上、技术上的问题，在20世纪的英国政府，这些权力在某种程度上是联合在一起的。法律的框架来自公共部门，由议会移交给同一个部门并赋予其法规和法令的"血肉之躯"；如果这些法规受到侵犯，通常由该部门和违法者打交道，而不向法院提出上诉。

更著名的是第二篇，它阐述了议会主权原则。

爱德华·科克爵士说："议会的权力和管辖权是如此超越和绝对，在任何范围内不受人或事的限制。从古老的角度看，或许可以说，高等法院'是最悠久的'；从尊严的角度看，它是最光荣的；从正义的角度看，它是最有力的。高等法院在制定、确认、扩充、限制、废除、恢复和解释各种法律方面，拥有至高无上的绝对控制

序幕 行政和法律

权。这些法律包括各种可能的范围，不管是教会的，还是世俗的、民事的、军事的、海事的或刑事的。在此，绝对的专制权力必须存在所有政府中，这是由这些王国的宪法赋予的。"

议会主权原则在理论上仍然是神圣不可侵犯的。难道可以说将立法权越来越多地下放给公共部门和其他附属机构的做法没有造成严重的损害吗？

"我们的议会法案诉讼，"一位谨慎的评论人员写道，"越来越依赖于附属立法。从一定程度上讲，我们现代有一半以上的法令都是不完整的法律声明。"卡尔博士低估了这种情况。通过比较各个部门颁布的法案和议会颁布并收录进法典的法令的法案，我们或许可以了解到授权立法到底发展到了何种程度。

在1926年、1927年和1928年三个非常典型的年份当中，通过的法案数量平均为50.6件，同期颁布的法规和法令数量平均为1408.6件。至于正式版本的平均页码，前者为539页，后者为1844页。此外，前者比后者的印刷更细致①。

尽管"法定"的法规和法令不少，但就议会颁布的法令和附属法令之间的不相称现象而言，1929年的《工厂与车间修正案》提供了一个明显的例证。该法案本身由两个占据半页的简短条款构成。在墨迹未干之前，内阁大臣为了实现该法案的意图，发布了一份不少于六条、印刷精致的法规和法令的白皮书。

由此可见，这一趋势标志着英国立法出现了对传统方法和形式的

---

① 斯坦利·鲍德温先生给约翰·A.R.马里奥特爵士的答复：《下议院辩论》，第226卷，第24页到第25页。——原注

背离。直到昨天，据说英国人还"本能地不信任官员的判断力，本能地怀疑官员的智慧。他们已经做好了充分的准备，经常令人尴尬地渴望将新的权力赋予中央或地方行政当局。但他们喜欢自己决定如何去行使这些权力。他们喜欢以白纸黑字的形式看到对自己自由行为约束的规则条文……他们坚持认为，这些规则条文的意义不是由任何一个特别的法庭决定，而是由本国的习惯法庭决定。这就是英美立法和欧洲大陆立法之间最显著的区别。这让欧洲大陆习惯法律专业的学生对英国的法律体系框架倍感困惑"。

这些话听起来好似来自远古的回声。实际上，这段话摘自1901年出版的《立法的方式与方法》这一经典著作，作者是考特尼·伊尔伯特爵士。在英国下议院，伊尔伯特任枢密院秘书多年，有很好的机会密切观察英国法律形式的变化。这一变化也受到了同样敏锐但更公正的英国制度批评家、哈佛大学校长阿博特·劳伦斯·洛厄尔的评价。在提到"委托立法权不断增多"的现象后，洛厄尔说了下面的话：

> 关于将议会权力下放给下属代表机构的必要性，我们已经谈了很多，但趋势的主要发展方向是错的。下放给郡一级议会的权力很少，少到对这一问题产生不了影响。权力下放的实际做法一直是为了支持中央政府的行政部门。这与盎格鲁-撒克逊传统是完全背离的，和欧洲大陆的做法却非常接近。

毋庸置疑，这是对盎格鲁-撒克逊传统的一种全新、显著的背

序幕 行政和法律

离。其中原因是多方面的：一是工业和社会条件的日益复杂。二是公务员制度的微妙影响，自觉或不自觉地受到了费边社会主义思想的渗透。三是对当时盛行的嘲笑自由放任原则时尚的尊重，以及人们对政府在所有生活事务中进行指导和控制的需求日益增长。四可能是没有能力应对立法涵盖人类活动每一部门的迫切要求。20世纪，议会无疑已经表明了一种倾向，即给予行政部门越来越多的自由决定权。许多现代法律条文只是框架而已，就其最终的范围而言，其提供的思想内容很不充分。这些法律条文只制定一般原则，具体实施的任务则交给了有关部门。

在诸多实例当中，我们可以引用近期的一个有特色的例子。它就是1925年的《差饷物业估价条例》第六十七条第一款，内容如下：

> 如果在本法的实施过程中遇到困难……或者以其他方式在本法的任何条款生效时遇到困难，主管大臣可以依照法令消除困难或……做出自己认为必要或适宜的行为[①]……并且为了使该法令生效，可在主管大臣认为必要或适宜的范围内修改本法令的条款。

在1929年的《地方政府议案》中也加入了同样的条款，但为了尊重下议院所表达的强烈担忧，只是做了略微的修改。事实上，负责这项工作的大臣试图引用许多最近的先例来证明原来条款的正确性，但其做法只能证明议会的警惕远不如各个部门的傲慢那么明显。

---

① 应遵照一定的细节。——原注

新法令的辩护者认为，我们并非像敌对的批评者们宣称的那样毫无抵御能力。事实上，在个人利益与国家利益发生冲突时，有非常充分的保障措施来保护个人的利益。但事实真是这样吗？西米恩·埃本·鲍德温在已经提到的声明中指出了两项"防止可能滥用制定法规和法令权力"的保障措施。第一，法院有权将任何超出立法部门权力的法律法规视为无效。第二，给所有议员提供机会的同时，给予上议院废止这些法律法规的权力。但在这两项保障措施中，第二项几乎完全是虚设的，第一项保障措施的实用程序也必然受到了限制，并且近年来，由于立法机构的粗心大意，第一项保障措施已经受到严重削弱。任何熟悉下议院程序和业务方法的人，都可以对鲍德温坚持的第二项保障措施的价值做出衡量。不过，回到他引用的年代，即普通议员利用文件的"审议"来给自己提供机会的年代，这是一件很有趣的事情。

　　毋庸置疑，司法机关的权力更重要。但关于法院在这方面的地位，必须提出两点意见。首先，众所周知，一个法院，即使是美国最高法院这个最有权力的法院，也只有在权利受到侵害的起诉者提起诉讼时才能介入。并非每个公民都知道他们有反对政府部门的权利，即使知道，也很少有人愿意费心劳神地去维护这些权利。当然，大公司会为了自己的利益而去维护这些权利。对个人而言，即使个人有足够专业的水平了解这些权利，也依然倾向于忍受遇到的不快，而不是去寻求有可能得到的补偿。然而，应该将这一点表达出来——如果公民有冤情，并且有能力向法院寻求补偿，他一定会得到补偿。司法独立是无可厚非的。

　　但面对议会的敷衍态度，法院也无计可施。如果立法者背叛了法案，法官该如何为其辩护呢？这就是鲍德温对这个有争议的问题的误解所在。当然，如果一项法规或法令超出了法院的意愿，就应当将其废止。危害性的根源在于立法的方法和形式，但远不止于此。正如前面所述，在得到议会认可的情况下，立法和司法落入了相同的人的手中。

谁又能责备行政官员呢？行政官员的意愿自然是为了让自己部门的事务越简单越好。行政官员的热情——其纯洁性毋庸置疑——也是为了高效地进行管理。在行政官员眼里，议会的干预和司法解释都会影响效率。如果能说服议会放弃控制权，不仅更有利于公众，也更有利于公务人员。

关于司法机关的地位，还有一点值得注意。作为人们熟知的17世纪法官的"耳旁风"，司法机关就如我们现在看到的那样，成了爱德华·科克强烈抗议的对象。英王詹姆斯一世即将对个人提起诉讼之前，事先征求法官对某些诉讼程序合法性的意见。在1928年的《差饷物业股价条例》的第四条中也发现了类似的策略。最初起草的条款授权卫生部大臣向高等法院提出关于可继承财产估值的法律疑点。从表面上看，该程序似乎不仅是没有恶意的，而且很明显是为了节省地方当局和纳税人的时间、精力和金钱。事实上，有望通过这种方法，事先得到法院的权威意见，以确保估价的平等和一致。但上议院杰出的法官们察觉到了该条款的危险性，迫使政府不情愿地将其删除。对该条款的反对意见是杰出的法官梅里韦尔男爵提出的。梅里韦尔男爵曾担任过英国的内阁大臣。他称自己坚信该条款是带有恶意的，并补充说："不管是不是被设计出来的，其效果将是让司法机关对行政机关起到辅助和咨询的作用，并且使司法体系的工作和行政部门的管理功能混淆。在我们的政治史上，每一个考虑过这一问题的政治专业的学生都会发现这是一条有危害的道路。"正是这样的提议和动机，导致科克被免去了高级职位，走上了反对当时政府的道路[①]，因为正如他所说，该条款在国王陛下的政府与法官之间建立起一种听取意见的关系。法官必须在影响相关主题的问题上做到客观公正……这一制度让公共部门负责自身管理上存在的问题，组织与此相关的论证，根据其中的论点提供相应的费用，做出某种决策，然后颁布或保留该决策，以调节国王陛下和臣民之间的关系。这是闻所未闻的。我认为这样的制度是不健康的。

那么，接下来的这些话可以纳入17世纪以来英格兰宪法法学家们发表的最严肃的言论之列。

> 这不是国王陛下的法官们的职责所在，而且不管怎么说，自《王位继承法案》颁布以来，对政府行为咨询意见的关注和参与，都不属于他们的职责范围。将他们与政府联系起来并负责得出结论，其自然结果将是削弱司法机关的权力。除此之外，不会有其他结果。

理查德·霍尔丹子爵的观点与梅里韦尔男爵的观点不谋而合。

"该条款，"霍尔丹说道，"就英格兰的法律而言，企图在我们的程序中引入一些新颖的东西——提出抽象问题的计划。提交给法官

[①] 当然，当时的政府带有独裁的性质。作为英格兰人，爱德华·科克忠心耿耿地支持政府。——原注

的问题与具体案件无关,而是纯属一般性的。同时,要求法官——这里用的词是'应当'——就该问题给出自己的意见。该计划在我们的法律中闻所未闻。"

汉沃思勋爵和首席大法官休厄特对该条款的谴责同样言辞激烈。

"削弱司法机关的这一权力,"汉沃思勋爵说,"让大臣们在法庭听取高等法院的意见,但不对事实进行充分调查,也不给那些想提出意见并应该提出意见的人机会。在我看来,这就是有害的立法。"

休厄特甚至说,该条款毫无例外是"有史以来出现过的同类条款中最糟糕的……它就是提议把国王陛下的法官变成律师"。

这些了不起的法律人士的警觉得到了回报,他们的坚持占据上风,最终法案中这样带有冒犯性的条款被删除了。

然而,当时,政府企图在议会法案中加入该条款,正是17世纪的先辈们成功地抵制的、严重的、令人不安的有害倾向。这或许是法国谚语"更少的改变是一件好事"的另一个例证。但有一点很清楚,在条件发生很大变化并且形势不明的时候,斯图亚特王朝的国王们在与议会的斗争和与法官的较量中采取的措施,今天不受欢迎地再次出现了。

因此,为了当代人的利益,重述一个广为流传的故事,回忆先辈们经历过的战斗和取得的胜利,似乎是一件很值得的事情。自由是一个很难定义的词。就其定义,人们做过很多尝试,这里不一一赘述。其中有两个定义非常符合我们当前的目的。第一个定义是约翰·洛克在他有关政府的第二篇论文中所写的:

> 社会中人的自由,就是除联邦内部同意建立的立法权

之外，不受其他任何立法权的支配，除立法机关根据自己委托制定的法律之外，不受其他任何意志的管辖或任何法律的约束。

第二个定义出自孟德斯鸠的《论法的精神》：

> 一个公民的政治自由是一种心境的平安状态。这种心境的平安状态是从"人人都认为本身是安全"的这个观点中产生的。要享有这种自由，就必须建立一种政府，在该政府的统治下，一个公民不惧怕另一个公民。

众所周知，各种定义都是不充分的。不过，有一点是可以肯定的："自由的代价就是永远保持警惕。"英格兰人沾沾自喜地认为，多年来不断付出这样的代价后，适当的回报并没有被剥夺。1649年，尼古拉·卡尔佩珀说道："我们现在追求的奖赏就是民众的自由。"卡尔佩珀从来没有怀疑过，查理一世被处死后，这一奖赏是给自己和子孙后代的。不仅如此，英格兰人普遍认为，只有他们才能获得自由。1816年，在巴黎，法学家约翰·斯科特写道："自由是英国与其他欧洲国家的主要区别。"这一信念至少又持续了一个世纪。这在很大程度上导致了英格兰人普遍对其不幸的欧洲大陆邻居带有"轻蔑的同情"。然而，现在，提到我们的垄断，甚至卓越的地位，受过教育的人在表达观点时已经不再那么自满或自负了。

渴望垄断是不友好的行为，放弃对卓越的追求是懦弱的表现。重新做出努力和恢复警惕的最强动力就是重温过去的斗争和取得的胜利。如果议员们还记得他们的先辈反对斯图亚特王朝发布拥有法律效力的公告、终止或废除王国的法规等主张，那么今天，议会对把立法权交给行政机关的态度将会更加谨慎。通过对17世纪历史的重新研究，法官们可能会受到鼓励，继续抵制新专制主义。

像黎凡特商人贝茨的案件、五爵士案件、国王诉汉普登案件、戈登诉黑尔斯爵士案件及七主教案件等，会让人想到一些杰出的法官。在法庭上，这些杰出的法官奉命对世界大战[①]结束以来的许多棘手案件做出了裁决。其中一些案件，如1920年的总检察长诉德凯泽皇家酒店案、1923年的国王诉内政大臣对奥布赖恩单方面启动司法程序案、1917年的国王诉哈利迪案、总检察长诉维尔特联合乳品厂案等，这里仅举几例，他们对历史的贡献不亚于前面引用的17世纪的例子[②]。

这些例子证明了——如果需要证据——在漫长的司法审判史的长河中，法官们从来没有如此敏锐地意识到他们作为民众自由守护者的责任。但必须强调的是，如果立法机关敷衍塞责，或者屈从于行政机构，司法部门就毫无权力可言。

17世纪旷日持久的冲突最终导致的结果是将立法的关键权力交给了议会。现在，议会依然将立法权力保留在自己手中。然而，一旦议会对立法权力的使用有所疏忽，将会在同样的旗帜下，在同一个战场打响一场新的战争。我们的先辈们和君主作战，而我们必须和潜伏在白厅黑暗中的势力斗争，这些势力依旧在王室特权下隐藏自己。

---

① 即第一次世界大战。——译者注
② 有关这些案件的详细情况，请参阅弗雷德里克·约翰·波特：《行政法》，伦敦，朗曼斯·格林公司，1929年。——原注

最近的研究趋势给17世纪的历史赋予了引人注目的新意义。再次将这一时期精心总结的经验与教训展现给大家，这或许并没有什么错。

第 1 章

时代的 **问题**

THE

PROBLEMS

OF

THE

AGE

"危机"这个词轻轻飘到演说家的嘴边,又翩然跃上宣传家的笔头。但毫无疑问,历史学家可以将其严格地用到17世纪。从某种意义上说,所有历史时期都是关键的,因为它们都有过渡的性质。然而,有些时期更关键,因为其过渡性更加明显。在整个英国历史上,没有哪一个时期比清教徒革命时期更突出。这一时期见证了各种重大的冲突,如弗朗西斯·培根(**图1**)和爱德华·科克之间的冲突、查理一世和约翰·汉普登之间的冲突、约翰·皮姆和斯特拉福德伯爵之间的冲突,奥利弗·克伦威尔和托马斯·费尔法克斯伯爵之间的冲突、约翰·李尔本家族和杰勒德·温斯坦利家族之间的冲突,尤其是后来斯图亚特干朝和一小群开明政治家之间的冲突,这群开明政治家取得了1688年革命的胜利。这些冲突表明,这一时期毋庸置疑是一个明确的、严格意义上的关键时期。

此外,这些人物的名字就表明了冲突中涉及的重大问题,虽

图1 弗朗西斯·培根

然不太详尽，但简明扼要。除一大堆宪法方面的问题之外，还有一个同样重要的问题。它是由大主教威廉·劳德、威廉·奇林沃思、罗伯特·贝利博士、理查德·巴克斯特和约翰·弥尔顿等人提出来的。但就这个时代的教会问题，本书只关注其政治方面的影响。

如此一来，罗马天主教徒和新教徒的政治立场，不管是确定的还是不确定的，都被愉快地置于争议范围之外。人们希望政治问题也是如此。但这能如此有把握地得到肯定吗？一般来说，17世纪必须解决的，一个是君主独裁和议会民主之间的问题，另一个是法治①与司法应服从公共政策原则之间的问题。

这些问题最终是由17世纪的斗争决定的吗？甚至对英格兰王国来说也是如此吗？很明显，清教徒革命最终导致了君主制的失败。斯图亚特王朝的政府理论遭到断然否定：英格兰任何一个国王都不可能像法王路易十四那样长久地占据王位。同样清楚的是，从此以后英国致力于某种形式的"民主"。当时，"民主"已经出现了各种各样的形式。17世纪的英格兰王国到底该采取哪种形式？依然没有答案。它会采取古代城邦的直接民主形式吗？这种民主形式在17世纪受到了平等派的推崇，并且在某种程度上，在现代瑞士联邦共和国得到了实现。或者，它会期待美国宪法的缔造者认可的总统制吗？或者，它注定要进化出一种区别于其他国家的、全世界都没有体验过的政府——在科学术语中被称为"议会民主制"的类型吗？谈到议会民主制，我们将要了解一个基于扩大选民基础的制度，一个具有充分代表性的立

---

① 以及所有涉及个人自由的法治。——原注

第1章 时代的问题

法机构，一个首先对立法机构负责并最终向选民[1]负责的行政机构。

这种全新的政府制度在17世纪、18世纪和19世纪的英国逐步形成。它在其他国家被广泛采用，但没有取得普遍成功。美国对其持拒绝态度，赞成建立一个更符合具有综合国家条件的制度。俄国的沙皇政府并没有将权力让给议会民主制，而是让位给了一个以经济联合主义为基础的、倒行逆施的独裁政府。意大利王国在经历了一段短暂的、不太愉快的英国议会民主制之后，就将其放弃了，进而选择了受欢迎的独裁模式。其做法是暂时的，还是永久性的，我们不得而知。西班牙王国还没有发现它适应其历史传统和时代条件的迹象。在德国，它能不能取得成功还有待观察。

英国自己的前景也不能完全令人放心。不管是个人独裁还是无产阶级专政，英国都永远不可能走极端。然而，有迹象表明，迄今为止，议会民主制赖以平衡的基础有所削弱。传统的竞选方式无法惠及广大选民；大众媒体的影响力不断增强；议会对公共财政的控制弱化；行政机构被授予立法权和准司法权；代表机构的增加对议会的专属权力构成了威胁；行政部门倾向于减少与立法机关的协商，直接与代表党派利益而非国家利益的机构打交道。所有这些都是危险的迹象，它们即使威胁不到议会的合法权力，起码威胁到政治万能的地位。或许从个别的角度来看，它们似乎无关紧要，但聚集在一起，问题就大了。

政治理论也不像19世纪那样充满自信，导致"议会民主"成为政治自由演变过程中最后提到的字眼。像约翰·密尔的《代议制政

---

[1] 立法机构本身向选民负责。——原注

府》这样的论著让人体味到一种似乎已经显得有些过时的气氛。《代议制政府》这本著作忽略了我们这一代人[①]在宪法领域许多特别关注的问题。之前，像威廉·莱基先生这样眼光敏锐的宣传家就对英国议会民主制的持久性心存疑虑。在他们看来，1832年、1867年和1884年到1885年的"改革法案"时期，英国议会民主制似乎达到了顶峰。从威廉·莱基的那个年代开始，这种怀疑不断加深，今天在各个地方都表现了出来，并且明显带有对立的情绪。因此，G.D.H.科尔先生写了如下内容：

> 今天，表面上有全权"代表"实体的议会里，歪曲的做法已经达到了最糟糕的地步……议会宣称在所有事务上代表全体公民，结果在通常情况下，在所有事务上，任何人都代表不了。选择议会的目的是处理任何可能出现的问题，但没有考虑到这样一个事实：出现的不同问题需要不同类别的人来处理……要摆脱我们的议会政府今天这种徒劳无益的工作方法，或许只有一条途径，那就是为每一种职能找到一个相关部门和代表这一职能的办法，为每一个部门和代表实体找到一种适当的功能职责。换言之，真正的民主不存在于一个单一的全权代表大会中，而是存在于一个具有协调功能的代表实体系统里。[②]

[①] 指19世纪中叶到20世纪的这一代人。——译者注
[②] G.D.H.科尔：《社会理论》，纽约，哥伦比亚大学出版社，1953年，第207页。——原注

第1章 时代的问题

从政治观点的另一个极端来看，哈罗德·考克斯先生的话让我们有一种很奇妙的共鸣。

> 大量摆在议会面前的问题中，有一个问题就是，目前我们领土范围内的选区没有自己的共同利益……我们需要发展新的政府形式来处理新的问题。我们的计划想要取得成功，就必须建立在这样的一个原则之上：在要实现的目的和为了实现这一目的的机构性质之间建立直接的、合乎逻辑的关系。当今，最紧迫的问题是工业问题或商业问题。因此，处理这些问题的机构必须以工业或商业为基础，而不是以领土问题为基础。可以在当代的工业运动中找到这样的组织的萌芽。

之前，比利时一位敏锐的哲学家对设立地方代表的恰当性问题表达了类似的怀疑态度。

> 无框架、无组织、无派别的普选是一个虚假的制度，这一点是毋庸置疑的。它只提供了一个政治生活的影子，没有达到它唯一企图达到的政治目的，而这个政治目的并不是由全民投票通过的，但最终表达了绝大多数人的最大利益……近代的普选，尤其那些狂热的选举、鲁莽的派别和极端的党派，没有给稳健派留有机会。它们战胜了稳健派，胜利被狂热者获取。通过一些社会因素的行为抑制了党派的热情，给予社会更多的平衡。

当代相关论点的最后一个例证，可以通过《爱丁堡评论》一位匿名作者的文章作为补充。

> 苏联的政府体制体现的原则与议会制体现的原则有着根本的不同。从宪法角度来看，我们习惯性地认为议会制是最完整、最理想的。然而，现在人们对议会表现出如此多的不满，就连思想严肃的人也开始怀疑苏联体制中是否有一些潜在的优点，并且可能允许其——如果不是完全地，最起码也是部分地、渐进地渗透到一个真正民主的实体中。

这些观点不管其意义有多大，无疑都在某种程度上反映了当代的思想。然而，如果真是这样，我们显然不能从以前的历史学家的角度来考虑17世纪的问题，更不能从19世纪上半叶重要的辉格党人作者的角度来考虑。

他们自信地认为，17世纪已经解决了由来已久的政治自由问题，不仅在框架上得到了解决，而且在细节上得到了解决；不仅为英格兰解决了这一问题，而且为全世界解决了这一问题。没有必要去考虑他们错了。他们可能被证明是对的。但我们的立场发生了改变。一方面，比较政治学的发展在某种程度上消除了我们狭隘的自满情绪。我们不再确定英国的解决方案，即从英国演变而来的特殊的民主制度会必然适合于所有国家，无论这些国家与英国的历史传统、达到的文明阶段有多么不同。另一方面，很明显，即使在英国人当中，在议会民主制的发源地，有一些人依然拒绝接受这种政府形式及其影响，认为它是政治自由思想发展过程中最后才考虑的。有些人

第 1 章 时代的问题

甚至变本加厉,质疑"自由"是不是人类幸福的最后一个字眼。对这些推测,无须追究,它们的存在足以证明,17世纪的问题难逃今天评论家的口舌,不过不再是骄傲自满的角度,不再是咄咄逼人的怀疑态度,而是心怀敬意地提出疑问。

17世纪另一个突出的问题是个人自由的问题,即公民个体相对于行政部门的权利问题。之前,即使对这个国家个人自由的基础表现出存在可疑的迹象,也会被列为异类。就英国而言,17世纪的冲突不是永久解决了这一问题吗?首席大法官科克不是宣称习惯法永远至高无上吗?长期议会和《权利法案》不是维护了法官的独立性,从而保证了个人安全不受专制行政行为的侵犯吗?大法官培根的耻辱、《权利请愿书》及长期议会关于船税的立法,难道没有消除将行政法和行政法庭引入英国的所有危险吗?孟德斯鸠不是因政府的司法职能、立法职能和行政职能的彻底分离而指出英国是世界上最自由的国家吗?威廉·布莱克斯通(图2)难道就没有向同时代的人强调孟德斯鸠给大家的教训吗?艾伯特·戴西难道没有跟随杰出的前任的脚步吗?对英国政治制度评论最深刻、最有辨别力的德国评论家格奈斯特,不是用一个词"Rechtsstaat",即法治国家——一个基于正义和法律的国家——来描述英国吗?在这一方

图 2 威廉·布莱克斯通

面，他不是认为法国的行政法和行政法庭制度是英国的对立面吗？所有这些宏伟的上层建筑不是都建立在17世纪个人自由拥护者奠定的基础之上吗？

正如已经指出的那样，之所以存在危险部分，一是由于我们社会生活和经济生活日益复杂，似乎对国家和政府当局的要求增多。二是由于立法机构的过度投入——谁敢说它粗心大意？三是由于我们立法性法规实际形式的微妙变化，尤其是公共部门及控制这些部门的官员的热情和野心。

我们必须重申：时至今日，17世纪的政治家面临的问题依然是亟待解决的问题；政治解决办法，无论多么彻底，都很少是永久性的；要享有自由，不是一次交易就能实现的，为其付出的代价就是永远保持警觉；如果想要享受先辈赢得的胜利果实，我们就必须做好准备，重新投入战斗，永不停歇。

让我们回到17世纪的危机。就如前面提到的那样，这场危机包括几个方面。或许可以笼统地将其描述为争取自由的斗争，但这场斗争星罗棋布地出现在广阔的战线上。首先是就税收的争议提出的问题，涉及议会行使财政管辖权的确切范围。关税到底是指征税，还是一种贸易许可？同样的困难也出现在船税上。船税是议会绝对控制的税种，还是国王权利和义务的自然体现并被当作有利于保卫国家的预防措施？从政治逻辑上讲，和征税问题与船税问题极其相似的是发布公告的合法性问题。国王有某些准立法性质的权利，这一点并不否认。但这些权利究竟能延伸到什么程度？如果做得过头，显然会危及公民的自由和个人财产的神圣性。如果船税和其他税收引发了国王和议会在各自领域，诸如财政等方面的重要问题，如果发布公告的行为

第 1 章 时代的问题

会立即损害议会的立法权威，并且危及公民个人的权利，那么1627年著名的"达内尔案"[1]，或称"五爵士案"，以最尖锐的形式提出了个人自由问题，以及与《人身保护令》中的权利有关的权限[2]问题。该案也涉及与司法权和行政权之间的真正关系有关的重要问题。

关于所有这些问题，后面将会做更详细的介绍。与此同时，有一个亟待解决的问题凸显出来：为什么危机会出现在17世纪？许多长期困扰17世纪政治家的问题由来已久；这些问题在诺曼王朝和金雀花王朝的国王们开始发展行政制度时就出现了。这些问题在1215年的《大宪章》（图3）中，甚至在更早的亨利一世宪章中，都有涉及[3]，但直到17世纪，这些问题才变得尖锐到足以激起英格兰人反抗的地步。

有一个引发人民反抗的有利因素必须引起注意。在英国历史上，宪法问题和政治问题因宗教问题的尖锐分歧而变得复杂起来。除宗教问题之外，17世纪的政治危机几乎是无法避免的[4]。但如果不是清教徒对圣公会主导的政府的攻击，这场危机就可以在没有内战的情况下得到克服。因此，在政治问题上，各方都达成了实质性的协议。廷臣数量太少，无法参与战斗，但对主教的攻击在反对派的阵营中制造了分裂，让国王有了一个足够强大的政党，在诉诸武力上有了获胜的保证。

从这个意义上说，英格兰"大叛乱"可以准确地描述为清教徒革

---

[1] "达内尔案"是英国历史上的著名事件。1627年，托马斯·达内尔及其他四位爵士因拒绝接受"强迫"借贷而被捕入狱，1628年获释。该案导致《权利请愿书》颁布。——译者注
[2] 如果有相关权限。——原注
[3] 尽管还处在萌芽阶段。——原注
[4] 原因有待解释。——原注

图 3 1215 年,约翰国王签署《大宪章》

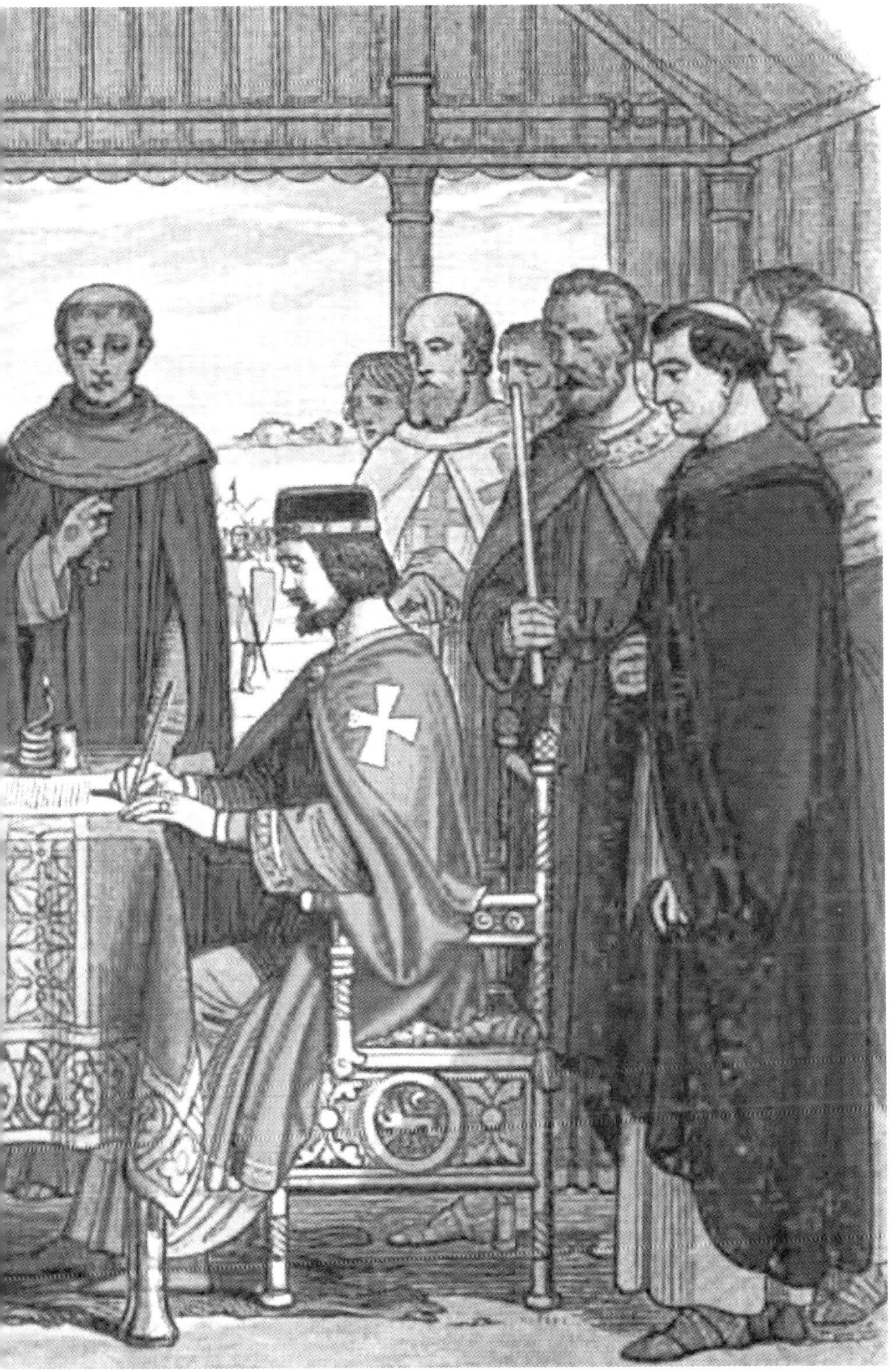

命。我们必须进行改革，要求改革会导致内战的观点必须归因于宗教问题上的分歧所激发的强烈情绪。

那么有待探究的问题就是，除了宗教，是什么原因导致了这场危机呢？

正如亚里士多德睿智地指出的那样，我们必须谨慎地区分革命的时机和原因。时机或许是小问题，但原因从来都不是。托马斯·麦考利男爵认为，逮捕五位爵士的企图"无疑是导致这场战争的真正原因"。战争爆发的时机或许是吻合的。但对历史上的一场巨大运动而言，把内战归结为任何一个单一的原因，甚至归结为某一特定事件，这样的观点显得奇怪，并且不符合哲学规律。

我们必须分析得更透彻一些。导致危机的原因，像往常的情况一样，可以分为一般性的和具体性的。在更一般性的原因当中，首要的应当是都铎王朝彻底完成了自己的使命。都铎王朝赋予"独裁"的必要性已经不复存在，它是在一个艰难的时刻掌握政权的王朝。兰开斯特家族和约克家族代表的不仅是王朝之间的对抗，它们代表了相互矛盾的政府原则。如果兰开斯特家族在很大程度上是因当时的环境而被迫接受了议会制约的条款，那么约克家族则代表了强硬政府。不管是哪一种情况，它们的政策都没有取得成功。约翰·福蒂斯丘爵士（图4）谴责"劣质的封建主义"让15世纪的英格兰王国陷入了无政府状态。帕

图4 约翰·福蒂斯丘爵士

第1章 时代的问题

斯顿家族成员之间的信生动地描绘了15世纪中期英格兰王国经历的种种罪恶：地方贵族之间及各郡之间的战争，大领主保护他们惹是生非的仆人不受法律的惩罚，行政长官收受贿赂，法官腐败，陪审团受到恐吓，司法不公等。

这种无政府状态因所谓"玫瑰战争"的家族混战而加剧，最后国家被交给了都铎王朝。为了应对当时的无政府状态，都铎王朝得到了人民的认可和议会立法的支持，拥有了独裁的但并非无限的权力。优秀的特别法庭，如北方议会、威尔士议会、城堡法庭，尤其是最著名的星室法庭，确立了或被赋予了新的权力。地方政府进行了重组，如威廉·兰巴德抱怨的"成堆的法规"都压在了治安法官的身上。亨利七世以各种权宜之计，填补了亏空的国库，而亨利八世（图5）则被赋予了发布具有法律效力的公告的权力。然而，如果说都铎王朝的君主是独裁者，他们几乎总会小心翼翼地给自己的统治披上法律的外衣。这样一来，议会第一次成为真正的政府工具。代表权的基础更加宽泛，不仅行使王权的切斯特郡、威尔士各郡和蒙茅斯郡被纳入议会制体系，而且设立了新的议员选举区。许多新选区都在康沃尔郡。尽管当时康沃尔郡的渔业镇越来越重要，但或许它因是王室的直辖领地而备受青睐。然而，其他新的选区，如威斯敏

图5 亨利八世

斯特、普雷斯顿、利物浦、切斯特和兰开斯特等，都没有这样的例外。在都铎王朝时期，下议院增加了166个名额，从296人增加到了462人。

下议院不仅规模扩大了，而且政治重要性与日俱增。值得赞扬的是，在社会、商业和教会等广泛的问题上，都有了大量的立法。在伊丽莎白一世的统治之下，一些大胆的人士初步提出了控制行政政策的主张。伊丽莎白一世不会承认这样的主张。议会不应"干涉国家事务"。然而，即使在都铎王朝统治时期，议员中也出现了一种新的情绪，这是毋庸置疑的。

议员中的新情绪并不是一件非同寻常的事——这只是一种孤立现象。它在很大程度上源自宗教改革及乡村绅士与商人财富的日益增加。玫瑰战争代表了中世纪封建主义余烬中的最后一丝火光，而都铎王朝肩负的一项简单任务就是摧毁贵族独立的残余。一种新的贵族，因圈地、新的农业制度，尤其是修道院的战利品而逐渐兴起。按照法律，贵族在上议院拥有席位。上议院第一次成为主要由世俗者组成的议会。在贵族的后面是一个新的乡绅地主阶层，该阶层同样富有，寻求并找到了进入下议院的机会。在近三个世纪的时间里，乡绅是下议院的脊梁，并且给下议院提供了领导力量。和乡绅一道，一部分商人出现了。他们利用了新近的地理发现、东印度公司的贸易发展给英格兰人带来的机会。在和南美洲的贸易中，西班牙王国号称拥有垄断权，但这种垄断权受到了伊丽莎白一世时代勇敢的海员们的严重破坏。

并非只在议会进行训练才能使乡绅承担更大的政治责任。一直以来，在很大程度上，由于我们的地方机构具有活力，以及这些机构为

第 1 章 时代的问题

有志进入国家立法机构的人员提供的优秀学校，英国议会政府的效率才得到提升。甚至到了今天，对年轻的政治家来说，最优秀的培训场所就是郡议会和区议会。都铎王朝重组并振兴了地方政府，把教区作为行政单位，让治安官无所不管。这一时期通过了超过一百五十条法令。这些法令对解决负担过重的官员的职责问题发挥了作用。从最大程度上讲，该过程是有教育意义的，成效也很明显。当时，在斯图亚特王朝的统治下，乡绅阶层产生了像约翰·埃利奥特爵士、约翰·汉普登、约翰·皮姆和奥利弗·克伦威尔这样的领袖。议会作为一个整体，主张并最终在国民经济中赢得了一个全新的位置。

然而，如果斯图亚特王朝统治下的王国依然是都铎王朝的老样子，那么议会就不可能取得胜利。16世纪，人们几乎一直在担心，害怕15世纪对英格兰王国来说非常致命的王朝斗争会死灰复燃。詹姆斯一世（图6）无可争议地登上王位，消除了这种担心，解决了王位继承问题。人们不再害怕在英格兰王国恢复教皇的权威。西班牙无敌舰队的失败让英格兰王国终于不再服从教皇的命令，从此以后，新教徒就可以相互之间放心地争吵了。

但教皇并非英格兰王国独立唯一的威胁。基于无敌舰队的判断，英格兰王国不会被反宗教

图 6 詹姆斯一世

改革的浪潮吞没。但伊丽莎白一世即位之后，英格兰王国会不会被哈布斯堡家族吞并，还是一个未知数。伊丽莎白一世把她和自己的祖国从危险中解救出来。这些危险以高明的方式巧妙地威胁着伊丽莎白一世和她的国家。和西班牙王国或法兰西王国相比，英格兰王国相对弱小、贫穷，人口稀少——可能不到四百五十万，资源匮乏。和法兰西王国结盟的苏格兰王国是另一个危险，而爱尔兰王国一直以来都是反叛者的巢穴——英格兰大陆敌人的招募基地。

回顾起来，这些危险都已无关紧要。面对所有这些危险，英格兰王国取得了胜利。在伊丽莎白一世（图7）执政后期，议会并没有迟缓地认识到危险的结束。但它意识到危险的消失是由于年迈的伊丽莎白一世英明的领导和高度的警惕性。因此，议会推迟了对权利的主张和扩大其职能的要求。从1604年《致歉信》的措辞中可以清楚地看出，这种推迟是经过深思熟虑的。

对伊丽莎白一世的性别与年龄，我们有很重要的理由将它提出来，更多的是为了避免因邪恶的做法而引起的、怀疑陛下继承权的

图7 伊丽莎白一世

第1章 时代的问题

麻烦。我们对这些行为不予理会，希望在履行继承权时，能够更自由地得到您的恩典，从而恢复正义，纠正错误，改正缺点。

《致歉信》对继承权的暗示是很精明的。除此之外，下议院直截了当地告诉詹姆斯一世，和他的前任伊丽莎白一世不同的是，他不是那个得到英格兰议会和人民感激的女国王。

很明显，16世纪见证了英格兰——就像西班牙和法兰西一样——民族自我意识的巨大发展。这种自我意识的结果是很明显的。虽然议会在16世纪初没有做好准备，但在16世纪末，不仅胸有成竹地在自治范围内承担责任，而且意识到自己已经做好了准备。因此，除非斯图亚特王朝君主像他们的前任一样能够证明具有政治上的睿智和个人的贤明，否则将会面临艰难的情况。

在讨论个体差别之前，还需要注意另外一个普遍性的原因，而人们对这一原因没有给予足够的重视。詹姆斯一世统治下的王室的贫困是导致危机的因素之一，这一点是历史批评中的老生常谈了。但这种贫困的真正原因通常被忽视。詹姆斯一世奢侈，伊丽莎白一世节俭，这是事实。但国王的节俭不能够抵消更普遍的经济原因。近些年，即1914年到1929年的经验让人们认识到了货币和价格之间的关系。今天的每个人都可以看到，自从世界大战爆发以来，物价到底上涨了多少。这种现象必须把主要原因——尽管不完全是——归为纸币的大量发行。16世纪，价格水平受到两个并存原因的影响。亨利八世和爱德华六世统治时期，货币不断贬值，不仅表现在硬币的质量减少，而且表现为含银的质量也因大量合金的使用而缩水。的确，1561

年，伊丽莎白一世将银币恢复到了原来的纯度，但新铸的银币（图8）比金雀花王朝时期的法定银币重量更轻，尺寸更小——一磅银币被铸成60先令，而不是20先令。因此，虽然货币贬值得到了遏制，但通胀依旧继续，人民遭受的苦难和贫困雪上加霜。这也成了伊丽莎白一世统治时期的一个特点。经济原因加剧了政府政策的影响。当时，南美洲的矿藏源源不断地流入欧洲。没有哪个政府能够应对这一现象，尽管付出了各种努力，但物价上涨依旧继续。正如我们在大量当代文学中见到的一样，租金也在上涨。租金和物价的上涨主要是自然原因所致。随着时间的推移，这种趋势逐渐消除，平衡得以恢复，但经历的时间很长。经济这座"磨坊"运转得很慢，与此同时，穷人遭受了许多苦难。劳动处于混乱状态，报酬下降，流浪人员增加。同时，修道院的解散让那些流浪者失去了他们以前习惯了的临时救助场所。《学徒法令》和处理流浪、贫困及失业问题的一系列措施，为减轻经济变化和货币动荡造成的痛苦付出了巨大的努力。但这些努力并没有完全

图 8 伊丽莎白一世统治时期发行的铸有她本人头像的银币

第1章 时代的问题

取得成功，价格依然稳步上涨。据估计，到查理一世统治时期，在一个世纪的时间里，商品价格上涨了300%～400%。

饱受货币贬值之苦的还有王室，詹姆斯一世执政伊始就敏锐地感觉到了当时的经济状况。就连伊丽莎白一世，即使天性吝啬，在位最后五年也被迫出售了32.7万英镑的王室土地，还欠下了40万英镑的债务。新国王詹姆斯一世尽管和他的前任伊丽莎白一世一样谨慎，但还是避免不了每年出现的财政赤字。事实上，他的挥霍程度丝毫不亚于伊丽莎白一世的节俭程度。因此，他不得不向议会提出申请，要求议会不仅要像以往一样应对特别紧急的情况，而且要支付政府的平常开支。

议会将好斗的精神发挥得淋漓尽致。如果不利用机会使自己的要求得到满足，议会是不可能给王室提供资助的。正如我们所见，这样的机会并非迟迟没有出现。王室有权处置自己的收入，这一点是没有争议的，而关于议会准许或拒绝给予税收的权力，也是几乎没有争议的。但在国王和议会两者明确界定的权力范围之间，有一块有争议的空间。这为那些企图侵占的人或监视入侵者的人同样提供了诱人的机会。在其中一个战场，有关税收的战役已经打响，而另一个战场则与船税有关。当然，对于这些战役，我们后面将近距离了解。

很明显，很多问题一触即发，避免矛盾激化的希望主要寄托于双方负责指挥行动的人员的谨慎态度和警惕意识上。

不幸的是，那些地位显赫者并非智力超群的人。在平凡的时代，在英国君主当中，詹姆斯一世可能名列前茅，但那并不是一个平凡的时代，詹姆斯一世也不是英格兰人。一位同时代的君丰称他为"基督教世界里最聪明的傻瓜"。这样的描述是很不恰当的，因为詹姆斯一世并非傻瓜，当然也不聪明。事实上，詹姆斯一世是一个学究式的教条主义者。他绝不是没有学问，也不缺乏精明和睿智，而是深陷形而上学的思考，我不愿将其描述为是苏格兰式的特征。此外，詹姆斯一世来到英格兰的时候，对英格兰宪法理论和英格兰王室的实际地位带有先入为主的看法。无疑，他用羡慕的眼光看到了他的英格兰远亲伊丽莎白一世取得的众人皆知的成功。因此，如果他认为都铎王朝给他留下了几乎无限的君权，这就得怪他了。事实上，最具讽刺意味的是一种自相矛盾的局面：都铎王朝的成功已经让它的延续不再可能①了。

对英格兰及斯图亚特君主来说，如果能分辨出这一基本但远非显而易见的事实，那就再好不过了。不幸的是，在他们的臣民眼前，这一事实被隐藏了起来。从一开始，臣民就提出了英格兰君主制理论。这一理论在历史上站不住脚，在政治上充满了恶作剧和混乱。詹姆斯一世在自己的著作和演讲当中，表达了在亨利·德·布拉克顿、约翰·福蒂斯丘爵士和理查德·胡克（**图9**）这些政治家和律师看来很奇怪的学说。

图9 理查德·胡克

---

① 因为没有必要。——原注

第 1 章 时代的问题

至于国王的特权，不是律师所讲的话题，也不是合法地去争议的问题。争论上帝能做什么是无神论和渎神的表现。虔诚的基督教徒满足于上帝在话语中揭示的意志。所以争论国王能做什么，或者说国王能做什么、不能做什么，是自作主张的、非常轻蔑的行为。国王的意志体现在他的法律中。

因此，1616年6月20日，在星室法庭（图10），詹姆斯一世发表了讲话。类似的观点在1598年匿名出版的《自由君主制的真正法律》中出现过。

图 10　星室法庭

根据这些已经提出的基本法律，我们每天都能看到，在议会①里，法律只是臣民渴望之物，只有在他们提出的草案和意见的基础上才能制定出来。虽然国王制定日常的法规和法令，禁止出现他认为可能遇到的麻烦，而无须议会或社会阶层的意见。没有国王的权杖和赋予的法律效力，议会没有权利制定任何类型的法律和法规……同样，我虽然说过，一个优秀的国王会用法律来约束自己的行为，但并非受其约束，而是出于对臣民的善意，为臣民树立好的榜样……因此，正如我已经说过的那样，一个优秀的国王，虽然凌驾于法律之上，但为了给他的臣民做出榜样和出于自己的自由意愿，就会约束自己的行为，而不是受到管束或约束……

詹姆斯一世的话在阿米尼乌斯派传教士和法学教授那里得到了共鸣。杰出的阿米尼乌斯派牧师，1636年成为圣大卫主教的罗杰·梅因沃林写道："在遵守国内公民权利与自由的法律方面，国王不受约束，但他的王权意志和指令有义务为臣民永恒诅咒的痛苦意识负责。"②在此之前的几个月，另一个阿米尼乌斯派牧师罗伯特·西布索普在北安普敦的法官面前布道时，言辞同样显得激烈："如果一个君主征收了一种没有节制、不公正的税种，那么他的臣民从良知上来讲，是一定要服从的。"

杰出的法学家对王室特权的宣扬，不亚于阿米尼乌斯派的传教

---

① 它只不过是国王及其下属的高等法院。——原注
② 1627年，罗杰·梅因沃林在查理一世面前做的关于宗教和忠诚的布道。——原注

第1章 时代的问题

士。1607年,剑桥大学民法学教授约翰·考埃尔博士出版了一本叫《解释者》的宪法百科全书。他在关于议会的文章中写道:

> 议会是国王和王国的上议院神职议员、上议院世俗议员和下议院议员组成的立法机关,就涉及的国家事务进行辩论,特别是制定或修改法律,议会或法庭具有最高的权威。

他接着写道:

> 两者之间,必须确定一点:要么国王凌驾于议会之上,即他的王国的成文法,要么他就不是绝对的国王……在全民同意之下制定法律,尽管是一个仁慈的政策,并且是一种政治上的仁慈[①],因为这样做任何人都没有理由抱怨有所偏袒;但如果用这些法律去约束君主,这是与绝对君主制的性质和构成方式不相符合的。

更令下议院不快的是考埃尔博士写的评论国王的文章。

> 他以绝对的权力凌驾于法律之上。为了以更好的、更平等的方式制定法律,他准许上议院神职议员、上议院世俗议员和下议院议员三部分人员进入议会。然而,在一些有学问的人眼里,这并不是一种约束,而是出于他自己的宽厚仁

[①] 没有重大危险就不做改变。——原注

惩，或者出于他在加冕宣誓时的承诺。否则，他就是附属于某种权力的臣民。在没有违背职责和忠诚的情况下，人们或许也不会这样想。因为如果这样想的话，我们就必须否认国王凌驾于法律之上，没有权力废除成文法，或者赋予任何形式的特权，或者颁发特许状，而这是他唯一明确的权力……

下议院"注意到了①"这本被"王室公告"慎重限制的著作。约翰·考埃尔提出的学说虽然带有罗马法律的特点，但从未被英国律师和政论家接受。"君主的决定没有法律效力"是一条在英国法理学中没有市场的命题。早在13世纪，亨利·德·布拉克顿②就明确地否认它的有效性并提出了相反的原则。

然而，有地位高于国王者，即上帝。此外，依照法律规定，一个人成了国王，在宫廷，因为贵族是国王的朋友，所以如果没有国王的约束，也就是说，如果没有法律，贵族应当保持自我约束，除非贵族自己是不受约束的国王。

两个世纪之后，即15世纪，约翰·福蒂斯丘爵士在给一个兰开斯特王朝的贵族写信时，毫不含糊地阐述了英格兰王国君主制本质上的"有限"和"宪法"特征。

---

① 时间为1610年2月27日。——原注
② 约翰·考埃尔曾轻率地就其权威进行过呼吁。——原注

第1章 时代的问题

> 国王不能随意改变国家的法律，因为就其政府的性质而言，君主制不仅是君主的，而且是政治的……国王不能在未经人们同意的情况下对王国的法律进行更改，也不能用奇怪的过分要求让人们违背自己的意愿。这样，通过人们的同意和认可来制定的法律及其统治下的民众，就可以安全地享有自己的财产，而不会有被国王或其他任何人剥夺财产的危险……因为国王的使命是保护臣民的生命、财产和法律，正因为出于这一目的，国王才从臣民手中获得权力。除此之外，他不能索取其他权力。
>
> ——《英格兰法颂》

甚至在都铎王朝的鼎盛时期，"明智的"理查德·胡克主教也大胆地重复早期宪法评论家的话语。

> 国王由法律决定；国王任何违背法律的个人意愿都是无效的；国王的权力是根据法律赋予的，其权限和范围是公之于众的。

有关宪法传统不可打破的观点，我们可以从约翰·埃利奥特的《君主政体》[①]这样的著作及与他同时代的政治同僚在议会发表的言论里看到。

约翰·埃利奥特写道："法律是权威的基础，所有权威和统治都

---

① 1879年首次印刷。——原注

依赖于法律。西罗马帝国皇帝格拉提安的法令不仅是当时的法令,而且是后世子孙的法令。因此,正如一句预言说的那样,这不仅是正确的,也是最值得的。几乎在所有欧洲国家,王位继承者都要宣誓维护和遵守法律。因此,如果我们深入了解权威或法律应用和实践方面的案例,从现在追溯到古代,所有时代的理由都是很清晰的,从法律上讲,君主要受法律约束,法律在君主身上同样生效,这是毋庸置疑和顾虑的。"

在调查之初,对英国君主制的特点和君主与议会之间的关系,我们面临两种截然不同的看法。哲学家和法学家的观点迥异,态度一样坚决。为了防止理论上的分歧发展成为事实上的政治冲突,双方要保持一定程度的耐心,要足够机智,不要自以为是。但像考埃尔和埃利奥特这样的人,虽然用哲学术语来表述自己的观点,但他们之间的分歧不只是理论上的,他们的矛盾根源在于实践上的争议,并且很快就体现在诸如税收和公告、司法机关和行政机关之间的关系、行政机关和议会之间的关系等问题上。总之,他们以尖锐的方式提出了最高统治权问题。

在英国的宪法中,终极最高统治权体现在哪里?就像斯图亚特王朝的君主坚持的那样,或者像马姆斯伯里的托马斯·霍布斯(图11)教导的那样,是属于国王的吗?或者说,像埃利奥特和

图11 马姆斯伯里的托马斯·霍布斯

第 1 章 时代的问题

皮姆认为的那样，在议会制的国王手中吗？或者如保护国议会所主张的那样，是属于议会的吗？或者像平等派传播的那样，是属于人民的吗？这是17世纪需要解决的基本核心问题。

与此同时，可以公正地说，斯图亚特王朝的君主理应记住，如果并非所迫，他们登上英格兰王国王位的背景应该是基于君权神授的主张，以及与此紧密相连的王室特权至高无上的观念。按照亨利八世在议会特别批准之下执行的遗嘱，王位由其妹妹——萨福克公爵夫人玛丽·都铎的后裔继承，而其姐姐——苏格兰王后玛格丽特（图12）的后裔被排除在外。据此，1603年，本来应该由詹姆斯一世的堂妹①阿拉贝拉·斯图亚特的丈夫比彻姆男爵赫特福德伯爵，代表萨福克家族来履行该遗嘱，但实际上没有。萨福克家族的法定权利被悄然忽视了，詹姆斯一世权利的有效性也没有被质疑。

聪明人会悄然接受这一既定事实。对一个学究式的形而上学者来说，为政治主张寻求哲学理由的诱惑是无法抗拒的。詹姆斯一世要求臣民不仅在实践上承认自己的权力，而且在哲学理论上也要承认。因此，出现的冲突并非由王位继承引发的，而是由他为不可剥夺的世袭权利进行的愚

图12 苏格兰王后玛格丽特

---

① 詹姆斯一世的父亲亨利·斯图亚特是阿拉贝拉·斯图亚特的父亲查理·斯图亚特的哥哥。——译者注

蠢辩护引发的。

此外，君权神授的理论如果被接受，势必会让国王和他的臣民远离王位继承这一直接问题。君权神授的理论会被视作自由利用君主特权的正当理由。事实上，这一时期，君权神授的理论也是王室与议会之间不断争吵的根源所在。

在政治实践中，君权神授的理论意味着国王拥有双重权力：一种是由法律确定和限制的普通权力，另一种是国王仅对上帝负责的非凡的权力。正是由于对这种非凡或特权的依赖，詹姆斯一世才坚持加强税收，发布公告，听取法官的意见；正因如此，培根才发布了《未征求国王意见之前不能继续》的著名令状；正因如此，查理一世才实施自己的强制贷款，未经审判就将那些拒绝支付的人监禁起来；也正因如此，查理一世才征收船税。

每一个政治群体和每一种形式的宪法中，都必须存在某种"保留权力"或"特权"，必须委托某些人或团体在公共事务中行使"任意决定权"。如果没有它，一个行政机构将是无能的，并且很快就会灾难性地显现出缺乏治理的弊病。如何才能协调任意决定权的存在、行使与公民个人自由的充分保障？并使其与整个社会中政治自由的保障相协调？如何才能在不损害人民最终控制原则的情况下来行使"特权"呢？这是每一个政治社会面临的问题的症结所在，尤其是在父权政府庇护之下宪法的演变阶段。这一问题是斯图亚特王朝的国王们和清教徒议会之间斗争的根源。这一问题是造成清教徒革命，即英格兰内战的根本原因。

本书接下来的各章将会对上述问题进行更深入的分析，讨论有可能解决该问题的办法。

第 2 章

君主和**议会**

CROWN

AND

PARLIAMENT

在17世纪争论的问题当中，政治领域最基本的是议会问题，包括议会的地位、权力及特权。王室和议会之间的斗争经常被描述为专制原则和民主原则之间的斗争。但正如我们看到的那样，"民主"一词需要给出更确切的定义。17世纪决定了应当采取议会制，而不是总统制、直接民主或公投制民主制度①。

因此，无论从宏观来看，还是从微观来看，17世纪这个时期都很关键。相对而言，行政机构是独立的还是依赖议会的，是一个细节问题，也是一个极其重要的问题。这一细节是清教徒革命决定的。但清教徒革命还得决定一个更广泛的问题，即英格兰人是生活在个人君主制之下还是议会君主制之下，从此以后是由个人君主统治还是由议会君主来统治。

这一细节对议会君主制是有利的。但英格兰议会有其独特的结构、职能、权力及程序，它本身就是一个漫长演变过程的产物。在经过一段不确定时期之后，英格兰议会最终由两个议院组成，其中一个议院主要履行法庭的职责，属于威斯敏斯特国王法庭的一部分。为了

---

① 对这些形式更细致的讨论，请参见约翰·A.R.马里奥特所著《国家机制》第2章到第5章。——原注

解决经济负担，英格兰国王约翰（图13）和他的后继者从各郡和镇议会召集了郡选议员代表进入大谘议会，即英格兰议会的前身之一。如果上议院的主要职能是司法，那么下议院的职能则主要是财政，并且没过多长时间，两者的职责被明确区分开来了。

事实上，在经历漫长而渐进的过程之后，议会才演变出目前的形式和功能。议会首先关注的是司法和物资供应问题。到了17世纪，议会几乎完全掌控了法律的制定。但这种控制权是在与国王及其枢密院进行了长期的斗争之后才获得的。不过，国王及其枢密院继续负责法令或公告的颁布。

图 13　约翰国王

第 2 章 君主和议会

一个要求提供资金的机构自然会禁不住讨价还价的诱惑。讨价还价会引发争论。对不满的问题的争论随即就会成为实施供给前的例行前奏。这些争论不可避免地会对那些应该为此负责的人提出批评。早在14世纪,议会不仅试图提出批评,还企图控制君主的奴仆。事实上,1311年的法令甚至规定在议会中任命诸位大臣。后来,1341年,爱德华三世(图14)为了得到议会的拨款,承诺在议会中任命大臣和法官,但实现这一目标的法令几乎没来得及通过就被废除了。在爱德华三世统治结束之前,下议院提出了弹劾程序。这是一种新型的司法程序,旨在将有权势的违法者绳之以法。1376年到1449年,下

图 14 爱德华三世

议院比上议院更喜欢指控的司法程序经常被采用。但1449年到1621年，"弹劾"这一特殊武器生锈了。在都铎王朝的统治之下，下议院几乎没有资格弹劾王室的奴仆。亨利八世用了一种更危险的武器：《褫夺公权法案》。这不是一个司法程序，而是立法程序。更可怕的是，它能在事后制造出在此之前应当受惩罚的罪行。托马斯·克伦威尔（图15）是最引人注目的受害者之一，谣言将磨砺《褫

图 15 托马斯·克伦威尔

第 2 章 君主和议会

夺公权法案》这种"新式武器"归咎于他。近一个世纪之后，正如我们看到的那样，斯特拉福德伯爵（图16）成为《褫夺公权法案》的另外一位受害者。

然而，弹劾和《褫夺公权法案》充其量只是笨拙的武器而已。17世纪的历史会证明它们有多么笨拙。但议会能通过其他什么方法来获得蓄谋已久的、对政府的控制权呢？本书大部分内容都会用来回答这一重

图 16 斯特拉福德伯爵

要问题。简而言之，这一问题不是通过发明新武器，而是通过一种新制度的逐渐演变来解决的。这一新制度的完善确立了英国在政治制度史上的卓越地位。而内阁的发展则需要后面做出详细的调查研究。

供给、立法、审议，这些都是詹姆斯一世登上英格兰王位时议会公认的职能。但两个方面的问题立即出现了：第一，这些一般性术语的含义是什么，以及这些职能究竟意味着什么。第二，议会是否对这些职能感到满意？能不能确定立法机构不会重新提出要求来继续掌控公共事务的管理？在回答这些问题之前，首先必须申明议会的总体立场。

斯图亚特王朝的第一任国王詹姆斯一世面对的议会与都铎王朝第一任国王亨利七世（图17）面对的议会是截然不同的。最大的差别在议会的组成上，某种程度上是结构的差异，最重要的当然是特征的差异。两院都在都铎王朝的统治下发生了改变：上议院的变化是修道院的解散和新贵族的产生；下议院的变化，正如我们看到的那样，是扩大代表权的原则。在亨利七世的第一届议会中，上议院[①]只

图 17　亨利七世

---

① 1305年，修道院院长的人数多达75人，但亨利七世时人数减少到27人。两位大主教和19位主教补充进了47位上议院神职议员的队伍。亨利八世建立了6个新的主教区，但其中之一的威斯敏斯特主教区在爱德华六世时就已失效，暂时上升到27人的主教人数再次下降到26人。——原注

第 2 章 君主和议会

有76名议员,其中29名是非贵族议员。修道院解散之后,修道院院长就消失了,当时仅由主教组成的神职议员,也减少到了26人。除1801年到1869年之外,四位爱尔兰主教在上议院代表爱尔兰教会,这一数字一直没有发生变化。此外,新贵族出现之后,非贵族议员增加到81人。这样一来,上议院第一次成为主要由世俗议员和世袭议员组成的议会。

正如我们所见,下议院的规模扩大了50%以上[①],但比规模变化更重要的是其重要性和自信的增加。这或许部分是由于议会结构的发展变化。直到亨利八世统治时期,两院制才最终建立起来。此后,我们第一次听到了"上议院"这一称呼。然后,下议院第一次开始保留自己的记录。出于这一原因[②],现代作家似乎有理由用大家不熟悉的头衔"议会的伟大建筑师"来向亨利八世致敬。

15世纪到16世纪的另一个显著特点是议会召开会议频率的提高。当然,尽管召开会议频率提高并不符合今天的规律,但本质上不存在宪法上的缺漏。亨利七世执政的二十四年中,共有七届议会,召开过十次会议。亨利八世统治的三十八年中,有九届不同的议会。在所有这些议会中,有一届持续了七年,有两届持续了三年。在爱德华六世和玛丽一世(图18)的

图18 玛丽一世

---
① 从296人增加到了462人。——原注
② 如果没有其他原因。——原注

短暂统治时期，议会实际上没有中断过。爱德华六世统治时期的第一届议会举行了四次会议，历时近五年，第二届举行了一次会议。在玛丽一世五年的统治中，有五届议会。"然而，玛丽一世的政府有一件事非常值得称颂，那就是恢复了古老的年度议会制度。"

伊丽莎白一世比她的任何一位前任都要节俭，所以对议会的需求也就更少，但她"召集了十届议会，举行了十三次会议，平均每三年半一次"。在她执政期间，尽管议会不定期召开会议，但她和都铎王朝其他君主一样，给了议会很多任务。实际上，培根对詹姆斯一世的睿智建议就是基于都铎王朝时期的实践。

把议会看作一种必然的需要，并且不仅是一种必然的需要，也是一种把君主和国家团结在一起的、独特而宝贵的手段，向外界证明英格兰人是多么敬爱自己的君主，他们的君主是多么信任自己的臣民。像国王一样坦诚而高尚地对待议会，而不要像讨价还价的小贩一样充满疑心。不要害怕议会，要善于召集它，但不要试图在议会中"安插亲信"。在对议会的管理中，要运用一切对人性应有的知识及必要的坚定和尊严，让不守规矩和招惹是非的人做到安分守己。但首先要"顺其自然"，不要急于干预。最重要的是，尽管陛下想从议会那里得到资金，但不要让其成为召集它的主要或真正原因。在立法方面，陛下要起到带头作用。准备一些大家感兴趣的或令人印象深刻的改革问题或政策问题，要求议会和陛下进行协商。注意"起草和准备一些法案，以增强对政府的尊重，让陛下的关注得到认可。不要因争取法案获得支持而让陛下和陛下的恩惠变

第 2 章 君主和议会

得廉价。让议会开展工作是一件好事情,因为空腹是不能靠幽默来充饥的"。

议会在立法方面的出色表现,其意义不亚于会议召开频率的提高。正如G.W.普罗瑟罗博士指出的那样,法律新增条文"比以往任何时代都更丰富,分量更重"。弗雷德里克·梅特兰教授同样强调了这一点。"在亨利八世的重要法令中,王国的各个阶层扮演的角色,"他写道,"实际上可能是屈从的、卑微的。但这些法令是有意义的,都是得到议会授权的。"亨利七世时期,议会的大量社会经济立法,回顾起来包括一整套航行法案,保护英格兰王国工业的法案;确保铸币纯度或维持度量衡标准的法案,调节工资和总体劳动条件的法案;鼓励耕作和抑制流浪行为的法案等。或者我们也可以回顾亨利八世、萨默塞特郡、诺森伯兰郡和玛丽一世通过的一系列教会法令,以及当时非常重要的社会立法等。亨利八世的《用益法令》,伊丽莎白一世的《学徒法令》,以及一系列打击导致流浪的恶行的法令与救济无能的贫困者的法令等——这一系列法令最终催生了伊丽莎白一世1601年意义重大的《济贫法》。我们的确不能指责英格兰王室不愿提出"令人感兴趣或印象深刻的改革要点",也不能让议会把大量时间花费在"空腹"的痛苦或"以幽默充饥"的体验上。要是斯图亚特王朝的君主能把弗朗西斯·培根从都铎王朝时期的经验中传授给他们的智慧与教训牢记于心,那就再好不过了。

但培根强调的不仅是立法活动。"在对议会的管理中,要运用一切对人性应有的熟练知识及必要的坚定和尊严。"大家普遍承认,都铎王朝的君主在议会的管理——如果不是操纵——方面非常熟练。他们从来没有在不必要的情况下平白无故地提出原则问题,并且总是采取不抵抗策略。因此,君主和议会之间的实际冲突,在都铎王朝后继者的统治之下非常频繁,在都铎王朝时期则罕见。

然而,在与议会打交道的过程中,除普遍接受的独裁条件之外,都铎王朝还拥有某些值得回味的有利条件。第一个有利条件是下议院议长的实际提名。16世纪,议长在议会中的地位与今天的情况完全不同。议长是王室领薪裁判官的提名人,对会议进程的控制几乎是绝对的。在部长制度发展之前,议长是议会和王室之间沟通的主要桥梁。从克拉伦登伯爵爱德华·海德(**图19**)对当选为长期议会议长的是威廉·伦索尔而不是查理一世的指定人选所表达的哀叹中可以推断出,王室对选举出一位对自己影响深远的议长的重视程度有多高。爱德华·海德将其看作"一场意外的,实际上闻所未闻的不幸事件。这一事件破坏了国王的许多举措,扰乱了国王提供服务的秩序,并且这种破坏是无法弥补的"。

如果说议长是都铎王朝议会事务管理的主要代理人,那么这表明议长并非唯一的代理人。16世纪,枢密院中的贵族相对较少,但在1539年,《优先法案》规定,大法官、司库、枢密院院长、掌玺大臣和首席国务大臣只是"助

图19 爱德华·海德

第 2 章 君主和议会

手",没有投票权,但即便他们不是贵族,也应在上议院任职[1]。然而,枢密院的委员们越来越频繁地当选为下议院议员。从1560年开始,正如威廉·安森爵士指出的那样,"国王的大臣、财政大臣和国务大臣都积极参加辩论"。当权者还暗示,在很大程度上,议会选区的增加和君主对选举的干预是为了确保王室官员的席位[2]。但总体来说,16世纪,国王与议会融洽的关系主要归结于两个方面的原因。一方面是都铎王朝君主们无比机敏、高超的政治洞察力和及时的支持,最重要的是坚强的手腕。他们带领英格兰王国度过了16世纪的危机,不仅使这个国家毫发未损,而且比以前更强大,并且为其承担自治的重大责任做好了准备。另一方面是议会坦率地承认了国家对都铎王朝的君主,尤其对最后一位君主伊丽莎白一世所欠的债务,所以有意识地将一些棘手的问题推迟到更合适的时机。伊丽莎白一世和她的议会之间虽然在许多问题上存在明显的分歧,如解决继承权的必要性、宗教问题、特权问题、垄断问题等,但双方都没有让事态发展到极端的境地,都做出了让步,没有让分歧激化到引发内战的地步。

这个合适的时机随着詹姆斯一世的即位来临。1604年,詹姆斯一世还没坐稳王位,下议院就起草了《致歉书》。这是一份非常了不起的文件,下议院旨在以自己的理解方式明确地向国王陈述下议院的地位、权利和特权。研究这一时期历史的最高权威塞缪尔·加德纳强调

---

[1] 约瑟夫·罗布森·坦纳:《都铎宪法文件》,剑桥,剑桥大学出版社,1922年,第205页。——原注
[2] 威廉·安森爵士:《宪法中的法律与习俗》,牛津,克拉伦登出版社,1907年,第2卷,第1章,第75页。——原注

了如下内容：

> 理解了这份《致歉书》，就是理解了英格兰王国革命胜利的原因。下议院没有提出任何不符合正义的要求，没有要求任何一种对国家利益和自己尊严而言都没有必要的特权。

这很有可能。尽管塞缪尔·加德纳的演讲无疑是"斩钉截铁和直言不讳的"，但可以怀疑他是否能同样准确地将《致歉书》描述为"本质上与保守和君主制有关"。

在感激上帝赐予英格兰一个"世间罕见的、富有同情心、充满智慧的国王"之后，下议院突然话锋一转，表达了"思想上的悲伤与痛苦"，说国王陛下在臣民的财产和下议院对两院"极端偏见"方面的特权问题上极大地"因错误信息而受到了不公正的对待"。因此，除打破沉默，把真相告诉国王之外，别无他法。詹姆斯一世在以下三个方面得到了错误的信息：第一，关于"欣然接受国王继承这一王国的原因"。第二，有关英格兰王国臣民的权利和自由及议会的特权。第三，"涉及议会的数次行动与演讲"。

下议院尤其抱怨的是，詹姆斯一世被错误地告知议会的特权不是关乎权利，而是关乎恩典；下议院不是一个"有记录的法庭"；爵士和市议员选举令不是下议院的职责，而是衡平法院的职责。

"恰恰相反，"下议院继续说道，"我们怀着对我们至高无上的君主——陛下您的敬意，面对这些错误信息，我们真诚地保证：第一，我们的特权和自由是我们的权利和应得的遗产，不亚于我们的土地和财产。第二，除对整个王国有明显的不利之外，就这些特权和自由，不能对我们有所隐瞒、否认或让其受损。第三，在进入议会的时候，我们提出享受特权的要求，只是一种礼节性的行为，不然就像通过请愿书向国王诉求土地一样，只会削弱我们的权利，形式上虽然比老式的令状新颖体面，但臣子的权利和以前没有什么区别。第四，我们同样保证，我们下议院是一个有记录的法庭并因此受到尊敬。第五，不管是出于尊严还是权威，在这片国土上，不应有能够胜任议会高等法院职责的最高的常设法院，在国王陛下的同意之下，议会事务交由其他法院处理，但不从其他法院接受法律和命令。第六，也是最后一点，我们断言，下议院是确定所有选举令及选举所有隶属于它的成员的结果的唯一恰当评判者，没有下议院，选举自由就不完整。衡平法院虽然是陛下管辖之下的常设法庭，但它的职责是发布选举令，然后收回选举结果并将其保存下来。不过，同样的做法也适用于议会。对议会，无论是衡平法院还是其他法院，都没有，也不应该有任何管辖权。由于这些错误的信息，最仁慈的君主，我们最大的麻烦就是——不信任和忌妒都在增加。明显看出，在陛下愉快统治的第一届议会，我们下议院的特权及整个王国的自由与稳定，比议会成立之初更普遍、更加危险地受到了质疑……"

接下来是对侵犯自由选举权的抱怨，如弗朗西斯·古德温爵士的情况；对免于逮捕自由的抱怨，如托马斯·雪利爵士的情况；对议会言论自由的抱怨，尤其令人不快的是教士对议会"为了教会的和平与良好秩序来处理问题"这一自古有之、毋庸置疑的权利的攻击。

关于最后一点，下议院和其代表的人民一样，感到特别而深切的担忧。尽管一年之后，即1605年，火药阴谋（**图20**）被发现，这重新引起了人们的恐慌。但来自罗马教廷的危险早已过去。总体上，国家不愿

图 20 火药阴谋策划者被处决

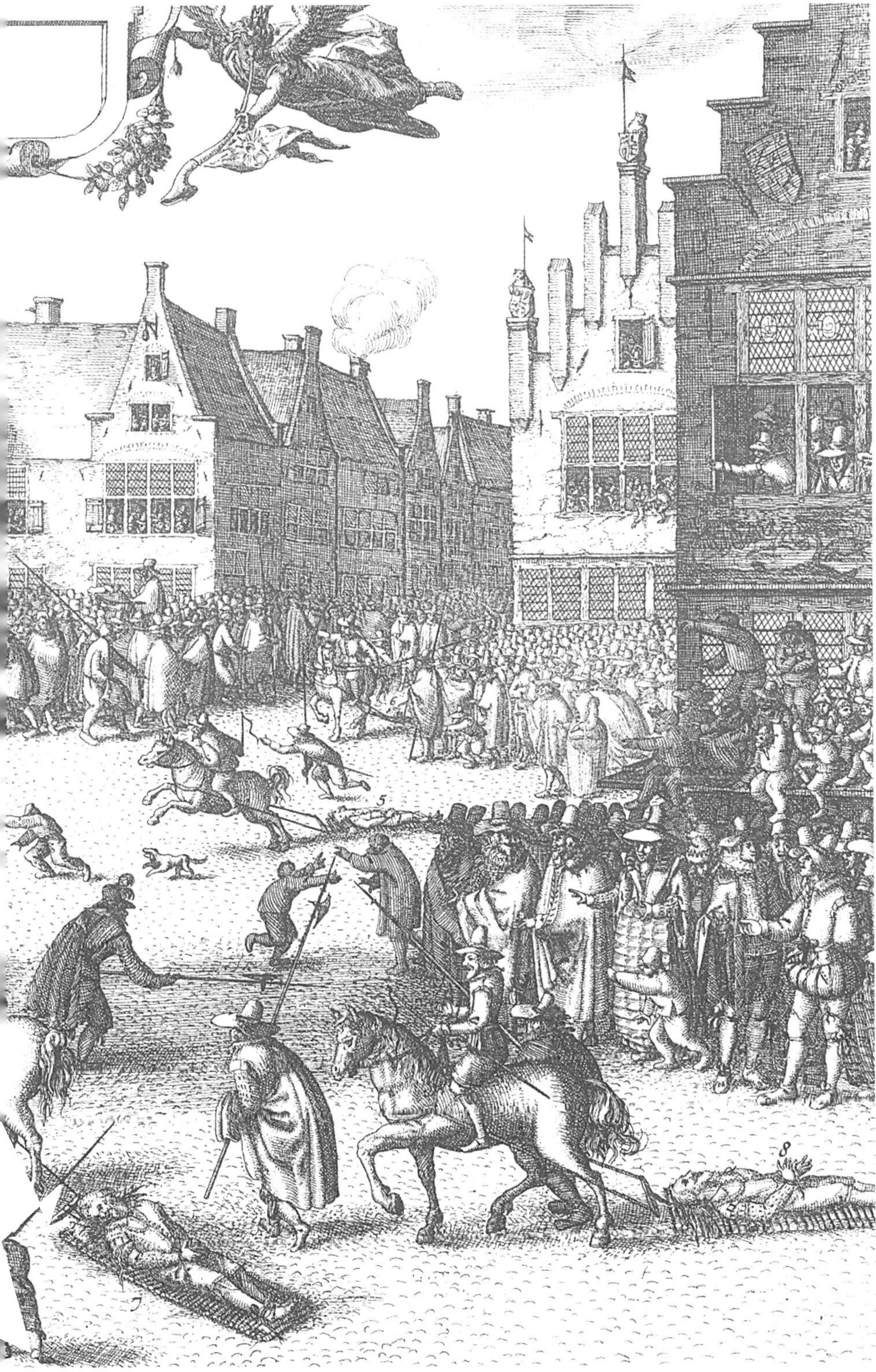
6
5
8
7

接受这一观点，尽管它倾向于日内瓦的信条，但十分怀疑在圣公会或当时所称的阿米尼乌斯派中发现的某些倾向。清教主义不仅在长老会和独立派（或称布朗派）中有大量追随者，而且在英格兰国教中也不例外。

正是这些"顺从的"清教徒，在新的统治伊始，就向詹姆斯一世递交了《千年请愿书》。请愿者强烈希望：第一，在教会的服务上可以做出一些改变：洗礼时使用的十字架标志，结婚时使用的戒指，帽子和白色法衣，以及诸如"牧师"和"宽恕"这样的术语都可以略去，坚信礼的仪式也可以取消。第二，除有能力、够条件的人之外，任何人不得从事牧师职位。第三，圣职人员不在其教区居住，兼管多个教堂及什一税移交私人保管等相关的职权滥用应当废除。第四，教会的纪律，尤其是受教会法庭管理和依职权宣誓的纪律，应当进行改革。

"顺从的"清教徒的立场在《致歉书》中得到了精确的反映。

"就宗教而言，"《致歉书》写道，"通过对真理和权利的审查可以看出，如果有任何人认为英格兰王国的君主拥有绝对的权力改变宗教①，或者制定与此相关的法律，无须出于世俗的原因经过议会的同意，那么国王陛下一定被误导了。我们已经并将始终通过誓言承认陛下是我们的至高主宰和最高统治者。关于我们自己的愿望和与之相关的活动，一点都没有被误解或曲解。我们没有以任何清教徒或布朗派的精神来介绍他们的平等，或者像现在这样去颠覆国教……我们带着别的精神而来，甚至是和平精神。我们没有争论信仰和教义的问

---

① 就宗教而言，上帝不应受凡夫俗子左右。——原注

第 2 章 君主和议会

题，我们的愿望仅是和平，我们的团结手段如何才能最终消除牧师之间令人惋惜、由来已久的分歧……我们的愿望一直是改革某些进入宗教领域，甚至是世俗领域的弊端。最终，这片土地上可能充满博学的、虔诚的、敬畏上帝的牧师。如果在这些——就如我们信任的——公正和虔诚的愿望中，我们发现了别人期望的一致性，那么我们为这些牧师的存续做的贡献就不会太小。"

这些话虽然温和恭敬，却触动了詹姆斯一世最脆弱的地方。实际上，《致歉书》是否正式提交给了詹姆斯一世，还不确定。《致歉书》的标题是"致最尊贵的国王陛下，来自议会下议院"。1604年6月20日，下议院的日志里写道："提交给国王陛下的致歉及履行义务的文件……现已报送下议院。"写进日志的只有寥寥数笔，但下议院是能够读到的，詹姆斯一世的国家文件里也有这份记录的抄件。詹姆斯一世没有被完全准确地告知其中的内容，实在是不可思议。

对詹姆斯一世来说，无论措辞多么恭敬，《致歉书》中的实质内容都是令他深恶痛绝的。就形式而言，《致歉书》可以被准确地描述为"本质上与保守和君主制有关"，但你能否想象这样一份文件被呈递上来，或者起草出来递交给都铎王朝的任何一个君主吗？事实上，这是对先例的正式上诉。这就是英格兰王国模式。《权利请愿书》是以《大宪章》为基础的；《大宪章》是以《亨利一世宪章》为基础的。《亨利一世宪章》让人回想起盎格鲁-撒克逊的习俗。然而，正如我们已经指出的那样，显然下议院下决心要在新王朝的第一个国王那里有一个新的开始，主张进入另一个发展阶段，即个人君主的权力让位于议会君主的权力。

然而，直到查理一世统治时期，有人才提出对下议院明确主张的行政权进行控制。正是埃利奥特和皮姆分别受到白金汉公爵（图21）案件和斯特拉福德伯爵案件的触发，提出了部长责任制的主张。与此同时，国王和议会之间发生了冲突，双方的感情恶化。下议院被迫找到一个新的原则，接受这一原则将一扫都铎王朝"独裁"的最后残余，并且为在汉诺威王朝统治下最终建立君主立宪制铺平了道路。

图21 白金汉公爵

第一次冲突发生在"特权"问题上。对有争议的选举，决定权该属于谁？在詹姆斯一世的第一届议会上，弗朗西斯·古德温以巴克斯郡选议员的身份重返议会，这个问题被重新提了出来。当时和现在的情况一样，选举议员的令状是由王室书记官签发的。1406年，亨利四世时期的一部法令规定将该选举令状的结果上交衡平法院。但在伊丽莎白一世统治时期，下议院提出了审查该结果的权利主张，要求将责任委托给负责处理特权问题的常务委员会。

詹姆斯一世在召集第一届议会时，发布了一项公告，不仅对恰当人选的选择①给出了明确的指示，而且下令将选举结果"交由衡平法院并记录存档"。如果有人被判决"违反这项公告"，选区选民和当

---

① 就如都铎王朝通常做的一样。——原注

第2章 君主和议会

选议员都将受到惩罚。特别指出的是，破产者和剥夺法律权益者不在选举结果统计之列。古德温被剥夺了法律权益，所以王室书记官拒绝把他统计进去。第二份选举令状发布之后，约翰·福蒂斯丘爵士当选为郡议员。下议院把这件事看作特权问题，将书记官和古德温叫到律师那里，宣布古德温依据法律当选，命令他发誓就职，称"他按要求去做了"。詹姆斯一世表示，不管谁当选，他都毫不在意，但提醒下议院"从他那里得到了所有特权"，并且坚持认为一个被剥夺法律权益的人是不具备法律资格的，根据相关法律，所有选举结果都交由衡平法院审核。

争论持续了数周。詹姆斯一世"作为绝对的国王"发出命令，下议院和法官之间应该举行一次会议。这道命令让人感到惊讶，直到有人站出来说："君主的命令犹如一个惊雷，要求我们忠诚的命令就像雄狮怒吼。"但下议院任命了一个特别委员会，在国王和议会面前与法官进行协商。詹姆斯一世提议将前两次选举搁置一旁，发布第三份令状。大家接受了这个提议，产生了一个新的人选。然而，另外两场有争议的选举是下议院在没有詹姆斯一世的抗议的情况下决定的。下议院就这样收获了胜利的果实。

《致歉书》也提到了托马斯·雪利案件。在当选为思泰宁的议员之后，雪利因欠债而被捕。免于因民事指控而被捕是议员无可争议的特权之一。1543年，下议院派遣高级律师去释放一个叫费勒斯的议员并将逮捕他的治安官送交法庭受审。1575年，斯莫利案中，下议院将这一特权扩大到了议员的仆人。雪利同样是根据下议院的命令被释放的，并且把负责逮捕他的人关进了伦敦塔（图22）。弗利特监狱（图23）的监狱长因拒绝释放囚犯被抓了起来，直到他在受到公开

图 22 伦敦塔

审问时认错道歉为止。在雪利的案件上，詹姆斯一世支持下议院捍卫自己的特权，但债权人及其他议员的权利也应当予以考虑。因此，最好通过一项法令，在维护议会特权的同时，保护债权人的权益，并且赔偿那些按照下议院的命令释放雪利的人。然而，17世纪，这种特权的滥用到了骇人听闻的地步，人们发现有必要进行限制。

每届议会伊始，新当选的议长拥有的四大特权，即免于逮捕、自由接触君主、有利于下议院议事程序的建设及言论自由，但依然需要得到国王的认可。最初，对这些特权的要求是议会在1554年向玛丽一世提出来的。从1571年起，这些特权就被逐渐确定下来。在这些特权中，对议会事务来说最重要的当属言论自由，但都铎王朝的君主就

第 2 章 君主和议会

是迟迟不予承认。1512年，一位叫理查德·斯特罗德的议员因提出一些法令来规范康沃尔锡矿工人的特权而遭到锡矿法庭监禁。议会接受了对他们自由的挑战，并且通过一项法令，不仅宣布对斯特罗德的诉讼无效，而且宣布对议会现任或未来任何议员的诉讼都是没有效力的。"这是对辩论自由的法定认可。"正如我们所见，伊丽莎白一世对这种特权的解释如此狭隘，实际上对其持否定态度。尽管出现了一些冲突，但伊丽莎白一世和下议院都不想走到极端的地步。

这样的考虑既没有限制詹姆斯一世，也没有限制他的议会。1610年，詹姆斯一世下令下议院不要讨论他的征税权问题。下议院立即

图 23 弗利特监狱

抗议对"确切讨论与其本身或其财产、商品及权利等有关的所有问题、古老而基本的议会自由权利"的侵犯行为。詹姆斯一世没有坚持禁令，随后一场关于征税问题的大论战爆发了。论战从1610年6月23日开始，一直持续到1610年7月3日。

1621年，这样的争议再次出现了。由于三十年战争的爆发，外交政策的问题显得格外突出。于是，下议院就这些外交政策问题展开了辩论。詹姆斯一世怒气冲冲地命令，从那时起任何人不得"干涉任何关于我们政府或国家深层次的问题"。下议院议员反驳说，詹姆斯一世发出的信息似乎剥夺了"议会自古以来的自由，即言论自由、司法自由和议会公正谴责的自由……这是我们毋庸置疑的权利，也是我们从祖先那里得到的遗产。没有这一点，我们就不能自由辩论，不能清晰地辨别我们遇到的问题，也不能告知陛下实情"。对要求确认他们特权的请求，詹姆斯一世回答时大讲特讲下议院议员处理国家大事的无能，并且保证只要他们"在自己的职责范围内行事"，他就会谨慎地保持和维护他们合法的自由和特权，就像"我的前任保护王室特权"一样。但他重申了自己最初的论点，即下议院的特权"来自我的祖先和我的恩典与许可"。

很明显，从1604年起草了《致歉书》以来，下议院没有取得什么进展。于是，下议院愤怒地重申了自己从一开始就所持的立场："议会的自由、选举权、特权和司法权是英格兰王国臣民古老的、毋庸置疑的、与生俱来的权利，也是他们的遗产。"下议院现在毫不妥协地用最朴素的语言要求詹姆斯一世承认自己自由辩论的权利，一点也不惧怕受到惩罚。

詹姆斯一世对抗议的回应是解散议会，并且亲手从《议会日

第 2 章 君主和议会

志》中撕掉了具有冒犯性的一页①。

1629年，查理一世第三次解散议会之后，特权问题再度死灰复燃。在查理一世第三次解散的议会中，约翰·埃利奥特表现十分突出。因此，在议会解散之后，埃利奥特和其他八位议员被枢密院送入了伦敦塔。他们就人身保护权发起诉讼，但法庭发回的令状称，他们明显犯了叛国罪和煽动叛乱罪。埃利奥特本人没有申请人身保护权。自始至终，他都坚持议会的特权。他该说的、该做的都已经在议会说过了并且做过了。在英格兰王国的大谘议会里，他不会为说过的话或做过的事负责。查理一世做出了让步，允许案件由国王的审判庭而不是由星室法庭审理。但对埃利奥特来说，这并没有什么两样。这件事是议会的事情，并且只能是议会的事情。

他的同伙在适当的时候被释放了，有的早一点，有的晚一点。查理一世的怒火集中在了埃利奥特身上。在伦敦塔，埃利奥特毫不屈服，最终死在了这里。

约翰·埃利奥特最终所持的立场似乎有些狭隘。对公众而言，议会特权问题，尤其是当它影响到个体议员而非法人团体时，可能就显得微不足道了。不能否认，这些议员是在学究气息浓厚的氛围中长大的。更糟糕的是，他们还将其作为一种自我宣传的手段。同样，议会程序的细枝末节对公众而言是令人厌烦的，并且让没有经验的议员感到困惑。此外，不可否认的是，与18世纪的情况一样，当议会本身发展到具有寡头政治的情形时，在与王室的斗争中赢得的特权就被滥用，从而损害了选民的利益。然而，对议会的尊严来说，各种程序问

---

① 原始页已经得以恢复，今天可以在下议院见到。——原注

题是很重要的，有助于议会机器的成功运行。特权问题更是如此。在与斯图亚特王朝君主的斗争中，议会不仅努力维护自己及其成员的尊严，而且为议会民主的发展做出了显著的、不可或缺的贡献。

事实上，这还不是议会最显著的贡献。特权问题固然重要，但更重要的是议会对行使立法权、准许向王室提供物资及向纳税人征税的主张等。

对这些更重要的问题，我们现在先忽略不谈。

第 3 章

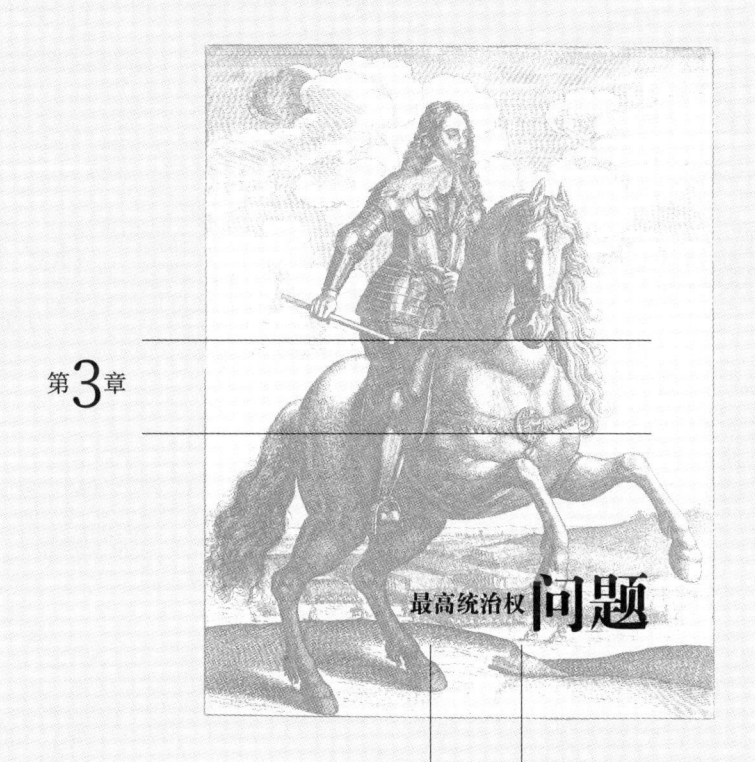

最高统治权 问题

THE

PROBLEM

OF

SOVEREIGNTY

最初，召集议会是为了给王室提供必要的财政支持。时至今日，这依然是下议院的主要职责。议会的基本职责是行使对公共开支的控制权。对我们的政治体制持敌对态度的批评人士称，这一职责目前没有得到充分发挥，很有可能随着行政部门的增多，各个部门竞相从公共费用中获得越来越多的资金，以维持自身特定的活动，行政部门权力的稳步增加，即公共和私人挥霍习气的盛行，使立法机关对开支的控制权削弱了。尽管可能会有一些疏忽的地方，但下议院程序体系的设计或发展是为了尽可能减少欺诈甚至违规的可能性。下议院通过的所有款项现在都按照具体的用途进行拨付，政府账目委员会的职责是确保每一便士实际上都是按照拨款来支付的，并且向下议院汇报。

与17世纪的其他问题一样，这一问题同样极其重要：王室和议会争夺钱袋子的斗争，在斯图亚特王朝的统治下，达到了高潮。

斯图亚特王朝开始的时候，议会控制权的一般原则已经被完全接受了。但正如我们所见，在实践过程中，斯图亚特王朝的制度并不是完全无懈可击的，在若干漏洞当中，最重要的是君主主张对进口和出口的商品征收吨税和磅税之外的费用的权利。这些额外的费用被称为"强加税收"。

回想起来，斯图亚特王朝的国王被迫采用这些有问题的手段，部分原因是个人生活的奢侈，部分原因是国家收入不足以满足政府的合法开支。做到事后聪明是很容易的，但回顾一下，如果国王和议会认识到旧的制度已经过时，并且完全不符合议会渴望得到的新地位，那么接踵而来的麻烦有一半是可以避免的。这一点再明显不过了。国王再也不能凭借关税、十分之一税[①]、十五分之一税、财政补贴等收入来"自己生活"或维持政府机器的正常运转。但对议会来说，使斯图亚特王朝的君主获得定期和永久的财政收入，就意味着放弃了控制行政部门的宝贵工具。该问题的解决办法是，最终对王室的收入和国家的收入区别对待。但用了两个世纪的时间，直到维多利亚女王执政期间，才最终找到解决办法，这种差别才完全消除。

在此期间，财政问题仍然是斯图亚特王朝及其议会之间不断摩擦的根源。

从现代意义上讲，最重要的税种是进口关税和出口关税。每一任国王统治之初都会对该税种进行投票来保障自己生活。这种做法成了一种惯例。

都铎王朝开创了征收额外关税的先例。1534年，亨利八世通过法律授权，在他"有生之年"，"通过公告来管理贸易过程并废除或恢复与商品进口、出口有关的法案"。玛丽一世和伊丽莎白一世无视限制，加征了额外的关税。

根据这些先例，詹姆斯一世对醋栗征收了关税。这一问题因黎凡特公司的地位而变得复杂起来。黎凡特公司是在伊丽莎白一世统治末期为管理英格兰王国和黎凡特之间的贸易而成立的。虽然困难接踵而

[①] 亦称"什一税"。——译者注

至，但伊丽莎白一世为了换取每年4000英镑的回报，确定了黎凡特公司的垄断地位。

1603年，黎凡特公司交出了特许经营权，部分原因是人们对垄断的强烈抗议，部分原因是它造成了贸易上的损失。詹姆斯一世也就失去了前任伊丽莎白一世享有的收入。于是，他决定对醋栗征收关税并同意放弃较多数量的债务。对这些债务，詹姆斯一世本可以理直气壮地提出索取要求。

然而，1605年，黎凡特公司因从君主那里取得一份专利而复活。不久之后，黎凡特公司成员之一约翰·贝茨拒绝支付詹姆斯一世对醋栗征收的关税，并且对征收该税种的合法性提出了质疑。于是，此事被提交给了财政法庭。商人们向下议院提起了上诉，议会立即在他们的申诉请愿书中加入一条要求，让詹姆斯一世停止征税，理由是未经议会批准不得征收这种税。

这一争端呈现出了更广泛、更重要的态势。财政大臣威廉·克拉克决定站在詹姆斯一世的一边。

"王国的所有港口，"威廉·克拉克说，"都属于国王……因此，国王可以禁止所有商人的活动。就如他可以禁止任何人一样，他可以随意进口和出口任何货物。如果国王普遍禁止某些商品的进口，那么出于同样的原因，在特定条件下，如果要进口这些商品，就得支付特定的费用……"首席大法官托马斯·弗莱明表达了类似的观点，称港口是国王的"大门"，詹姆斯一世"拥有绝对的权力，可以根据自己的意愿接纳或排除某些人"。

从法律的角度来看，毫无疑问，法官们是对的[①]。习惯法最坚定的拥护者爱德华·科克称，在该案例当中，政府站在了法律的一边。正如我们现在看到的，乔治·黑克威尔在1610年发表了一次强烈反对王室征税特权的演说。但他承认，在听到财政法庭的判决时，他对支持判决提出的论点深表满意。下议院也默许了这一判决。

然而，不幸的是，法官们并不满足于对法律的解释，而是进一步阐述国王双重权力的问题；国王的普通权力依赖于法律并受到法律的制约；国王绝对的或特殊的权力只能由他自己斟酌而定。"国王的智慧和远见，"托马斯·弗莱明说，"是不容普通百姓评说的。"

议会暂时默许了这一判决，也没有深究其所依论据。如果詹姆斯一世同样满于现状，那就好了。

1608年，一项新的关税法令（或称为《税率之书》）颁布：一些较沉重的关税被免除了，但新的关税主要是针对奢侈品和与英格兰王国制造的产品竞争的外国商品征收的。这样的政策完全符合当时最优秀的政治理论学说，并且以政治家般的谨慎态度运用了各种原则。此外，它保证了7万英镑的额外收入。

但詹姆斯一世和他的法官一样，必须把财政政策建立在"特殊权力和特权之上……这对君主来说是固有的东西"[②]。事实上，詹姆斯一世走得更远。在召集1610年的议会时，他命令下议院"不要对国王就进口和出口商品征税的权力和特权提出异议"。正如我们看到的，下议院对这一禁令深感不满，不仅因为提议的关税带来的受

[①] 虽然弗雷德里克·梅特兰发现"很难把判决理解为对法律的阐述"。——原注
[②] 1608年7月28日，《税款征收委员会纪要》。——原注

第 3 章 最高统治权问题

益,而且因为这一做法侵犯了他们的自由辩论权。因此,下议院向詹姆斯一世请愿说,"根据议会不容置疑的权利和自由",议会接下来可以"全面审查这些新的税收政策"。

詹姆斯一世做出了让步。议会决定在适当的时候组成一个委员会①,对征税问题进行审议。随后,议会举行了一场非常有意义的辩论。

培根和其他赞成王室特权的人巧妙地争辩说,詹姆斯一世有权禁止货物进入王国的港口,如果他禁止了某些货物的进口,就可以一直禁止到对方付费为止。例如,有人告诉约翰·贝茨:"你不能带醋栗。如果带了,就得付那么多钱。"当我们现在可以描述斯图亚特王朝议会中受欢迎的政治派别的时候,这样的推理并没有让反对派感到满意。反对派对君主的行为表示强烈的不满,认为君主的行为既违反了法律,也违反了良好的政策。曾在康沃尔郡的几个行政区任职的乔治·黑克威尔找到了问题的根源所在。他坚持认为,现在争论的问题是,詹姆斯一世是否可以"在没有议会同意的情况下,任凭自己的意愿,对商业贸易收取税费"。根据习惯法国王有权征收他确认的关税。但这一权力是"有限制的"。"英格兰王国的习惯法,就像世界上其他所有充满智慧的法律一样,喜欢确定性,摒弃不确定性,将不确定性看作所有争论和困惑的根源。在法律当中,没有什么比不确定性更令人憎恶了"。只有议会,才能确保这种确定性。反对无限制征税权的理由得到了"许多与此相关的记录和法规的支持"。

在同一场辩论中,布尔斯特罗德·怀特洛克先生比黑克威尔更

---

① 从而摆脱议长的控制。参见约翰·A.R.马里奥特:《现代国家机制》,多伦多,多伦多大学出版社,1927年,第1卷,第527页。——原注

深刻地发现了事情的本质：承认在任何联邦都存在一些与最高统治权有关的权力，这些权力"经常和普通权力都属于该国的最高统治权，"他提出了至关重要的问题，"在这个王国，主权权力到底在哪里？"布尔斯特罗德·怀特洛克有意无意地切中了问题的要害。"主权"到底栖身何处？

事实上，在斯图亚特王朝的君主和他们的臣民之间，或者更准确地说，在王室和其他政府机构之间的激烈争论中，这是最重要的问题。

怀特洛克认为，最高统治权最终属于"议会中的国王"。他承认，国王本人在议会之外享有"唯一的、独特的"最高统治权。但这种权力是从属于"议会中的国王"的。以政策或国家需要为由来进行辩论固然很好，但"这样的策略对解决权力问题毫无作用。我们的统治是在这个平凡的联邦中，没有人比法律更有智慧，这是必然的。如果有给人们带来不便的地方，用适当的法律程序解决就是"。"在短期内让少数人受到伤害，要比整个民族的权利遭到破坏和侵犯更容易让人接受。真正不便的是如何做到这一点。"

关于最高统治权问题，说得再清楚不过了。"最高统治权"到底栖身何处？对这个根本问题，每一次特定的争议都会将我们推回原处。这一问题的确至关重要。在这个问题上不能有任何错误：到17世纪为止，最高统治权是属于国王的。这是毫无疑问和争议的。很可能是时候将其移交给"议会中的国王"了。但那些主张变革的人不能像塞缪尔·加德纳那样，以保守主义为借口，为自己进行辩护了。他们要求做出变革，尽管这种变革实际不需要诉诸武力，但它是革命性的。斯图亚特王朝君主只有放弃他们自认为至关重要的政府理论立场，才能避免革命发生。站在今天的角度回顾17世纪的评论家，我们

第3章 最高统治权问题

可以看清许多当时的人们无法看清的东西。我们看到，在经历一段混乱的过渡期之后，英格兰王国的君主制得以恢复；我们看到，英格兰王国的君主制不仅在经历1688年革命之后幸存下来，而且经历了近百年来在立法领域影响深远的宪法变革。今天，我们看到英格兰王国的君主制在骄傲的帝国的废墟中屹立不倒，尽管推翻了古代的王位，但由于四亿子民的忠诚和献身精神，它比世界历史上任何君主制国家都更强大。

回顾清教徒革命，我们很容易可以看出智慧之路在哪里。但对一个以外国人的身份登上英格兰王国的国王来说，就显得困难了。如果詹姆斯一世不仅要继承都铎王朝的王位，而且要继承都铎王朝更清晰的愿景，那么远见和同情心或许会避免灾难的发生。这样说或许不无道理，远见和同情心通常是起作用的。对一个虽然不是没有头脑，但脾气和习惯都很特别，同时头脑没有特殊天赋的国王来说，这样卓越的品质是找不到的，或许也不需要去找。

然而，1610年的议会经历了解决这一问题并非没有成功希望的努力。要重申，王室面临的困难还是财政问题。正如我们所见，当索尔兹伯里伯爵作为英格兰王国财政大臣向议会陈述王室在财政上的必要性时，下议院要求先平息民怨，尤其征税问题。此时，詹姆斯一世已经放弃了自己最初的立场，允许讨论任何影响臣民权利的问题。因此，气氛似乎对达成所谓的"大契约"并非不利。索尔兹伯里伯爵提议，经过长时间的讨论，暂时同意詹姆斯一世每年获得20万英镑的收入，以换取他放弃征收所有封建税费的权利——监护权、王室采买权等，并且把兵役土地保有权转变为自由租地权。詹姆斯一世还同意不再征收任何关税，同时放弃不受限制的发布公告权。但在该协议没有最终达成之前，其他问题出现了一些新的争议。1611年2月9日，詹姆斯一世解散了1604年以来每隔一段时间就召开的议会。他极大地克制自己，才没有把一些著名的反对派议员送进伦敦塔。

然而，时隔三年之后，即1614年，詹姆斯一世被迫召集新一届议会。在没有议会的情况下，筹集资金的一切权宜之计都是徒劳无功，结果支出大大超过收入，詹姆斯一世陷入越来越深的债务"沼泽"①。为了拥有一个更加顺从的议会，詹姆斯一世付出了巨大的努力。尽管如此，新议会反倒比上一届议会更加顽固。因此，詹姆斯一世做出了一些小的让步，但下议院认为这些让步不够，所以不予考虑，并且提出了"征税"这一老问题，同时要求与上议院就此问题举行会议。尽管只有超出9票的多数票同意举行会议，但上议院拒绝召开会议。主教议员不少于16人，其中林肯主教理查德·尼尔（图24）不遗余力地对下议院发起最猛烈的攻击。下议院热烈地讨论了这一问题，在短暂的会议里，大部分时间都花在了对尼尔的讲话的争吵上。下议院

图24 理查德·尼尔

---

① 收入和支出的差额达到了20万英镑，曾经被索尔兹伯里伯爵减少到30万英镑的债务又上升到68万英镑。——原注

第3章 最高统治权问题

没有做任何有用的工作，对物资供应问题没有投票，在解决争端方面也没有取得任何进展。两个月之后，这个被戏称为"混乱议会"的议会被解散了。

七年之后，即1621年，另一届议会才在英格兰王国召开。当时的人们很可能猜想，要过多久议会才能再次召开。回顾起来，我们可能会想起一个有趣的事实，在英格兰王国"混乱议会"被解散的那一年，法兰西王国也召开了革命之前的最后一次国民议会。而在更早的时候，西班牙王国的代议制机构就进入了暗无天日的时期。

因此，英格兰王国很可能为西欧代议制机构的生存带来了一线希望。至于詹姆斯一世，公平地说，他记录下了这样一个事实，尽管他不太愿意接受培根明智的建议，但认为议会"不仅是必要的，而且是把国家和君主统一在一起的独特的宝贵手段"，所以他并没有坚持废除议会的既定计划。不过，詹姆斯一世代表王室提出了一些要求，但如果这些托词得到认可，很可能会导致议会灭亡的后果。

法兰西王国和西班牙王国的例子证明，对钱袋子的控制，即便不是为了议会的生存，至少在实用性方面也是关键的。因此，詹姆斯一世和下议院之间存在的问题至关重要。如果下议院出于有意识的目的或盲目的本能，以"权利"或"恩典"的名义坚持某些职能或者特权，作为后辈的我们可能会感激他们顽固的态度。这种顽固的态度尽管在英格兰王国引发了一场危机，但挽救了西欧代议制政府的事业。

现在重新回到事件的顺序上来。事实证明对议会完全被取代的担心是毫无根据的。但七年之后，即1628年，在斯图亚特王朝的第三届议会召集之时，除财政问题之外，其他一些问题也引起了关注。此外，莱昂内尔·克兰菲尔德的财政管理能力让詹姆斯一世暂时摆脱了困境。

克兰菲尔德在伦敦当学徒起家，娶了自己师傅理查德·谢泼德的女儿伊丽莎白·谢泼德，并很快在伦敦声名大噪，成为金融家。1615年，被任命为海关测量官之后，他在王室展开了猛烈的改革，为詹姆斯一世每年节约了不少于2.3万英镑的资金。担任多个职位之后，莱昂内尔·克兰菲尔德（图25）荣升为贵族，并且于1621年成为司库，与波特兰伯爵一起在财政大臣所辖办事处工作。

图25 莱昂内尔·克兰菲尔德

新任司库米德尔塞克斯伯爵莱昂内尔·克兰菲尔德和白金汉公爵之间的摩擦迅速升级。1619年，白金汉公爵成为海军大臣，急于从国库中榨取金钱。而克兰菲尔德和维多利亚时代的财政大臣一样节俭。因此，他们的摩擦很快就演变成了正面的对抗，这一点不会令人感到意外。

1624年，詹姆斯一世在位期间的最后一届议会召开的时候，白金汉公爵决定用最近翻新的"弹劾"这一武器来反对他的对手。很少有人像克兰菲尔德那样迅速发迹而没有树敌。没有哪个令人忌妒的国家财政守护者会没有敌人。对他的腐败指控提供的一些理由来自克兰菲尔德的行为，这是确定的。但他垮台的真正原因是冒犯了白金汉公爵和年

第 3 章 最高统治权问题

轻的威尔士亲王查理①。在白金汉公爵和威尔士亲王决定放弃与西班牙王国的联姻政策之后，克兰菲尔德依然坚持。在受到克兰菲尔德的告诫，"为了国家的利益和所有基督教国家的利益"而迎娶西班牙公主的时候，威尔士亲王冷冰冰地告诉莱昂内尔："你如果愿意，就去评判与自己有关的贸易事务吧，因为对于关乎荣誉的事情，你并非仲裁者。"

在与白金汉公爵和威尔士亲王一起热切地希望看到与西班牙王国联姻的计划被放弃的同时，下议院准备弹劾克兰菲尔德。爱德华·科克和迈尔斯·桑兹负责该弹劾案。经过冗长的审判之后，克兰菲尔德被上议院贵族议员宣判有罪。对他的判决非常严厉，他不但失去了所有官职，而且被宣布以后不能在政府或议会任职。克兰菲尔德被关进了伦敦塔，勒令支付5万英镑的罚款，并且永远被逐出了宫廷。

把克兰菲尔德与詹姆斯一世分开是白金汉公爵的主要目的，现在这个目的已经达到了。但詹姆斯一世比脾气暴躁的年轻人看得更加清楚，是这些年轻人让一个忠诚的奴仆和出色的管家沦落到垮台的地步。"天哪，你简直就是个傻瓜，"詹姆斯一世对自己宠爱的儿子威尔士亲王查理说，"你在用自己做的棍子抽打自己。在你将来的生活中，满脑子都是弹劾的事。"这就是詹姆斯一世对威尔士亲王查理圣人般的预言。

克兰菲尔德倒台之后不到十二个月，老国王詹姆斯一世驾崩，查理一世即位。

詹姆斯一世既不是一个伟人，也不是一个卓越的国王。尽管他学究式地坚持一种与臣民的传统格格不入的王权理论，但并不缺少天生的精

---

① 即位后为查理一世。——译者注

明与智慧。查理一世做人比父亲詹姆斯一世强，但做国王就差远了。谈到更加亲密的顾问，查理一世也远没有父亲詹姆斯一世幸运。没有哪个国王会有比白金汉公爵和亨利埃塔·玛丽亚更糟糕的顾问了。斯特拉福德伯爵转变得太晚。像爱德华·海德和福克兰子爵这样的人，即使会更明智地辅佐查理一世，也不会完全得到查理一世的信任。

在财政方面，新的统治开始的时候，状况十分糟糕。詹姆斯一世给自己的继任者查理一世遗留了一场战争[①]，但正如爱德华·海德所言，并"没有留给他足够的资金来打赢这场战争"。议会也没有准备去弥补亏空。相反，下议院尽管鼓励[②]这场战争，但又对征收吨税和磅税的事宜进行投票，期限不是惯常的终身有效，而是仅仅十二个月。这就暴露出下议院对查理一世及其亲信的不信任。上议院拒绝同意以这种带有冒犯性的限制进行投票，而查理一世尽管缺少议会在征税方面的权威，但照例征收关税。议会的疑心或许是有道理的，但在这个时候如此突兀地表现出来，是新的统治不幸的前奏。如果一方有疑心，另一方就缺乏信心和坦诚。查理一世和白金汉公爵没有透露政府财政的必须开支情况。

宗教恐惧加剧了财政上的不信任。查理一世与法兰西公主亨利埃塔·玛丽亚的婚姻是不是意味着对英格兰王国罗马天主教的让步呢？新国王会不会像旧国王一样，对阿米尼乌斯派施以恩惠，以换取阿米尼乌斯派对君主特权的支持呢？查理一世的态度不久就遭到了怀疑。1624年，杜艾英语学院院长马修·凯里森在一本叫《新福音的

[①] 即三十年战争（1618—1648）。——译者注
[②] 如果不是煽动。——原注

第3章 最高统治权问题

恶作剧》的小册子里，抨击英格兰国教属于加尔文派。理查德·蒙塔古是著名的阿米尼乌斯派信徒，也是国王的牧师。他以《一只老鹅的新恶作剧》作为回敬。蒙塔古所持的立场正好是今天英格兰国教徒的立场：英格兰国教同样反对罗马和日内瓦，英格兰国教不属于加尔文派，而是天主教性质的。蒙塔古在承认罗马教廷错误的同时，拒绝说教皇是反基督教的；他在否认教义变体论的同时，断言基督的真实存在；他认为虽然图像和图画不应当成为崇拜的对象，但它们并没有像书中的插图那样更加令人反感。

尽管蒙塔古言辞激烈，但他的著作中主要论点既是合理的，也是温和的。不过，它足以引起向坎特伯雷大主教乔治·阿博特的求助对象——清教徒控制的下议院——的警觉。阿博特给了蒙塔古一个极好的建议："回家把你的著作再读一遍。"不要有制造丑闻或冒犯他人的机会，"不要让你的观点绑架了你自己，记住，我们必须向基督汇报我们的神职工作"。这个建议很好，颇具坎特伯雷大主教的特色。但蒙塔古对此表示不满。来自阿博特的类似建议经常引起人们的不满。

作为国王的牧师，蒙塔古只好向查理一世求助。"如果那样就能做天主教徒，"查理一世说，"那么我也是天主教徒。"于是，蒙塔古得到授权去写续篇，但直到查理一世被处死后才得以出版。因此，他的《我向恺撒呼吁》只能献给下一任查理二世了。

查理一世的第一届议会对《我向恺撒呼吁》的喜爱程度，丝毫不亚于詹姆斯一世最后一届议会对《一只老鹅的新恶作剧》的喜爱程度。这一论点在《我向恺撒呼吁》这本具有冒犯性的续篇当中得到了重申和强化。下议院再次向坎特伯雷大主教呼吁，虽然坎特伯雷大主教非常恼怒，但无力去阻止蒙塔古。于是，这件事就交给了不服从国教事务委员会。该委员会谴责蒙塔古坚持的理论观点，但建议推迟该问题的审议。下议院指控蒙塔古扰乱国教和国家，蔑视下议院，但没有采取进一步的行动，只是将这位违法者交给议会警卫看管。经过三周的休会之后，议会在牛津复会，但对蒙塔古的攻击还是无果而终。

与此同时，紧张的财政问题没有得到进一步缓解。在议会复会时，有消息称英格兰王室与法兰西王室的婚姻条约涉及放宽对罗马天主教徒的处罚。法兰西人借用一支英格兰舰队攻打拉罗谢尔的胡格诺派教徒后，议会和王室的关系更加紧张了。

对查理一世提出的资金要求，下议院以要求提供相关信息进行反驳。国家的敌人是谁？战争在哪里？谁为战争出谋划策？"在政府当中，"罗伯特·菲利普斯说，"需要好的建议，但建议和权力都被垄断了。"几天之后，关于信任的问题更加明确地提了出来，白金汉公爵遭到了指名道姓的攻击："让我们把错误归咎于它出现的地方。白金汉公爵得到了信赖，错误不是他犯的，就是他的代理人犯的。"查理一世对自己倚重的大臣遭到攻击倍感震惊。1625年8月12日，他匆忙解散了第一届议会。

但因为急需资金，1626年2月6日，查理一世召集了第二届议会。在六个月的时间里，情况变得雪上加霜。他那罗马天主教徒的王后并非不合理的要求，以及清教徒议会同样很自然的怀疑态度，让查理一世感到心烦意乱。对外关系一片混乱，让人绝望。几乎在同一时间，查理一世撇开法王路易十三，与胡格诺派教徒进行谈判，却又和路易十三结成联盟，派遣舰队攻打加的斯。对加的斯的远征以灾难性

第3章 最高统治权问题

的失败而告终，外交政策的神秘复杂加剧了新一届下议院对无能大臣的抨击。查理一世试图通过针对"反对党"中诸如郡长等主要领导人，从而攻击议会，结果徒劳无功，进一步加剧了下议院的愤怒。即使没有斯特拉福德伯爵、爱德华·科克和罗伯特·菲利普斯，约翰·埃利奥特依然会抨击白金汉公爵。

在当时宪法冲突当中，关于约翰·埃利奥特起的作用，已经说了不少，在以后的相关部分，还要谈及更多。必须指出的是，在冲突刚开始的时候，埃利奥特确立了旨在提供解决办法的基本原则。查理一世的大臣必须对议会负责，主要对掌握财政大权的下议院负责。对物资供应的批准必须依赖于对行政部门自行决定权的信任。

确立这一原则的第一步是使用一种很快就过时的弹劾武器来对付一个无能的大臣。议会反对白金汉公爵推行的政策，所以他因受刑事指控而遭到弹劾。"英格兰王国的法律告诉我们，"达德利·迪格斯说，"国王不能指挥邪恶或非法的事情，无论发生什么不好的事情，刽子手都应当为其阴谋负责。"塞缪尔·加德纳引用下议院的话说："下议院几乎没有想过迪格斯言辞隐含的意思。通过达德利·迪格斯之口，下议院已经弄清了英格兰王国的主权。"

关于对白金汉公爵的具体指控，我们不必担忧。迪格斯一语中的：埃利奥特已经讲得很清楚了。即使这项政策是查理一世主导的，白金汉公爵也有责任劝说他放弃。如果劝说不成，他就应该将此事提交议会。如果议会也未能劝说成功，就应该对查理一世提出抗议。如同卢修斯·塞扬努斯一样，白金汉公爵和查理一世关系密切，经常被称为"国王的工作伙伴"。或许更恰当地说，他被比作理查一世著名的牧师伊利主教，关于伊利主教，人们是这样说的："让那急于毁灭一切之人自我毁灭吧！让他备受压迫以免他压迫众生。"

"议员们，"埃利奥特总结道，"你们看这个人，看他的行径，你们知道他是怎样的人。我把他留给你们来评判。这一点只有我们这些爵士、公民和议会下议院议员才能想到——我们的所有罪恶都是他带来的，我们从他身上找到了原因，必须由他来弥补。"

埃利奥特和迪格斯为他们的大胆行为付出了代价，被关进了伦敦塔，但迪格斯立即就被释放了。下议院被这次针对特权的攻击深深触动了，决定暂停对他们开庭，直到埃利奥特也恢复自由为止。一周之后，即1626年5月19日，他被释放了。但下议院拒绝提供所有资金，直到不满得到解决为止。同时，下议院直截了当地告诉查理一世，如果让白金汉公爵去花钱，不相信他会把钱花到点子上。下议院提出请求，以国家和教会敌人的罪名，解除白金汉公爵的职务。

于是，查理一世决定再次解散议会。

埃利奥特被要求去星室法庭对白金汉公爵提出指控，但他断然拒绝了，理由是他只是下议院的喉舌，可如今下议院已经不复存在。星室法庭继而宣布白金汉公爵无罪。

现在，查理一世为金钱的事陷入了极大的困境，于是开始采取权宜之计。首先是获取免费的礼物，然后强制向每个郡的官员贷款。资金的筹集非常缓慢：有的郡即使获得王冠上的宝石作为担保也拒绝贷款；有的郡以贫困为借口开脱；有的郡提出，除非通过议会渠道，否则拒绝提供资金。沿海各郡和港口得到号召，要求提供船只。在拒绝查理一世要求的著名人物当中，有埃利奥特、约翰·汉普登和斯特拉福德伯爵等。白金汉公爵亲自率军前往罗伊岛（图26）解救被围困在拉罗谢尔的胡格诺派教徒（图27），结果他的努力以灾难性的失败而告

第 3 章 最高统治权问题

终。对外战争失败的灾难引发了国内对筹集贷款的强硬抵制。阿米尼乌斯派神职人员的布道也没有给查理一世带来帮助，或许只有助于推进他的政策。但查理一世的态度毫不动摇。

五位爵士因拒绝答应贷款而遭到监禁。他们提起上诉，要求获得人身保护权，从而使这一问题进一步升级。正如我们所见，王座法庭的法官拒绝让囚犯保释，但同样拒绝将查理一世可能不断拒绝作证的情况记录在案。

与此同时，国内和国外混乱局势加剧。直到最后，查理一世同意了白金汉公爵的诚恳的请求。白金汉公爵毫不畏惧地提出，为了公正起见，召集新一届议会。

1628年3月17日，查理一世在位期间的第三届议会召开了。议会比查理一世要温和。查理一世不断暗示，如果议会不能为国家尽到责任，他必须找到上帝交给他的其他手段。这不是一种威胁，因为他"除自己的对手之外，不屑于威胁任何人"。尽管查理一世发表了这些不得体的言论，但对白金汉公爵的诉讼还是被取消了。下议院开始考虑申诉和资金问题。与此同时，下议院通过了一系列决议：未经议会同意，不得征税；在没有证据的情况下，任何自由人不得被羁押，无论犯有何罪，每个人都有权获得人身保护权，如果不能从法律上提供监禁的理由，必须予以释放或保释。有五项给查理一世的特别补贴，是经过投票表决的。但这些补贴的条件是要解决申诉问题。忠于国家的人想竭力促成和解，但让人困惑的是查理一世固执地坚持斯图亚特王室凌驾于法律之上。

已经从法官变成参议员的爱德华·科克领导了《权利请愿书》的起草工作。1628年5月28日，经过为期三周的辩论，得到了上议院和

图 26　英格兰舰队攻打罗伊岛

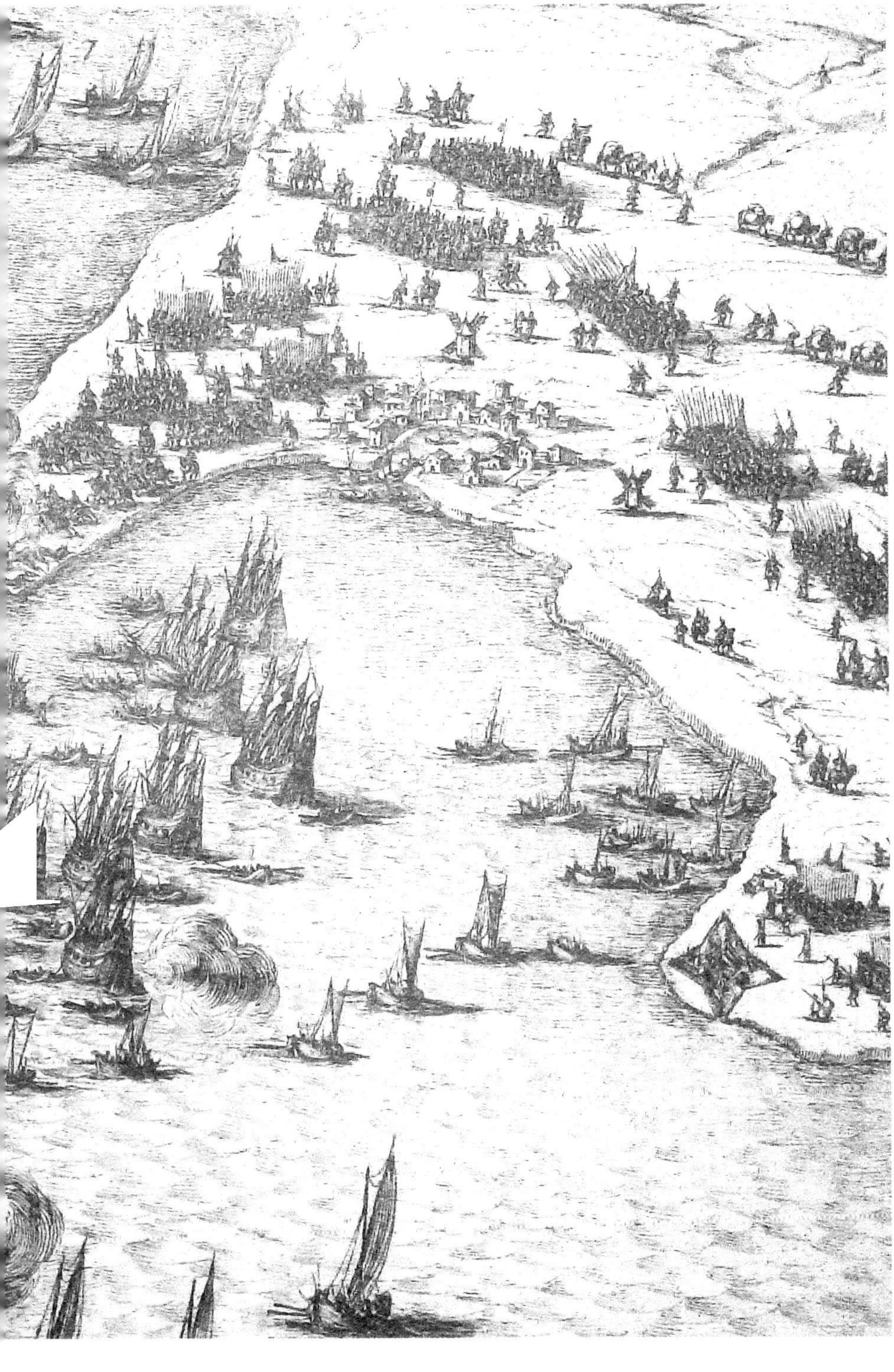

图 27　拉罗谢尔之围

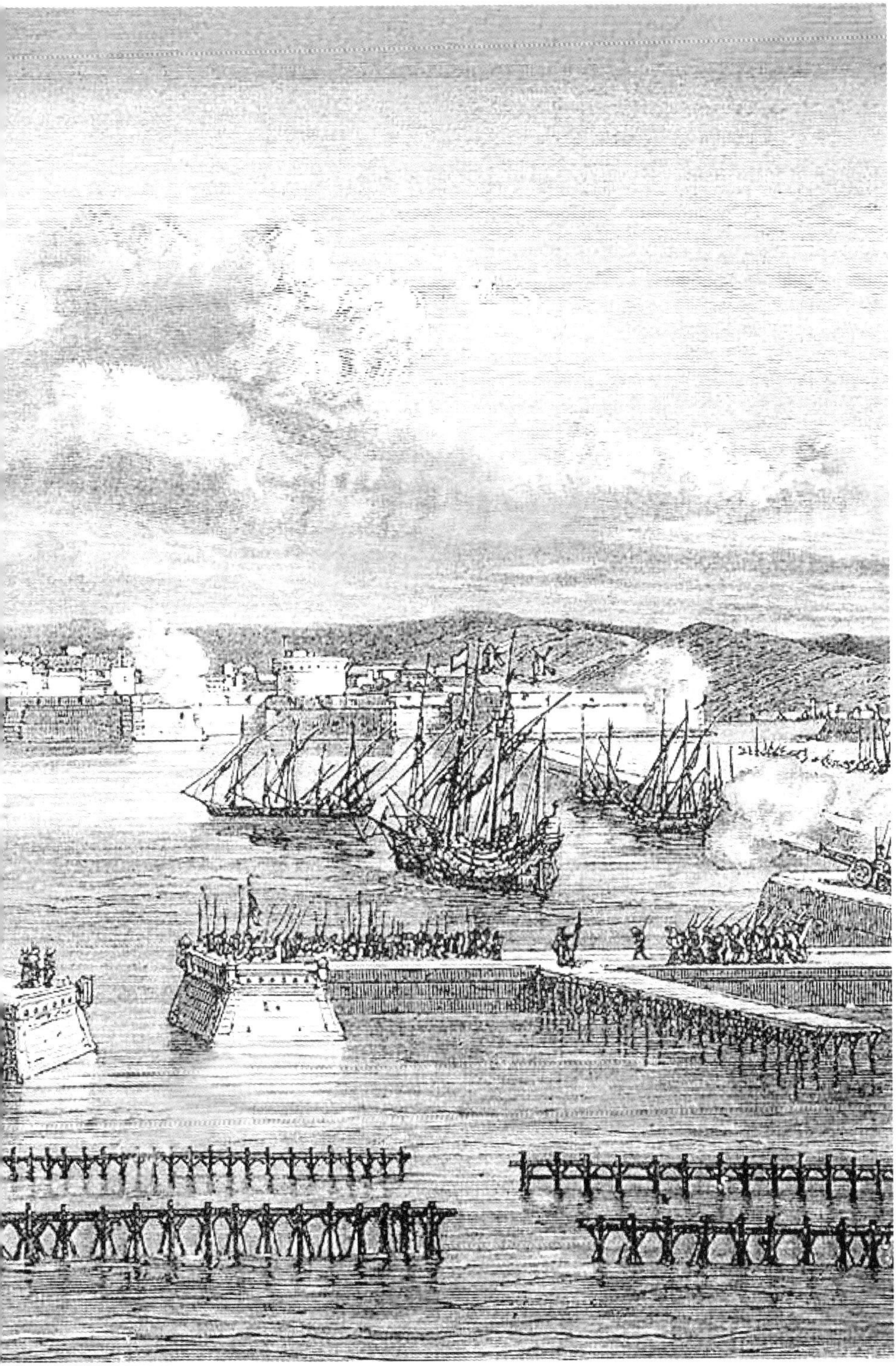

下议院的一致认可。一段很长的历史序曲，或者说独奏，引出了四个关键的要求，目前我们只关注第一个，其内容如下：

> 因此，他们恳求陛下，在未经议会一致同意的情况下，今后任何人不得被迫提供任何礼物、贷款、捐赠、税款或类似的费用；也不得传召任何人就此类问题做出答复、宣誓、出席或被管制，或以其他方式受到骚扰或干涉，或者遭到拒绝……

查理一世对《权利请愿书》的回应闪烁其词，埃利奥特进一步提出抗议。查理一世试图压制辩论，这让下议院议员声泪俱下。议长约翰·芬奇向下议院报告说，有人给他下了命令，要他"阻止任何想要中伤内阁大臣的人"。爱德华·科克并没有感到失望。

> 我认为白金汉公爵是造成我们所有不幸的根源。在查理一世弄清楚这件事之前，我们绝不会受人尊敬地到处走动，受人尊敬地坐在这里。这个人罪孽深重。让我们记下造成我们所有不幸的原因，这些原因都与他有关。

上议院和下议院一样，下决心想从查理一世那里得到对《权利请愿书》的明确答复。最终，1628年6月7日，他们得到了这样的结果：像人们希望的那样，按既定法律行事。

但白金汉公爵依旧受到查理一世宠信。于是，下议院极力要求全面执行对罗马天主教徒的刑法，继续抨击阿米尼乌斯派神职人员，并

第 3 章 最高统治权问题

且恳求国王考虑，让白金汉公爵继续担任国王陛下神圣的要职或继续"担任近臣和顾问"是否对国王或王国的安全有利。尽管对主教的一系列任命似乎让大家对查理一世在这件事上的诚意产生了怀疑，但查理一世在回答时承诺要解散阿米尼乌斯派。他承诺将不会以不正常的方式筹集资金，但不会抛弃白金汉公爵。

尽管查理一世同意了《权利请愿书》，但下议院继续就"征收吨税和磅税"一事提出抗议。查理一世对这一举动非常怨恨，认为下议院得寸进尺，逼他做出更大的让步。他的怨恨不合理吗？他批准了一项明确禁止直接征税的请愿书。上述《权利请愿书》第一条难道也禁止征收关税了吗？财政法庭已经宣布赞成"征税"。詹姆斯一世和查理一世一直都在征收。下议院如果在《权利请愿书》第一条中打算禁止这项税，难道不会说出来吗？正如塞缪尔·加德纳所说，参与起草《权利请愿书》的人是当时的第一批律师。他说了如下的话：

> 下议院如果真打算这么做，就不可能因疏忽而省略了包括征税在内的、必要的决定性字眼。虽然《权利请愿书》的序言里提到了"未经同意不得交税或提供帮助"这样的内容，但没有在章程确认书中提及对商品征收关税的条款。这样做也不是没有意义的。

在随后的抗议当中，下议院一方面试图弥补疏漏，另一方面自称吨税和磅税问题也包括在其中。

> 在未经议会批准的情况下征收吨税和磅税，以及其他强

制性税收，有违这个国家基本的自由权利，也和陛下代表王室对《权利请愿书》的答复背道而驰。

难怪查理一世对这种言辞深恶痛绝。吨税和磅税"从来都不是你们想要的，也不是我的意图——但我肯定要准许"。因此，查理一世拒绝接受带有冒犯性质的抗议。1628年6月26日，他正式宣布议会休会。

在议会复会之前，白金汉公爵被暗杀（图28），退出了政治舞台，查理一世开始独自负责国家事务。

1629年1月20日，查理一世再次召开议会会议时，下议院立即任命了一个由皮姆任主席的宗教小组委员会。令下议院惶恐的是，阿米尼乌斯派教会继续受到青睐，劳德的影响力越来越大。于是，皮姆的宗教小组委员会起草了一系列决议，建议对罗马天主教徒和阿米尼乌斯派教徒进行惩戒，对各类书籍进行更严格的审查，焚烧理查德·蒙塔古和约翰·科辛的著作，提拔"博学、虔诚和正统的"神职人员。

由于议会被过早解散，该系列决议没有被议会通过。但毫无疑问，它准确地代表了绝大多数下议院[①]议员的教会观。因此，它应当倾向于清教徒代表的"对宗教宽容"这一非同寻常但传统的观念。所有人都在争取排他性的至高无上地位：使教会与国家共同扩张，并且按照他们自己的模式塑造国家教会的形象。

在这次简短的会议上，宗教问题最突出，但其他问题也在辩论范围当中。其中，下议院一向喜欢的特权问题就是非常引人瞩目的内

---

① 如果不包括上议院。——原注

图 28 白金汉公爵被暗杀

容之一。约翰·罗尔是被海关官员扣押货物的商人之一，同时是议员。因此，吨税和磅税的合法性这个一般性的问题因议会特权问题而变得更加复杂。财政法庭认为，这一案件不在特权之列，如果议会没有头脑发热，就不会提出这么过分的主张。然而，议会"高烧不退"，每天都在担心被解散。因此，1629年3月2日，当议长约翰·芬奇通知下议院，说他从查理一世那里得到命令将下议院休会至1629年3月10日时，立刻引起了一场骚动。埃利奥特声称下议院有权自行休会。议长芬奇试图离开自己的座位，登齐尔·霍利斯和本杰明·瓦伦丁冲上前去，将他按了下去。"简直是上帝的屈辱，"霍利斯喊道，"没有我们的许可，任何人不准起来。"这位不幸的议长接下来的抗议显然是徒劳的。接踵而至的是激烈的辩论。黑杖传令官带着查理一世的口信前来敲门，下议院匆忙中宣读了三项决议，霍利斯把它们递交给了下议院，并且在一片兴奋和混乱的气氛中得到了通过。接下来，下议院议员投票决定休会。直到最后，他们才让布莱克·罗德进门。这项历史性的决议如下：

一、凡引入宗教新规，或者因偏袒或赞同而宣传，或者引进教皇主义或阿米尼乌斯派教义者，或者与真正的正统教会持有不同意见者，都应看作是英格兰王国的死敌。

二、凡建议未经议会批准就征收吨税和磅税者，或者相应的实施者或被利用者，同样被看作政府中的革新者，是英格兰王国的死敌。

三、任何商人或其他人员，如果未经议会批准，就自愿放弃或支付吨税和磅税，同样被视为英格兰王国自由的背叛

第 3 章 最高统治权问题

者，也是英格兰王国的敌人。

几天之后，查理一世亲自解散了议会。此时，他对舆论非常敏感，所以发表了一份冗长的声明，从正面展示了他与议会的关系，并且承诺要"维护他的臣民的公正自由"。他认为任何时间都可以为议会规定开会时间，他和议员频繁的会晤证明了他对议会的热爱。他希望等那些"造成议会中断的人得到应有的惩罚"，广大臣民"对我们和他们自己有了更好的了解之后"，将召集新的议会。

应有的惩罚很快就降临了。上一届议会中的九位议员被传唤到枢密院，他们为自己的行为付出了代价——被关押了起来。其中六人被释放，但埃利奥特、霍利斯和瓦伦丁拒不屈服。埃利奥特感染肺结核，1632年死于伦敦塔；霍利斯和瓦伦丁一直被监禁，直到1640年短期议会召开才被释放。

于是，17世纪戏剧的第一幕就此落下了帷幕。斯图亚特王朝前两任国王在议会的帮助下，诚实地试图以传统的英格兰君主方式进行统治。从本质上讲，他们君权神授的理论虽然和都铎王朝理解的议会政府并非不兼容，但至少和皮姆宣称的"议会控制国家"的观念是不能兼容的。

与其谴责斯图亚特王朝的国王是反动暴君，还不如说议会领导人是革命者。斯图亚特王室固执地站在无疑很古老但很快会过时的道路上。下议院正在争取或许正当的地位，但这种地位是全新的。比查理一世更聪明一点的人可能已经意识到，形势已经发展到将自治进程再向前推进的地步了。比白金汉公爵更强硬的人，即使不能迫使下议院放弃自己的主张，至少也能够做到向后拖延。但白金汉公爵没有枢机主教黎塞留那样的本领和力量。查理一世虽然富有个人魅力，但缺少渴望独裁者不可或缺的天赋：他过于固执，不愿向议会做出体面的让步；他还没有强大到离开议会自己能统治天下的地步。专治只有和能力相得益彰的时候，才是可以被忍受的。查理一世拒绝拿特权做交易，却没有力量来维持特权，也没有能力和智慧去正确地利用特权。那么怎样才能避免即将到来的灾难呢？

第 4 章

个人自由问题

THE

PROBLEM

OF

PERSONAL

LIBERTY

私有财产的神圣性不可侵犯，历来被视为公民个人的一项基本权利，也是对文明社会的重要考验。如果让斯图亚特王朝的政府理论占据上风，公民的财产就得由君主来支配。议会在捍卫其税收控制权的同时，也在支持个人权利。议会固然有时会像国王一样准备巧取豪夺的计划，但这些计划是根据法律程序进行的。专制君主则不受法律这一限制的支配。因此，斯图亚特王朝的议会在提出对钱袋子的控制权时，维护了自由必需的原则。

比财产的神圣性更重要的是享有个人自由的权利：公民有权做自己想做的事，说自己想说的话，按自己的意愿去思考，想去哪里就去哪里，唯一的限制是要考虑到其他公民同等的权利不受影响。对这些权利，议会也是恰当的监护者。然而，法律只能解决一小部分问题。无论立法者多么警惕和恪尽职守，无论立法多么公正，如果政府行政部门有任何缺陷或弱点，或者在司法方面缺乏公正和独立，那么公民的日常生活就会苦不堪言。

那么负责立法的立法机关，负责政府日常管理的行政机关，实施和解释法律的司法机关，这三大政府的重要机构之间的适当关系是什么呢？

为了得到这个问题的答案，现代世界以非常罕见的一致性向孟德斯鸠求助，并且都有所收获。在全部政治学文献中，没有哪句格言能够被如此频繁地引用，也没有哪句格言能对现代宪政理论和实践产生如此深远的影响，下面这句格言出自孟德斯鸠的《论法的精神》："如果司法不与立法和行政分开，就没有自由可言。"几年之后，英格兰最伟大的法学家之一威廉·布莱克斯通爵士强调了孟德斯鸠权力分立学说的重要意义。

    如果司法权与立法权结合，人民的自由与财产将掌握在随心所欲的法官手中。这些法官的决定只受其个人意见的支配，而不受任何基本法律原则的约束。

  孟德斯鸠认为，在阐明自己的著名学说时，他只是把英格兰王国的宪法实践归结为理论。在英格兰王国，至于权力的分立是否像孟德斯鸠想象得那么彻底，是一个值得商榷的问题。沃尔特·巴杰特在他对维多利亚时代中期宪法的分析中发现，英格兰王国宪法的特征不是分离，而是行政与立法的"紧密结合，并且几乎是完全融合"。

  不管怎么说，权力分立问题，尤其司法机关对行政机关的依赖性，是17世纪的一个关键问题。

  在两任斯图亚特王朝国王[①]的统治中，行政和司法职能之间的界限非常模糊。枢密院每一个官员都有权坐在星室法庭，尽管司库无权发表司法意见，但司库本人就是财政法庭的法官。对该阶段的这一特征的回顾，首先得到了牛津大学威廉·布莱克斯通爵士杰出的继任者之一艾伯特·戴西的重视。

[①] 一直到1641年，长期议会废除星室法庭为止。——原注

第4章 个人自由问题

"曾经有一段时间，我们现在说的行政法似乎有可能成为英格兰王国制度永久的组成部分。"从都铎王室执政直到最后斯图亚特王室流亡，英格兰王室及其官吏或多或少成功地以不同程度坚持并实施了政府的观点。本质上，这些观点有点类似于法兰西人所接受的不同形式的理论。斯图亚特王朝的国王的个人缺点与宗教、政治结合造成的混乱，掩盖了17世纪政治斗争引发的法律和宪法问题的真实性质。一个完全从法律的角度来看待这一问题的律师会断言，像培根和斯特拉福德伯爵这样的政治家与像科克和埃利奥特这样的政治家之间争论的真正问题，是要不要在英格兰建立一个永久的强有力的政府。简而言之，倡导特权的人希望给予政府那种外国行政当局拥有的、建立在行政法原则上的权力。因此，对法兰西行政法的每一种特征，人们都可以提出各种主张，或者在17世纪王室律师钟爱的机构中，找到一些让人感到好奇的例子。

在此无须为这段引用的话语道歉，因为它很可能会成为经典。艾伯特·戴西杰出的著作，即使不是反映了普遍观点，也至少准确地反映了1885年出版的《宪法研究导论》中最优秀的观点。行政法和行政法庭都是外国的手段，庆幸的是，我们快乐的英格兰人能从中解放出来，我们拥有的自由归功于斯图亚特时代伟大的律师和政治家成功地为法治原则做的辩护。正如我们已经看到的那样，这种观点已经不再普遍，也不再是英国法学家普遍持有的观点。戴西也许在自己重要著作的早期版本中，过分强调了英国"法治"和法国"行政法"之间的区别，结果倾向于否认法国人拥有英国人几个世纪以来享有的人身自由保障。

最近的批评人士对戴西做的对比的准确性提出了质疑，至少有一位批评家非常认真地说："18世纪，法兰西行政法的发展，与其说有利于行政机关，还不如说有利于民众。在法兰西，国家对民众的补偿，比今天的英国更容易、更快捷、成本更低。"他说的或许是对的，因为在英国，补偿措施既不容易，也不快捷，更不便宜。戴西本人在自己的作品《宪法研究导论》最后一版中，保持了一种更加谨慎的态度。他承认"所谓的英国官方法律和法国的行政法之间存在细微但明显的相似之处"。"在某些方面，"他补充道，"或许毫不夸张地说，英国的法律正在被官方化……在社会思想影响下通过的法规官方化。可以肯定的是，法国行政法一年比一年变得更加司法化。"

尽管如此，目前依然存在着两个与我们有关的实事：首先，17世纪，"法治"和"行政法"之间有过一场激烈的斗争。其次，在赢得法治胜利的过程中，这场斗争为英格兰人的自由争得了无限的优势。

在这一点上，有必要区分"行政法"和"法治"的确切含义。利昂·奥科克将行政法定义为"规范行政或行政当局与公民关系的规则体"。他说，行政法决定"一、宪法和负责管理公共利益的社会机构之间的关系……二、行政当局与国家公民之间的关系"。

"在这一制度下，"戈登·休厄特写道，"普通法院被认为无权处理任何影响政府或其公务人员的争端，所有此类争端都属于行政法院的专属管辖范围。在法兰西第三共和国，级别最高的是最高行政法院……在普通法院审理案件过程中，如果涉及行政法问题，法院有义务将其提交最高行政法院裁决……在法兰西第三共和国，政府官员在任何法院,甚至行政法院,都不对被视为国家行为的事情负责,不管按照法兰西第三共和国的习惯法来衡量,他的行为有多么不合理。任何干预公民自由或权利的行为,如果是遵照上级的命令进行的,那么政府工作人员可免于处罚。另外,可以通过最高行政法院就政府工作人员的非法行为向国家要求赔偿。[①]"

该法律体系由一些法院或委员会管理,因为它们在专业上或许更加名副其实。地方行政委员会提供一级行政管辖权,与之平行的还有某些特别委员会,如教育委员会等。这些法院或委员会的最高层为最高行政法院。最高行政法院作为曾经的国王委员会,在旧的政权中发挥了重要作用,并且在现代法国依然是最有特色、最有影响力的机构之一。

戴西就"法治"提出了三个不同的论点:

一、除在本国普通法院以习惯法律的方式确定的明显违法行为之外,任何人不得受到处罚,也不得以法律的形式让其遭受身体上的伤害或财产上的损失。

二、不仅没有人能够凌驾于法律之上,而且——不同的是——无论一个人的条件和地位如何,都要服从国家的普通法律,服从普通法院的管辖。

三、对我们而言,宪法的要义,也就是"在外国自然是宪法法典的一部分"这一原则,并不是法院界定和实施个人

[①] 戈登·休厄特:《新专制主义》,伦敦,欧内斯特本出版有限公司,1929年,第37页到第39页。——原注

权利的出发点，而是其结果。

要充分了解这几个论点的解释和说明，必须参考艾伯特·戴西本人的著作。但对英国宪法主要特征的审视，无论怎么概括，都不能在不强调这些基本概念的情况下自称具有完整性。

我们关注的是，以最明确的方式维护公民个人享有的人身自由权利。除已经证实的违法行为之外，任何人不得受到无端惩罚。这里应当注意两点：第一，必须有明显的违法行为。第二，该行为必须经本国普通法院以习惯法的方式证明其是违法行为。对我们来说，这样的论断是司空见惯的。但如果要理解它的全部意义，我们需求助于法兰西王国旧政权的经验，或者求助于我们国家17世纪上半叶的经验。据说，查尔斯·詹姆斯·福克斯（图29）在听到巴士底狱被攻占的消息时，大声疾呼："这是世界历史上发生过的最伟大、最了不起的事件！"我们可以把这样的呐喊看成政治上歇斯底里的表现。然而，当我们意识到巴士底狱是司法制度外在的现实世界的标志，是对我们"法治"的第一个论点的否定的时候，它就变得容易理解，情有可原了。在这一司法制度之下，成百上千的人丧失了自由，并不是因为明显的或经证

图29 查尔斯·詹姆斯·福克斯

第 4 章 个人自由问题

实的违法行为，而是因为他们厌恶那些凭借一纸文书就可以将自己的对手处以监禁，甚至可能终身监禁的权力的人。巴士底狱代表的不是法治，而是特权。因此，对巴士底狱的摧毁，不仅法兰西人欢呼，而且外国的同情者也一样欢呼，对英格兰人来说，他们的热情似乎是歇斯底里的。不过，在我们大加赞赏"法治"给我们带来的好处时，也为强权被摧毁表示同情。

不过，没有必要到法兰西王国去解释"法治"的意义所在。17世纪，英格兰王国的宪法危机不仅集中在争取议会自由的斗争中，而且集中在争取个人自由的斗争中。二者都受到了斯图亚特王朝国王采取的各种手段的威胁。很多人因金钱问题而饱受苦难，有的人从未在普通法院以习惯法律的方式证明犯有任何违法行为而遭受痛苦。各种特别法庭剥夺了人们被认为受到《大宪章》和后来许多法令保障的自由。星室法庭、高等委员会法庭、威尔士边界委员会、北方议会、都柏林城堡法庭及其他特权法庭，都残酷地压迫着国王的臣民。《大抗议书》里这样写道："高等委员会法庭变得过于尖锐和严厉，丝毫不亚于罗马的宗教裁判所。星室法庭里充斥着铺天盖地的谴责……国王陛下的臣民在这里遭受巨额罚款、监禁、侮辱、毁伤、鞭打、掠夺、封口、禁闭、放逐等压迫……"长期议会的法案很少会在普遍赞扬的情况下得以通过，因为它提出废除星室法庭和其他特别法庭的要求。

这种具有危害性的做法由来已久。特别法庭管辖权的扩大已经够糟糕了，王室对普通法庭司法程序的干涉则更加糟糕。如今，我们有两条措施：第一，必须有明显的违法行为。第二，该违法行为必须经过"普通"法庭的证实。17世纪的前四十年，公民与这两条都没有关系。他们在没有证实有违法行为的情况下，有可能会受到特别法庭的惩罚，也可能受到习惯法庭的惩罚。

下面谈一谈细节。虽然君主和法律之间的斗争是不可避免的，但1606年成为民事法院首席法官的爱德华·科克无疑起到了推波助澜的作用。科克被当今一个重要的历史学家称为"我们历史上最令人讨厌的人物之一"，同时是"我们自由最重要的捍卫者之一"。这两种描述，不管哪一个都是非常准确的。科克天资聪颖、勤奋努力、学识渊博，但言行粗鲁、待人傲慢、脾气暴躁。他情不自禁地想要与詹姆斯一世或培根的哲学理论做斗争，当然也完全有能力去揭露他们的理论存在的问题。科克和培根之间的确存在激烈的职业斗争和残酷的个人对抗。培根尽管受到王室宠臣埃塞克斯伯爵（图30）的极力支持，但在1593年的副检察长的竞争中失利，输给了科克。1594年，科克被提拔为总检察长。正如我们看到的那样，1606年，他又成为民事法院首席法官。只要伊丽莎白一世还活着，科克就是王权的最高捍卫者。但詹姆斯一世即位之后，尤其是科克本人被提升为法官之后，科克的态度出现了显著变化。现在，科克站在了习惯法捍卫者的立场上，既反对教会法庭，也反对衡平法院，最重要的是反对君主特权。

图 30 埃塞克斯伯爵

第 4 章 个人自由问题

科克的第一次争吵发生在与大主教理查德·班克罗夫特（图31）之间。班克罗夫特曾抱怨世俗法庭对教会法庭的干涉。习惯法法庭习惯以国王的名义颁布禁令，禁止教会法庭受理普通律师认为属于世俗法庭的案件。神职人员对此很不耐烦。于是，1605年，班克罗夫特向王室提出了一系列针对法官提出的、令人讨厌的诉讼程序的控诉。事实上，双方都没有坚定的立场，并且知道自己的立足点不稳。因此，班克罗夫特提议，颁布禁令的权力应该授予衡平法院。法官们则呼吁议会通过立法解决这一问题。

图 31 理查德·班克罗夫特

与此同时，一个叫富勒的议员，经常为清教徒出庭。据称，他在法庭辩护时，因攻击法院的管辖权而遭到高等委员会的罚款和监禁。法官们声称，在这种情况下，应该由他们做出决定。理查德·班克罗夫特将富勒投诉到詹姆斯一世那里。詹姆斯一世招来法官，告诉他们，所有管辖权都来自国王，应该由他来决定将哪些案件分配给哪些法院。对这次会面，科克做了如下描述：

> 国王说，他认为法律是建立在理性基础之上的，他和其他人都有理性，法官也不例外。对此，我的回答是，上帝

的确允许国王陛下拥有优秀的科学才能和卓越的天赋，但国王陛下对英格兰王国的法律了解甚少，对关乎他的臣民的生命、遗产、财产和财富等情况的因素也知之甚少，而这些并不是由自然理性来决定的，而是由人为的法律理性和判断来决定的。一个人只有经过长期的学习和实践，才能获得对法律的认知。法律是检验臣民事业的金杖和手段，能够保证国王陛下的安全与平静。对此，国王陛下觉得深受冒犯，说这样一来他就被置于法律之下，这就是叛国罪。对此，我想引用亨利·德·布拉克顿的话："国王不应在众人之下，而应在上帝和法律之下。"

我们会发现，在科克这位了不起的律师和詹姆斯一世之间的争端当中，重新提出了整个主权问题。国王是应服从法律还是凌驾于法律之上？国王的臣民是因为国王的恩典才享有权利，还是臣民的权利来自连国王也必须服从的权威？这个问题虽然涉及财政、司法、立法等多个方面，但它是一个本质性的问题。在我们回顾这段历史的过程中，它一次又一次地引起我们的注意。直到1688年革命将最高统治权归属于"议会中的国王"之后，这一问题才真正得到解决。

同时，在提到这一特殊情况时，詹姆斯一世很快就意识到，他自己的事业与教会的事业是密切相关的。

"我恳求你，"科克在写给索尔兹伯里伯爵的信里说，"不要忘了富勒的事情，不能让宗教事务法院因这个恶棍的恶行而沉沦下去。我进一步向你预言，总有一天，教会连同政府的尊严都将受到蔑视，并且在这个王国丧失殆尽，君主政府的繁荣不会持续太

第4章 个人自由问题

久，君主制将走向灭亡。我向上帝祈祷，但愿我的有生之年不会看到这些。"

这些只是对老话"没有主教，就没有国王"的扩展性评论而已。正如我们将要看到的那样，查理一世的顽固坚持让他失去了王冠和生命。

不过，就目前而言，对法官们，国王和主教获得了一场得不偿失的胜利。富勒的案件并不起眼，法官们在维护普通律师限制教会法庭超越其管辖权的权利的同时，将案件提交高等委员会法庭处理。但对禁令的实施一直持续到整个特权法院体系被长期议会推翻为止。

在发布公告的问题上，王室和法官之间又发生了另一起冲突。14世纪，在理论上，议会制定法律的一般权利和专属权利得到了承认。到了15世纪，在实践当中，制定法律的程序发生了重大的变化。根据这一变化，条例草案的程序取代了呈请的程序。但王室从来没有放弃同时颁布"法令"的权利，并且都铎王朝经常诉诸这种权宜之计。当时所称的"公告"，在16世纪的独裁机器中是有用的，也是不可或缺的一部分。就像在其他问题上一样，在这方面，都铎王朝的议会优雅地接受了它的重要性，并且在1539年的议会上实际通过了一项正式授权亨利八世通过公告来立法的法令。正如艾伯特·戴西看到的那样，该法令的颁布标志着"王室拥有了有史以来最高的法律权威"。这一法规虽然是在都铎王朝独裁统治的鼎盛时期通过的，但包含了一项限制性条款，将任何可能损害"任何人的遗产、职务、自由、财物、动产或生命"的行为排除在合法化的"公告"范围之外。爱德华六世统治时期，1539年的法令被废除了。玛丽一世统治时期，法官们规定，"国王可以以发布公告的方式发出警告，来表达自己的不满，但不能处以罚款、没收或监禁，因为任何公告都不能制定一部新的法律，只能确认和批准一部旧的法律"。伊丽莎白一世自由地发布公告，但只是以符合宪法的方式，作为严令服从法律的一种手段——主要用在宗教事务上。

在这一点上，就像在其他事情上一样，詹姆斯一世把都铎王朝的独裁机器变成了绝对君主制的工具。他发布公告，禁止选举违法者进入议会，从衰落的城镇撤出议会代表，征收新的关税，限制伦敦的建筑业务，以及其他一些决定。

结果，1610年，詹姆斯一世的"最卑微的下议院"认为，下议院共同的、古老的权利和自由在最近几年遭到了极大的削弱和侵犯，认为现在是时候要求"正义该得到应有的补偿"了。他们指出以下内容：

> 在英格兰人以前享有的幸福和自由中，没有比这一点更加值得珍惜、更加宝贵了。它赋予国王和人民属于他们的权利，受到一定的法治引导和支配，而不是受到任何不确定的、专制的政府形式的引导和支配……然而，很明显，近些年来，公告比以前频繁得多，并且不仅包含自由问题，还延伸到了财物、遗产和人们的生计等问题，其中有些公告倾向于修改法律的某些条款，欲以新的内容替代之；有些公告是在议会会议之后不久提出的，因为在同一届议会上遭到了否决；有些公告是指定在进行合法审判和定罪之前实施惩罚的；有些公告包含刑事法规的处罚形式；有些公告将对罪犯的惩罚交给具有任意决定权的法庭，这些法庭对违法者处以非常严厉的惩罚……还有一些公告对以前的公告进行担

第4章 个人自由问题

保，目的是对后面的公告予以支持和保证……因此，在陛下的臣民当中普遍存在一种恐惧，并且这种恐惧正在蔓延，他们怕公告的威力不断上升，发展到具有法律的力量和性质。这样一来，他们祖先早已享有的古老的幸福和自由，即使不会完全被剥夺，也会受到很大的损害，并且会给王国带来新的专制政府形式。

因此，下议院谦卑地恳求詹姆斯一世不要对自己的臣民施加任何痛苦或惩罚，除非他们的行为触犯了国家现行的法律和法规。

有人向爱德华·科克提出了某些公告合法性的问题。科克请求允许自己和其他法官进行协商，结果他和三位同仁在枢密院发表了具有历史意义的意见。

他们宣称："国王不能够通过公告来制造以前不属于犯罪的罪行，因为以前他可以高高在上，通过公告的方式来改变国家的法律……除国家的法律允许之外，国王没有特权。但国王可以通过公告的方式告诫自己的臣民遵纪守法，不要触犯法律。"

理论上，这里阐述的学说的合理性从未受到质疑。但对公告的滥用并没有终止，而是一直延续到了长期议会废除执行王室公告的特别法庭为止。

从议会立法权威的角度来看，比公告更令人反感的是通过王室特权中止或取消法令的做法。

之后的斯图亚特王朝的国王虽然在发布公告的事情上受到长期议会的阻拦，但还是通过行使这一权力，消极地侵犯了议会的立法权。通过"中止"法令的实施，如1672年和1687年的《宽容宣言》，甚至通过涉及个人案件时对法律的取消，如1686年"爱德华·黑尔斯爵士案"，使议会的立法意愿失效了。《权利法案》在对待这些权利滥用的行为时，做出如下宣称：

一、未经议会同意，通过王室权力中止法律或执行法律的权力是非法的。

二、所谓取消法律或以王权的名义执行法律，就如最近被采用和行使的那样，是非法的。

我们会注意到，《权利法案》的措辞在涉及中止权力方面是清晰的，但在取消权力方面，就显得更加谨慎，有些模棱两可了。

"最近"一词限制了法令在一个方向上运作，法学家没有质疑君主赦免的特权，也没有质疑过君主通过提出"诉讼中止"来停止刑事起诉的权利。尽管目前君主只是通过一个对议会负责的大臣行事，但这类事项仍然属于国王的职权范围。

正如我们看到的那样，最近，一场旧的争议以一种新的形式死灰复燃了。也正如我们已经指出的那样，近年来，议会越来越倾向于将准立法权下放给下属机构，尤其是规模大的行政部门。

这是一种健康的趋势，或者相反，并不是本书要探讨的问题。提到这个问题是因为它说明了目前本书的主要论点：17世纪的政治家面临的问题只是暂时得到了解决，并且有可能在不同的伪装或不同的条件下再次出现，再次要求得到关注。如果有解决办法，那只会掌握在后人的手中。

让我们回到17世纪。1614年"混乱议会"解散之后接下来的几年，国王代表的行政部门和司法部门之间的关系问题以尖锐的形式被提了出来。当时，没有人能够预测到还有多久才能再次召集议会。英格兰王国的代表性机构可能会遭遇西班牙王国和法兰西王国同样的命运。谁又能说得清呢？

在这种情况下，英格兰王国的法官很可能认为他们有责任对王室的独裁统治施加一些限制。几年后，"法兰西法院"，即人们所知——对英格兰人来说是一种误导——的法兰西议会，做出的类似的尝试，促成了投石党运动的爆发。正如我们看到的那样，当时习惯法法官完全受爱德华·科克（图32）的掌控。对司法机构在宪法中的地位，科克一直持有一种崇高的，或许有些夸张的观点。作为一位杰出的人物、一位伟大的律师，科克热衷于自由事业，但他缺乏政治家应有的一些更加明显的素质。正如埃德蒙·伯克对他的评价，"他通常把自己的目标放在过于超然的灯光下进行审视"。换言之，虽然他的直觉是健全的，但他的政治观扭曲了。

此外，除了政治上的义愤，个人的不满也增加了。二十五年多的时间里，科克一直是培根的对手，并且总是成功的对手。但在后来的岁月里，培根这颗明星冉冉升起。1607年，52岁的

图32 爱德华·科克

培根成为副检察长。正是在二十年前，即1587年，埃塞克斯伯爵为他争取到这个职位，但结果是徒劳无功。1613年，培根成为总检察长。同年，科克从民事法院首席法官被提拔为王座法庭首席法官。从技术上讲，这是"提拔"，但他的薪水减少了。"提拔"的事是培根挑起的，他希望科克在王座法庭里能比在民事法院里在政治方面更收敛。对引发这种"惩罚性"提拔的动机和不太光彩的起因，科克都感到深恶痛绝。

科克不欣赏培根的智慧和天才，而是鄙视他明显的弱点：奉承这个世界上伟大的人，恳求他们为自己施恩。然而，科克随后的行为并非完全出于个人动机。他固执而又真诚地认为，在议会被压制的时候，拯救英格兰人民免受王室专制独裁的统治是司法法庭的职责。就寻求维护法律至高无上的地位的举动而言，科克无疑是对的；就希望将准政治职能强加给司法机构的举动而言，他显然是错误的。

然而，他的对手培根和詹姆斯一世犯了同样的错误。培根对行政和司法之间真正关系的看法，在他的一篇著名的文章中，有明确的论述。

> 在法律对国家事务有妨碍的时候，如果国王和国家经常与法官进行商议，这是国家之幸。同样，在国家的事务对法律有妨碍的时候，如果法官经常与国王和国家相关管理人员进行商议，亦是国家之幸……应当让法官记住，所罗门的王座是由石狮子在两边支撑的。即使它们是狮子，仍然是王座下的狮子。法官应谨慎小心，不可有任何阻挠或反对王权之心。

第4章 个人自由问题

培根的意思不会被误解：从技术层面解释就是，法官应该是行政部门的"侍女"。今天，行政行为应当由行政法来判定的原则已经在许多国家确立，并且将被引入英国法理学当中。

培根和科克观念上的冲突在多个实践场合得到了体现。1615年，发生了"埃德蒙·皮查姆事件"。皮查姆是萨默塞特郡教区牧师，因为诽谤巴思主教兼韦尔斯主教詹姆斯·蒙塔古，被高等委员会法庭判处剥夺牧师的地位。在搜查皮查姆的住所时，一些据说属于叛国性质的著作被发现了。皮查姆被关进了伦敦塔。为了让他揭露萨默塞特郡的贵族中存在的反对国王的阴谋，他在那里受尽折磨。即使在酷刑之下，也没有从他那里得到任何信息。最后，皮查姆以叛国罪受审，被判处死刑，并死于汤顿监狱。

该案本身并不能引起人们特别的兴趣，但它不经意地提出了一个从宪法的角度来讲具有重大意义的问题。在起诉皮查姆之前，詹姆斯一世和议会决定通过咨询法官来确定他们的立场，但没有按惯例与他们进行集体协商，而是单独进行的。采取这种有悖惯例的做法，是因为培根作为总检察长，渴望获得有利于王室的司法意见。他深知集体性意见受首席大法官科克的掌控，不大可能有利于詹姆斯一世。

科克坚决反对这种做法。他不否认詹姆斯一世有权与法官进行协商，但这种协商必须是以集体方式进行的。"这种特殊的、耳语式的听取意见的方法，"他说，"有违这个国家的习惯。"只有在强烈的抗议下，他才同意发表自己的意见，但提出的意见是对王室不利的。其余法官都提出了相反的意见，根据其余法官的意见，如前所述，皮查姆被送交审判并被定罪。

该案的重要性在于它让科克和培根再次陷入激烈的冲突中，并且让科克有机会进一步重申自己对法院与行政部门之间关系的看法。科克是习惯法的捍卫者，而培根是衡平法院和王室特权的捍卫者，两人之间的争吵到了不可开交的地步。1615年，王座法庭和衡平法院在"布朗洛状告米歇尔案"上发生了争执。长期以来，衡平法院认为如果判决是通过不公平的手段取得的，那么就主张并行使对胜诉者执行权的限制。科克认为现在应该对这种惯例提出强烈的抗议。接下来，培根发现了一份过时的令状，非常契合他的直接目的，该令状叫《未征求国王意见之前不能继续》。根据该令状，在有争议的事项提交衡平法院并获得许可按习惯法处理之前，禁止习惯法法官处理涉及王室利益的案件。

"这份令状，"培根在写给詹姆斯一世的信中说，"是英格兰王国古代法律规定的一种手段，目的是将任何可能涉及陛下利益或权力的案件由习惯法法官提交给大法官，由大法官来审理和判决。陛下知道，您的大臣永远是君主政体的顾问和工具，直接依赖国王。因此，他们愿意成为王室权力安全、温顺的守护者。"

布朗洛和米歇尔在关键问题上达成了妥协，不过倾向于詹姆斯一世和衡平法院。但科克也没有被否定。一些被塞缪尔·加德纳描述为"恶棍"的起诉人，在法院得到了有利于他们的判决，但被衡平法院夺走了胜利的果实。根据衡平法院高层权威的说法，科克"煽动"[①]了这些流氓无赖，在他所在的王座法庭提出以蔑视王权罪起诉，起诉对象既有在衡平法院大获成功的起诉人，也包括所有参与衡平法院起

[①] G.P.麦克唐奈先生在《英格兰人名词典》的《爱德华·科克传》里写道："几乎没有任何直接证据证明爱德华·科克有干预行为。"但塞缪尔·加德纳的观点是当时人们普遍相信的观点。——原注

诉的人。

但科克遭到了粗暴的拒绝。在该案的审理过程中，大陪审团不顾科克提出的藐视法庭的威胁，一再拒绝拿出真正的判决结果。于是，詹姆斯一世把整个案件移交给了司法官，他们一致[①]表示赞成衡平法院主张的权利。"大法官的胜利，"弗雷德里克·梅特兰评论说，"是最终的，也是完全的胜利——如果我们要有一个公平的法庭，这一胜利是必要的"。

科克和培根之间的论战，因更著名的"薪俸代领权案"而变得更加激烈。阿米尼乌斯派著名的理查德·尼尔，先后担任过罗切斯特郡、利奇菲尔德郡、林肯郡、达勒姆郡和温彻斯特的主教，最后以约克大主教的身份离开了人世。在尼尔担任利奇菲尔德主教的时候，詹姆斯一世推荐他以主教的身份享受薪俸代领权，提供给他一种体面的生活。有一个叫柯尔特的人和一个叫格洛弗的人说，受到推荐的应该是他们，从法律上讲，对尼尔的推荐是无效的。因为该案提出了一个新颖而重要的问题，所以把它提交给了财政法庭，并且在全体12名法官面前进行辩论。因为直接关系到詹姆斯一世的声誉和利益，所以詹姆斯一世命令法官在向自己征求意见之前暂停诉讼程序。法官们在科克的怂恿下拒绝了。于是，法官们被召集到詹姆斯一世的议事机构，被要求"任何时候，如果国王陛下认为某个案件出于他的权力或利益的考虑，需要和他们进行商议，那么在他们不应当中止法律程序的情况下，也得暂时中止法律程序"。

[①] 除律师之外，詹姆斯一世的两个高级律师和威尔士亲王查理的律师也表示同意。——原注

除科克之外，所有法官都服从并接受了詹姆斯一世的主张。该案随后准许继续审理，并且被裁定为对主教不利，但"前提条件是不能触动国王的一般特权"。

詹姆斯一世认为应当改善这一状况。几周之后，他把法官召集到星室法庭，就王室和法官之间的关系问题，发表了一次详尽的长篇演说。

> 现在，说到你们的总体职务，我将提出一些对你们的限制，总共三个方面。首先，不要侵犯王室的特权：如果遇到涉及君主个人的特权或国家机密的问题，在向君主或君主议事机构请示之前，不得擅自处理，因为这些都是至高无上的事情……对国王权力神秘性的争议是有违法律的，因为那会攻击君主的弱点，并且夺去坐在上帝赐予的宝座上的君主应该受到的敬畏。
>
> 其次，你们要尽好自己的职责，不要侵犯其他司法管辖的权限，那样做是不合适的，也是违反法律的……因此，管好你们自己的事情。就我而言，除了我的个人特权，希望你们不要给予我比其他臣民更多的特权。在这一点上，我会持默许态度。至于王室的绝对特权，是不容律师说三道四的，对其争辩也是违反法律的。
>
> 争论上帝能做什么，这是无神论和亵渎神的做法。优秀的基督教徒满足于上帝的话语中揭示的意志。对一个臣民来讲，争论国王能做什么，能说什么，或者说能不能这样做或那样做，是一种冒犯和轻蔑的行为。因此，请满足于按国王的法律体现的意志行事。

这就是斯图亚特王朝君主理论赤裸裸的表述。狭义上讲，在大法官和习惯法之间，国王的决定无疑是赞成大法官的。广义上讲，在王室特权问题上，国王就不可能这么肯定地去赞成大法官了。如果都铎王朝君主的主张被归结为理论，他们可能会和斯图亚特王朝君主那样高高在上。但都铎王朝君主没有使用理论，而是满足于权力的实质，并且谨慎地在法律形式之下去行使。但直到国家陷入恐怖的内战，直到有一个君主死在绞刑台上，另一个君主被废黜，詹姆斯一世不明智地提出的问题也没有真正得到解决。

此时，君主赢得了当前的胜利。科克想通过部分让步来避免自己的厄运。但詹姆斯一世和培根只满足于科克无条件的投降。科克没有做好这方面的准备。在詹姆斯一世发表演说两周之后，即1616年6月20日，科克就被停职了。1616年11月，他被解除职务。

詹姆斯一世在另一篇精心构思、深感满意的演说中，向议会宣布了将首席大法官从王座法庭革职的理由：科克"在教会、特权及某些法庭管辖权问题上造成了无休止的动荡"；讨好民众的行为；他在议会中顽固的行为"在涉及议员不应该有哪些行为的时候，与其说给议员提出建议，还不如说在忙于制造恐惧"。约翰·张伯伦被称为"当时的霍勒斯·沃波尔"，在他1616年11月14日写给达德利·卡尔顿的信中，简洁而准确地做出了描述，"通常的说法是，四个P推翻并打倒了爱德华·科克——Pride，即骄傲；Prohibitions，即禁令；Praemunire，即蔑视王权；Prerogative，即特权"。

虽然被免去了首席大法官的职务，但科克并非完全失宠于詹姆斯一世。1617年，詹姆斯一世恢复了他在议会的席位。1621年，实际上，詹姆斯一世促成他以利斯克德代表的身份当选为议会议员。此前的恩惠是他从白金汉公爵那里得来的，或者说是他通过将自己年幼的女儿弗朗西丝·科克（图33）嫁给白金汉公爵的兄长约翰·维利尔斯为代价"买"来的。这一令人憎恶的婚姻遭到了爱德华·科克夫人伊丽莎白·哈顿（图34）的强烈反对。她向枢密院提出上诉，反对丈夫"绑架"自己的女儿弗朗西丝·科克——她毕竟只有14岁。培根冒着和白金汉公爵友谊破裂的危险，支持科克夫人伊丽莎白·哈顿反对自己的丈夫。这使培根和科克的关系进一步恶化。

图33 弗朗西丝·科克

第4章 个人自由问题

科克没等多久就开始报仇了。1617年，培根以地位不高的掌玺大臣的身份被授予国玺。1618年，培根成为大法官，受封为维鲁兰男爵。三年之后，即1621年，他获得了圣奥尔本斯子爵的称号。但这也是他盛衰交错的事业的巅峰。

与此相反，他的对手科克把自己的职位从法庭换到了议会——具有讽刺意味的是，议会的位置是詹姆斯一世提供给他的。由此，科克从司法机构的领导变成了下议院的领导。

图34 伊丽莎白·哈顿

1621年的议会也许是斯图亚特王朝统治时期最重要的一届议会。尽管离开下议院近二十年之久，但科克还是作为议会特权的拥护者，立即站了出来，极力反对王室使用任何手段独立于议会获取利益。但正是作为曾经商业经济学的学生和普通律师，他才反对任何可以被解释为"限制贸易"的做法。

即使在都铎王朝时期，面对垄断者、专利持有人和特许状持有人，议会也总会表现出极度的忌妒。给予特权者专属权利的做法在当时已经达到了让人瞠目结舌的地步。1579年，下议院提出了抗议。四年之后，即1583年，伊丽莎白一世在这个问题上做出了重大让步。但查理一世不顾伊丽莎白一世曾经做出的让步，恢复了以前的做法，通过发放专利、实施垄断获得了可观的收入。也有人怀疑他的一些重臣和顾问也参与其中。

1621年，为了制止这种滥用特权的行为，下议院重新擦亮了"弹劾"这一生锈的武器。一个被指控滥用垄断权的地方法官——弗朗西斯·米歇尔爵士，被取消了治安法官的职位，并且被送进了伦敦塔。贾尔斯·毛姆皮森爵士是下议院议员，为了躲过糟糕的命运而逃之夭夭，但没有躲过下议院的追捕。

让许多人惊愕，并且让更多人诧异的是，对大法官培根本人突然提出的贿赂指控。他受到与垄断者有关的间接攻击。他从来没有想过自己会受到任何严厉的指控。

> 我知道，我的双手是干净的，我的良心是清白的……但在一段时间内，尤其在把伟大的行为视为标志、职责看作游戏的时候，哪怕担任大法官的是使徒约伯或任何一

第 4 章 个人自由问题

个最公正的法官，他们也随时可能被指控犯下最丑恶的罪行。用这样的方式来寻找对我不利的事情是不公平的。如果这个人是一个大臣，即使将国玺放在豪恩斯洛·希思手里，也没有人去拿。

于是，培根给白金汉公爵写信，诚恳地请求他在困难时刻给予帮助。

詹姆斯一世承诺，如果培根不能证明自己是清白的，他将"证明自己是最公正的国王"，同时，提议上议院与下议院组成联合调查委员会调查对培根的指控。然而，下议院没有任何建议。几乎每天都有指控培根的新证据出现，所以下议院决定继续采取弹劾的措施。

对该案依据的事实几乎没有争议，培根也没有否认。但他否认了从指控者那里得出的推理，坚定地认为自己的动机是无辜的。他认为，应该责备的是当时的制度，而不是他自己的行为。

> 当心灵之书打开的时候，我希望自己不要因收受贿赂和礼物的指控而被看成一个有堕落之心、习惯于攫取利益来破坏正义的人。然而，我意志软弱，沾染上了时代的恶习。

总之，他遵循了一种不好的习惯，即从不确定的收入中支付自己作为法官的报酬。这些收入或许无法和指控者所提的贿赂区分开来，但这并没有影响对他的判决。然而，从技术层面讲，对他的指控是无法驳回的，他选择了屈服并交出了国玺。上议院拒绝考虑以上两种情况，继而对他做出判决。他被处以4万英镑的罚款，根据詹姆斯一世的意愿处以监禁，并且被逐出议会，宣布不能担任公职或受雇，不得进入离宫廷十二英里的地方。

这位垮台的大法官培根承认"判决是公正的，对革新是有益的"。但他同时称自己是自父亲尼古拉·培根去世以来英格兰最公正的大法官。

对他宣布的判决虽然很严厉，但没有遭到报复性的执行。考虑到培根的利益，詹姆斯一世把罚款的事宜交清算人办理，对他的监禁也只持续了几天的时间。尽管培根得到了部分赦免，但从未被重新接纳，甚至连伊顿学院的教务长一职也拒绝由他担任。他不懈地热衷于写作的同时，对朋友和亲信徒劳地呼吁了五年之后，在1626年，他离开了人世。

正如我们看到的那样，他的对手科克在他死后又活了八年的时间，并且在查理一世早期的议会里发挥了很大的作用。两人在脾气、观念和财富上都形成了鲜明的对比，很少在同一个舞台上扮演领头羊的角色。培根在文学、科学和哲学上的成就不是本书关注的内容。不过，把培根和他了不起的对手科克放置在英格兰王国法律史和英格兰王国政治史的恰当位置，是一件极其重要的事情。

历史学家应该时刻保持警惕，不要对过去的历史事件明确事实上并不存在的、带有回顾性的意义。然而，毋庸置疑的是，两个伟人之间旷日持久、充满仇恨的冲突确实是英格兰乃至全世界深切、永久关注的问题。

培根尽管对詹姆斯一世和宠臣使用阿谀奉承的语言，但并不喜欢暴政。相反，他不断建议詹姆斯一世利用议会的力量。按他当时的理解，他相信议会政府，他也不想限制公民的人身自由。但他更适合投机性的生

第4章 个人自由问题

活，而不是付诸行动的生活。事实上，他是一个典型的知识分子，无意中卷入了公共事务。他很早就认识到自己作为政治家的局限性。

> 内心的呼唤让我知道自己更适合拿着一本书，而不是担任某种公职。我的生活是与国家的事业相伴的，从本性上讲我是不适合的，更不适合的是将我的心思全部投入其中。

因此，1604年，培根在给密友托马斯·博德利爵士的信中如上写道。根据迪安·丘奇肯定性的批评意见，培根是"世界上迄今为止最优秀的自然科学的学生和热爱知识的典范"，他陷入混乱的政治漩涡，难道不是一种不幸吗？他同时代的人是否从世界永久的损失中得到了什么呢？如果没有一个共同的价值尺度，就很难衡量出是得还是失，但我们可以对托马斯·麦考利恶毒的谴责和粗鲁的对比打个折扣。正如丘奇承认的那样，实际上，"掩盖弗朗西斯·培根生活中许多令人遗憾的缺点"是徒劳无益的。但指责他是"一个卑躬屈膝的律师，可能成为一个腐败的法官"，就超越了公正批评的界限。根据培根的供认，作为法官，他并没有超越他那个时代滥用权力的风气，但他只是受害者，而不是始作俑者。作为政治家，培根站在了最终失败的一方，也理应得到失败的结果。他缺乏科克那种顽强的独立性和约翰·皮姆的先见之明。然而，他给詹姆斯一世的忠告几乎都是明智的。如果詹姆斯一世能听进去，把从培根身上学到的东西教给自己的儿子查理一世，那么后来的许多的麻烦都是可以避免的。

至于司法机关和行政机关之间的关系，虽然两人的观点都不完全正确，但科克要比培根更在理一些。如果培根能让司法机关成为王室的"女仆",那么科克不仅能让法官成为法律的解释者,而且能让其成为宪法的仲裁者。就连美国最高法院的法官也没有如此崇高的地位。他们的地位如果在某种意义上比议会优越,在请愿者的呼吁下可以视立法机关的行为无效,那么只能在履行自己解释宪法的职能时这么做。和立法机关一样,他们必须遵守宪法。

之前,人们普遍认为培根试图在英格兰王国建立一个行政法庭,以此来表明他对公民自由是有敌意的。今天,有些人认为这样的法庭对自由的危害要比"神秘地引入一个没有法典化的、武断的'行政法'"①小得多。如果爱德华·科克因为反对行政机关侵犯权利的行为,维护了法律的权威,从而有资格得到后人感激,那么弗朗西斯·培根的"根本力量在于承认'政治智慧大于合法性'这一真理"。

他们两个人有谁能阻止英格兰的这场革命吗?最近,培根的一个传记作者认为,培根站在英格兰革命的立场,"就如杜尔哥(图35)站在法兰西革命的立场上一样"。但两者并没有可比性。路易十六统治下的法兰西王国没有宪法。杜尔哥是18世纪典型的改革者,认为行政专制是改革的最好希

图 35 杜尔哥

---

① 1929年7月6日,《泰晤士报》。——原注

第4章 个人自由问题

望。培根认为，按照都铎王朝真正的传统，如果明智地对待议会，议会就可以成为一个仁慈的独裁者的工具。侍奉的主人不值得他们侍奉，也不能从他们明智的忠告中获益，这是杜尔哥的不幸，也是培根的不幸。

对手培根去世时，科克的工作还没有做完。他在1628年的议会里承担的角色，在当时的英格兰人中再也找不到比他更有资格的人。科克站出来，成为公民个人自由的捍卫者。

正如我们看到的那样，1626年秋，查理一世实施强制性贷款。英格兰王国许多头面人物拒绝执行：他们当中有一些人被流放到边远的郡，在那里他们的危害会小一些；还有一些人被召集起来后送进了监狱。被送进监狱的人中有五位爵士，他们注定要名垂青史——托马斯·达内尔爵士、约翰·科比特爵士、沃尔特·厄尔爵士、约翰·赫维宁汉爵士和埃德蒙·汉普登爵士。这五位绅士向王座法庭上诉，要求得到人身保护权。根据《大宪章》的条款，"未经同级贵族依法判决或根据本国法律的判决，任何人不得被监禁"，他们强烈要求至少有权知道自己被拘留的原因。王室律师辩称，只要收回人身保护令状，就足以证明这些囚犯是通过特别授权被拘留的，即通过国王的特别命令。于是，法官们接受了王室关于拒绝保释五位爵士的观点。然而，他们不能接受王室可能继续拒绝说明理由的原则。

这种要求特权的做法暂时获得了成功，但王室的胜利——绝不是完全的胜利——只是昙花一现而已。其他原因也助长了人们的不满情绪：阿米尼乌斯派传教士高高在上，享有王室的特权；被抓去当海军给人们带来的痛苦；年轻人在自己居住的私人住宅里被残暴地强迫参军；尤其是查理一世和他的宠臣在战争政策上的失败。尽管有这么深切而广泛的怨恨，但剥夺个人自由的基本权利和违反未经同意不得征税的原则是造成1628年危机的直接原因。

人们的不满情绪并没有在活跃的叛乱中表现出来，它最多也就和议会表现出的态度一样节制。就连爱德华·海德也承认，"除《权利请愿书》之外，所有挑衅的做法和其他类似行为并没有引发其他任何怨恨"，这简直是一个奇迹。

在英格兰人自由有序的发展过程中，《权利请愿书》是一个里程碑。引用了上述《大宪章》条款及其随后的法令之后，《权利请愿书》中接下来宣布如下内容：

> 有违上述法令的要义……最近陛下的一些臣民无端遭受监禁，他们出示陛下所颁的人身保护令状，呈请法院予以解救……监禁者应说明将他们监禁的原因。他们没有给出恰当的理由，称只是奉枢密院所颁陛下特别诏令办理，随后将被监禁者送回监狱，没有给出任何依据法律指控的罪名……

正如我们所见，《权利请愿书》要求停止未经议会许可的征税行为，不得任意监禁，士兵不得驻扎在居民住宅，终止戒严令等。

詹姆斯一世的态度和随后发生的事情说明了一切。因此，接下来要做的就是总结一下为个人自由而斗争的后续历史。

正如我们现在看到的那样，长期议会彻底清除了与斯图亚特王朝国王在英格兰王国建立个人独裁政府企图有关的人员和机构。然而，在废除君主制和上议院之后，下议院暂时解除了王室和上议院对其行动施加的所有限制。这证明下议院对个人自由的危害不亚于斯图亚特王朝的君主。但一院制议会的胜利只是暂时的。奥利弗·克伦威尔虽然粗暴地处理了议会荒谬的、恶作剧般的伪装，但没有能够重新建立一个稳固的政府。由于军队的干预和斯图亚特王朝的复辟，他的儿子理查德·克伦威尔（图36）的软弱统治很快就结束了。

图36 理查德·克伦威尔

君主制的恢复必然涉及议会的恢复。于是，议会很快就成立了，并且完成了长期议会开始的工作。这些工作在英格兰联邦和护国政体时期被中断。

在这些工作中，没有比保障人身自由更重要的工作了。但实践证明，这种保障是不够的。结果，在恢复议会之后，下议院持续了一阵子骚动，目的是想获得更有效的保障。像通常的情况一样，这种骚动是由一个具体的案件引发的。1676年，一个叫詹克斯的伦敦公民根据查理二世枢密院的命令被监禁。大法官赫尼奇·芬奇和首席法官马修·黑尔的介入给案件增加了困难，被告被指控在市政厅发表煽动性言论，直到数周之后才获准保释。因此，有人提请公众注意，现行的仅根据习惯法来实施人身自由权利的程序是不完善的。因此，1679年，议会通过了《人身保护法修正案》。

自诺曼王朝时期以来，虽然习惯法对人身自由权的保障不是很完美，但人身自由权以各种令状的方式得到了保障。免于敌意或仇恨令状的目的是保护人们免受恶意谋杀的指控。由于英格兰国王约翰签发这一令状时索要高额的费用，《大宪章》规定，这份"就人的生命和肢体进行调查的令状应免费授予"[①]。但对免于敌意或仇恨令状的使用逐渐过时了。第二个保释令状授权治安法官为囚犯出庭做担保人，使其获得自由。免于监禁或拘押令状要求治安法官在重新抵押或保释的情况下释放囚犯。

最重要的当数人身保护令状。它逐渐取代了上述各项令状。该令状可从王座法庭获取，可以发给任何一个以法律的名义或其他理由拘留他人的人。拘留者受命"提供囚犯被捕的日期和原因，无论法官或法庭下达的令状的内容是什么，都要服从并接受"。尽管它沿用了几个世纪，但直到1679年，该程序才真正生效。正如我们所见，《权利请愿书》重申了在"五爵士案"中显然受到侵犯的人身自由原则，但未能为其应用提供有效的保证。长期议会的法案废除了星室法庭和所有相关程序，规定任何被国王或枢密院监禁的人都可毫不拖延地向王座法庭或高等民事法庭提出要求，申请人身保护令状。法庭应在三天之内确定羁押是否合法并采取相应的行动。然而，即使在法庭发出令状的情况下，仍然存在各种逃避令状裁定的行为。

1679年的修正案旨在制止这些规避和拖延行为。它规定，任何被拘留的人——除犯有叛国罪或重罪之外——应最长二十天内交付审理，如果拘留地点和发放令状的法庭距离在二十英里之内，则应当在三天内交付审理。因同一罪行实施人身保护令状而被释放者，不得以

---

① 《大宪章》，第36条。——原注

第4章 个人自由问题

同一罪行再次拘留。此外，所有囚犯在下一次被监禁时必须接受审批，否则将被保释；在第二次被监禁之后仍未审批，则必须释放。为了防止延误，任何法庭都有权发放令状，如遇假期，则授权由一个法官来实施发放。最后，除某些特定情况之外，英格兰、威尔士或特威德河畔的贝里克镇的居民不得被监禁在苏格兰、爱尔兰、泽西岛、根西岛、丹吉尔岛或海外其他地方。①

自1679年的修正案颁布之日起，它就成为人身自由大厦的基石，其原则已被整个英语世界采纳。但经验发现，这一法案也存在某些弱点。它对可能要求保释的金额没有设定任何限制。据此，1689年的《权利法案》规定，不应要求过度保释。后来，1816年的一项法案将令状的实施范围扩大到了非刑事指控，并且授权法官审查归还令状时指称的事实真相，以便保释或释放囚犯。

然而，除非执行法案的人员处于完全独立的地位，否则无论是《人身保护法修正案》，还是其他任何法案，都不能确保人们在行政机关面前拥有自由。只要法官是"王座下的狮子"，就不会有对个人自由的有效保障。因此，最重要的是按照《王位继承法案》的要求改变法官的任期。

在斯图亚特王朝统治初期，法官们被反复提醒：是在国王乐意的情况下才让他们任职的。正如我们所见，1616年，爱德华·科克在薪俸代领权一事上因拒绝顺从詹姆斯一世的意愿而遭到解职。1626年，首席大法官雷纳夫·克鲁因拒绝承认强制贷款的合法性而被查

---

① 格兰特·罗伯逊：《法规、案例和文件选编》，伦敦，梅图恩出版社，1919年，第46页到54页。——原注

理一世解职。1634年，首席大法官罗伯特·希思（图37）因反对船税而遭到类似的处罚。后来的斯图亚特王朝国王对待法官的态度不亚于前任。查理二世出于政治原因将三位上议院大法官、三位首席大法官和六位法官解职。查理二世的做法可以说更高明，除对法官进行彻底肃清之外，还撤销了不愿支持其暴政的一些地方治安机构法官的职务。《王位继承法案》终于从国王手中夺走了"任意解职权

图 37 罗伯特·希思

利"这把利器。《王位继承法案》规定,"上述限制生效之后,法官只要自己做得好就可以得到任命,并且确定薪金;只有在上议院与下议院都提出来的情况下,对法官的罢免才是合法的"。这样一来,司法机关的独立性得到了切实的保障。他们的薪金由统一公债来支付,并且是无法挪用的。顺便提一句,与此形成鲜明对比的是,目前,美国的一些州——而不是联邦——法院的司法管理已经成了"效率低下"的代名词。不需要找更多的理由。"效率低下"——如果不用更严厉的字眼——与法官的任期直接相关。几乎没有几个州是足够安全的。在一些州,人们则完全肆意妄为,法官受到恶作剧式的罢免行为的影响。用通俗易懂的话来说,就是不受欢迎的判决可能导致法官被解职。

然而,尽管有《人身保护法案》和《王位继承法案》,但18世纪的公民将会发现,依然存在"以牺牲自由为代价的特权判例残余"。其中之一就是臭名昭著的"恶人"约翰·威尔克斯的判例。1763年,内阁大臣哈利法克斯伯爵(**图38**)发出逮捕令,要求逮捕《北不列颠人报》第四十五期的作者、印刷商和出版商,并且将报纸没收。逮捕令上没有列出任何人的姓名,但至少19人在这个不确定的命令之下被捕

图38 哈利法克斯伯爵

入狱。如约翰·威尔克斯（图39）所言，这是一个"针对英格兰王国的荒唐的逮捕令"。最终，被指控的文章的作者——威尔克斯找到了。他被捕后被带到了内阁大臣的面前，他们将威尔克斯关进了伦敦塔。不久，威尔克斯凭借人身保护令状被释放，原因是他拥有议会议员的特权。

法院立即对整个程序的合法性提出了质疑。一些被捕的印刷商向传令兵索要了300英镑的赔偿，首席大法官约翰·普拉特（图40）认为，该拘捕令是非法的，对它的执行也是非法的，并且这些传令兵的

图 39 约翰·威尔克斯

行为也没有受到法律的约束。约翰·普拉特还反对内阁大臣发布逮捕令的权力,称这种权力"可能会影响王国每个人的人身和财产,并且完全破坏了民众的自由"。在本案当中,威尔克斯向亲自监督执行逮捕令的大臣伍德索要了1000英镑的赔偿,并且最终因非法监禁从哈利法克斯伯爵本人那里获得了4000英镑的赔偿。高等民事法庭还裁定,对报刊的搜查也是非法的,所以约翰·恩廷克先生从执行命令的传令兵那里得到了300英镑的赔偿。这些判决最后在下议院的决议中得到了确认[①],对逮捕令提出谴责,提出不管是逮捕个人还是没收报

图40 约翰·普拉特

---

① 如果下议院能够确认一项司法决定。——原注

纸，都是非法的。同时，下议院宣布，如果对议员实施逮捕，就是对议员特权的侵犯。

这就是我们的先辈维护的英格兰人的自由，他们的自由受到行政、王权或议会的侵犯。更让人遗憾的是，这一章不得不以本书中不止一次提到过的审讯记录来结束。这些自由仍然能得到保障吗？好不容易从反对斯图亚特王朝专制统治过程中获得的自由保障，会不会被最近行政方面、立法方面的趋势削弱呢？最近从杰出的法官口中说出的一些话必然会使那些忌妒公民自由的人深感不安。1929年7月5日，大法官约翰·桑基在官邸发表了如下讲话：

> 国王陛下的法官负责法律的实施，但与它有关的两件事不仅引起了人们的担忧，而且在训练有素的律师中也引起了不安。一是越来越倾向于将法律或犯罪行为的决策权从法院移交到某个政府部门的趋势。二是当臣民与王室发生纠纷，或者个人与国家部门发生纠纷时，臣民的立场问题。无论是在行业内部还是在行业外部，都有一种普遍的共识，即这些问题需要进一步调查研究。

桑基没有夸大人们在这个问题上普遍存在的担忧。令人不安的是，如果这些担忧被证明是有理有据的，那么17世纪的大部分工作可能得重新完成。

第5章

独裁统治试验

THE

EXPERIMENT

OF

PERSONAL

RULE

1629年议会的解散标志着斯图亚特王朝君主和人民之间的冲突进入了一个新的阶段。解散议会的消息令人沮丧，但比这更糟糕的是，查理一世禁止所有人谈论重新召集议会的事情。对王室的反对者来说，这一禁令并非会产生不好的结果。相反，正如爱德华·海德告诉我们的那样，"它影响到了许多善良人①，这些善良人从热衷于散布谣言的人那里获取了一些信息，了解到教会和国家都有改变政府形式的意图。对此，散布谣言的人说最重要的莫过于公开声明我们将不再有议会了。"清教徒牧师兼长期议会的历史学家托马斯·梅的证词虽然必须更谨慎地接受，但还是值得强调。"在这个议会被解散之后，"托马斯·梅写道，"英格兰人多年来从未回顾他们古老的自由。"他们"从那时起就被剥夺了拥有议会的希望，所有事务都由公职人员来管理，希望的那一天似乎永远不会来临"。

　　同时代的人可能很想知道，他们是否目睹了西欧唯一在这个国度里幸存的议会制度的消亡。自1614年起，法兰西王国就再没有召集过议会。这种情况一直持续到1789年革命的前夜。西班牙王国的议会机构尽管比英格兰王国的议会机构更古老，但比法兰西议会更早地失去了光芒。1133年，阿拉贡王国就有了议会，1169年，卡斯蒂尔王国也

---

① 否则他们足以对惹怒国王的社会骚动产生反感。——原注

有了议会。然而，14世纪末之前，这两个议会就已经日薄西山了。15世纪末，这些议会都失去了所有活力。16世纪早期，它们已全部被推翻。直到19世纪，议会才再次焕发了生机。

或许有多种理由来解释拉丁语系国家议会机构过早的衰败。其中两个理由最突出。正如我们所见，英格兰王国的议会逐渐采用了两院制的形式。与此相反，在法兰西王国和西班牙王国，代表机构的形式和组织都以相应的社会阶层和经济利益来进行划分。社会的等级制度将其投射到了政治上：阿拉贡王国和法兰西王国的议会就像是"社会阶层"——贵族、神职人员和城镇居民——或者群体的集会①。不同的社会阶层之间几乎或者根本没有政治凝聚力。结果，国王就能够破坏代表机构，今天和这个阶层联合起来，明天和那个阶层联合起来，然后逐个消灭。类似的灾难在英国得以避免，这主要得益于14世纪各郡的骑士和城镇的市民之间建立起的偶然并且带来幸运的联系。这些骑士家族如果放在法兰西王国和西班牙王国，大部分一定是贵族阶层，在与它们有社会关系的"贵族"和它们在政治上采取行动的市民之间建立起了宝贵的纽带。因此，在英国，政治分歧从来没有遵循社会阶层的划分。这对整个社会来说都有很大的好处②。

在法兰西王国和西班牙王国，议会机构本质上的弱势和最终的消亡还有另外一个原因：不管是法兰西王国的议会，还是西班牙王国的议会，都没有真正掌握财权。

这些考虑足以说明为什么必须把1629年的局势视为危急时刻。它

---

① 阿拉贡王国的议会实际上有4个分支，卡斯蒂尔王国和法兰西王国的议会有3个分支。——原注
② 在某种程度上，劳动社会党的崛起削弱了这种普遍化的力量。——原注

关系到议会的生死存亡。当代的趋势都是朝着专制或寡头政治的方向发展的。在西班牙王国，君主的绝对权力没有受到任何限制。在法兰西王国，枢机主教黎塞留正在为路易十四的独裁统治做准备。在神圣罗马帝国，皇帝的权力正在削弱，这也是各领地诸侯的力量减弱的缘故。共和政体在一些联合省确实取得了显著的胜利，但它们的共和政体是寡头主义和联邦主义的，而不是议会制的。

这种对欧洲大陆政治形势的概述更凸显了在英格兰发生的事件的重要性。在英国，在一个似乎为代议制政府的生存提供了希望的国家，议会被解散，议会的领导人被监禁，上议院与下议院的大批议员被遣散回家，不知道何时才有机会被再次召集到威斯敏斯特。

这就为个人统治的实验开辟了道路。在这出精彩的戏剧当中，除查理一世本人之外，还有两个杰出的人物扮演主角：斯特拉福德伯爵和1633年被提升为坎特伯雷大主教的威廉·劳德（**图41**）。他们两人几乎没有受到后人的非议，尤其是崇拜亨利·哈勒姆和托马斯·麦考利的一代人。

他是第一个将贵族身份视为耻辱的圣礼和腐败的洗礼的英格兰人。他是人们仇恨的名单中最早的，也是到目前为止最有名的。他雄辩、睿智、有冒险精神、勇敢、善于发

图41 威廉·劳德

明、目标坚定，具有赞扬或损毁优秀国人的所有天赋，是失落的大天使，叛教的撒旦。

这是托马斯·麦考利对斯特拉福德伯爵的描写。这里绝没有对他完美的能力视而不见，而是无法欣赏他的天赋。至于威廉·劳德，麦考利只是把他看作一个"荒谬的老偏执狂"。在劳德的事情上，舆论的摆钟几乎已经摆到了顶点。的确依然有很多人认为他的目的是错误的，在他希望达到目的的手段上是完全受到误导的，但现在没有一个受过教育的人会认为他是荒谬的。如果说劳德是偏执的，那么在斯图亚特王朝时期，英格兰国教或阿米尼乌斯派就不会有垄断地位。"劳德，"在19世纪一个重要的教会历史学家来看，"拯救了英格兰王国教会。"威廉·格拉德斯通在他的《学术概述》中，对劳德为英格兰王国教会所做的工作表达了特别的敬意。

> 他的教会体制计划，在很大程度上，对他来说……仍然存续于其基本特征当中，不是作为个人或者党派的意见，而是体现在法令或惯例当中，没有明显消失或衰败的可能。

要了解人们对劳德的怀念，我们只需环顾四周就能清楚：在今天广袤的土地上，几乎没有一个教区教堂不能证明劳德关于圣公会传统的延续及其仪式和教义普遍性观点的盛行。

至于劳德奉行并向查理一世推荐的政策智慧，人们将一直继续争论下去。在劳德那个年代，很少有人赞扬他。但大多数现代批评家，不管对他的政策持什么样态度，都承认劳德正直的品质和目标的专一。就连清教徒托马斯·梅也承认，"他几乎没有什么粗俗的私人恶习……总之，就个人品格而言，他不至于坏到不利于英格兰王国"。在那些艰难的岁月，让劳德引领英格兰的命运，无疑是不合适的。但由于劳德高超的管理能力，牛津大学的学子没有人会遭到低估。作为名誉校长的劳德起草的管理制度，牛津大学一直维系到维多利亚时代中期。然而，劳德完全不适合担任查理一世的政治顾问。正如詹姆斯一世清楚地看到的那样，劳德是一个理想主义者。"他有一颗不安分的心，"詹姆斯一世在给白金汉公爵的信中写道，"在事情进展顺利的时候表现不出来，但他喜欢折腾和改变，按照自己头脑中浮现的变革的想法来行事。"没有人能够比这个精明老道的苏格兰人更真实地评判劳德了。

不过，劳德要比他的同僚斯特拉福德伯爵幸运得多，原因也很简单。他创立了一所教会学校，关于他的往事受到众多目击者的怀念。他也许出生得太早了，不得不把对他的记忆留给后来的人，而斯特拉福德伯爵或许出生得太晚了。如果英格兰王国和法兰西王国在政治上同时代，斯特拉福德伯爵可能会扮演枢机主教黎塞留的角色，在赞许声中成功地扮演好这种角色。他如果成为19世纪德意志帝国的大臣，就可能会通过血腥的铁腕政策将松散的领地融合统一成一个强大而统一的帝国。但在17世纪的英格兰王国，他生不逢时。

不幸的是，在生命的黄金时期，斯特拉福德伯爵为查理一世服务时很不走运。可以想象，如果查理一世一开始信任的是斯特拉福德伯爵，而不是白金汉公爵，那么王室和议会之间的分歧就有可能避免，或者即使做不到这一点，查理一世也许会为自己的政策和原则进行更有价值的斗争。斯特拉福德伯爵对形势做出了准确的估计，查理一世从未真正面对现实。托马斯·麦考利把叛教的罪名加在斯特拉福德伯爵的身上。但斯特拉福德伯爵明显的立场转变存在一个简单而体面的解释。斯特拉福德伯爵的政治理想是建立一个高效的政府。他认为，好的政府必须是强大的。只要白金汉公爵还在查理一世身边，政府就无效率可言。因此，斯特拉福德伯爵自然会在反对派中找到自己的位置。在白金汉公爵被刺杀后，他的位置得有人填补。斯特拉福德伯爵对自己的能力很清楚，准备填补这一职位。斯特拉福德伯爵一直是君主制的忠实信徒，但他信奉的君主制不是二流国王和其无能的大臣治理下受人抨击和蔑视的君主制。

如果这是"叛教"，那么每个走进议会承担国王政府职责的政治家一定会对该指控感到厌恶。当然，"在某种程度上"，这种类比是片面的。然而，这种类比足以对斯图亚特王朝时期最伟大的政治家之一——斯特拉福德伯爵——的行为做出合理的解释。

尽管斯特拉福德伯爵是迄今最能干的顾问，在他的个人统治时期，查理一世可以依赖他，但认为他的影响力一直处于至高无上的地位则是错误的。斯特拉福德伯爵除了从始至终全身心投入自己的行政工作——先是在约克郡担任北方议会议长，从1633年开始，担任爱尔兰总督，没有任何证据表明查理一世曾给过他像给予白金汉公爵或威廉·劳德那样完全的信任。相反，最有力的间接证据表明他没有得到过信任。在政治上，斯特拉福德伯爵是一个严厉的现实主义者：他认为政府有两种可能的基础——答应条件或诉诸武力。一个不依赖于同意条件的政府，必须拥有足以强迫对方服从自己的武力。查理一世一直徘徊在这两种选择之间：他从来没有坦率地接受过"同意条件"的原则，也从来没有准备好面对因组建一支强大军队的意图而面临公愤和开支问题。斯特拉福德伯爵知道没有第三种选择。在1640年危机来临时，拥有武力的是国王的敌人。有先见之明的斯特拉福德伯爵能够提供给查理一世的武装力量当时仍然在爱尔兰。

虽然议会解散了，但法官还在。对这一时期法官奴性的指控被一些人严重夸大了，他们只看到宪法冲突的一个方面。然而，法官凭国王的喜好来任职，"特权"法院的管辖权扩大，必然损害司法机关的独立性。因此，在君主独裁统治时期，司法管理变得越来越不规范、不公平。特别法庭把管辖权用到了极致：在英格兰和威尔士边境各郡设立边界地区法庭；约克郡有斯特拉福德伯爵自己的北方议会；西南边陲有锡矿法庭；高级刑事法庭后来被《大抗议书》指责为"变得过于尖锐和严酷，丝毫不亚于罗马宗教法庭"；其中最为著名的当数星室法庭。16世纪，星室法庭还是深得人心的。它让有权势的罪犯心生恐惧，但对普通罪犯来说，它意味着易得、快速的公正。然而，情况发生了变化：这个作为家喻户晓的独裁统治附属物的法院，即使没有受到尊重，也曾得到了人们的包容，但如今沦为不受欢迎的专制统治和压迫的工具。"星室法庭遭到了铺天盖地的谴责，国王陛下的臣民遭受巨额罚款、监禁、侮辱、毁伤、鞭打、掠夺、封口等压迫。"这是《大抗议书》中的描述。爱德华·海德也做出了同样强烈的谴责："坚持给我们带来快乐的荣耀，坚持给我们带来益处的公平……人们珍视的安全利益和权利基础令人担忧，智者的智慧面临被摧毁的危险。"这些担忧和海德的断言大相径庭。他曾说，在那段时间，国家享受着"最大限度的平静和最充分的幸福"。对后来的评论家来说，这是很难理解的事情。不过，海德的描述并没有伊波利特·泰恩和托克维尔分别描绘的大革命前夜的法兰西王国的社会那么充满矛盾。

同时，由于议会被解散，只得通过直接税收以外的权宜手段来筹集资金。当然，强制征收的间接税查理一世还在继续征收。然而，尽管有些税额"不太合理，征收的费用超过了货物的价值"，但依然提高到了可能的额度。就算如此，最后的收入仍然不能满足查理一世的需要。一些日常用品的出售，如肥皂、食盐和葡萄酒，都交给了垄断者，这显然是违法的。一些过时的封建义务死灰复燃，如"骑士物品扣押"制度，让乡村贵族为他们不想要的头衔付钱，或者在没有得到头衔的情况下也付钱。王室对皇家森林的权利主张也是以十分奢侈的方式提出来的。仅在迪恩森林，就发展起了十七座村庄，村民现在被迫赎回他们的财产并受到旧《森林法》的管辖。通过出售国家的重要职位来获得收益，有些郡通过勒索"服装费和行军费"来实施小额诈骗，这本来是招收民兵的规定，但并没有实际征收。通过这样或那样的办法，甚至使用某些卑鄙的手段，查理一世的必需品得到了部分保障。

然而，在手头拮据的财政部认为的方便采取的所有手段中，没有比征收船税更能引起如此广泛的抗议或如此明显、有影响力的抵抗了。

征收船税的建议来自威廉·诺伊（**图42**）。1627年，诺伊在"五爵士案"中担任顾问。他曾坚决反对查理一世征收吨税和磅税的主张，但如今他成为总检察长，对查理一世服务的热情不亚于他以

图42 威廉·诺伊

第 5 章 独裁统治试验

前在反对派中的表现。诺伊的建议并不缺乏独创性。金雀花王朝的国王难道不是经常号召沿海城镇提供船只来保家卫国吗？1626年，不是以这样的方式召集舰队远征阿尔及尔吗？两年后，即1628年，征收船税的命令就颁发了。尽管该命令后来被撤销了，但征收船税的权利没有受到损害。诺伊的建议提交给了曼彻斯特伯爵和托马斯·考文垂（图43），并且得到了批准。1634年10月20日，征收船税的令状被下发。令状首先被发到了伦敦和附近的海港，要求这些城镇在"来年，即1635年3月1日之前，把船只和人员送往朴次茅斯港"。令状中已经阐明了征税的理由："因为我们清楚，一些窃贼、海盗和海上劫匪，以及土耳其人和有基督教教名的敌人"毁坏了"我们的臣民和友邦的船只、货物和商品"。此外，"我们看到他们每天都在准备各种形式的海上行动，进一步骚扰我们的商人，伤害我们的王国"。令状还提到了"战争时期，危险高悬在我们的头顶。我们和我们的祖先及英格兰王国的国王一直以来都是海上的主人。在我们这个时代，如果这种崇高的荣誉丧失了或者被削弱了，我们将倍感不安"。当然，保卫国家是整个王国的共同责任，但各海港受到了特别关注，因为海港的危险更加紧迫，它们在对外贸易中的利益也最直接。因此，该令状首先发给了它们。

一年之后，即1636年，类似的令状发给了内陆各郡。正如我们注意到的那样，第一批令状只是修

图 43 托马斯·考文垂

改了古老的习惯法，1626年，就已经在没有任何抗议的情况下得到了执行。第二批令状的合法性存在更大的争议，但1635年11月，法官们提出了支持该令状的强烈意见，并且在1637年提交给全体法官时更加强调了他们的观点。

> 我们认为，陛下可以通过令状，在英格兰王国的国玺之下，统治您所有臣民……提供如此多的船只和人员、给养、弹药……以防御和保护这个王国……根据法律，陛下可以在遇到拒绝或抵抗的情况下强制执行。我们也认为，在这种情况下，国王陛下是唯一来判断危险的"法官"，决定何时以何种方式预防和避免危险。

俗话说，"蜂刺是长在尾巴上的"。这种强加于人的行为本身就遭到了强烈的憎恨。法官们赋予国王无限的任意决定权，使国王更加不得人心。伦敦对此提出了抗议，但无果而终。一些有影响力的人，如牛津郡的威廉·法因斯、白金汉郡的约翰·汉普登等，也提出了抗议，但得到了相同的结果。尽管福克兰子爵在牛津郡的财产上交了税，但他的名字因赫特福德郡的财产而出现在拖欠税款的名单上。

这种税收完全不得人心，这是肯定的——直接税一直都是不受欢迎的。它是否合法更值得怀疑。这在对著名的"约翰·汉普登案"中得到了验证。汉普登的主要法律顾问奥利弗·圣约翰（图44）坦率承认，国王作为"一家之长"，有责任维护"这个家庭"的和平并保护他的"家人"免受对手的攻击：法律已经"将防卫的手段全部交到了他的手中"。"在国防事务中，至高无上的权力是陛下固有的，是他

第 5 章 独裁统治试验

的王位和君主尊严的一部分。"但他认为，在通常情况下，权力必须通过议会来行使。他引用了"大量英格兰国王约翰时代及之后的记录"来证明未经议会同意征税的非法性。在突如其来的紧急情况下，国王无疑能够，并且必须代表国家采取行动。但在何种意义上说现在就是紧急情况？对所有人来说，臭名远扬的是，征收船税只是查理一世为了避免召集令自己不快的议会的多种手段之一。

这才是征收船税背后的真正问题。但在给王室作的演讲中，总检察长约翰·班克斯（图45）和律师爱德华·利特尔顿自然忽略了这一点。在判决中，十二位法官中就有七位表示同意。在主要问题上，有两位法官持不同意见，另外三位法官以其他理由拒绝支持王室。表示同意的七位法官包括前任下议院议长、现任高等民事法庭首席大法

图 44　奥利弗·圣约翰　　　　　　　　　　图 45　约翰·班克斯

官约翰·芬奇，王座法庭法官罗伯特·伯克利爵士等。伯克利爵士认为，议会是"历史悠久的最高法院。国王和贵族作为法官，不仅代表个人，而且代表议会"，但完全否定了汉普登的律师的主要观点，尤其否定了罗伯特·霍伯恩的观点。霍伯恩认为，只有在与议会无法协商时，国王才拥有最后的任意决定权。伯克利爵士说："法律不知道会有这样有利于国王统治的政策。法律本身就是国王可靠的老仆人。它是国王用来管理人民的工具或手段。我从来没有读到过或听说过法律就是国王。但国王就是法律，这是很普遍的，也是千真万确的，因为是他在讲法律，他是活生生的、会讲话的、会行动的法律。"他补充道："尽管我已经做了很有高度的思考，但我还想对我们的法律的基本政策做更高层次的考量：国王应拥有权力。有责任的人民必须服从国王，在议会准许的情况下为保卫国家提供资金。这不仅是人民的仁慈，也是正义的行为及对国王的义务。"如果伯克利的话有高度，那么约翰·芬奇则的话更有高度。芬奇说："议会剥夺国王保卫自己王国的权力的法案是无效的……这些法案规定国王不得指挥臣民，不能支配他们的财产，我认为还有他们的资金。这样的法案是无效的。没有哪个议会的法案会翻出新的花样来。"

  人们普遍认为，有利于王室的判决仅仅是法官卑躬屈膝的结果。但对外行来说，很可能不愿说出这种判决在法律上是有误的。可以肯定的是，无论法律是好是坏，这种判决就其政治影响来说完全是有害的。爱德华·海德不仅承认，而且坚持这一点。"我不得不冒昧地说，这些新的特殊案件、谋略和强制性税收的细节和程序都是非常失策的，甚至对预期服务是具有破坏性的。"激怒人们的"与其说是暴力，不如说是不公正"。那些或多或少愿意按分配给他们的

第 5 章 独裁统治试验

指标交费的人对判决的理由感到恐惧。是"逻辑留给人们没有任何可能称之为自己的东西"。海德补充道:"毫无疑问,约翰·芬奇爵士的演讲……让船税比议员做的所有承诺和英格兰王国的治安官遇到的所有危机更可恶、更可怕……许多清醒的人显然对许多判决的便利性、必要性和正当性感到满意。尽管他们对造成这些责难的人提出的根据、理由和表达方式很恼火、很反感,但还是选择了接受。"

从海德的证词中不仅可以清楚地看出整个国家的不安日益增加,而且可以肯定的是,船税的征收造成的骚动在很大程度上助长了这种不安。然而,与劳德的教会政策相比,其他所有原因就相形见绌了。

关于教会问题,除与宪法相关的内容之外,本书并没有涉及。在君主独裁统治的年代里,对教会问题的反应是直接的,也是持续性的。自从斯图亚特王朝统治以来,清教主义在人民中取得了进展,但在教会和国家高层失利。然而,清教主义不能被认为是不符合规定的。17世纪上半叶使用的"清教徒"一词至少包含了三个不同的教派:福音派教徒或"尊奉国教"的清教徒,长老会教徒,以及起初被称为"布朗派",后来被称为"独立派"或"公理派"的教徒。此外,还有其他没有明确界定的宗教派别。"尊奉国教的清教徒"的立场在詹姆斯一世即位初期即1603年和1604年的《致歉信》中,都给出了充分的解释。简单地说,福音派对伊丽莎白女王宗教和解政策中展现的妥协态度深表不满。福音派对英格兰国教的教义和礼拜仪式中存在的罗马特色的内容不能容忍,在拒绝教会政府的长老会模式的同时,在仪式上、教义上却倾向于日内瓦。关于福音派的主张和抱负,我们将在后面的章节论述。这里只需要说明,福音派不只是要求得到宽容,而且要求被纳入英格兰国教,要求将对手阿米尼乌斯派排除在外，自己的观点应该被接受并作为国家和国教的正统和官方的观点。

长老会的立场同样具有排他性。长老会要求英格兰教会应当效仿改革后的苏格兰教会，采取日内瓦式的教会政府、仪式和教义。长老会说服了长期议会接受其观点，但长老会的胜利是短暂的，在克伦威尔和他的军队掌权之后就结束了。

独立派教徒几乎同样反对罗马天主教徒、阿米尼乌斯派教徒、圣公会清教徒和长老会教徒。他们不赞成国家和教会之间的联系，拒绝接收由主教或长老组成的政府，认为教会与"教堂的会众"是共生的。除罗马天主教徒和犹太教徒之外，尽管他们准备容忍所有形式的宗教信仰，但一切集权的政府形式几乎同样令他们憎恶[①]。

斯图亚特王朝君主对一切形式的清教主义持不赞成的态度，部分是出于政治原因，部分是出于宗教原因。他们和阿米尼乌斯派保持密切合作。结果，在四分之一个世纪的时间里，阿米尼乌斯派在教会里独当一面；在君主独裁统治的十年里，阿米尼乌斯派的触角延伸到了政治领域。在问及阿米尼乌斯派都拥有什么的时候，一个当代的智者回答说"该派拥有英格兰王国最好的主教职位"。不仅如此，查理一世一解散议会，阿米尼乌斯派就开始左右王室的政策。

这些年，如果说查理一世有过一个首相，那就是1633年荣升为坎特伯雷大主教的劳德。1573年，劳德出生于雷丁镇，在该镇的学校和牛津大学圣约翰学院接受教育。1593年，他成为圣约翰学院的研究员。1616年，他尽管受到加尔文党派的反对，但还是当选为牛津大学

---

① 在独立派掌权时，主教制派也被排除在外。——原注

副校长。此后，他晋升得很快。1616年，劳德被任命为格洛斯特的地方执事之后，把"祭坛"从教堂的中部移到了东侧，将其变为"圣坛"，结果遭到了强烈的反对。五年之后，即1621年，他被授予圣大卫主教职位。1626年，他调任巴斯和威尔斯主教。1628年，他任伦敦主教。劳德当时深得查理一世信任。正是根据他的建议，查理一世才在1628年11月发表了《宗教宣言》。1630年到1641年，除其他一些职务之外，劳德还担任牛津大学名誉校长。对他来说，该职位绝非闲职。他尽了最大努力来整顿大学的校风校纪，正如我们已经注意到的那样，通过给牛津大学定下各种制度，他的痕迹在两个世纪的时间里都无法抹去。

1633年，被任命为坎特伯雷大主教后，劳德立刻让教会和国家都感觉到他的权力的存在。他积极参与星室法庭的工作。1637年，他遭遇了三个撰写小册子的作者威廉·普林、亨利·伯顿、约翰·白斯特维克的对抗。他们遭到罚款，被野蛮地割去了耳朵，在公众面前受到羞辱，最后遭终身监禁。他们的遭遇引起了公众的同情，后来长期议会撤销了判决。

正如以前提示的那样，后人已经开始欣赏到劳德的智慧和其目标的纯洁。然而，这里有必要强调他的政策带来的恶果。一个"不适合英格兰王国的人"，这是托马斯·梅（**图46**）对劳德的评价。尽管托马斯·梅是清教徒，但他的结论

图46 托马斯·梅

依然站得住脚。甚至连海德都承认劳德不适合做政治家。"他很少取悦和讨好别人,也不愿让自己的计划和目的显得那么直白,不是让这些计划和目的以天然纯朴的方式示人,而是披上其他外衣。他也不充分考虑别人说了什么或者说什么。"劳德的目标一部分与宗教纪律有关,一部分与理论有关。一方面是"恢复教堂仪式和外在崇拜",另一方面是"对教义的清理,在改革后的英格兰教会中压制加尔文主义"。这项任务在英格兰执行得已经够困难了,在苏格兰则毫无希望可言。

让苏格兰教会与英格兰教会完全一致,一直是萦绕在查理一世心头的目标之一。如果不是受到劳德的鼓舞,查理一世只会满足于自己的雄心壮志。就劳德而言,对苏格兰的无知是可以原谅的,但对国王来说,就不可饶恕了。查理一世一定清楚,苏格兰人不仅在教义上忠于长老会制度,而且热烈支持自己的教会组织,将其看作民族独立的象征。1633年,在苏格兰王国,查理一世在劳德的陪同下在自己的北方王国取得了巨大的进展。当时种下的种子注定后来可怕的收成。让查理一世感到震惊的是苏格兰"所有教会没有一本《公祷书》,没有统一的礼拜仪式……也没有统一的教规"。在苏格兰主教的帮助之下,查理一世决定弥补这些不足,1637年,一本新的教规和经过修订的《公祷书》出版了。苏格兰人既不希望改革礼拜仪式,也不希望改革宗教纪律,更不希望这一切在英格兰人的主导下发生。他们不想摆脱罗马的枷锁却换来了坎特伯雷大主教劳德的桎梏。新的祈祷书被指定在1637年7月23日,星期日进行第一次朗读。企图朗读《公祷书》是引发圣贾尔斯大教堂骚乱(图47)的导火索——这场骚乱拉开了真正的"革命序幕"。苏格兰的主教艰难地逃掉了,"整个国家,除

图47 圣贾尔斯大教堂骚乱

少数情况之外，都投入了激烈的抵抗"①。抵抗的动机一部分是宗教的，一部分是政治的。任何对长老会制度的攻击都是可恨的，在英格兰看来是不可容忍的。实际上，迫使英格兰圣公会统一苏格兰教会的企图使查理一世在特威德河以北地区的威信丧失殆尽。爱丁堡成立了临时政府所在地，1638年2月27日，起草并基本签署了"维护真正宗教和国王本人"的《苏格兰民族圣约》。在捍卫已经确立的长老会教会和国家独立方面，苏格兰的态度几乎是一致的。当时，查理一世任命詹姆斯·汉密尔顿（图48）为高级专员，准备宣布国王做出的很大让步。誓约者认为这些让步不够充分。他们认为查理一世不仅必须

图48 詹姆斯·汉密尔顿

---

① 这些醒目的话出自塞缪尔·加德纳。——原注

第 5 章 独裁统治试验

收回新的《公祷书》，而且必须对此行为做出谴责，承认苏格兰人对《公祷书》的抗议是正确的。与此同时，在格拉斯哥，汉密尔顿召集了一次大会。1638年11月21日，会议召开，经过一周的争吵之后正式解散。然而，与会者没有理会解散的决定，大会依旧悄悄地继续召开。自1580年以来通过的关于教会的每一项法案都被废除。主教制也被废除了。与会者得到命令，将维护自己权利的记录寄送给英格兰"所有真诚善良的基督教徒"。战争现在已经不可避免。汉密尔顿写道："在没有英格兰的帮助下，我没有达到目标，无法让陛下遏制这个国家的叛乱。"

提供这种帮助的可能性到底有多大？1638年8月，斯特拉福德伯爵写信建议查理一世不要对他的苏格兰臣民做出更多让步，也不要贸然投入战争。贝里克、卡莱尔和英格兰北部的卫戍部队立即采取强有力的行动，在优秀的上尉领导下进行训练。如果苏格兰人表现出屈服的迹象，就尽量对他们宽宏大量，给予安抚；如果没有，就做好准备，实施有效的镇压。这就是斯特拉福德伯爵的建议。但斯特拉福德伯爵在爱尔兰已经待了数年，不太可能从他和劳德的书信中了解到英格兰日益高涨的不满情绪到底有多强烈。苏格兰战争需要金钱吗？斯特拉福德伯爵在书信集中写道："我希望，在我们自己的孩子面临这种极端情况时，在我们拥有的一切面临这样的紧要关头时，每个人都会拿出自己的钱来。总之，愿上帝受到赞美，我们不但有钱，而且能干。在这种情况下，可以公正地说安全就是最高的法律，国王不能为了保护整体利益而拿走我们的东西。"显然，斯特拉福德伯爵完全被英格兰人普遍的情绪给蒙蔽了。此时，事态在快速发展。1639年1月，英格兰贵族应召亲自到场，与他们的追随者一起保卫国家的边疆。阿伦德尔伯爵（图49）被任命为总指挥，霍兰勋爵被任命为骑兵上将，埃塞克斯伯爵被任命为副指挥。爱德华·海德对埃塞克斯伯爵被冷落表示遗憾，"他是王国里最受欢迎的人，也是剑客的宠儿"。但霍兰勋爵（图50）是王后亨利埃塔·玛丽亚的宠臣。在战争和政治中，裙带关系变得十分重要。1639年2月14日，誓约者发表了一份宣言，向查理一世和英格兰人发出呼吁。两周之后，查理一世给出了答复，指定在全国每个教区教堂宣读。查理一世采取了一系列致命步骤中的第一步。最终，查理一世把自己送到了绞刑台上。

所谓"主教战争"，就政治结果而言，从个人角度来讲，对任何有关的人都是没有任何价值的。但从查理一世的角度来看，并非没有价值。无论是英格兰贵族，还是英格兰百姓，对主教战争都是没有任何热情的。

图49 阿伦德尔伯爵   **图50** 霍兰勋爵

第 5 章 独裁统治试验

> 据我所知,不管是入侵别人还是保卫别人,我们都有一种不良的姿态,这和十二个月前没有两样。如果不是亲眼看到,任何人都无法想象。国内的不满情绪非但没有减轻,反而增加了……我担心,我们的管理方式将无法阻止威胁我们的灾难。

诺森伯兰伯爵给斯特拉福德伯爵的信中是这么写的。
托马斯·梅下面的言论或许可以准确地反映人们的情绪。

> 英格兰人从来没有如此厌恶过战争。他们既不憎恨敌人,也不赞同他们参与的事业。他们遭受的巨大痛苦让他们很容易相信苏格兰人民无辜的,相信苏格兰人也遭受到了他们所受过的压迫。在当时的情况下,他们不可能期望这项事业得到胜利,因为他们自然地认为,征服苏格兰人的那把剑一定会摧毁他们自己的自由。这场战争的策划者是两国的共同敌人。

在苏格兰人感情的力量和抵抗的力量两个方面,查理一世显然完全被蒙蔽了。

斯特拉福德伯爵在这两点上都没有上当。他得到的消息是,有枪支正从瑞典运往利斯。"要相信,"斯特拉福德伯爵在给弗朗西斯·温德班克的信中写道,"苏格兰人士气高涨"。情况的确如此。苏格兰人对抵抗的准备和他们的雄心是一致的。他们组建了一支两万人的军队。这支军队经过精心挑选,纪律严明,其中许多曾是在神圣罗马帝国服过役的老兵，这些士兵由亚历山大·莱斯利指挥。

　　查理一世的军队在数量上略占优势，但在其他方面处于劣势。英格兰军队领导不力，武器装备不良，食物供应不足，纪律涣散。最糟糕的是，英格兰将士对参战完全缺乏热情，所以他们对抗苏格兰的胜算就非常小了。但这个问题从来没有真正得到综合考虑。亚历山大·莱斯利占据了邓斯劳山——这是一座控制着从伯威克到苏格兰所有道路的小山。查理一世的军队在特威德和他对峙。誓约者本可以横扫英格兰的乡巴佬，这是毫无疑问的。但智勇双全的莱斯利没有这么做。入侵英格兰可能会给苏格兰人带来军事上的荣耀，但无疑会把还算友善的对手变成彻底的敌人。最后两大阵营之间展开了谈判，1639年1月18日，在贝里克，双方签署了和平协议，第一次主教战争就这样结束了。

　　事实证明，贝里克和解是虚假的休战。正如爱德华·海德言简意赅的评论，"没有人在乎别人相信自己做了什么"。英格兰军队被解散，指挥官被不留情面地解职了。1639年8月，查理一世回到了伦敦。他做的第一件事是命人将苏格兰贝里克的谈判报告付之一炬。第二件事是召斯特拉福德伯爵前来相助。1639年9月，斯特拉福德伯爵抵达英格兰。在接下来的十四个月，不管从哪种意义上来讲，斯特拉福德伯爵都是英国王室的第一大臣。1640年，他终于得到了王室迟到的恩宠——被查理一世封为斯特拉福德伯爵。

　　斯特拉福德伯爵和培根一样，完全相信议会是政府的一种工具。在都柏林，斯特拉福德伯爵让议会屈从于自己的意志，难道在威斯敏斯特他就不能做同样的事情吗？苏格兰还没有被征服。作为政治家，正如斯特拉福德伯爵认识到的那样，除非查理一世能以某种方式

第 5 章 独裁统治试验

利用英格兰和爱尔兰的民族感情和物质资源来对抗苏格兰，否则它不可能被征服。要征服爱尔兰，则没有太大困难。1640年3月，斯特拉福德伯爵统治都柏林，并且在议会中天主教多数派那里轻易获得了四项资助来镇压苏格兰长老会。一个月之后，即1640年4月，他回到伦敦，在他建议召集的议会中履行自己的职责。

1640年4月13日，短期议会召开，长达十一年之久的"个人统治"以公认的失败告终，"专横统治"的制度已经崩溃。查理一世乐观地认为，议会将憎恨苏格兰"侵略英格兰的设想"，并且会对"英格兰人对待国王的傲慢态度和举止表示强烈的不满，从而提供适当的资金支持"。查理一世并没有期望得到议会的建议。这一点掌玺大臣明确告诉过议会，更不用说查理一世会要求他"介入任何调节事务"。查理一世想要的是，议会应当以最快的办法"给国王陛下提供尽可能多的资金，来维护国王的荣誉。如果议会能立即就资金问题投票表决，就会有足够的时间向国王陛下表达所有怨言"。

1640年，许多杰出人士首次进入议会。他们当中包括福克兰子爵。他作为苏格兰贵族①有资格在下议院获得席位，同时在怀特岛的纽波特也得到了一个席位。即便是纽波特，也很难指望在改革的年代逃脱被剥夺选举权的命运。因此，1867年，纽波特在议会席位重新分配中失去了两个名额中的一个。最后，1885年起，纽波特停止单独设立代表。因此，应该记录下来的是，在选择代表的问题上，没有哪个选区遭受过更严重的歧视。纽波特有幸当选过至少五个王室的第一大臣——后来的哈灵顿伯爵将军、威灵顿公爵、帕默斯顿勋

---

① 1707年以前。——原注

爵、乔治·坎宁和墨尔本子爵。这里还不算曾担任内阁大臣的福克兰子爵。1640年当选的大多数议员都是新来的，但在第一次参加会议时，他们并没有表现出不自然的尴尬和犹豫。接下来，"当大家互相凝视，看谁先开始发言时"，约翰·皮姆一跃上了领导席。

皮姆出生于西部乡绅家庭，在牛津大学受过教育，接受过律师培训。此刻，他不仅凭借才智和性情，而且凭借长期在议会的经验，提出由自己来担任议会首领。他曾在詹姆斯一世后两届议会中任职，因在针对罗马天主教的法律问题上发表了尖锐的意见而表现出众。他是1626年负责弹劾白金汉公爵的领导者之一。两年后，即1628年，皮姆在《权利请愿书》的辩论中扮演了主导角色。1629年第三届议会解散之后，他退休。后来，1640年，他复出。新议会表现得坚决而温和，这一点被皮姆很好地体现在了弹劾政府的精彩演讲当中。这次演讲篇幅空前——"讲了大约两个小时"，并且"很平淡"，但议会听取且通过了。对查理一世个人来说，皮姆的语气中带有"深深的敬意"，但由于"议会长期的干预，纵使国王陛下有着高尚的美德，许多不可原谅的事情已经发生了"。这也是皮姆从始至终强调的一点。具体的冤情数不胜数，但根源在于"议会的干预"。"议会的权力之于政治实体，"他宣称，"就如灵魂的理性之于人体。"这几乎是对1624年约翰·埃利奥特说的话的回应，也为即将到来的事情定下了基调。但查理一世想要的不是辩论，而是资金。下议院在讨论的同时，进行了投票表决。1640年4月22日，在劳德的命令下，神职人员答应提供六项补贴。下议院依然犹豫不决。4月23日，下议院决定，首要任务是纠正冤情。"直到议会和王国的自由为人所知的时候，人们才知道他们要不要付出。"斯特拉福德伯爵敦促做出坦诚的让步，而老亨利·文（图51）还想讨价还价。如果下议院给予十二项补贴，那么对船税的要求就应毫无保留地放弃。斯特拉福德伯爵从来没有表现出比现在更大的智慧。议会是吓不倒的，或许依然得领导它前行才是。老亨利·文威胁道："要么十二项补贴全有，要么什么都没有。"毫无疑问，这一需求是紧迫的。从苏格兰传来消息，战争重新爆发了，下议院不为所动。老亨利·文告诉查理一世下议院不会"给一分钱"。5月5日，短期议会宣布解散。

谁应该为这场惨败负责？爱德华·海德在描述后来发生的事件时，把责任推到了内阁大臣老亨利·文的身上，说他"居心不良，让一切陷入混乱……要知道，他对斯特拉福德伯爵有着深仇大恨……老

图 51 老亨利·文

亨利·文的失败尽在掌握之中"。塞缪尔·加德纳称海德的描述"几乎毫无价值"，但他除认为议会的解散不可避免之外，没有给出其他解释。怀特洛克将其归因于劳德，但显然没有权威的解释。然而，不管议会突然解散的责任在谁，它的不良后果很快就显现出来。所有善良的人都对此深表遗憾："没有什么东西能比这次议会的解散让全民的精神受到更大的打击了。""一切还好，"奥利弗·圣约翰说，"事情总是由坏转好的。"查理一世对这种结果感到沮丧。"他对自己的所作所为和否认给予老亨利·文这样的权利一事深表遗憾。"他甚至考虑，是否可以信任海德，让他通过公告的方式来重新召集议会。但这样的程序是不可能的，定局已经无法挽回。1640年5月，查理一世或许仍然有机会改变自己的处境。如果让斯特拉福德伯爵放手去做，斯特拉福德伯爵或许也会帮他挽回局面。1640年11月，王室因第二次军事失败而声名狼藉，被迫面对被激怒的、对国王充满怀疑的议会。

这段时间内发生的事情必须简单地讲述一下。

议会解散之后，合法性和智慧都受到怀疑的主教区会议依然继续，并且通过了一系列对神职人员和普通信徒都有约束力的教规。王室使出浑身解数来筹集资金，船税、服装费和行军费、强迫贷款——所有熟悉的权宜之计都试过了。城市的安全不能得到保证，热那亚的银行家不放贷款。教皇能提供资金，但前提是查理一世宣布自己是罗马天主教徒。除神职人员和国内的罗马天主教徒之外，实际上筹集到的资金很少。伦敦爆发了骚乱，清教徒成群结队地上街，威廉·劳德的生命受到了威胁。与此同时，查理一世还得集合一支军队来应对苏格兰人的威胁。

第 5 章 独裁统治试验

斯特拉福德伯爵本可以先发制人，在苏格兰人的领土上发动战争。当前情况不适合采用符合宪法的途径。处境让人绝望。查理一世必须花钱，而不是要钱。城市必须放贷，国家必须征到船税。最重要的是，要积极主动地发起战争。军队呢？"你在爱尔兰有一支军队，你可以用它来削弱苏格兰人。苏格兰坚持不了五个月。用你拥有的一切去冒险，要么成功，要么失败。"

在当时的情况下，这是政治家的呼声。劳德和弗朗西斯·科廷顿对此表示响应。但斯特拉福德伯爵要为当时的建议付出高昂的代价。让爱尔兰的军队来"削弱苏格兰"的提议让他付出了生命的代价。此时，查理一世几乎没有资金，也没有人手，但总得去面对苏格兰人。诺森伯兰伯爵和爱德华·康韦被任命为军队的统帅。在爱德华·海德看来，埃塞克斯伯爵再次被抛弃了，"他可能更容易受到安抚吧"。通过强征入伍的方式组建起来的军队，士气一开始就低落，厌恶战争。有些人背叛并杀害了自己的军官，许多人逃亡了。他们所到之处，让人感到可怖。"他们是国家的无赖，"雅各布·阿斯特利爵士这样描述他们。"我们有时每天受到他们五百人的攻击，"伦福德上校写道，"我们防守的时候，他们死伤了一部分。"像这样纪律松散的乌合之众不可能抵抗住誓约者的入侵。1640年8月20日，在科尔德斯特里姆，二万五千名苏格兰人横渡特威德河。斯特拉福德伯爵从爱尔兰被召回来指挥作战。8月27日，他已经到达约克，但因疾病的折磨已经疲惫不堪，无法继续前进。康韦奉命守住泰恩河的防线。但8月28日，苏格兰人在纽本突破了泰恩河的防线（图52），英格兰军队惊恐逃窜。两天之后，即1640年8月30日，苏格兰人占领了纽卡斯尔。诺森伯兰和达勒姆很快就落入苏格兰人手

图 52　英格兰人在纽本突破了泰恩河的防线

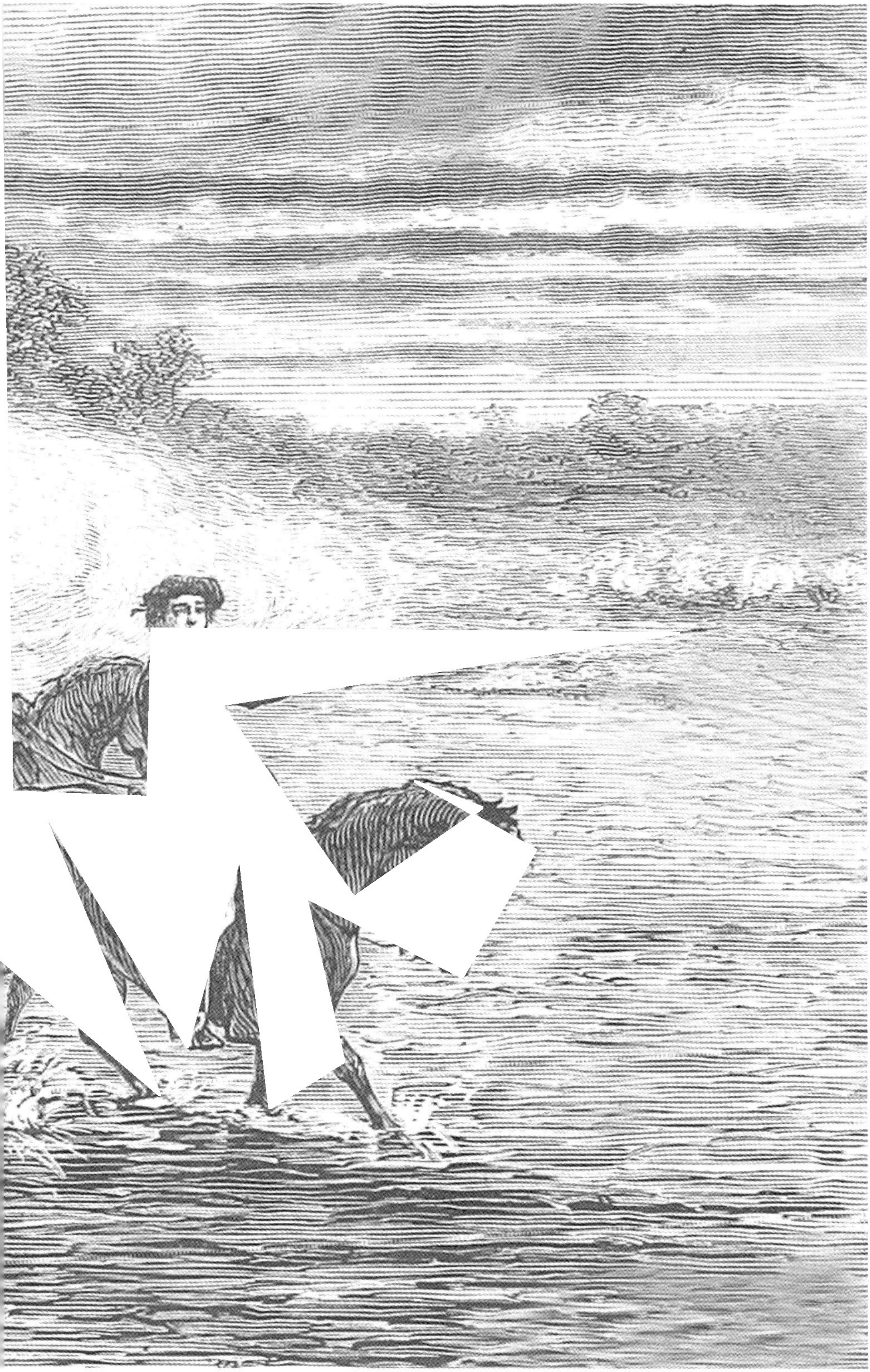

中。占领英格兰北方各郡，有充分理由相信可以得到议会领导人的支持，大量证据显示英格兰人十分友好，这一切让苏格兰人能等得起。

与此同时，查理一世将一份新的议会请愿书搁置一边，决定诉诸几个世纪以来都没有用过的宪法手段。于是，他召集了一个由贵族组成的大委员会。1640年9月24日，在约克，大委员会和国王见面，共商国是。查理一世立即宣布，他已决定在1640年11月召集新一届议会。爱德华·海德认为这是一个错误的决定。"可以很容易地预见到，召见如此多愤愤不平、充满失望、心怀不满的人……只能让每个人比他们来的时候更糟糕。"查理一世任命专员与苏格兰人交涉，苏格兰人情绪激烈地宣称"他们不满的是拿起武器的原因"，并且恳求查理一世"通过议会的建议来实现稳固持久的和平"。1640年10月，在里彭，双方开始谈判，并且缔结了条约，双方决定休战两个月。其间，苏格兰人每天得到850英镑，北方各郡将提供苏格兰人过冬的住处。条约的最终条款将会提交给即将召开的议会进行裁决。苏格兰人在纽卡斯尔周围"坐等"的时候，新的议会选举开始进行。怀特洛克写道："法庭费尽心思地请来了朋友，但在法庭上，那些备受法庭青睐的人不受人民欢迎。看到人民反对法庭的诉讼程序一点也不足为怪。因此，那些在法庭备受青睐的人没有几个得到支持从而成为议员"。由此产生的议会揭开了英国历史的新篇章。

第6章

长期 议会

THE

LONG

PARLIAMENT

直到1660年3月16日，1640年召集的议会才正式解散。这是英国历史上时间最长的议会。作为一个特例，它也是最重要的议会。如果宗教改革议会最终"打破了罗马的纽带"，主张英格兰教会主导的民族独立，那么长期议会则确立了英格兰宪法在政治制度史上的独特地位。

1660年春，召集议会时，议员的情绪已经与当年在议会里热情洋溢的情况大不相同。

"大家注意到，"爱德华·海德说，"大多数议员在下议院开会之前，脸上都洋溢着喜悦的神色。六个月之前，同样是这些人，他们当时脾气十分温和，希望能采取温和的方法，不要把伤口开得太大，将其暴露在空气当中，目的是治愈疾病，而不是严查疾病的原因和根源。然而，现在，他们用另一种语调来谈论人和事。"

在召开议会的前几天，在威斯敏斯特大厅，约翰·皮姆会见了海德，一起讨论当前的形势。皮姆对海德说的话如下：

> 他们现在一定比上一届议会的议员脾气要大，他们不仅要把下议院屋子清理干净，而且要把挂在各个角落的蜘蛛网

扯掉，以免滋生灰尘，把屋子①弄脏。他们现在有机会消除所有冤情，把造成这些冤情的东西连根拔起，让国人感到幸福。所有人如果都能够各尽其责，为了同一目的说话时言辞激烈一些，就会发现，最大胆的意见和建议要比温和的方式更容易被接受，温和的方式也就相应地不再受到欢迎。

这种风格的变化是不难看出的。正如我们所见，自1640年5月5日短期议会解散以来，许多事情已经发生了。在过去的六个月里，"专横统治"做了最后一次孤注一掷的冒险。就像1629年和1640年一样，议员被监禁；不顾上届议会的决议，继续征收船税、服装费和行军费；继续实施强行贷款，并且不顾一切组建一支军队来对付苏格兰人。一切都毫无目的。第二次主教战争进一步暴露了英格兰军事上的无能和意见上的分歧。除了为苏格兰的敌意买单，什么也没有留下。为了筹集资金，必须再次召集议会。爱德华·海德指出，新议会成立的第一天发生了两件不吉利的事情。第一件事情是查理一世没有去宣布议会开幕，而第二件事情更严重。伦敦市首席法官托马斯·加德纳爵士是英格兰王室的衷心拥护者。查理一世提议由他担任议长，但未能获得通过。下议院选择了威廉·伦索尔来担任这一职位。伦索尔是牛津郡的乡绅，在律师行业有一些声誉。按照海德的说法，伦索尔是一个"胆小如鼠的人，不适合承担为了国王的利益而控制议会的艰巨任务"。但在1642年1月4日，这关键的一天，当查理一世试图逮捕五名议员的时候，伦索尔的行为否定了海德的描述，证明如果他不能为了国王的利益来控制议会，起

---

① 原文House为双关语，既表示"下议院"，又有"屋子"之意。——译者注

码可以为了捍卫议会的自由而反对国王。

到目前为止，新议会中还没有对党派进行明确的界定。查理一世在上议院和下议院都有自己的朋友，法院有自己的追随者。大臣中没有派别，反对派虽然精心组织，但不能称为"党派"，少数人不愿意采取极端措施来对付斯特拉福德伯爵。对教会发起攻击之前，议会几乎一致希望修改现有的侵权做法，并且"从根源上消除造成这种现象的原因"。

目前，上议院除26位神职议员之外，还有124位世俗议员，其中至少有三分之二的人都受益于查理一世和他的父亲詹姆斯一世。1642年11月16日，清点人数时，发现有六位主教和40位世俗贵族缺席。在重要的辩论中，上议院议员大约一百人。在世俗议员中，贝德福德伯爵（图53）占据了公认的主导地位。"他是一个智者，"海德说，"他拥有巨额财富，所以不可能去颠覆政府。"他是皮姆的朋友，在性格上、信仰上都是一个清教徒，并且性情温和、判断力强。不幸的是，在第一次会议结束之前，他就去世了。根据海德的看法，"他认为自己所在党派表现出来的激动和愤怒，让他备受折磨。因此，他向一些与他关系密切的人表明自己的态度。他担

图53 贝德福德伯爵

心议会的愤怒和疯狂可能带来的偏见和危害要比长期议会休会带来的偏见和危害还要多"。他在上议院的领导权被一个更加极端的人继承。这个人就是约翰·汉普登的朋友威廉·法因斯。海德把法因斯说成是"那些从最坏意义上被称为'清教徒'的人的先知"，是"教会臭名昭著的敌人"。按照海德的偏见，毫无疑问，法因斯不仅是劳德制度的反对者，而且是教会既定秩序的反对者。在上议院诸多议员中，有必要提到其中的几个。埃塞克斯伯爵是一个富有骑士风度的对手和勇敢的人，但最终受到更极端的人的排斥。在他第二次婚姻中，妹夫①是赫特福德伯爵。赫特福德伯爵作为阿拉贝拉·斯图亚特的丈夫而闻名。诺森伯兰伯爵是英格兰海军上将。沃里克伯爵（图54）为自己的党派争取到了海上指挥权的最大优势。沃里克伯爵的弟弟霍兰勋爵是荷兰伯爵，是一个不愿殉道的大臣。沃里克伯爵的女婿②曼彻斯特伯爵是曼德维尔子爵，也是金博尔顿的蒙塔古男爵。他是曼彻斯特伯爵的长子。曼彻斯特伯爵在自己追求并热情款

图54 沃里克伯爵

---

① 赫特福德伯爵的妻子弗朗西丝·西摩是埃塞克斯伯爵的妹妹。——译者注
② 曼彻斯特伯爵的妻子安妮·里奇是沃里克伯爵的女儿。——译者注

待的清教徒①中是十分受欢迎的人。布鲁克勋爵行动有力，能言善辩。查理一世一派虽然在上议院占多数席位，但人力不够强。1642年11月，掌玺大臣约翰·芬奇逃离英格兰。财政大臣威廉·贾克森和监护法院院长弗朗西斯·科廷顿都对争斗没有兴趣。1641年7月，彭布罗克伯爵被解除宫务大臣的职位，原因是追捕那些要斯特拉福德伯爵人头的暴民。

在493位下议院议员中，不少人都具有指挥才能。只要看一眼选举结果，就会发现大多数选区的选民不是社会地位很高，就是才能出众。拉尔夫·弗尼爵士和埃德蒙·弗尼爵士父子在白金汉郡找到了席位；西德尼·戈多尔芬代表赫尔斯顿；埃德蒙·沃勒代表圣艾夫斯；爱德华·海德代表索尔塔什；两位著名的律师奥利弗·圣约翰和约翰·梅纳德代表托特尼斯；斯特拉福德伯爵的内兄②登齐尔·霍利斯是下议院最能干的议员之一，代表多切斯特；约翰·卡尔佩珀爵士和爱德华·迪林爵士代表肯特；和父亲威廉·法因斯一样反对教会的纳撒尼尔·法因斯（**图55**）代表班

图55 纳撒尼尔·法因斯

---

① 如果爱德华·海德的暗示被接受。——原注
② 登齐尔·霍利斯的姐姐阿拉贝拉·霍利斯是斯特拉福德伯爵的妻子。——译者注

伯里；纳撒尼尔·法因斯的哥哥詹姆斯·法因斯和菲利普·文曼代表牛津郡，而牛津大学则选出了非常杰出的议员托马斯·罗爵士和约翰·塞尔登；阿瑟·哈赛里格爵士代表莱斯特郡；拉尔夫·霍顿爵士代表韦尔斯；本杰明·拉迪亚德爵士和老亨利·文代表威尔顿，小亨利·文代表赫尔河畔的金斯顿；议长威廉·伦索尔代表伍德斯托克；奥利弗·克伦威尔——至今还没有引起注意——代表剑桥镇；约翰·汉普登在文多弗和巴克斯参选，被选为郡代表；约翰·皮姆和同僚威廉·罗素一道代表塔维斯托克；福克兰子爵和他在短期议会时一样，代表怀特岛郡的纽波特。以上只包括了这些著名人物中的一小部分，他们"与一些人组成了坚定的爱国者集团，与另外一些人组成了叛乱分子的秘密团体"。但这份长长的名单足以得出这样的结论：在英格兰，很少有一个议会能够拥有如此多优秀人才。福克兰子爵和爱德华·海德注定要占据特殊的职位，担任中间党派，即君主立宪制保王派的领袖。在其他人中，约翰·汉普登和约翰·皮姆脱颖而出。

汉普登在海德的笔下，给我们留下了一幅不朽的画像。

> 在辩论时，他表现出罕见的温文尔雅、和蔼可亲；在表达意见时，他显得谦卑和气、温顺服从，仿佛自己没有什么主见，只是带着获取信息和寻求指导的渴望。然而，他用一种微妙的方式来表明态度。持怀疑态度时，他对假装学习并接受自己观点的人，甚至对那些抵制他的思想灌输，认为他固有的观点无法服人的人，他都会用暗示的方式表达自己的反对意见。他总是给人留下诚实、认真的印象。他的确是一

第6章 长期议会

个非常聪慧的人,并且拥有绝对的声望,这是我知道的领导人民的绝对能力。

与汉普登肩并肩的是皮姆。

正如我们所见,皮姆是在短期议会里一跃成为领袖的。他在议会里的权威很快就得到了广泛的认可。本质上,他是一个"下议院"的人,是英格兰首位,也许是最出色的议会领袖。他是一个能力超群的金融家,一个思路清晰、令人信服的演说家,一个技艺高超的议会谋略家,一个孜孜不倦、警惕性高的领导人。无论从对当时下议院的影响,还是对议会体系及其程序方法的确定,皮姆的贡献都是其他人所不能及的。从议会召开那一天直到他去世,皮姆都是议会内外反对派的灵魂人物,而且实际上,他不仅是一个政党的领导,也是国家的掌权者。皮姆坐在议长的左边,"靠近下议院席的围栏"。汉普登总是坐在他的身边。几乎就在他们的对面,是同样如影随形的福克兰子爵和爱德华·海德。坐在议长右边的还有老亨利·文[①],副检察长赫伯特、拉迪亚德、克伦威尔和卡尔佩珀。因此,很明显,除像海德和福克兰子爵这样出于个人关系的原因之外,选择具体的席位没有多大意义,尽管像今天的反对党一样,当时的极端主义者基本上都坐在议长的左侧。

如果说新的下议院议员都非等闲之辈,那么摆在他们面前的问题也是非同一般的。在他们考虑的诸多问题中,下议院首先选出了他们认为极其重要的三个问题:对斯特拉福德伯爵及其"专横统治"的代

[①] 他在前排席位的首端。——原注

理人发起攻击，摧毁独裁政府机器，教会改革。

1640年11月11日，新议会成立还不到一个星期，皮姆突然起身向大家说，他有重要的事情要让议会了解，希望把楼梯的大门锁上，不让陌生人从外面的房间进来。然后，皮姆让阿尔斯特的约翰·克洛特沃西爵士讲述了斯特拉福德伯爵在爱尔兰的"暴行"，"为了入侵苏格兰，他在那里集结军队"的行为，以及其他一些恶行。一项立即对斯特拉福德伯爵进行弹劾的提议"得到了普遍的认可和同意"。于是，议会指派了一个包括皮姆和汉普登在内的七人委员会，负责讨论所有针对斯特拉福德伯爵的信息，经过几个小时的讨论，他们报告说"确实找到了正当的理由指控斯特拉福德伯爵犯有叛国罪，并且进一步表示，下议院希望上议院将他从议会中隔离起来并绳之以法，在适当的时候，下议院将提供具体的指控和罪状，由法官大人处理"。

虽然福克兰子爵不是斯特拉福德伯爵的朋友，与他的组织体系也没有什么瓜葛，但在当选议员后的第一次演讲中，他提请下议院考虑"这种做法是不是符合诉讼程序的严肃性，建议首先消化委员会提到的许多细节问题，然后再对他提出指控"。但就他自己而言，他"非常满意的是已经有足够的证据来指控他了"。

皮姆强烈反对福克兰子爵的建议，就像在接下来的三年一样。当时，皮姆掌握着特殊的案情，他听到谣言说有人蓄意发动政变。斯特拉福德伯爵当时可能正前往上议院，要求清教徒领导人与苏格兰反叛分子进行卖国求荣的谈判。由于斯特拉福德伯爵的组织，1642年的失败可能在1640年11月就已经被成功地预见到了。即使对斯特拉福德伯爵来说，皮姆的反应也太快了。"拖延简直就是毁灭，"他说，"一旦让斯特拉福德伯爵去见查理一世，议会就解散了。"形势刻不容

第6章 长期议会

缓，下议院听从了皮姆的建议，皮姆自己向上议院传达了下议院的信息。当上议院就此问题进行辩论的时候，斯特拉福德伯爵本人听到弹劾的消息，"带着骄傲但日薄西山的表情"大步走了进来。伴随着一片"退出""退出"的呐喊，斯特拉福德伯爵被迫在混乱中辞职。上议院同意下议院的要求。斯特拉福德伯爵被传进来之后，站在那里，"但被命令跪下来听候判决"。随后，斯特拉福德伯爵离开了议会，被黑杖传令官看管。"那天早上没有人给他脱帽致敬，人们本来应该看到这位英格兰最了不起的人物站在那里的，大家都喊道：'到底发生了什么？''我向你们保证，只是件小事'，斯特拉福德伯爵这样回答他们。'是的，的确，'人们喊道，'叛国罪竟然是件小事。'"皮姆赢得了第一回合。夜幕降临的时候，斯特拉福德伯爵"这只狮子"被关进了"笼子"。

几个月过去了，在斯特拉福德伯爵被送上法庭之前，许多重大事件发生了。一是必须确切地提出详尽而复杂的指控，二是必须解决大量的初步诉讼问题。直到1641年3月22日，审判才真正在威斯敏斯特大厅开庭。

关于对斯特拉福德伯爵的审判（图56），我们从著名的长老会神职人员罗伯特·贝利的笔下看到了生动、详细的描述。他曾被苏格兰誓约派派往伦敦，参与起草对大主教劳德的指控。他对这一重大审判的原始记载出自一份给欧文长老会的报告。贝利把整个场景呈现在了我们的面前：国王的宝座放在那里，但没有人坐。查理一世本人焦急地与王后、长公主玛丽和王储查理在专席上注视着审判过程，"他们到场并不比缺席受到更多的重视"。成群结队的女士们坐在"她们付过钱的专席上"，宫内大臣坐在有羊毛坐垫的席位上，"另外两个坐垫

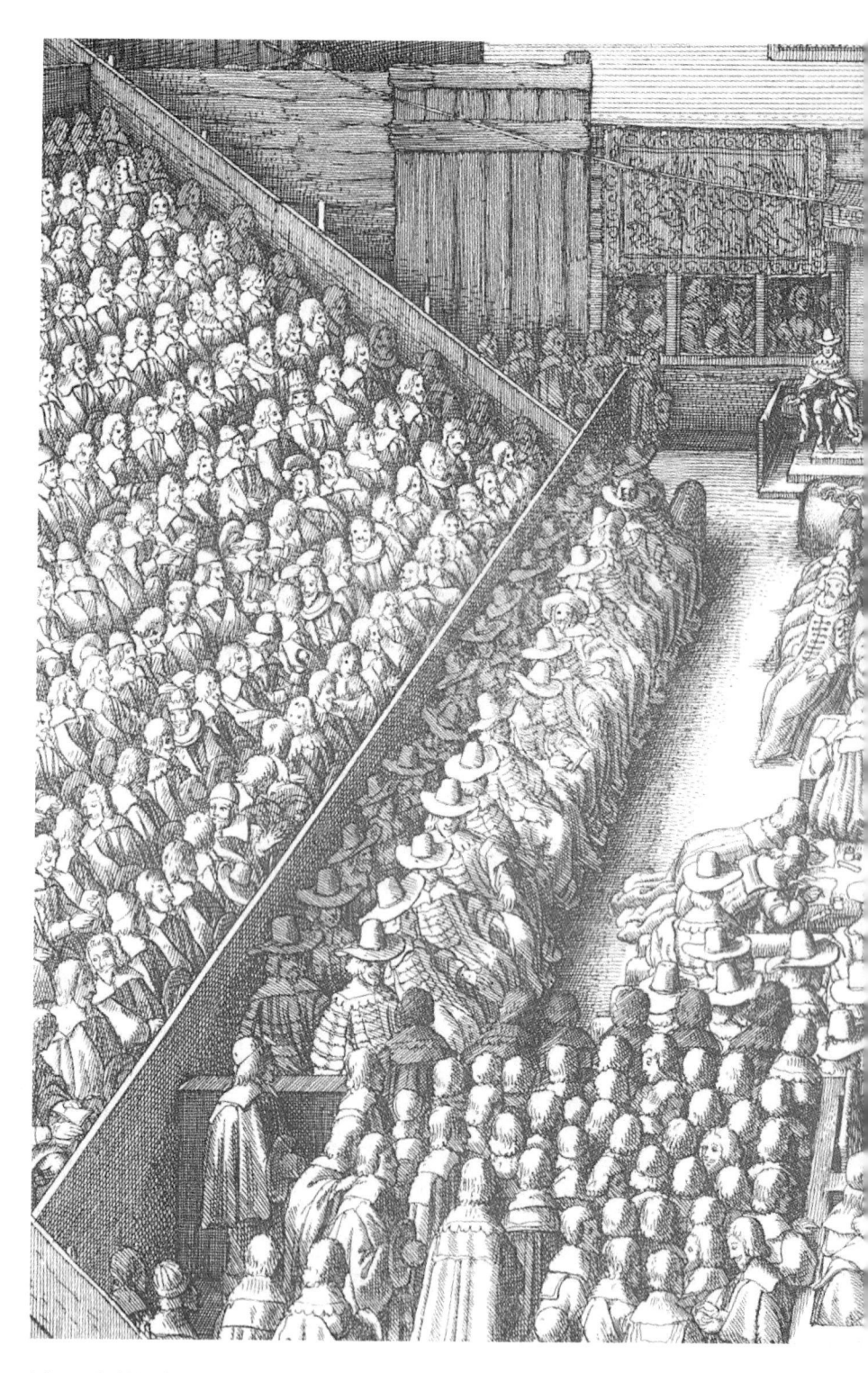

图 56 审判斯特拉福德伯爵

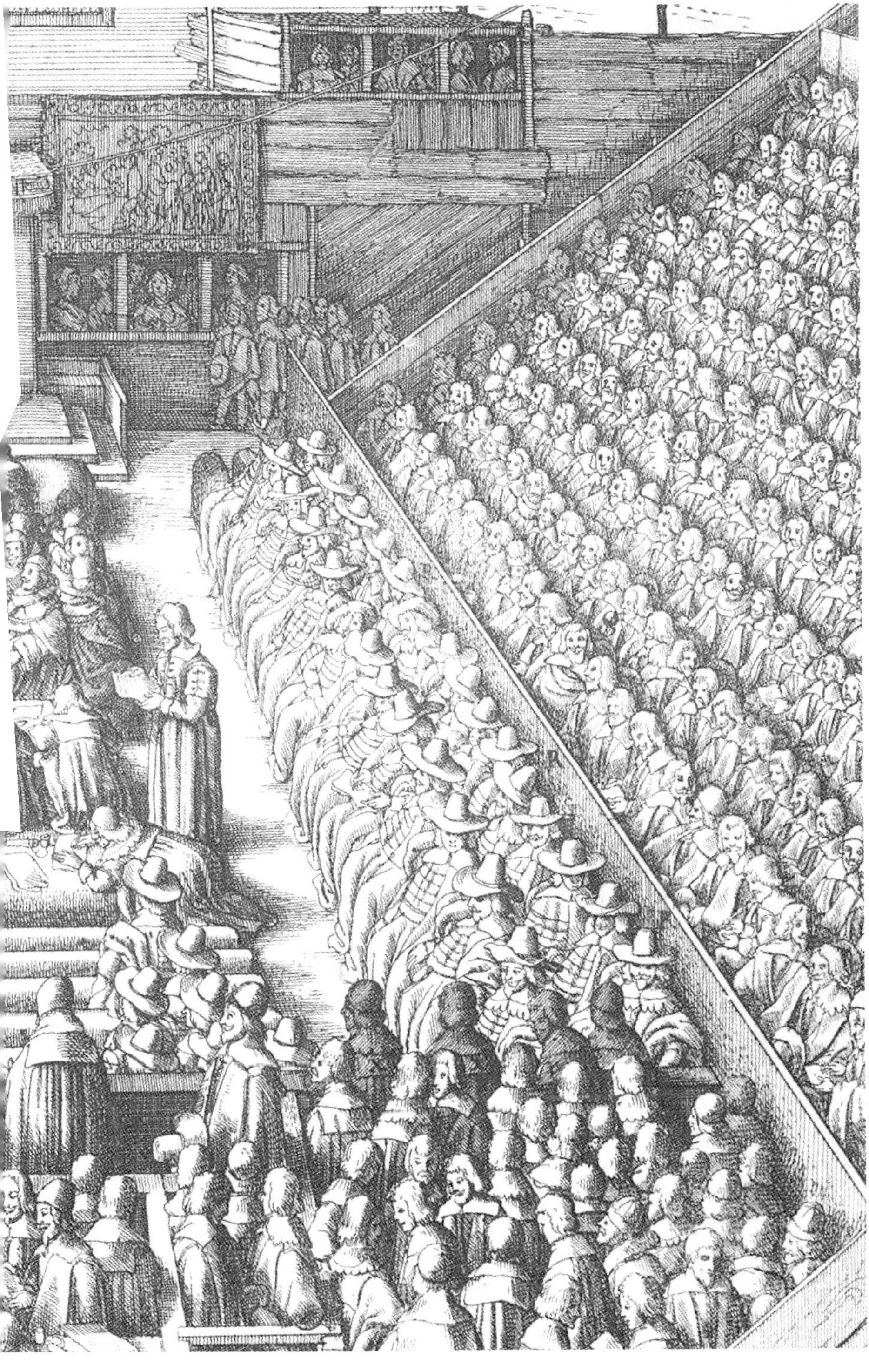

是给掌玺大臣和法官的"，到场的贵族身着长袍，一张小桌子摆在中间，"囚犯斯特拉福德伯爵按照自己的意愿可站可坐，和他在一起的是他的看护者、伦敦塔副监狱长威廉·鲍尔弗爵士"。其他桌子是给囚犯的秘书和律师用的，另外还有下议院急切的人们及社会部门的一般群体等。"这是英格兰岛上能够看到的最气派的集会，但没有我预料的那么严肃"。"上议院的议员总是站起来，走来走去，发出咔嗒咔嗒的声音，下议院也是一片嘈杂"。许多人就在大厅里用餐，"他们不仅在大庭广众之下吃甜点，而且吃肉和面包。因为没有杯子，他们就直接对着瓶口喝啤酒和葡萄酒"。虽然场面很热闹，但事情很严肃。总体来说，除一些不幸的例外情况之外，对斯特拉福德伯爵的审判并非没有价值。

从技术上讲，实际上，对斯特拉福德伯爵的指控是双重性的：他在爱尔兰实施专制统治，企图让爱尔兰成为攻击英格兰自由的"跳台"。该案的主要依据是老亨利·文做的斯特拉福德伯爵给国王忠告的记录。这些十分保密的记录被小亨利·文（**图57**）意外地看到了，最不光彩的是他将其抄录了下来，甚至更不光彩的是把它拿给皮姆看。指证其罪的记录是："在这种极端必要的情况下，为了陛下的王国的安全，尽管陛下您用尽各种方式针对苏格

图57 小亨利·文

第6章 长期议会

兰人并遭到反对，但您是自由的，不受一切政府规则的约束。您在上帝和人类面前是无罪的。您在爱尔兰有一支军队，可以用它来削弱苏格兰这个王国。"斯特拉福德伯爵以其非凡的勇气、动人的口才和完美的智慧为自己辩护，并产生了明显的效果。"三个王国，"托马斯·梅说，"都是他的原告，急切地希望通过他一个人的死来为所有不幸做出补偿。"然而，斯特拉福德伯爵与指控者针锋相对，对指控他犯有叛国罪从始至终表示抗议。他坦率地承认了较轻的罪行，但同时以无可辩驳的逻辑争辩说，再多的轻罪也不能构成重罪。"他给出了一个笼统的回答，"罗伯特·贝利说，"并且面对每一项控告都要重复一遍。尽管对他的指控都得到了证实，但只是轻罪而已。一百项轻罪不能构成一项重罪，一百项重罪不能构成叛国罪，它们的种类和性质是不一样的。"从技术上讲，斯特拉福德伯爵是正确的，没有人提出怀疑。但在1641年4月5日的辩论中，福克兰子爵把这些微妙的不同之处抛在了一边。"一个人多高才算高，多矮才算矮，没有人能说得清，但把一个高个的人和一个矮个的人放在一起一比，就一目了然了。因此，多少非法行为才构成叛国罪，没有人清楚，但当我们看到他的罪行时，就清楚了。"他总结说，斯特拉福德伯爵"公平地讲，应当处死"。不过，出于对查理一世的尊重，福克兰子爵本可以饶斯特拉福德伯爵一命。甚至连他的敌人也不能不被斯特拉福德伯爵无畏的勇气和自我辩护的能力折服。"从来没有人在这样的舞台上扮演过这样的角色，"怀特洛克写道，"从来没有人在智慧、毅力和口才方面像他一样睿智、温文尔雅。"冷酷的誓约派人士罗伯特·贝利认为"他的言行表现得很勇敢。无疑，如果他有风度且善良，那一定是一个雄辩的人"。显然，斯特拉福德伯爵的处境有所好转。对他的弹劾注定要失败，即使是持有偏见的法官也

图58 乔治·迪格比伯爵

不能根据这些证据给他定罪。但"不屈不挠的坚持"注定斯特拉福德伯爵免不了一死。审判已经拖延了两个多星期，突然弹劾被放弃了。1641年4月10日，《褫夺公权议案》提交议会。1641年4月21日，在下议院，《褫夺公权议案》以209票对59票的多数票通过。在那些投少数票的人中，代表牛津大学的优秀律师约翰·塞尔登和乔治·迪格比伯爵（图58）是最杰出的。他们不仅投票反对这一法案，而且发言表达反对意见。这倒不是出于对斯特拉福德伯爵的怜悯，也不是出于对查理一世的尊敬，而只是对法律的尊重。

"我不认为，"乔治·迪格比说道，"这些指控可能表明他该死，或者比任何背信弃义的人都更应该去死。我也不认为，指控者公正地指引我们判定将来会被定为叛国罪的罪行。但上帝不让我根据事后制定的法律对任何人进行死亡审判。在出现瘟疫的门口标上记号，然后让进去的人去死。我相信，他的行为本身就像任何一个曾经冒险的人一样极端、专横。他罕见的能力使这些恶毒行为更恶毒。上帝给了他使用权，但魔鬼让他运用自如。总而言之，我相信他依然是国家的大叛徒，他绝不能指望在这个世界上得到赦免，直到把他送往另外一个世界。然而，让我告诉你，议长先生，不能用我的手把他送到另外的世界。"

第 6 章 长期议会

得到上议院和查理一世的同意仍然是必要的。1641年4月23日，查理一世写信给忠实的仆人，以"国王的圣谕"的名义保证，斯特拉福德伯爵不应在"生活、声誉和财富方面遭受不幸"。查理一世随后与清教徒领袖进行了谈判。贝德福德伯爵、威廉·法因斯及约翰·皮姆本人都将担任要职。即使这样，也不能让"对手"继续控制局面。"人死口闭，"这是埃塞克斯伯爵冷酷的结论。1641年5月8日，《褫夺公民权法案》在上议院获得通过。现在，斯特拉福德伯爵的命运掌握在了查理一世手中。对亨利埃塔·玛丽亚的安全的担忧让查理一世不再犹豫。1641年5月10日，王室同意判决。两天之后，即1641年5月12日，斯特拉福德伯爵被送往绞刑台（图59）。暴烈而焦躁的灵魂终于安息了。

斯特拉福德伯爵直到死的那一天才离开政治舞台。但下议院的日志证明了他在其他方面的活动。在斯特拉福德伯爵被送上绞刑台之前，许多"专横统治"的机器被摧毁，专横统治的爪牙被绳之以法。在长期议会第一次会议上处理的所有问题中，没有一个比议会问题更持久。但这一问题将通过长期不懈的努力，单独加以解决。与此同时，议会听取了各郡请愿书中大篇幅详细描述的民怨和不满；对约翰·劳德、约翰·芬奇和弗朗西斯·温德班克进行弹劾，为威廉·普林、约翰·白斯特维克和亨利·伯顿等"受压制的大臣和其他受迫害的人"辩护，"对许多一直忙于推动近期教会革新的权威神学家和神职人员"提出疑问并将其送上法庭，清除了特权法庭、星室法庭、高等委员会法庭、锡矿法庭、北方议会及边界地区法庭，只要议会通过决议或立法，就可以推翻许多不得人心的判决。议会宣布，未经议会同意强行征收的税及吨税和磅税都是非法的。限制王室采买权，确定

图 59 斯特拉福德伯爵被送往绞刑台

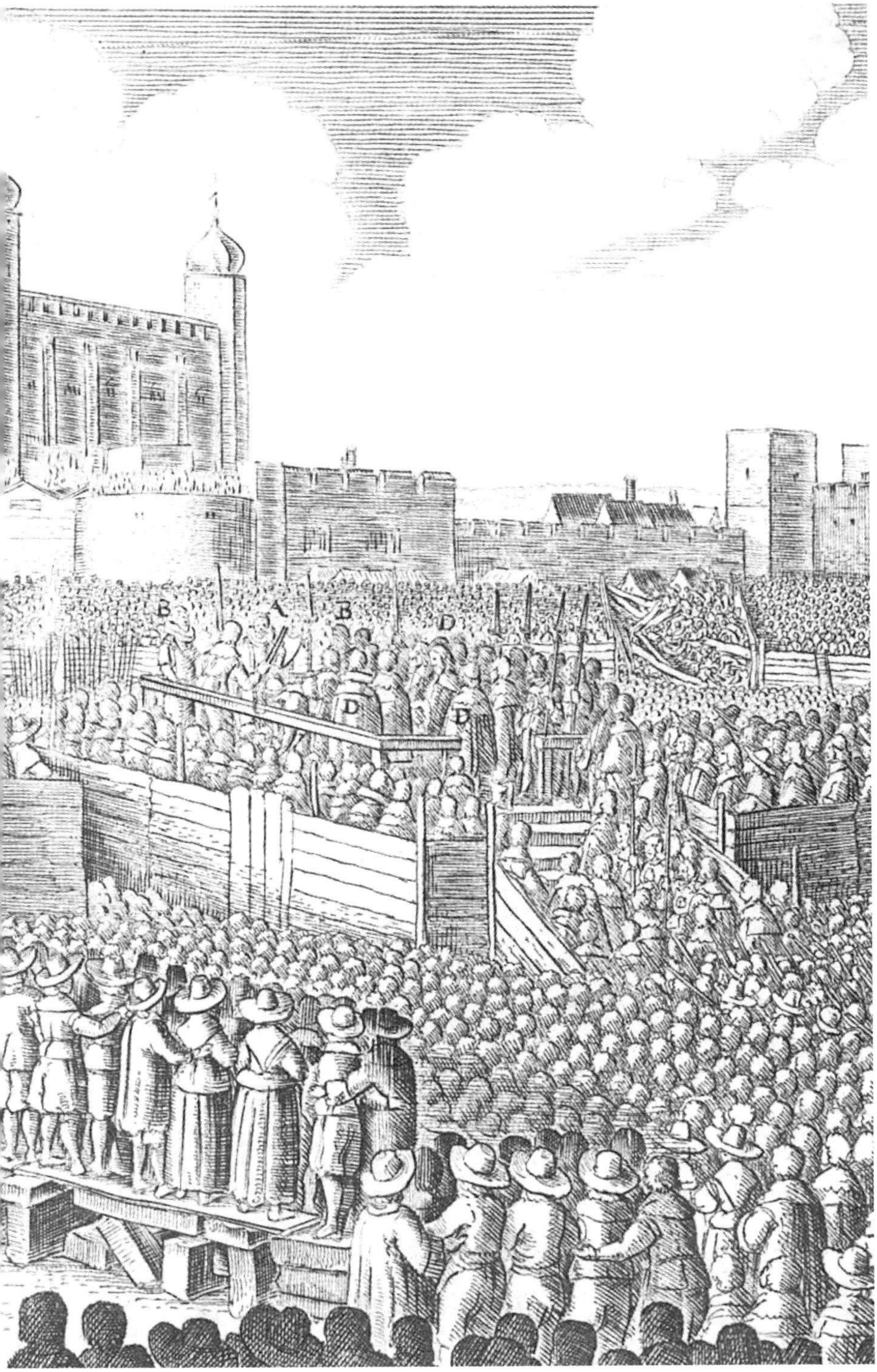
B
A
B
D
D
D

了森林界限，废除了强制骑士身份。最重要的是，《三年法案》规定反对议会今后休会。在当时特殊的情况下，尽管这也许不是对君权的无理侵犯，但这一做法公然让查理一世无法在没有得到其同意的情况下解散现有议会。这些问题都没有引起任何严重的分歧。实际上，在清除旧政权的权力滥用，让其不再死灰复燃这一点上，上议院和下议院是一致的。

在所有滥用职权的行为中，也许没有什么比征收船税和法官的所作所为更令人痛心了，尤其是掌玺大臣约翰·芬奇的相关行为。

1640年12月5日，沃特福德镇附近的居民向议会递交了一份"不起眼的请愿书，抱怨治安官严征船税"。该请愿书提交给了一个委员会。两天之后，下议院对此问题进行复审。在福克兰子爵发表详尽的讲话之后，大家毫无异议地通过了以下决议：

一、对船舶的主体提出的指控，以及由此目的筹集的通常称为"船税"的费用，都触犯了王国的法律和主体财产权，有违议会以前的决议和《权利请愿书》。

二、法官在星室法庭发表并在威斯敏斯特法庭记录的非司法意见等言论，无论从哪一方面来说都触犯了王国的法律、财产权利和人身自由权，违背了议会以前的决议和《权利请愿书》。

三、以下内容所附的令状，以及其他通常所称的"船舶令状"，都违反了王国的法律（同上）。

四、就"约翰·汉普登案"的实质而言，财政大臣的判决及认为汉普登无论如何都应受到起诉的做法，都违反了王

第6章 长期议会

国的法律（同上）。

另外，根据海德的动议，一个由16位成员组成的委员会成立了，"立即向几位法官了解这些居民是如何被索取费用或者受到威胁的，以及以何种方式、由谁来提出有关船费等费用的，委员会成员每两人负责向一位法官了解情况"。同样，准许该委员会"从法官那里了解当天就船税投票的情况，并且根据他们自己的判断提出与该命令涉及的有关问题"。福克兰子爵、海德和约翰·卡尔佩珀都是委员会成员之一。鉴于这三个人后来担任的"内阁"职务，将他们的姓名放在一起是有很大意义的。基于委员会的调查结果，在福克兰子爵的动议下，下议院决定着手弹劾掌玺大臣芬奇。芬奇提出请求，在事态进一步发展之前，希望他能够在法庭为自己辩护。对这一要求，下议院虽然并非没有"很大争议"，但还是同意了。1640年12月21日，这位"重要的法庭官员"出现在法庭上。法庭有一把专门为他准备的椅子，"当议长告诉他可以就座时，他鞠躬致意，然后把印章和帽子放在椅子上，光着头站在那里发言"。

芬奇的演讲"优雅而机智"，表达"很有风度，举止得当"，很感人地提出了宽大处理的恳求，给充满好奇感和同情心的议会留下了深刻的印象。约翰·拉什沃思说道："许多人被他的雄辩和举止深深地打动了。看到一个有过伟绩、担过大任、受过恩宠的人以这样的姿态出现在众人面前，为了自己的生命和财富而求情，未免让人感到悲凉。"但他的口才不足以救他，下议院决定对他进行弹劾，并且任命福克兰子爵向上议院提起指控。然而，芬奇并没有殉道的念头。"第二天，他在上议院受到指控，但他一早起来逃到荷兰去了。"当然，弹劾还在继续。海德"应福克兰子爵的请求"，被任命为"他的助手，负责审阅控诉这位前任掌玺大臣的罪状"。弹劾条款宣读之后，上议院不失时机给下议院反馈信息，表示已经考虑过对前任掌玺大臣的指控，因为接到消息说他不知去向，所以命令一发现就将他拘留起来。芬奇流亡了八年，在他卑躬屈膝地屈从之后，获准返回英格兰。他在上议院被正式弹劾后的第二天，查理一世愉快地宣布，只要表现得好，法官们应当继续任职，而不再只是限制在任期之内。下议院认识到对委员会的歉意，1641年1月14日，发出号令称，"下议院感谢奥利弗·圣约翰先生、怀特洛克先生、福克兰子爵、海德先生为议会的荣誉提供的出色服务和为国家所做的卓越贡献，在关乎百姓自由和财产的船税和其他问题上付出的努力，以及在掌玺大臣案件中尽职尽责的工作"。

或许再次需要指出的是，议会和人民对诸如船税等财政手段的主要反对意见，与其说是由于横征暴敛，不如说是由于对与自己相关的司法职务的滥用。他们或许已经模糊地意识到，这个问题已经触及政治社会的根源，并且影响到了一些根本性的原则。对长期议会的领袖来说，就像培根一样，法官在国家中的地位及他们在整个政体中的适当职能，都是头等重要的事情。弗朗西斯·培根坦诚地期望，司法机构应被视为行政部门的女仆。对海德、福克兰子爵和他们的同僚来说，这样的理论是令人憎恶的。法官的主要职责是保护个人自由，而不是扩大王室的特权。"如果他们既不否认也不延误我们的正义……这个王国最了不起的人就不会再给最卑劣的人实施任何的暴力了。"正是他们对职权的滥用受到了谴责，法官们"以非司法的方式发表意见，做出判决，他们并没有意识到自己是法官，不是哲

第6章 长期议会

家，也不是政治家"。在法律上，他们的判决本身可能是完全正确的，但与此同时，在政治上，判决依据的理由造成的危害可能是难以计算的。海德的批评非常中肯："王室和国家遭到了应有的谴责和耻辱，法官们在权力的实施中受到了利用，这是不能用损失和危害来表达的。"人们可能会宽恕"在紧急情况下"对特权的某些延伸行为，但不能忍受的是"法官作为法律的基础，被要求像内阁大臣一样目光敏锐地处理国家秘密事务，以及没有调查也没有证据就做出法律判决"。

从本质上说，这是培根和科克之间争论的老问题，只不过以一种新的形式重新出现罢了。在英格兰，是应该有"一部适合所有人的法律"，还是通过承认"行政法"原则来加强行政部门的权力？从以上角度来看，"船税问题"具有新的重要性。船税不仅被看作通过议会以外的手段筹集资金的权宜之计，而且是一个连贯巧妙的计划的重要组成部分。没有"行政法庭"，"专横统治"是行不通的。英格兰的法官必须学会跟着行政机关的指挥来"跳舞"。如果认为这些考虑的全部意义都在长期议会的乡绅和律师的头脑中，那将是荒谬的。但毫无疑问的是，在谴责船税和攻击约翰·芬奇时，议会隐隐约约地遵循了宪法的首要原则。

如果长期议会的议员对什么问题比财权滥用和与此相关的司法态度反应更强烈，那就是宗教问题。没有什么问题比他们在宗教问题上的行动更迅速了。在第一次会议后的三天之内，下议院就任命了"一个负责宗教问题的委员会，每周一14时举行会议"。1640年11月7日，本杰明·拉迪亚德在演讲中说道："让宗教作为我们的首要任务，其他都是次要的……相信吧，先生，宗教已经存在了很长时间，并且依然是这个国家伟大的存在之一。"在同一场合发言的约翰·皮姆强调了"鼓励罗马天主教"，宗教革新的引入，"最大冤情的昭雪"，并且谈到了"野心勃勃的、腐败的神职人员，他们宣讲着上帝的法律与王国的自由"。与此同时，请愿书从四面八方投向议会。几乎所有人都提出同样的抱怨和要求：他们谴责把圣餐台搬到东端并用栏杆把它围起来的行为；他们抱怨强加于教会看守们的誓言和条款及牧师对教义的错误解读和违规行为。但国内并没有任何迹象表明有对教会政府进行革命的需求。在伦敦的长老会则不然。在伦敦，反对主教制的浪潮正汹涌而来。1640年12月11日，在伦敦，由1.5万名信徒和1640名神职人员签署的巨型请愿书。在一片激烈的骚乱中，请愿书被提交给了下议院。这就是著名的《废除主教制请愿书》。《废除主教制请愿书》要求"大主教、主教、教长和副主教等人的政府……连同他们的附庸，连根带枝全部废除，所有代表他们的法律都宣布无效，政府可以按照上帝的圣谕正确地建立在我们中间"。这份请愿书的提出标志着议会中开始有了政党的定义，尽管一开始还有些模糊。"它很受欢迎"，罗伯特·贝利这样说。"有很多人反对，也有很多人赞成，"他的同僚写道。爱德华·海德谴责了"在准备请愿书时采取的投机取巧的江湖行为"。然而，要否定其代表很大一部分群体的意见，似乎是徒劳的。

　　这些签署请愿书的人在多大程度上代表了整个国家的宗教观念？要回答这个问题并不容易。至于主教制越来越不受欢迎，这是毫无疑问的。但鉴于许多相互矛盾的证据，要衡量公众对任何一种改革措施的看法是极其困难的。人们是否厌倦了圣公会，而对长老会充满了渴望？罗伯特·贝利显然是这么想的。1640年11月18日，贝利兴致极高

第6章 长期议会

地给他的朋友写信表达自己的观点。

> 圣公会开始受到贬低，国民契约受到推崇，礼拜仪式受到鄙视。无论是伦敦，还是其他地方，都提交了请愿书，要求废除主教、副主教及他们的附庸。人们认为最好等到议会扳倒坎特伯雷大主教威廉·劳德，将一些主教赶下台，让查理一世稍微消化一下因自己的支持者被责难而引起的痛苦之后，再去实施也不迟。许多事情在发挥作用，上帝的巨手在指引废除主教制这项工作。我们希望，这将是这个王国的人民多年的泪水换来的喜悦收获。这里到处充斥着对主教的厌恶情绪。

随着时间的推移，罗伯特·贝利本人也变得不那么自信了。1640年12月，贝利依然相信民众支持"废除主教制"政策。"所有人都是为了降低主教的地位，谁不愿意将其清除干净，谁就得不到尊重。"后来，人们中间出现了恐惧，担心布朗派的行动可能会拯救圣公会。"分离主义者想通过鲁莽的行为来为主教提供支持。"1640年12月底，这种恐惧加剧了。"对那些支持独立教会的新教徒来说，他们感到有些害怕。"到了1641年3月中旬，贝利的语气变得更加谨慎了。"对清除主教的提议，已经有了多种声音。"显然，长老会不会被匆忙根除。在典型的长老会中，看到对世俗力量的日益依赖是一件令人十分痛心的事。无论是布朗派，还是主教制派，"只要纽卡斯尔的年轻人还静静地坐着"，上帝的事业就不会受到永久的伤害。

当然，海德和罗贝利的观点是完全对立的。不过，海德并没有否认主教在伦敦这个"王国所有邪恶而幽默的水池里"不受欢迎的事实。他强烈谴责行政部门在这场危机中的冷漠和软弱表现。"对那些因忽视而成长繁荣并收获叛乱和背信弃义之果的树木，将其种子摧毁并连根拔起，并非一件困难的事情。"与贝利对其过分夸大一样，海德可能低估了人们对劳德的痛恨程度。

议会中风起云涌，这股潮流即使不是反对圣公会的，至少也是针对主教的。矛头首先指向了劳德。1639年12月18日，劳德被交给黑杖传令官看管，直到提出对他的指控为止。两个月之后，即1640年2月26日，他在上议院法庭遭到弹劾并被关进伦敦塔。四年之后，即1644年，他才受到上议院议员的审判（图60）。就像"斯特拉福德伯爵案"一样，眼看对他的弹劾即将失败，必须诉诸《褫夺公权条例》才能实施。1645年1月4日，该条例最终由上议院通过。大约两年前国王签署的赦免令被宣布无效。1645年1月10日，劳德这位大主教被送上了绞刑台（图61）。

如果殉道者是为自己的信仰而自愿接受死刑的人，那么劳德就不能得到"殉道者"这个头衔。与他的主人查理一世不同，劳德没有机会以放弃信仰的方式来拯救自己的生命。他无疑是一场残酷谋杀的受害者。在某种程度上，法庭是以当时的法律形式为借口来审判他的。《褫夺公权条例》需要得到查理一世的同意。在国王缺席的情况下，议员只能通过法令来立法。但同斯图亚特王朝的公告相比，议会法律制裁权更少。事实上，当时法令的效力并不比下议院的决议强多少。由于上议院的司法程序像一场闹剧一样，最后剩下的议员只得屈从于暴民的恐吓。

伦敦的暴民总是对长老会给予强烈的同情，大声叫嚷着要得到那

第6章 长期议会

个对他们来说是反基督的人的血。《神圣盟约》让同一个党派暂时在议会占据了主导地位。"小坎特伯雷威廉·劳德"并不指望得到他们的怜悯，并且也没有得到。他的政策不明智，但后人证明了他的目标是纯洁的。不过，他确实"不适合这个时代"。

劳德在议会中招惹的对手的仇恨已经延伸到他的门徒身上。"许多忙于推动教会革新的神学家和神职人员，"托马斯·梅写道，"遭到了质疑并被送到了法庭。"另外，一场大规模的民众示威游行标志着威廉·普林、约翰·白斯特维克和亨利·伯顿的流亡归来。下议院宣布高等委员会对他们做出的判决是非法的、不公正的，侵犯了公民的自由，并且通过投票要求劳德和其他反对他们的高等委员会成员赔偿5000英镑到6000英镑。海德露骨地表示"为身陷困境的群臣辩护"只是娴熟的官场管理表演而已。"人们的这种叛乱和狂热，"他写道，"是民众情绪暴露的结果。"尽管如此，结果是无可争辩的——讲坛交给了"精明而沉默的布道者"；出版界开始投放"最能妖言惑众的、可耻的小册子"；查理一世的法官和议会不再行使任何管辖权。

然而，更有洞察力的人上可以看到对极端分子做出的反应。《废除主教制请愿书》让温和的主教感到震惊。

"毫无疑问，"清教徒西蒙兹·德尤兹说，"上帝的教会政府是最古老的，它有虔诚的、热心布道的主教。我应该尊敬这样地位仅次于国王的主教。但我在上帝面前抗议，如果宗教问题像最近几年的情况一样再持续二十多年，那么到头来，我们连宗教的面孔都将不复存在，所有人都会被偶像崇拜、迷信、无知、亵渎和邪说淹没。我因为认可古代虔诚的主教，所以不喜欢他们的男爵爵位、临时贵族头衔和

图 60　劳德接受审判

图 61 劳德被送往绞刑台

所做的其他工作"。

1641年1月23日提交的大臣请愿书与抗议书，进一步证明了温和派的成长和发展。温和派要求的不是革命，而是改革，随后在此基础上提出取消主教的世俗职务，尤其是在上议院的职务。

1641年2月8日，下议院审议了两份重要的文书——《废除主教制请愿书》和《大臣抗议书》。随后，下议院进行了本届会议最重要的一次辩论。在诸多值得关注的演讲中，也许最值得关注的当数福克兰子爵的演讲。其主题是像政治家一样避免极端。他没有放过阿米尼乌斯派主教——那些"以统一为借口来破坏统一的"人，他也没有否认这些人对叛乱的爆发负有的责任。不过，他坦率地区分了这些人和他们遵守的秩序之间的差异，这让他本质上的保守主义无可辩驳地暴露了出来。在"几天的辩论中废除"大多数议会从耶稣到约翰·加尔文持续了近一千六百多年的秩序并不符合政治家的风范。

在福克兰子爵之前辩论的是本杰明·拉迪亚德和乔治·迪格比，然后是巴格肖、哈博特尔·格里姆斯顿等人。约翰·拉什沃思将这次辩论描述为"重要而乏味"的辩论，在他的文集中能够读到详细的内容。总体来说，辩论似乎是在严肃和卓越的高度上进行的。拉迪亚德赞成限制圣公会的计划，并且后来在上议院关于教会改革的法案中提了出来。迪格比主张教会改革，但反对废除主教制。坦率地说，威廉·法因斯在语气上与长老会是一致的。"除非教会政府是另一种形式，并且更多地被英格兰联邦同化，否则我担心教会政府对公民不会有益。"除了约翰·普莱德尔的演讲，记录下来的演讲没有一个能让阿米尼乌斯派感到满意。但这场辩论的最终议题绝不是让温和的主教感到不安。下议院的普遍看法显然是赞成对圣公会"毒瘤"的

第 6 章 长期议会

改革，但反对对圣公会本身进行破坏。结果，下议院做出如下决定：

> 二十四人委员会和其他六人——托马斯·罗爵士、登齐尔·霍利斯先生、杰弗里·帕尔默先生、罗伯特·霍伯恩先生、威廉·法因斯先生和小亨利·文爵士——确实考虑到了已经宣读的《大臣抗议书》和伦敦内外居民的请愿书及其他具有类似性质的请愿书，并且从中整理出要点，供下议院审议。下议院保留主教制的主要观点，以便在适当的时候予以考虑。

结果可以说是一种妥协。但毫无疑问，胜利的天平倾向于那些在福克兰子爵领导下的人们。这些人拒绝落入遵守教会既定秩序的对手手中。至少在目前，主教制还没有被扔进坩埚。罗伯特·贝利的评论准确地反映了当时的状况。"一切都是为了建立长老会，并且在所有方面击垮主教，无论是精神上，还是时间上，让他们在所有方面都低头。但最神圣的目标是彻底废除主教制，这也是整个问题的症结所在。我们必须用祈祷的斧子将其砍掉。上帝啊，我们相信能够做到。"显然，罗伯特·贝利依然充满希望，但不再自信了。

1641年3月，事情发展得更快，提出了将主教逐出上议院和枢密院的法案及禁止任何牧师进入和平委员会或履行任何世俗职责的法案。1641年3月30日，首次宣读其中第一部，即俗称的《第一主教（排除）法案》，1641年5月1日，该法案最终获得下议院通过。

然而，上议院对该法案做了大幅度修改。上议院同意将一般神职人员排除在民事职责范围之外，但拒绝批准自己的议院做出革命性的变革，例如，把议院古老的组成之一的主教排除在外。尽管如此，上议院的态度并非不友好。1641年5月27日，上议院任命了一个委员会，就该法案与下议院磋商。下议院则决定准备一份代表其"理由"的声明。

鉴于这一尚未解决的问题内在的重要性，下议院认为主教不应在上议院具有选举权的原因如下：

一、因为该选举权极大地阻碍了下议院履行行政职责。

二、因为主教接受圣职的时候，在受职礼上发誓将自己完全奉献给这份职责。

三、因为几个时代的议会和教规都禁止主教干涉世俗事务。

四、因为24位主教依赖于两位大主教，并且按教规服从于两位大主教。

五、因为主教是终身任职的，所以不适合对他人的荣誉、遗产、生命和自由拥有合法权利。

六、因为主教对通过财产让渡获取更大利益的地区的依赖性和期望。

七、最近有几位主教侵犯了公民的信仰和自由，他们及其后继者将受到极大的鼓励去继续实施侵犯。如果其中的26人成为处理这些问题的法官，那么公民对诸如这样的侵犯的投诉将受到极大的打击。同样的理由也适用于他们在任何法案中的立法权及在任何紧急不便的情况下对他们权力的规范问题。

八、因为他们中的所有人都对维持主教管辖权感兴趣，这在三个王国来说是非常危险的。苏格兰王国已经彻底将其废除，在英格兰王国和爱尔兰王国，许多人都在请愿反对。

九、因为主教作为议会议员，和教友之间有很大的距离，这让他们很有自豪感，结果导致了别人的不满和教会的不安。

他们有选举权已经有好长时间了。对此问题的答复：如果不方便，立法者可以不考虑时间和惯例问题。一些修道院院长参与投票的历史和主教参与投票的历史一样长久，但他们的这项权利被剥夺了。对主教的有俸圣职和婚姻忠诚等权益，法案则不适用。威斯敏斯特修道院院长、达勒姆主教和伊利主教及约克大主教在行使世俗管辖权的时候，因前面提到的理由而带来了不便。因为世俗法庭和司法管辖权是由世俗官员来主导和行使的，所以该法案与他们无关。

尽管有这些确切的"理由"，议员仍然心中不服。1641年6月8日，议案在第三次宣读之后仍然遭到了否决。

就在上议院与下议院举行会议的那一天，即1641年5月27日，"一场雷电"从天而降，一项法案提交到了下议院，"要求彻底废除和剥夺大主教、主教，他们的司法官、委员、院长、副主教、受俸牧师、唱诗者和大教堂教士，以及其他下属的权利"。该法案名义上的提议者是爱德华·迪林爵士。迪林爵士是一个代表肯特郡的名不见经传的议员，但他本人告诉我们，该法案是由阿瑟·哈赛里格"坚持给到他手上的"。而哈赛里格同样是从小亨利·文和克伦威尔那里得来这个法案的。极端主义者的领导权已经落入克伦威尔和小亨利·文的手中。

似乎没有人指望《废除主教制请愿书》得以通过并成为法律，但对它所涉及的对象有各种各样的说法。有些人认为这只是为了吓唬上议院，让上议院接受不太激进的提议，但这与时代状况不符。另外一些人则认为这样做的目的是检验下议院的感受。尽管如此，这一法案的接受情况出乎人们的意料。海德的确"非常热情地表示，该法案可能不会当众宣读"，并且补充说"许多人都强烈要求否决它"。虽然废除主教制的举措激动人心，但议会内似乎普遍没有什么反应。极端清教徒大批聚在一起，但出席委员会的人太少，尤其是在晚餐之后，所以福克兰子爵嘲讽道："痛恨主教的人对主教的痛恨超过了对魔鬼的痛恨；爱主教的人对主教的爱还不及对晚餐的热爱。"尽管海德在被任命为法案委员会主席后进行了巧妙的阻挠，但该法案在委员会中取得了很大的进展。实际上，查理一世离开英格兰前往苏格兰后，该法案就被取消了。1641年10月20日，议会休会后重新开会时，该法案就被放弃了。

第二天，即1641年10月21日，第二项主教法案被提出。两天之内，该法案在下议院通过了所有程序，1641年10月23日，在上议院首次宣读。上议院搁置了该法案两个月，没有表现出要恢复审议的意愿。但1641年12月底，主教们——或者他们的党派——落入了对手的手中。在伦敦，人们对主教的情绪反应强烈，主教们不止一次在前往上议院的路上遭到了围攻。1641年12月30日，正如爱海德所说，受"那位大主教——约克的威廉姆斯的傲慢行为"的影响，12位主教正式抗议自1641年12月27日以来在他们缺席期间通过的"一切法律、命令、投票、决议和决定，因为它们本身是无效的"，同时抗议"在他们被暴力地强制缺席"之后即将通过的一切法律、命令、投票、决议和决定。考虑到当时的情况，抗议可能是轻率的，但这并没有为起诉提供任何理由。奇怪的是，上议院议员和下议院议员的情绪都被激发起来了，12位主教以叛国罪被弹劾，并被关进了伦敦塔。第二天，下议院提醒上议院那个被忽视的法案。1642年2月4日，上议院第二次宣读了被忽视的法案，2月5日，在温彻斯特主教沃尔特·柯尔、伍斯特主教约翰·普里多和罗切斯特主教约翰·沃纳的抗议下第三次宣读了法案。令海德感到诧异的是，2月14日，该法案得到了王室的同意。这也是英格兰内战爆发之前查理一世最后一次同意的真正重要的法案。

按照海德的说法，在这个问题上，查理一世是被约翰·卡尔佩珀说服的。卡尔佩珀的论点得到了王后亨利埃塔·玛丽亚的支持。她似乎担心，如果不做出让步，她的欧洲大陆之行可能就会受阻。

《第一主教（排除）法案》虽然严重影响了国家的结构，但本身并没有触及教会的结构。不过，该法案暂时被否决了。放弃它的原因有些模棱两可。该法案达到它的目的了吗？约翰·皮姆是否认为已经做得够多了呢？他害怕保王党的势力得到巩固吗？极端主义者对排除的时间是否感到满意？他们是否完全忙于其他事情？所有问题都可能已经在领导人的头脑中呈现出来了。但主要原因是他们没有准备好替代方案。

要让今天的批评家能够理解这种情况，几乎不需要费什么劲。对教会机构而言，今天的"废除主教"的改革者的行为是毁灭性的。他们满足于切断教会和国家的联系，让"教会"随意重建其精神大厦。1641年的"废除主教"的改革者则并非如此，他们认为自己有重建精神大厦的责任。教会和国家的脉络紧密交织在一起，所以不会允许通过一项法案就将其运行机制摧毁。举个例子，国王可以废掉教会法庭，但废除之后用什么来替代它呢？议会可能会罢免主教，但国家仍需为教会主导的政府提供一些保障。这就是1641年"废除主教"的改革者和今天的"解放主义者"的本质区别。前者关注的是教会制度，后者关注的则是具体的教会。在代表国家精神层面的宗教组织这一特殊形式上，尽管可能会有差异，但大多数人——如果不是全部——都坚决相信。对政治体制来说，这种代表方式是必不可少的。英格兰内战之后，独立的理想确实很快发展到了前线。但直到1645年，像罗伯特·贝利这样的"不折不扣的长老会成员"和约翰·塞尔登这样的"蹩脚的伊拉斯图派律师"之间争论的主要问题是，国家应该服从教会，还是教会应该服从国家。小亨利·文提议，在下议院，委员会审议《废除主教制议案》的时候，该法案向上议院的宣读次数不少于《教会改革议案》两次的宣读次数。该提议明确表示，如果主教被"驱逐"，那么议会感到有必要为他们许多职能的履行做出规定。

事实上，长期议会对教会的主导情绪既不是圣公会和长老会的，也不是独立派的，而是伊拉斯图派的。在各种各样的意见中，有两个结论越来越清晰：第一，必须有某种形式的教会组织。第二，无论这种形式是什么，这种组织必须由议会严格控制。1641年秋，正是伊拉斯图派人士的脾性使查理一世得到了圣公会教徒的拥护，并且在1642年得到了广大教徒的支持，1646年，得到了长老会的支持。像海德这样的阿米尼乌斯派，像福克兰子爵那样的自由派教徒，以及像贝利那样的长老会教徒，他们尽管有不同的理由，但都同样反对议会中多数人在精神领域发号施令。然而，或许没有人意识到，没有哪一派愿意接受唯一合乎逻辑的选择。

第 **7** 章

皮姆和《大抗议书》

PYM

AND

THE

GRAND

REMONSTRANCE

1641年11月8日，约翰·皮姆向下议院提交了《大抗议书》。这份令人难忘的文件虽然主要作为反对王室的宣言和对议会所做行为的道歉，但具有另一个更持久的意义。值得赞赏的是，《大抗议书》是为了促进其直接目的。它在政治学文献中占有独特的地位，体现了民主政治的雏形概念。这种民主在当今世界被称为"负责任的政府形式"。

如何保留君主制制度，同时将主权移交给"议会中的国王"，如何在允许立法部门控制行政机构的同时，让行政机构有足够的力量来有效管理国家的日常事务——总之，如何在政府机构中做到权力与自由的协调，是17世纪有建设性思想的政治家面临的核心问题。最终，解决办法是在由首相主持下的内阁中缓慢而渐进地演变出来的。事实上，17世纪结束的时候，这一演变才只是达到了中期阶段。但这一萌芽在《大抗议书》中是清晰可见的。因此，这份文件的起源是政治学院的学生最关心的问题。

1641年9月9日，议会短暂休会时，它可以回顾过去十个月以来取得的扎扎实实的成就了。议会已经废除了"专横统治"的机器，将两个"工程师"绳之以法了——斯特拉福德伯爵躺在坟墓里，威廉·劳德被囚禁了起来。同时，议会已经做出了永久性的决定，那就是无论英格兰王国政府未来采取什么形式，都不会是君主专制。立法机构将《三年法案》和反对未经议会同意解散议会的法案列入法律体系，采取了一切可能的预防措施，防止暂时中断议会控制的情况。就代议机构而言，英格兰王国并没有走法兰西王国和西班牙王国的道路。尽管破坏性的工作已经彻底完成，但重建工作尚未开始。现在，纸张已经干干净净地铺开，长期议会的政治家会在上面写些什么呢？

一个强大的行政机关是每个文明社会的首要需求。没有哪个政治建筑师比那些起草了美利坚合众国宪法、具有非凡智慧和先见之明的政治家更清楚地认识到这一事实。他们还意识到，强有力的行政机构不但与民主宪法并不矛盾，而且对民主宪法来说是特别必要的。

"有一种观点[①]认为，"核心作者亚历山大·汉密尔顿在《联邦党人文集》中写道，"充满活力的行政机构和共和党政府的特点是不一致的。对共和党政府抱有善意的人至少希望这种观点是没有根据的，他们永远不会在自己的原则受到谴责的同时，承认这一观点正确。在优秀政府的定义中，行政方面的力量是主要因素。它对保护人们免受外国攻击至关重要。它对稳定的法律管理同等重要。它包括保护财产不受那些不按正常司法程序的、非正常的、专横霸道行为的侵犯。它保障自由不受野心、派别和无政府主义的图谋和攻击……构成这样的能力的要素有：第一，统一。第二，持续时间。第三，提供足够的支持。第四，对权力的胜任能力。"

17世纪的英格兰王国是如何获得这样一个行政机构的呢？

在世界历史的大部分时间里，这一问题通过世袭君主制得到了解决。国王是国家的实际统治者。原始时代，国王把立法者、法官、行

---

① 该观点不乏拥护者。——原注

第 7 章 皮姆和《大抗议书》

政长官、战争中的将领、土地的最高统治者的职能结合在了一起。英格兰王国也不例外。行政制度的逐步发展、法院的设立，尤其是议会的召集，使国王的一些职责逐渐被取代。但国王仍然是国家唯一的责任人。

伊丽莎白一世驾崩前，行政机构的力量一直完全取决于在位的君主本人。一个强大的国王意味着一个强大的政府。就像汉密尔顿认为的那样，一个软弱的国王将国家暴露在与软弱的管理者密不可分的所有邪恶之中。然而，1604年的《致歉信》清楚地表明，在议会看来，英格兰王国君主专制的时代已经走到了尽头。在那些赞成《致歉信》这一重要宣言的人中，很有可能没有一个人对可能的替代方案有明确的想法。但这份文件本身不可能被提交给一个将来打算对政府行使个人权力的国王。如果国王从现在开始只做君主，而不再掌权，那么谁来代替他的统治呢？如果国王不再是元首，那么谁才是元首呢？是议会？还是人民？不管是哪一种情况，谁来行使这一权力？如果法官不再仅按照国王的意愿行事，司法与行政、司法与立法之间的关系又是怎样的呢？在教会领域也会遇到同样的情况。因禁阿米尼乌斯派主教和神职人员，废除高等法庭，补偿那些因高等法庭武断的判决而遭受痛苦的人，这是很容易的。但教会将如何统治及教会与国家的关系是什么？如果教会召开的会议被废除，议会是否将承担管理教会的职责？或者英格兰教会的传统制度让位于从日内瓦引进的外来等级制度？如果是这样，日内瓦的制度是否对圣公会教徒、独立派教徒和长老会教徒拥有强制管理权？然而，我们现在关心的不是政府问题，也不是法官在政治体制的地位，而是行政机关的组成及它与其他政府机关、立法机关和司法机关的关系问题。长期议会面临的问题从来没有像威廉·史密斯那样在一部著作中更好地表达出来。如今，这一著作意外地被人们忽视了。

"对行政权力的控制，"史密斯写道，"必须存在于某个地方。问题不是像崇尚自由的朋友有时设想的那样，如何使行政权力变得足够脆弱，而是如何使其足够强大，但必须受到社会批评的影响。换言之，行政权力如何才能使人民免受其害，而又能充分感受到对人民的同情和尊重……这的确是人类社会管理中一个不易解决的问题，但这才是真正的问题，也是恰当的问题。它才能体现智者的爱国情操。①"

这就是17世纪英格兰政治家面临的问题，也是1641年到1642年的那个冬天，他们面临的直接问题。在过去的十二个月，长期议会取得了很大的成就，但其工作主要是破坏性的。更困难的重建任务就摆在长期议会眼前。米拉波伯爵说："侏儒可以搞破坏，但重建需要巨人。""皮姆们"和"汉普登们"不是侏儒，但他们还没有能力证明自己是巨人。

约翰·皮姆被描述为"英格兰的米拉波伯爵"，但他不止于此。除罗伯特·沃波尔爵士之外，皮姆对英格兰宪法的永久形式的影响程度超过了其他任何一个人。在诸多出色的议员中，他是第一个，可能也是最重要的一个，他比沃波尔更伟大，因为查理一世时代比乔治一世时代更具有批判性。他比罗伯特·皮尔爵士更伟大，因为斯图亚特王朝时代比维多利亚女王时代更困难。皮姆虽然不是像

---

① 威廉·史密斯:《现代历史讲座》，剑桥，剑桥大学出版社，1839年，第2卷，第495页。——原注

第 7 章 皮姆和《大抗议书》

埃利奥特那样有成就的演说家，但作为议会辩论家、谋略家、政治领袖，表现得比其他人更出色。他并没有福克兰子爵那样成熟的哲学洞察力，但他可以坚持不懈地进入政治局势的核心，这一点福克兰子爵是做不到的。1641年秋，当时的形势需要这样一个人。

在议会休会前一个月，查理一世不顾议会的迫切要求，启程前往苏格兰。在这段旅程期间，议会有了新的怀疑。至少在过去六个月，这些怀疑从未从议员的脑海中消失。在这段时期，他们的辩论都是在担心查理一世会召集军队并发动军事进攻的情况下进行的。关于连续不断的"军队阴谋"的确切事实，以及皮姆不时惊动下议院的报道，仍然值得揣摩。幸运的是，试图消除混乱并不是目前的首要目的。需要说明的是，现在，随着借助于档案逐步揭露秘密，越来越清晰的是，皮姆的信息虽然并非完全精确，但大体而言还是准确的。事实上，我们可以想当然地认为，查理一世和王后如果看到对议会使用武力的有利机会，就会毫不犹豫地抓住这个机会。更难理解的是这种行为涉及的道德罪恶感。毫无疑问，这将是政治自杀。但为什么查理一世召集英格兰军队来胁迫议会，而不是议会用苏格兰军队胁迫查理一世，在道德上更应该受到谴责。这是正统的历史学家混淆简单问题的众多案例之一。不过，重要的是，记住长期议会的大部分工作是在这种恐惧的阴影之下完成的。

1641年10月20日，国王再次召集议会时，皮姆和极左（extreme left）的朋友已经下定决心要与查理一世公开决裂，这一点已经明显不过了。

他们的理由也不难理解。休会期间出现了明显的、越来越有利于查理一世的动向。在人民运动史上，这种动向是常见的现象，我们不需要特别费心地解释皮姆在议会重组中面临的动向。然而，了解舆论有利于查理一世的原因是很重要的。其中最重要的原因可能是议会对教会的暴力攻击。就连清教徒托马斯·梅也承认，"如果目前议会没有将宗教纳入自己的管理范围，教会本可以发展得更快"。人民对阿米尼乌斯派主教没有好感，对他们的法庭管辖权也有强烈的恐惧。但没有证据表明他们希望彻底改变现行制度，更不必说他们已经准备好接受长老会。在伦敦，心存不满的长老派对议会程序产生了与其完全不相称的影响。在伦敦以外，除兰开夏郡之外，人们对日内瓦制度①没有任何热情。此外，人们对教堂里发生的暴行越来越反感。海德宣称，这些暴行实际上是由议会多数派挑起的。就连托马斯·梅也承认，议会没有采取任何措施来阻止这些暴行，议员们"要么忙于各种各样的事务，要么担心失去一个重要的派别，他们可能需要这个派别来对付一个真正强大的敌人"。

　　引起反应的另外一个原因是议会征税的压力——这些税主要是为了支持苏格兰的盟友。十一年来，广大人民对税收几乎一无所知。如今这样做，整个国家解决了困难，但人民受苦了。当然，议会会议的恢复带来了定期税收的恢复，这是一种"宪政主义"。在纳税人看来，这不可能提高公共机构的价值。最后，从形势上看，和平似乎充满了希望。查理一世一反常态，到达驻扎在北方的军队，但他并没有考验士兵是否忠诚的意图。很快，士兵们开心地执行了解散令。1641年9月底以前，苏格兰人收回了特威德，英格兰军队也已经离开了。

　　难道没有一个合适的机会来平息这场争吵，说服查理一世真诚

---

① 指加尔文派的宗教制度。——译者注

第7章 皮姆和《大抗议书》

地接受立宪君主的地位吗？众所周知，自议会召开以来，查理一世的行为是无可指责的。他对议会有求必应，他同意了革命性的建议，即未经议会同意不应解散现有的议会，他没有阻止他最能干和最忠诚的顾问做出的牺牲。不仅如此，他还迫切地要求自己的顾问求助于在议会中占主导地位的政党的领导人。当时，可能已经形成了现代"政府部长"性质的职务，如威廉·法因斯、埃塞克斯伯爵、登齐尔·霍利斯和贝德福德伯爵，而皮姆本人就担任财政大臣一职。查理一世没有比这更有力的证据来证明自己的诚意了。如果不是贝德福德伯爵的死亡——这是令人惋惜的事——很可能1641年春，这样的部长制度就建立了。考虑到这些因素，这个国家应该在初秋就开始安定下来，或者人们应该把目光投向一个更光明的黎明。这难道不是一件奇妙的事情吗？

正是人们对查理一世日益增长的信心，让皮姆坚定地投入斗争。在他努力的过程中，苏格兰王国和爱尔兰王国的事态发展有力地帮助了他。议会被重新召集时，皮姆就向议会提供了关于保王党利益方面普遍存在阴谋的信息。在辩论的过程中，在爱丁堡出席查理一世的会议的汉普登寄来了信，信中写有关于"事变"的信息。这就是1641年10月11日揭露的关于暗杀阿盖尔侯爵和詹姆斯·汉密尔顿公爵的阴谋。没有任何证据能够证明查理一世与这桩谋杀案有关。但这一令人震惊的消息足以让皮姆贯彻自己的主张。福克兰子爵和海德嘲笑"英格兰王国可能因袭击苏格兰誓约派领导人而迎来危险"的想法，并且建议苏格兰王国的事务应由苏格兰王国议会处理。但这让下议院产生了恐惧。下议院通过决议，立即与上议院就土国的安全问题举行会议，并且下令向苏格兰上议院和下议院委员会派遣一个信使，让苏格兰人知道"议会很好地听取了他们的宣传，认为苏格兰王国的和平对两国都有益处"。上议院立即同意，并从威斯敏斯特受过训练的人员中招募一百人，日夜守卫上议院和下议院的安全。

十天之后，即1641年10月21日，爱尔兰叛乱爆发的消息传到了伦敦。最疯狂的报道很快就传开了。有传言说几乎所有北爱尔兰新教徒都被处死了，海德宣称有四五万人被谋杀，而根据托马斯·梅的说法，则有二十万人。他们最低的估计也超过了事实。然而，这则消息对皮姆来说简直是天赐之物。查理一世与爱尔兰上议院长期以来的谈判是臭名昭著的，还有什么比认为爆发叛乱是由查理一世的阴谋引起更自然的呢？历史研究证明，查理一世是清白的，他与叛乱的所有直接同谋都没有关系。但关于细节的确切真相，我们目前还不得而知。这一消息对英格兰王国政治形势的影响足以说明问题。皮姆一直渴望议会制定并发表一份反对查理一世的宣言。他的机会终于来了。

1641年11月4日，议会不顾卡尔佩珀和福克兰子爵的警告，决定接受苏格兰议会的提议，为爱尔兰提供一千人来镇压叛乱。在爱尔兰，任何想要火上浇油的计划都是很难想象的，但皮姆以高超的技巧玩自己的游戏。在他反复谋划的、让人惊愕的事实面前，议会开始陷入恐慌。1641年11月5日，皮姆发表了一份宣言，再次震惊了议会。从这份宣言立竿见影的效果和最终意义来看，这份宣言具有划时代的意义。皮姆宣称，没有人比自己更愿意"把自己的财产和身家性命投入镇压爱尔兰的叛乱，但只要国王陛下听从顾问的建议，那么付出的一切都是徒劳的。必须告诉国王陛下，议会认为那些邪恶的顾问是爱尔兰所有这些麻烦的根源。除非国王乐意从这些麻烦中解脱出来，只接受王国可以信赖的顾问的意见，否则议会将不再在这件事情

第7章 皮姆和《大抗议书》

上提供援助"。在这些言辞中,皮姆宣布了改革方案的要点,并且随后将其体现在了《大抗议书》中。

议会似乎立即意识到了该宣言的影响。群情激昂的场面接踵而至。在一片"说得好,说得好"的叫喊声中,海德站出来反对皮姆的宣言,理由是认为这样做就是"我们在威胁国王"。皮姆不得不暂时让步,但三天后,即1641年11月8日,他又提出了自己的宣言,并且以151票对110票获得多数通过。该宣言在后来的修正版中宣布,应要求国王"只选用由议会批准的顾问和大臣。否则,议会将被迫为捍卫爱尔兰和自己的自由而采取措施,并且宣扬通过获得援助和捐助,来保护和安置自己有理由信赖的、有荣誉的忠诚之士"。

就在同一天,《大抗议书》被提交给了议会。

《大抗议书》之前还有一份请愿书。在欢迎查理一世安全从苏格兰回来之后,请愿书巧妙地提到了在人民中存在的含沙射影的虚假丑闻和诽谤,让议会的程序受到污辱,并且将其主要归咎于"为罗马服务的耶稣会会士和其他谋士及土地管理人的卑劣做法"。同时,将苏格兰战争、查理一世和他"最顺从的臣民"之间"猜忌的增加""对议会的暴力干扰""天主教徒叛乱"和爱尔兰新教徒大屠杀也归咎于同样的危险因素。在"丝毫无意给陛下的王室成员留下任何污点"的情况下,这些事情迫使议会发布了一份关于国家状况的声明并向国王请愿。请愿内容如下:

一、剥夺主教在议会中的投票权和强制性权利,通过取消"一些让人们柔弱的良心受到践踏的压迫行为和不必要的仪式",来团结所有忠诚的新教徒以反对罗马天主教徒。

二、将邪恶的顾问从议会中除名，代之以"议会可能有理由信任的人"。

三、不要转让爱尔兰境内任何被没收和侵占的土地，而是保留这些土地，用作王室支持和支付镇压爱尔兰叛乱的费用。

在《大抗议书》二百零四条条款中，前一百九十条主要是对"人们遭受的、迫在眉睫的痛苦和灾难，各种遭遇和混乱状况"的叙述，这是查理一世统治时期的标志。此外，陈述还包括天主教徒和阿米尼乌斯派教徒的邪恶图谋，他们对外交政策和王室与议会之间关系的恶劣影响，对议会特权的侵犯，对新教徒的迫害，非议会同意的税收、垄断，剥夺司法公正及特权法庭的不公正行为，对苏格兰宗教和自由的攻击，对阿米尼乌斯派神职人员的压迫等。《大抗议书》第一百零五条到一百五十八条还总结了长期议会迄今所做的工作，在提到军队阴谋和"充满恶意的顾问"的阴谋之后，继而提出了实质性的建议。这些建议包括：成立一个教会会议，起草宗教改革提案，就此向议会提出报告；出台革新、净化牛津和剑桥的措施；设立一个议会常设委员会，负责监督天主教徒的活动；最重要的是，任命议会可以信任的大臣。

这里我们可以看出《大抗议书》的核心内容，并且最清楚地追溯约翰·皮姆富有创造性才华的影响。弹劾的程序方法毫无效果，显然已经过时，原因在第一百九十八条中有明确说明："可能经常出现的情况是，下议院可能经常有理由对某些作为议员的人采取例外的做法，却没有指控这些人有犯罪行为，因为没有确凿的证据作为理由。还有一些行为虽然有证据，但在法律上并不是犯罪行为。"众所

第7章 皮姆和《大抗议书》

周知偏袒教皇的人，在议会中为受审的"大罪犯"辩护的人，污蔑和诽谤教会的人，天主教国家国王的代理人[①]，腐败的买卖官职者……"面对这些形形色色的人，我们也许有充分的理由提醒陛下，不要把大事交给这样的人，尽管我们可能并不愿意以任何合法的指控或弹劾方式对他们提起诉讼"。

现在，解决目前状况的唯一办法是查理一世"有理由钟爱优秀的顾问和善良的人"。

1641年11月8日至20日，《大抗议书》的几项条款被逐一辩论，并且常常是激烈的辩论。在最后一天，即1641年11月20日，《大抗议书》的内容以完整的形式摆在了桌面上。屈服于福克兰子爵及其朋友的压力，皮姆把最后的辩论时间定在了星期一，即1641年11月22日。极端分子对这一拖延行为表示厌恶。在他们离开议会时，"当时还没有受到人们关注的"克伦威尔问福克兰子爵，"当天就完全可以确定下来的事情，他为什么要拖延呢？"福克兰子爵回答道："时间不够，当然需要一些辩论。""很抱歉，"克伦威尔反驳道，"根据他们的估计，很少有人会反对。"

1641年11月22日，星期一，是长期议会历史上，实际也是英格兰历史上，最具决定性的日子之一。与克伦威尔的预期相反，这天迎来了一场漫长而激烈的辩论。"1641年11月22日大约9时，接下来持续了一整天，天黑的时候命人点亮了蜡烛……辩论一直持续到1641年11月22日24时，大家都非常激动"。海德自己先离开，福克兰子爵紧随其后。"福克兰子爵在海德之后立刻站了起来，按照他的习

[①] 这里指信奉天主教的王后亨利埃塔·玛丽亚。——译者注

惯，他热情洋溢、满怀激情地发表自己的观点，他尖细的高亢的声音突然变成了尖叫，他小巧瘦弱的身躯因表现急切而开始颤抖。他嘲弄宣言中提出的要求，即主张对国王指定的议员的权利的认可，就好像应当在牧师和其他神职人员之间划分出提名与认可的性质一样。他谴责把对犯罪行为的隐瞒归咎于国王，认为这是不公正的。福克兰子爵说[1]，声称劳德在教会中的政党与罗马教廷结盟是不正确的，因为阿米尼乌斯派教徒和罗马教皇达成的一致意见远比他们与新教徒达成的一致意见多，并且既然有了制定法律的权力，他们为何还要诉诸那些声明？只有在没有法律的情况下，他们才用发号施令来代替法令。福克兰子爵提醒议员爱尔兰的现状和英格兰的许多动乱事件并警告他们，提出任何抗议都会带来非常危险的后果——至少像这样包含了许多激烈言辞的抗议。最重要的是，宣布议员今后打算要做什么是危险的，因为他们会请求国王陛下在枢密院听取议会的意见。最糟糕的情形是，他们声称已经提交了一项法案，要取消主教的选举权。福克兰子爵指出，笼统地将苏格兰战争描述为主教战争是不公正的。他称只有其中一人符合这样的描述。他非常强烈地谴责'引入偶像崇拜'的说法，将其看作对全国所有主教的一项严重罪行，并且指责'引入偶像崇拜'是列举议会[2]通过的许多好的法律[3]之后明显体现矛盾和荒谬的地方。福克兰子爵还说，最后应该在会议结束的时候宣布，虽然主教和天主教贵族继续在议会任职，但制定不出好的法律。"

---

[1] 福克兰子爵忘了他自己以前的演讲中直接谈到了这一点。——原注
[2] 其中主教和天主教贵族就是组成人员。——原注
[3] 议会确实有充分的理由这样做。——原注

第7章 皮姆和《大抗议书》

爱德华·迪林紧随福克兰子爵提出了反对意见。本杰明·拉迪亚德热情地赞同抗议中的叙述部分，但反对"他所谓的预言部分"的内容。皮姆通过辩论有力地回答了福克兰子爵。但无论是当时，还是过去的几周，皮姆都没有失去对《大抗议书》关键条款的掌控。"国王选择的顾问给我们带来了如此大的痛苦，所以我们希望陛下能和我们一起共商此事。"许多议员都支持皮姆。直到深夜，问题最终得到了解决。在最后一轮表决中，《大抗议书》以159票对148票获得通过。海德和怀特洛克都宣称，清教徒通过纯粹的身体耐力挫败了对手，本杰明·鲁迪亚德将结果比作"饥饿的陪审团的裁决"。但因为许多议员拒绝返回威斯敏斯特参加秋季会议，并且人数不少，所以没有理由认为在忍耐力上，保王党人不如他们的对手。

即使到了这个时候，斗争仍未结束。投票数字刚一公布，乔治·皮尔德就跳了起来，提议把宣言印刷出来。接踵而至的是一场无与伦比的混乱场面。要不是汉普登的机智，这场混乱很可能会以肉搏收场。杰弗里·帕尔默建议书记官记下宣言反对者的姓名，以便进行最终的抗议。"一起上，一起上，"海德和他的朋友们喊道。"一起上，一起上，"同样的声音在议会的四周回响。西蒙兹·德尤兹说："有些人在头顶挥舞着帽子，有些人从腰带上拿出鞘里的剑，将剑的下半部分朝地，不断敲动着。似乎没有上帝的阻止，就有灾祸临头的危险。"菲利普·沃里克爵士用更加形象的语言回忆了这一著名的场景："我以为我们都坐在死神的阴影之下，要不是汉普登先生睿智的表现和极大的镇静，用简短的演讲来阻止，我们就像约押和押尼珥①一样兵戎相见了。"

"就在2时钟敲响的时候，"议员们起立，以124票赞成，101票反对的结果决定，"如果没有下议院的特别命令，该宣言就不能印刷出版"。当议员们匆匆走出议会的时候，福克兰子爵停了下来，讽刺地问克伦威尔"是否有过辩论？"对此，克伦威尔回答说，下次自己会遵守诺言，并且对福克兰子爵附耳郑重地说如果《大抗议书》遭到拒绝，自己第二天早上就会把所有东西变卖，再也不想见到英格兰了。他知道还有许多诚实的人也有同样的决心。"这个可怜的王国，"海德补充道，"离它得到拯救近在咫尺。"

以上内容已经十分详细地描述了《大抗议书》通过时伴随的情况，对此无须有任何歉意。在反叛的历史上，它标志着道路的分离。对此，研究这一时期历史的每个学生都会不禁停下来问："我应该投反对票还是赞成票？我应该和福克兰子爵站在一起，还是和约翰·皮姆站在一起？"在这里，我们不能试图回答这个问题。但无论每个人的答案是什么，没有人会否认《大抗议书》是一份极其重要的文件。正如我们已经表明的那样，这是历史回顾的一部分，叙述了自查理一世登基以来积累的所有不满。它是建设性改革计划的一部分，这次抗议的主要目的是激发人们对掌权君主的不满，正如亨利·哈勒姆所说，"几乎得到平息的不满情绪重新活跃起来"，并保护人民"不要被他们开始寄予厚望的查理一世的诚意所蒙蔽"。

因此，可以公正地提出两个问题：一是向人民提出反对国王的

---

① 据《圣经》记载，约押是大卫王的侄儿，被大卫王立为元帅。约押的弟弟被押尼珥所杀。为了给弟弟报仇，约押违背大卫王的意愿，杀死了押尼珥。——译者注

第7章 皮姆和《大抗议书》

诉求是不是政治上的需要？二是改革方案是否充满政治家风范并具有合理性？只有必要性才能证明必然导致内战的步骤是正当的，这一点是毋庸置辩的。1860年，罗伯特·布尔沃-利顿伯爵写道，《大抗议书》要么是一个巨大的错误，要么是恶劣的罪行——如果皮姆真诚地希望保留君主制，那就是巨大的错误，如果不是，那就是罪行。18世纪的亨利·哈勒姆也持同样的观点。塞缪尔·加德纳有保留地表示认可。这种观点主要是根据近年来曝光的一些文件得出的。这些文件大体上证实了皮姆对查理一世口是心非的行为所持的根深蒂固的看法。如果查理一世在过去十二个月里所做让步是真诚的，如果他愿意坦诚地扮演一个立宪君主的角色，那么汉普登和皮姆的所作所为既是错误，也是犯罪。人民领袖的困难莫过于此。正如我们现在所知，他们掌握的关于宫廷的情报足以使自己感到满意，但不足以使其他人信服。他们是否能够利用自己的学识，承担起责任，让整个国家重新信任国王？要不是苏格兰王国的"事件"和爱尔兰王国的叛乱，他们很可能不得不冒这个险。他们虽然是清教徒，但恰好在这些事件当中，他们几乎可以看出上帝的手指向他们急切想去的地方。

另外，在福克兰子爵看来，辩论的焦点似乎是坚决反对公认的革命性道路，这一举动几乎必然会使英格兰王国卷入一场残酷的自相残杀的战争。与皮姆一样，政变的危险并没有出现在他的头脑中。对不相信查理一世的口是心非并且对王后亨利埃塔·玛丽亚的阴谋一无所知的人来说，苏格兰王国和爱尔兰王国发生的事件自然会让人看到不同的一面。此外，福克兰子爵不准备面对推翻君主制和消灭教会的风险。在他看来，英格兰教会虽然有种种缺陷，但主张知识自由和道德秩序，反对狭隘的不容异己行为，并且没有那种受到清教徒威胁的社会无政府状态。王位代表着有秩序的政治进步，反对侵犯权利的集会。谁能说福克兰子爵是错的呢？事实上，《大抗议书》的基本条款第一百九十七条就是英格兰王国设想的宪政演变的原动力。但这一条款并没有立竿见影的效果。后来的英联邦及其保护国的成文宪法并没有试图发展议会行政机构的想法，而内阁制度如果不是因为乔治一世不懂英语，而罗伯特·沃波尔不懂德语这一意外状况，可能会在很长一段时间内被推迟。尽管如此，皮姆掌握了未来的秘密。皮姆作为规则的制定者，理应享有一切属于一个走在时代前列的人的荣誉。但必须记住的是，为了实现皮姆的理想，英格兰王国必须在血海中跋涉。皮姆的对手或许没有清楚地看到最终的解决途径，或许情愿晚一点儿看到，但他们更清楚地意识到了眼前的风险。

第8章

战争的**序幕**

THE
PRELUDE
TO
WAR

《大抗议书》通过三天之后，即1641年11月25日，查理一世带着胜利一半的心情进入首都伦敦。12月1日，《大抗议书》正式呈交到了查理一世的手中。12月10日，查理一世发表了一份公告，就"目前对上帝的崇拜和礼拜仪式的分裂、分立和混乱"表示关切，告诫人们遵守"为本国建立真正的宗教而制定的法律法规"，并且命令"按照法律规定"履行神职事务。1641年12月23日，查理一世对《大抗议书》所附请愿书做出了答复——这是一份"性质极不寻常的声明"，在收到答复之前不应发布。查理一世尽管对这一过程中表现出的"不敬态度了然于胸"，但对其中的一些暗示不是很清楚，但还是屈尊对《大抗议书》做出了答复。

　　在宗教方面，查理一世准备同意人民维护王国和平与安全的一切正义愿望不受教皇派"议会式方案"图谋的影响，限制非法的革新，保卫教会的"纯洁和荣耀"，反对一切教皇制的侵犯，反对"分裂主义者和分离主义者的不敬行为"。至于剥夺主教在议会的投票权问题，查理一世[①]希望抗议者应该考虑到，主教的权利"是建立在王国的基本法律和宪法的基础上的"。

　　至于一些议员的罢免和选拔，查理一世不知道相关建议是针对谁

---

① 他推迟做出最后的答复，直到法案正式提交给他并得到他的同意。——原注

而提出的。他做出保证，如果通过正当法律程序认定有罪，他将不会保护"在他身边的人或与他深有感情的人"免受惩罚，但他憎恨对议员的污名诽谤。

在任命大臣这个基本问题上，查理一世坚决不肯做出让步。他说会尽最大努力任命合适的人选，但要求他放弃任命的权力，就意味着"剥夺他所有自由人都拥有的天赋自由"，就意味着否认"英格兰国王不容置疑的权力"。

还能够期望查理一世给出其他答案吗？当然，约翰·皮姆以罕见的政治先见之明，偶然发现了一种策略。在英格兰内战结束后，在军事独裁政权尝试及失败后，在斯图亚特王朝第二次尝试后，在1714年神圣罗马帝国的一个选帝侯，即乔治一世登上英格兰王位、结束了一场不流血的革命之后，这种策略逐渐被纳入英格兰宪法的结构，让我们感到满意，并且受到其他国家效仿和钦佩。这一点虽然不假，也在英格兰王国被强调，但还有一点，查理一世对《大抗议书》做出了准确的评价，认为它与其说是向君主的请愿，不如说是向人民发出的宣言，是为现在看来不可避免的诉诸武力的行为做的辩护。

下议院试图限制国王强迫人们在自己国家以外服兵役的权力，但遭到贵族的阻止。于是，下议院提出一项法案，将王国的军事控制权移交给由议会提名的人。该法案的本意也许只是暂时作为一种警告，但在保王派中激起了强烈的不满，所以没有立即实施。然而，在这个问题上，最后的决裂即将产生。

与此同时，查理一世采取了重要的措施。1642年1月1日，他任命福克兰子爵填补空缺的国务大臣之职，并且向皮姆提供了财政大臣的职位。塞缪尔·加德纳说，到底是皮姆拒绝了这一职位，还是查理一

第 8 章 战争的序幕

世收回了成命,"现在还不得而知"。事实上,这个职位是授予卡尔佩珀的。同时,查理一世将副检察长的职位授予海德,遭到了海德的拒绝,其理由是他向查理一世保证,"在目前所处的情况下,他可以做更多的事情"。海德补充说,他很荣幸能和两个适时得到陛下提拔的人交上朋友,国王陛下在下议院的工作确实需要一些支持,通过与他们的谈话……他对国王的作用并非体现在双方更亲密的关系上。事实上,如果我们可以用后世的术语来形容,就是海德成了没有头衔的大臣。

福克兰子爵承担了巨大的责任,但他是极不情愿的。然而,作为一个拥有良好荣誉感的人,福克兰子爵几乎不可能因投票反对《大抗议书》而逃避强加给自己的义务。总体来说,在此之前,福克兰子爵一直与皮姆和汉普登一起行动。实际上,在此之前,英格兰还没有统一的保王党。福克兰子爵虽然不是圆颅党,但从来没有在内战中当过查理一世的支持者。福克兰子爵的宗教观和罗伯特·贝利的宗教观是不一样的,当然也不同于约翰·弥尔顿和威廉·劳德的宗教观。和爱德华·黑尔斯与威廉·齐林沃思这类人在一起,他就是一个"宽容的偏执狂"。福克兰子爵赞成主教制,认为这是教会管理中最方便、最有秩序的形式,但不认为主教有神圣的权利,也不强调使徒继承形式的延续性。清教徒领袖的暴力迫使他反对其教会政策,为他效忠保王党铺平了道路。在君权神授的问题上,福克兰子爵没有像主教那样去坚持权由神授。对君主独裁制和"专横统治"的整个机制,福克兰子爵反对的强烈程度不亚于皮姆,而对斯特拉福德伯爵之死,他则是持赞同态度。除他的朋友海德之外,福克兰子爵也许比任何人都更清楚地看到,君主政体的进程是如何受到损害的。这种损害的致命原因是诉诸如船税等权宜手段，以及行政法院和行政法被习惯法法庭及其执行的习惯法所取代。福克兰子爵还意识到约翰·劳德及其阿米尼乌斯派追随者的强制性政策，即使没有对宗教造成伤害，至少也对教会秩序造成了伤害。

随着《大抗议书》的通过，道路上的分歧最终出现了。在这一措施上的辩论和更多的分歧表明，下议院在反对王室的问题上已经不再是统一战线。各方势力已经很快明确地选边站队。正如《废除主教制议案》赋予圣公会派凝聚力一样，《大抗议书》也为分散在各地的君主制支持者提供了共同的基础。

保王党的人数迅速增加，甚至连凝聚力也迅速增强。对此，约翰·皮姆功不可没。在《大抗议书》通过后的几个星期，皮姆已经明确表示，他将不惜一切代价来达到自己的目的。他决心控制国王的武装力量。如果贵族阻挠他，他就会通过攻击上议院来继续对君主制的攻击。他还会通过呼吁伦敦的暴民来给下议院施加压力。

人们很难相信，在这种情况下，已经出现的支持查理一世的运动可能无法迅速取得进展。要使这一运动取得成功，有一件事至关重要，那就是查理一世不再提出任何侵犯人民权利的新理由。查理一世召集了一些性格温和的人来为自己出谋划策并向这些人承诺，如果没有他们的共同建议，以及就自己的想法进行准确的沟通，他不会做任何与下议院的事务有关的事情。然而，查理一世"在短短几天内"，正如爱德华·海德告诉我们的那样，"非常致命的偏离了方向"，并且以一种近乎不可思议的愚蠢直接落入皮姆之手。

1642年1月3日，总检察长爱德华·赫伯特突然出现在上议院，以叛国罪弹劾曼彻斯特伯爵及下院的五名议员皮姆、汉普登、登齐尔·霍利斯、阿瑟·哈赛里格和威廉·斯特罗德，指控的理由是他们背信弃义地发动战争，实际上是向国王开战。随后，议会警卫官立即出现在下议院，以查理一世的名义要求逮捕这些被指控的议员。下议院随即任命了一个委员会来侍奉国王陛下，称"国王陛下的这一信息意义重大，关乎议会的特权问题……议会将会慎重考虑这一问题……在此期间，上述议员将随时准备对他们提出的任何法律指控做出答复"。值得注意的是，卡尔佩珀和福克兰子爵——最新任命的大臣——就是受指派去侍奉国王的四个成员中的两个。

第二天，即1642年1月4日，星期二。

福克兰子爵报告了前一天晚上向国王陛下传达信息后得到的答复，说陛下问：下议院议员是否期待得到答案？他们回答说，他们没有别的事情可说，只是传达信息而已。国王又问：作为个人而言，你们是怎么想的？他们说，他们认为下议院期望得到答复。不过，国王被告知议会已经散会，所以国王说今天上午议会一召集就给出答复。但在此期间，国王命令他们告知下议院，议会警卫官除他吩咐的事之外，什么也不要做。

五位议员悉数到场。但当天晚些时候，由于卡莱尔夫人告密，议会得到消息说查理一世亲自来逮捕五位议员，于是要求五位议员离开（图62）。查理一世带着士兵，走过大厅，进了议会。接下来的场景目击者埃德蒙·弗尼是这样描述的。

图 62 查理一世来到议会，要求议会交出被他指控犯有叛国罪的五位议员

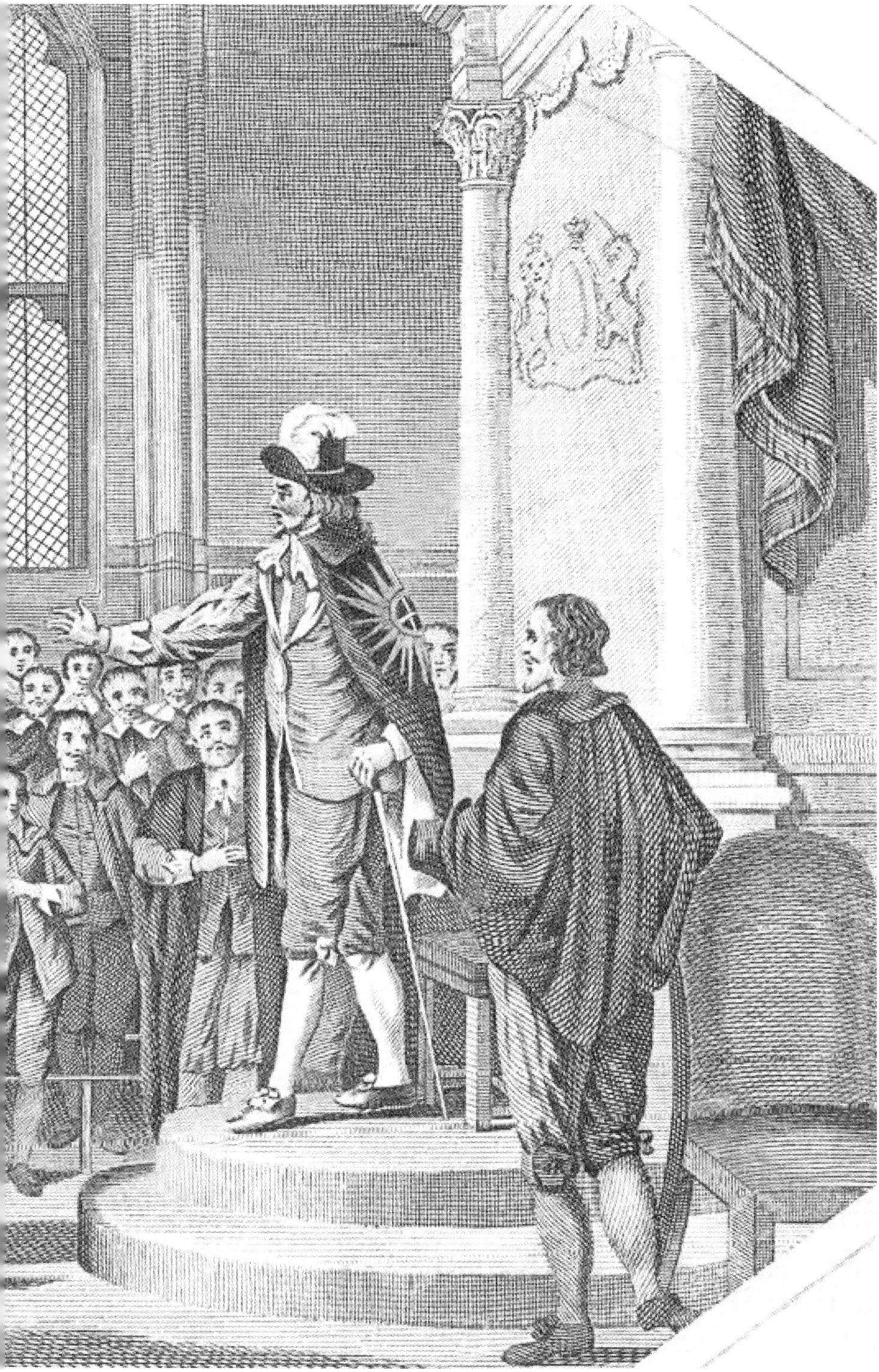

接下来，国王走到自己的位置，站在台阶上，但没有在椅子上就座。看了好一会儿后，他对我们说，他不会破坏我们的特权，但叛国者没有特权，他来的目的是逮捕五名议员，因为昨天他希望五名议员能够顺从他，但没有得到结果。接下来国王直呼皮姆和霍利斯的名字，但没有得到任何回应。于是，他问议长威廉·伦索尔他们是否在此，或者他们到底去了哪里。听到国王的问话，议长伦索尔立即跪了下来（图63），希望得到国王谅解，因为他只是议会的仆人，除听从议会的吩咐之外，他有眼不能看，有嘴不能说。于是，国王告诉伦索尔，议长的眼睛和自己的一样好，但他的人却飞走了。他希望下议院能够把五名议员交给自己，如果做不到，他就亲自去找，因为叛国罪不可饶恕，如果他能找到，议会会感激他。接下来，国王保证五名议员会得到公正的审判，然后走了出去，直到门口才戴上帽子。

在议会里受挫的查理一世派人在市区寻找逃犯，但市议会和国家议会一样坚定。与此同时，下议院任命了一个由24名成员组成的委员会，在市政厅举行会议。二十四人委员会与下议院的关系很重要，其成员包括福克兰子爵和卡尔佩珀。对议会的攻击震惊了伦敦。城市训练有素的部队被召集了起来，菲利普·斯基庞将军被任命为指挥官。泰晤士河上的水手也自发起来保护议会。就连查理一世也觉得伦敦的游戏该结束了。1642年1月10日，查理一世和王后离开了白厅。第二天，即1642年1月11日，被弹劾的议员胜利返回议会所在地威斯敏斯特。

图 63　威廉·伦索尔跪在查理一世面前

这一事件已经受到了无休止的讨论，尤其是在抗议国王在程序违宪方面浪费了许多的口舌。这样的抗议似乎无关痛痒。当然，查理一世的行动从一开始到最后都不按常理出牌。但在那些支持《大抗议书》的人中，谁有能力首先发起挑衅呢？查理一世真正的罪过不是企图，而是失败。除取得完全成功之外，没有任何东西可以为这种无耻的行为辩护。一个睿智的人或者聪明的人，在唯有成功一条路可选的情况下，是不会留下任何侥幸的机会的。最后，查理一世还是犹豫不决，不确定是采用法律手段还是诉诸武力，只好一切听天由命。如果逮捕行为是有意的，为什么在无故侵犯议会特权的情况下悄悄地进行？这永远是一个谜。也许查理一世的仓促行事仅是由于王后亨利埃塔·玛丽亚愚蠢的煽动，也许是由于乔治·迪格比愚蠢地"把困难的事情想得太容易了"，要说清楚是不可能的。但在错综复杂的不确定因素中，有一两个确定的因素。第一个可以确定的因素是，最近任命的内阁大臣福克兰子爵没有任何责任可以承担。下议院提名福克兰子爵为市政厅委员会成员的行为是确凿的证据，这证明就连他的对手也没有把同谋罪归咎于他。海德说："国王到议会要求逮捕五名议员时，没有告诉议会自己的意图，这让议会感到很失望，也给议会留下了很深的印象。"当然，在类似的情况下，现代的内阁大臣会立即递交辞呈。托马斯·奥斯本伯爵在完全相同的情况下被弹劾。但1642年到1679年，大臣负责制的理念得到了更广泛的接受。福克兰子爵很可能对自己支持的事业和自己承诺要为之服务的主人感到失望，但他认为因查理一世犯了愚蠢的罪行而将其抛弃是不合理的。

第二个因素同样清晰。查理一世的行动"大大地激发了心怀不满的人的情绪"，并且让那些对他心怀厚望的人感到沮丧。这对和平事业的

第8章 战争的序幕

确是致命的。托马斯·麦考利称其"无疑是战争的真正原因"。把内战归因于任何单一的原因，最重要的是把它归因于单一的事件，是难以理解的，也是不合道理的。大体上，福斯特的观点和麦考利是一致的。海德更准确地说，它是"对查理一世和英格兰王国后来遭受的所有苦难最明显的引子"。它是"明显的引子"，但并非原因。

在离开白厅（图64）之前，查理一世再次向福克兰子爵、卡尔佩珀和海德发出命令，要求他们经常会面，就自己的事务进行协商，并且在议会中尽他们所能处理这些事务，不断给自己提出建议。同时，查理一世再次郑重声明，没有这一点，自己将不会迈进议会一步。他们中有两个因为职务和工作关系，其他人则是出于职责和意愿，才满足了查理一世的要求。海德的自传中以下段落给当时的政治组织，以及不幸的查理一世的三个主要顾问之间的相互关系，提供了更多有趣的信息："他们每天晚上很晚才见面，交流当天观察到的情况和消息，商定下一步要做什么或打算做什么。下议院有许多有影响、有势力的人愿意听从他们的建议，帮助他们做任何他们想做的事情。"

与此同时，议会抛开所有宪法上的限制，决定组建一支武装力量。除最终的可能性之外，还有两种直接的必要性证明这一行动是合理的。议会特权必须受到保护，免受武装入侵，爱尔兰新教徒必须从天主教暴力中获得解救。但当时局势的特点是，关于"民兵"问题在宪法方面的辩论和双方战斗人员决定性的行动同时进行。1641年12月1/日，一项《民兵议案》被提交给下议院，并且在1641年12月底之前通过了第二次审议。塞缪尔·加德纳恰如其分地把它描述为"从《废除主教制议案》到管理军队的行为"。一旦《民兵议案》成为法律，查理一世对王国武装部队的指挥权就得移交给议会。最终，正是

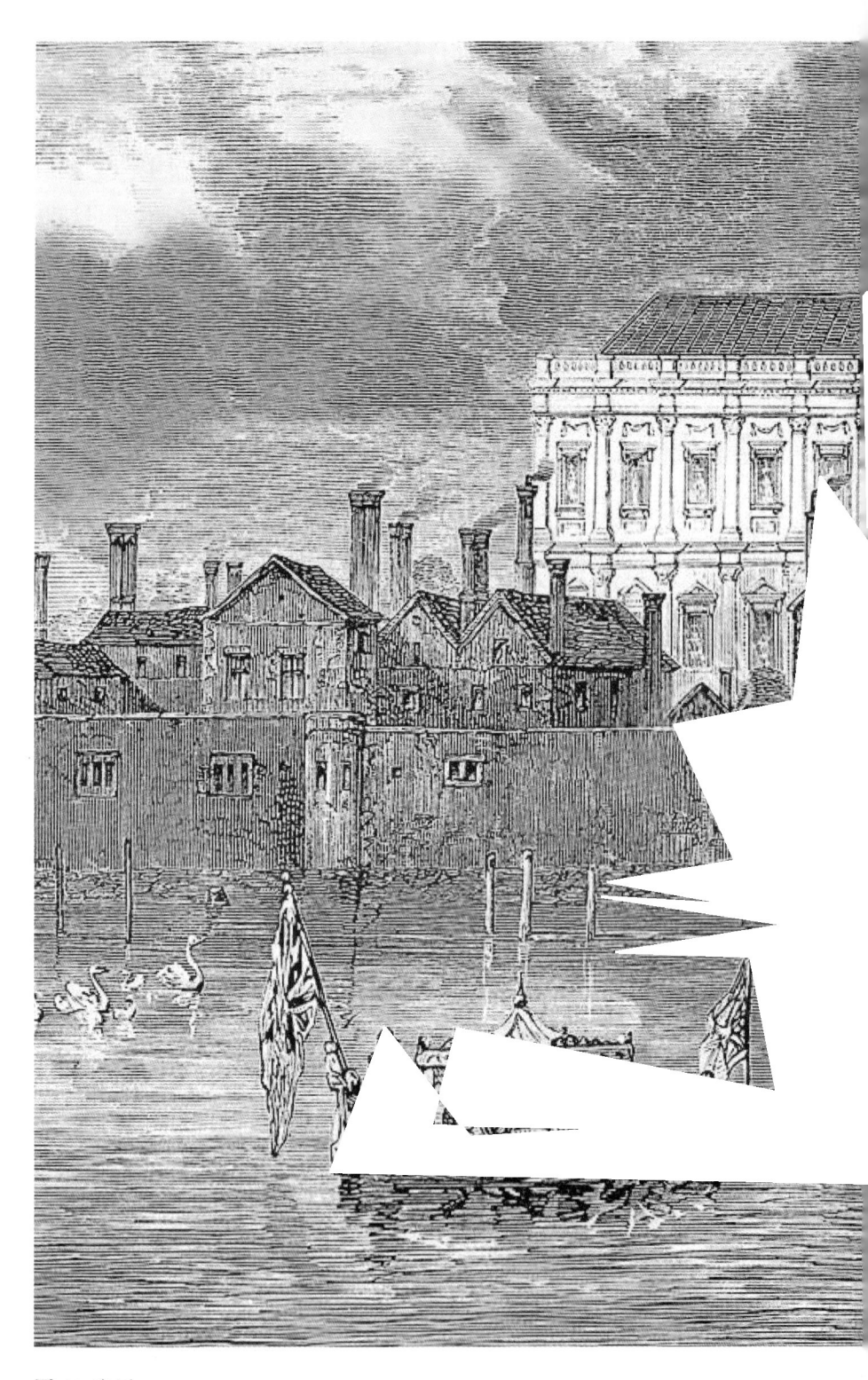

图 64 白厅

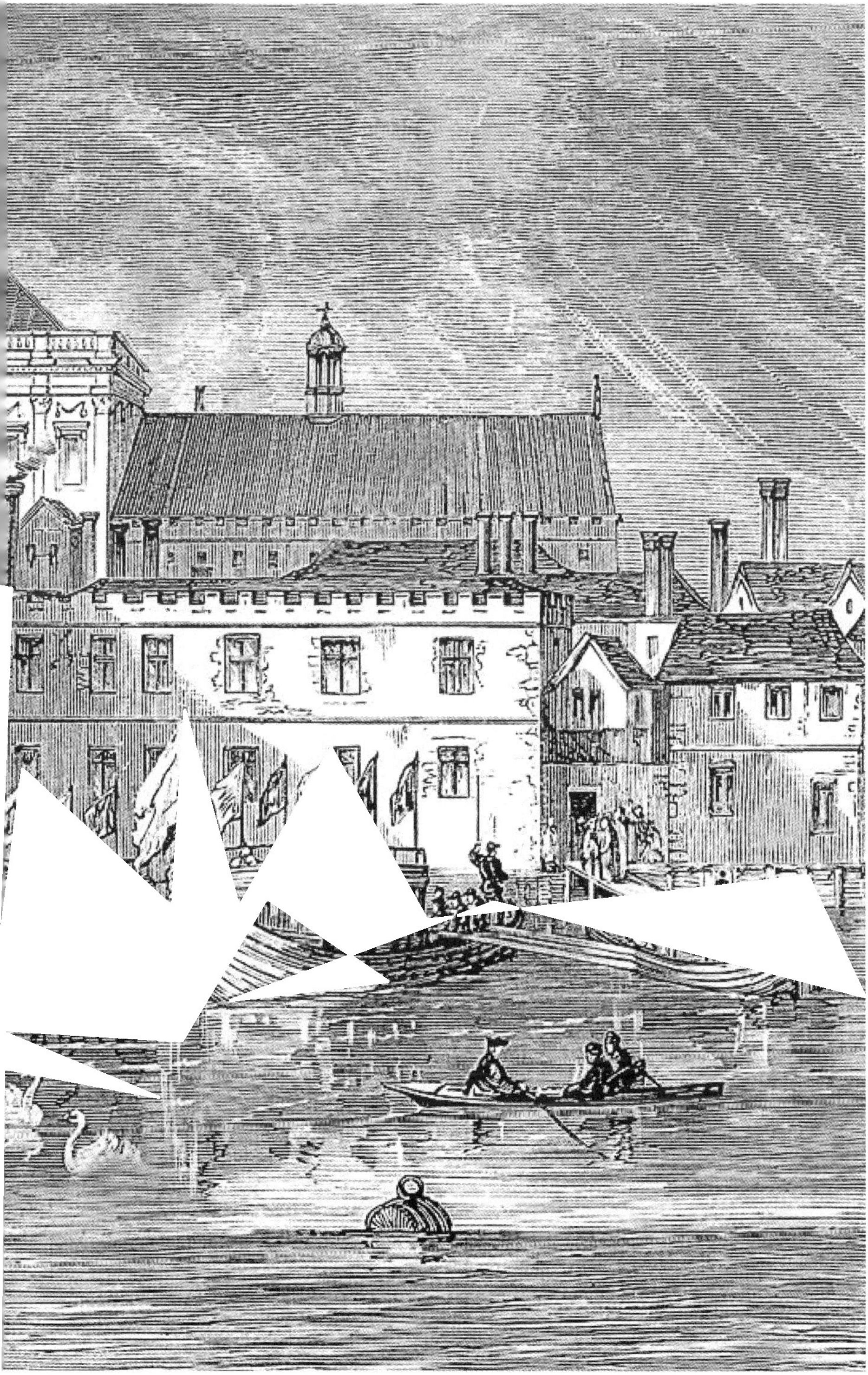

因为这个问题，破裂发生了。这是一个双方都不能让步的问题。英格兰清教徒尽管急于向他们的爱尔兰教友提供援助，但不准备把一个强大的工具交到查理一世手中用来对付自己。查理一世对他的爱尔兰臣民表示同样的关心，他不愿意放弃法律赋予他的毫无争议的权力。

正如我们看到的那样，在另一个悬而未决的问题上——把主教排除在上议院之外——查理一世让步了。在民兵问题上，查理一世没有妥协的可能。与此同时，在等待立法机构做出决定前，议会匆忙篡夺了自己无法合法获得的权力。城市训练有素的部队已经被召集起来，受菲利普·斯基庞（图65）的指挥。斯基庞身强力壮，深受议会的影响。1642年1月底，下议院要求将防守阵地和民兵交给议会可以信任的人。上议院议员拒绝参与提出要求，而查理一世给出了一个推诿的回答，结果被正式投票否决了。于是，下议院制定了《民兵条例》，赋予随后被任命的人员训练各郡居民备战的权力。对于《民兵条例》，查理一世最后的回答是颁布一项公告，宣布任何人不得指望凭借"陛下与任何涉及民兵事务或其他事务指令或法令不相干的借口，去做任何法律不认可的事情"。在收到这一答复后，议会在"愤怒"中将此事掌握在了自己手中。赫尔——这个王国最重要的军火库，或许也是

图65 菲利普·斯基庞

第 8 章 战争的序幕

最重要的海港——尽管查理一世想努力抢先行动，但已经被霍瑟姆家族占领了。1642年4月23日，查理一世徒劳地提出允许他"视察他的军火库"的要求。1642年6月17日，为了查理一世的利益，威廉·卡文迪什（图66）占领了纽卡斯尔，时间还算及时。朴次茅斯被乔治·戈林为查理一世占据。但如果没有舰队，纽卡斯尔和朴次茅斯就没有什么价值。1642年7月2日，舰队接受菲利普·沃里克指挥，而沃里克保证效忠议会。

图 66 威廉·卡文迪什

"整个海军的损失，"正如海德公正地指出的那样，"对国王的事务造成了难以形容的恶劣后果。"令人感到奇怪的是，大多数历史学家都忽略了海上力量对英格兰内战进程和最终问题造成的影响。海德强烈暗示并激发人们对这方面的好奇心，但显然没有达到目的。然而，可以断言的是，很大程度上，这场斗争的策略是由拥有海上控制权的议会决定的，从而能够维持格洛斯特、普利茅斯及赫尔的抵抗。这三个地方是对查理一世的计划至关重要的保王派的中心港口。虽然整个问题值得详细研究，但在此就不做深究了。

尽管有明显的战争行为，查理一世和议会之间的谈判还是一直持续到1642年7月中旬。然而，从查理一世离开伦敦起，友好相处的希望就变得渺茫了。1642年2月，查理一世大部分时间都是在西奥博尔斯宫（图67）度过的。2月25日，查理一世把王后亨利埃塔·玛丽亚安全地送到了荷兰。3月初，查理一世不顾上议院和下议院的反对，亲自前往北方。3月19日，查理一世骑马去了约克。在接下来的几个月里，约克成了保王派的大本营。令议会感到惊讶和困惑的是，掌玺大

图 67　西奥博尔斯宫

臣爱德华·利特尔顿（图68）将国玺带到了约克。在约克，法院和议会都接到了查理一世的休庭令。

议会进行了干预，阻止人们服从查理一世的命令，但日复一日，尽管努力阻止，一些议员还是溜之大吉。最终，议会只剩下不到30位上议院贵族和300位下议院议员，并且上议院绝大多数议员

图 68 爱德华·利特尔顿

和下议院很大一部分议员都支持查理一世。1642年6月1日，《十九项提议》获得议会批准。

在战争真正爆发前的最后几个月，抗议、请愿、反请愿、建议和反建议铺天盖地。其中许多都可以在海德的作品中看到细节，从约克发出的文件，大体上都由他负责。在所有这些文件中，海德的最高目标是把查理一世描述成法律捍卫者，来反对没有法律意识的改革者。"国王的决定是，"海德写道，"完全依法来保护自己，根据法律准许他有义务准许的一切，根据法律拒绝他有权拒绝同时觉得自己不便同意的事情。""我有意这么说，"海德实话实说道。不过，尽管《十九项提议》内容多，但真正有争议的问题相对较少。大臣、议员、两位首席大法官和财政大臣的任命由议会批准。议会在任命他们和新贵族参加上议院选举时有否决权。类似的还有对王室子女辅导老师的选用及他们婚姻的准许；执行针对耶稣会和不遵奉国教的天主教徒的法律；经议会与神职人员商议，由议会建议对教会主导的政府和礼拜仪式进行改革；按照法令对民兵的安置；对"违法者"的惩罚；与欧洲大陆上的新教国家结盟等。所有这些都是《十九项提议》中比较突出的要求，它们大多在随后的谈判中再次出现。

然而，争论的时间已经过去了。双方已经到了一个谁也不能退让的地步。一方为获得最高统治权而斗争，另一方为保留最高统治权而斗争。进行谈判的主要目的是让人们了解情况并争取国民的同情，现在双方都不得不向全民发出呼吁。

1642年6月11日，查理一世发布了命令。13日，查理一世宣布不会让自己的支持者参与任何反对议会的战争，"除非是为了必要的防御和安全，对抗那些无理入侵或企图侵犯国王陛下的人"。对这一呼

第 8 章 战争的序幕

呼，福克兰子爵和约克的贵族做出了回应，承诺维护查理一世的最高统治权。15日，贵族们和查理一世一起庄严宣布，他们只希望"这个王国法制化、和平与繁荣"。签署协议的人包括福克兰子爵、卡尔佩珀、掌玺大臣爱德华·利特尔顿、首席大法官约翰·班克斯和34位贵族。如果查理一世和王室希望和平，那么整个国家的人们也会希望和平。来自全国各地的请愿书如潮水般涌入约克。福克兰子爵对请愿书的答复是体现尊严和冷静雄辩的典范，以文字最大的表现力展现了查理一世的真诚愿望，即"一切敌意都可以停止，永远停止，并且得到快乐的和解与和平；让上帝的尊严和新教得以保全；议会的特权和国家的法律可以得到维护和执行，这样一来，陛下善良的人民就可以从恐惧中解脱出来，在他们的土地上获得保护"。

但时间已经不多了。1642年7月4日，上议院和下议院任命了一个安全委员会。6日，议会下令召集了一支由一万人组成的特别部队。12日，议会任命埃塞克斯伯爵指挥这支部队。

与此同时，查理一世的支持者对查理一世迟迟不能举兵而感到恼火。但要决定在哪里举兵绝非易事。德比家族希望为兰开夏郡赢得荣誉，并且承诺给予大力支持。约克郡也在考虑之列，但并不渴望得到荣誉。1642年8月12日，查理一世召集他的忠实臣民在诺丁汉集结，22日，查理一世立起了大旗。

在内战爆发前夕，我们最好暂停一下，试着估计一下人民的情绪状态，估计一下究竟是什么力量让普通百姓站在了这一边或那一边。

有一件事是非常清楚和值得称赞的，那就是人们对战争的反感是深刻而普遍的，并且双方彻底盲目的支持者是很少的。围绕查理一世的是一小群忠心耿耿的人，他们完整采纳了斯图亚特王朝君主制理论。他们是这样看待国王查理一世本人的。

> 不是所有汹涌的海水
> 都能洗去受膏国王的膏油；
> 凡夫俗子的微言不能免去
> 上帝选出的议员。

另外，也有一些人重新拾起了那个勇敢但十分愚蠢的共和政体支持者埃德蒙·勒德洛（图69）的自信。

就我的理解，国王的党派和我们之间存在争议的问题是，国王是否应该按照自己的意愿像上帝一样统治国家，国家是否应该像野兽一样被武力统治，或者说，人民是否应该受自己制定的法律的约束，是否应该在自己同意建立的政府管理之下生活。完全相信与国王的和解对英格兰人民是不安全的，从本质上是不公正的、邪恶的。就前者来说，所有人都很清楚，国王明显地证明了他和议会打交道时的表里不一。这明显地体现在他的文章中，也体现在内斯比战役

图 69 埃德蒙·勒德洛

第8章 战争的序幕

和其他战役中。至于后者，我相信上帝法律的描述："血玷污了这地，若有人在地上流人血的，非流那杀人者的血，那地就不得洁净。"①因此，我不能同意把这么多血洒在国土上，留下负罪感，从而把上帝正义的复仇降于我们所有人。最明显的是，战争是由国王侵犯我们的权利、公然违反我们的法律和宪法而引起的。

但像埃德蒙·勒德洛这样果断、坚定、彻底的支持者寥寥无几。绝大多数公民在选择支持哪一方的问题上煞费苦心，并且憎恶内战。海德记录的一段话让人们深入了解了埃德蒙·弗尼爵士（图70）的感受。弗尼是一个"勇敢而深受爱戴的人"。有一天，他到海德那里说了如下的话。

在这样一个到处潮湿的地方，在这种环境中，大多数人的情绪都很压抑，他很高兴看到自己可以让人保持着天生的活泼和愉快。"我的情况，"他继续说，"比你的还要糟糕……我承认，我的精神抑郁，但这完全是有原因的。你问心无愧地认为自己是对的，认为国王不应该有求必应。因此，你们一起履行自己

图70 埃德蒙·弗尼爵士

---

① 《民数记》，第35章，第33节。——原注

的职责，完成自己的工作。但就我个人而言，我不喜欢这场争吵，我衷心希望国王能做出让步，同意议会的要求。这样我就可以从良心上只关心对主人的尊敬和感激了。我吃他的面包近三十年，给他服务了近三十年，我不愿意做离弃他这样的事情。我宁愿选择放弃自己的生命——我相信我会这样做——来和违背自己良心的事情做斗争，我将坦率地对待您——我对主教并没有敬意，因为这场争吵就是因他们而起。"

毫无疑问，弗尼道出了在查理一世旗帜下服役的成千上万人的心声。另一方也有同样的情绪。威廉·沃勒爵士（图71）在给朋友拉尔夫·霍顿的信中这样写道：

> 伟大的上帝了解我的心灵，他知道我是多么不情愿地来服役，多么憎恨一场没有敌人的战争。和平之神在适当的时候会给我们带来和平，同时让我们去接受它。我们双方都在舞台上，我们必须在这场悲剧中扮演分配给自己的角色。让我们为了荣誉，而不是个人仇恨，来做这件事情。

这就是双方在开始这场危险的较量时表现出的可敬态度。谁能否认存在犹豫的理由呢？

正如法官亨利·哈勒姆所说："在双方的所作所为和所处的环境中，都有如此多激起不满和不信任的因素，一个明智而善良的人很难与其中任何一方真诚地团结起来。一方面，我毫不怀疑国王想用武力或计谋推翻议会通过的一切有效的东西，建立完全专制的统治。他专横的脾气，他众所周知的政治原则，在荣耀上天生的受挫感，那个傲慢女人的煽动，受宠爱者的恳求，野心家的承诺，所有这些都是为

图 71 威廉·沃勒爵士

了使他拥有成为凌驾于宪法之上的君主的地位，即使对此没有新的侮辱和指责，也是让人痛心和难以忍受的……但另一方面，下议院的前景仍然不容乐观……在每次留有余地之后，他总是对那些时代的记录充满热情，他不认为下议院的所作所为存在一系列主动违反宪法的行为，也不存在违背当下政策至关重要的更高原则的行为"。

还有一个问题需要做出回答。

有可能在双方之间划出一条明确的界线吗？"圣人与罪人"是热心的支持者自然联想到的词语，但与当代许多观点是矛盾的。"不要以为，"在伦敦布道的托马斯·富勒说，"国王的军队就像索多玛，连十个义士也没有，而对方的军队就像锡安，由所有圣徒组成。"托马斯·齐林沃思在牛津法庭上布道时，也表达了同样的观点。

> 一边是税吏和罪人，与之相对的另一边是文士和法利赛派的人；一边是伪善，另一边是亵渎；一边没有诚实或正义，另一边则很少有虔诚；一边是毒誓、诅咒和亵渎，另一边则是瘟疫般的谎言、诽谤和伪证……我承认，我不能不战战兢兢地考虑一下这些使我分心的事情将会变成什么样子。

毋庸置疑，齐林沃思是对的。不管是好是坏，双方都没有在道德上给出明确的界定。尽管道德上的界限很模糊，但在宗教上的界定是很明确的。站在查理一世一边的是天主教徒和圣公会教徒，站在皮姆一边的是形形色色的清教主义者。即使是在教会的舞台上，也有一个很大的中间群体，福克兰子爵就是其中的典型。这个中间群体是反劳德派的，但并不反对圣公会。该群体"对大主教有些偏见"，但不认

第8章 战争的序幕

可加尔文派的统治前景。

从地理上讲,各党派大致是由英格兰历史上一条古老的分界线划分的——从亨伯河到塞文河,或者更准确地说,是从亨伯河到南安普敦。查理一世的力量集中在北部和西部相对蛮荒的地区。在那里,像纽卡斯尔、德比和伍斯特仍然处于半封建统治状态。议会得到了东部与南部富裕和比较文明的地区的支持。那时,大片适合发展农业的平原几乎囊括了英格兰的全部财富。伦敦至少和今天一样在各个城镇中占据主导地位。伦敦清教主义格外流行,不少于十分之一的人支持清教主义。这些人成了支持议会的中流砥柱。布里斯托尔和诺里奇是伦敦以外仅有的重要城镇,它们都支持议会。不过,在莱茵的鲁珀特亲王的勇敢进攻下,布里斯托尔陷落了。赫尔、普利茅斯和格洛斯特因舰队的支持而获得了议会席位,它们获得的优势是任何语言也无法夸大的。西部和西南部的工业城镇并不比东南部的少。它们虽然并肩作战,但无法抵挡周边的压力。除彭布罗克之外,威尔士从一开始就持坚定的保王立场,北方的四个郡也是如此。

幸运的是,从社会层面讲,很难画出这条界线。内战是信仰和党派之间的战争,而不是阶级之间的战争。城镇居民一般都站在议会一边,大地主和其家臣大都为查理一世而战。清教徒中受过训练的人组成的部队由乡绅们管理,许多壮实的自耕农与骑着马的莱茵的鲁珀特亲王并肩作战。皮姆可以指望三十位贵族,查理一世可以指望下议院近两百名议员。因此,在财产上不存在有争议的问题。后来,平等主义者发展了有社会主义倾向的观点,但他们没有得到负责任的领导人的支持。

从政治上讲,必须对《大抗议书》的分歧划出界线。我们已经看到这些分歧有多么接近，并且非常准确地反映了我们国家各派之间的平衡，这是毋庸置疑的。

尽管我们可以区分骑士党和圆颅党，但国内大多数人既不是骑士党，也不是圆颅党，这仍然是事实。许多郡都很乐意跟随约克试图退出战争，多塞特郡和威尔茨郡的农民——后来组成了木棒兵——渴望与双方保持一定的距离。这代表了相关阶层大多数人的心声。"想要坐着不动的人，"海德尖刻地说，"要比期望参与任何一方的人要多。"

第9章

政治与**战争**

POLITICS

AND

WAR

"战争时期的宪法史是一片空白。"这句常被引用的格言虽然在某种意义上是正确的,但掩盖了一个更重要的事实。战争确实容易阻碍宪政的发展。或者说,即使宪政取得了进展,但如果把注意力集中在战争中取得的胜利上,宪政的进展就不可能轻易取得。然而,战争是现有制度的一种溶剂,同样是实现政治思想的温床。其果实虽然不能立刻采摘得到,但成熟过程往往异常迅速。

在这一点上,英格兰内战也不例外。直到很久以后剑拔弩张的时候,一个共和党派才出现,更不用说一个试图通过政治革命来达到目的的共产主义党派了。甚至在战争爆发前夕,任何反对上议院协调立法权威运动也不可能被发现。然而,1649年,上议院追随君主政体跌入了深渊,当时出现了一个党派的中心思想,它虽然从未占据主导地位,但其中某些重要思想预见了法国大革命的雅各宾主义。

但这一切都是发生在遥远的未来的事情。1642年,战争真正开始之前,双方为了给摇摆不定的人留下深刻印象,都发表了声明和反声明。1642年8月9日,查理一世发表声明,宣布埃塞克斯伯爵和他麾下的军官为叛国者,但如果他们放下武器,埃塞克斯伯爵和手下所有人将得到赦免。18日,议会又发表了一项反声明,谴责所有支持国王的人都是叛徒。尽管如此,查理一世还是完全违背了自己的意愿,被他人说服了,决定重新议和。25日,南安普敦伯爵和多塞特伯爵带着约翰·卡尔佩珀和威廉·尤德尔爵士以查理一世信使的身份，从诺丁汉出发前往威斯敏斯特。正如查理一世预料的那样，他们受到了"闻所未闻的污辱和蔑视"。议会提出，除非查理一世无条件地屈服，抛弃朋友，让他的人听命于议会，并且同意接受议会的建议，否则拒绝谈判。

答应这些条件是不可能的，进一步谈判显然是徒劳的，只有刀剑才能解决棘手的问题。但在离开诺丁汉去召集威尔士军队之前，查理一世向国人发表了一份令人钦佩的宣言，"放弃签订条约的希望，在人民心中留下更深刻的印象"。没有人能对下面伤感的结尾无动于衷：

> 上帝指引你们，仁慈地了结了那些笼罩在这个国家之上的审判。在我们渴望维护和推进真正的新教、法律、人民的自由、议会的正当权利，以及王国的和平时，他同样仁慈地对待我们。

人们应该加入哪一个阵营呢？哪一个阵营真诚地渴望"这片土地上的法律、自由及议会正当的权利"？在刀剑入鞘之前，"议会的权利"像君主的权利一样，被无情地置之不顾。克伦威尔并不比查理一世更加尊重臣民的自由。所有比较都因战争的爆发而失去了意义，并且在一段时间内，内战结束后的局势必然是不正常的。然而，事实上，恢复君主制是重新建立"议会的正当权利"的基本前提，只有在恢复君主制的情况下，臣民的自由才能得到保障。事实证明，这种保障最终是充分的、令人满意的。

对军事斗争的详细叙述不属于本书的范围，但就本书的目的而言，仔细研究谈判双方不时提出的条件，使之对政治体制的演变或政治思想的发展有所启发，是至关重要的。

第一轮谈判从1642年12月持续到1643年4月。许多人希望，也许曾经相信，一个月的斗争将使整个事态朝着有利于议会的方向发展。但他们痛苦地醒悟过来，双方都没有做好战争的准备。不过，查理一世比议会更适合即兴发挥。因此，第一次战役显然是有利于保王派的。1642年9月23日，在伍斯特城外的波伊克桥，内战期间的第一次激烈冲突发生了。查理一世率军从诺丁汉向切斯特进发时，得知伍斯特受到了埃塞克斯伯爵的威胁。于是，莱茵的鲁珀特亲王被派去救援。在波伊克桥，他遇到了埃塞克斯伯爵的先头部队。埃德温·桑兹一马当先，率领上千圆颅党骑兵勇往直前，但莱茵的鲁珀特亲王的冲锋势不可当。圆颅党士兵落荒而逃，一千多士兵中有四百人战死沙场。莱茵的鲁珀特亲王（图72）初战告捷，但力量还不够强大，无法控制伍斯特。1642年9月24日，在没有遭到抵抗的情况下，埃塞克斯伯爵占领了伍斯特。然而，波伊克桥战役"使敌人闻莱茵的鲁珀特亲王的名字而色变"。但就像在生活中一样，在战场上，莱茵的鲁珀特亲王也有缺点。他的勇气和战斗力无与伦比，但他盛气凌人，管理缺乏耐心，不计后果。

图72 鲁珀特亲王

同样的情况在埃奇山也表现了出来。埃奇山战役是第一场激烈的战斗。查理一世从切斯特向伦敦进发，途中被盘踞在班伯里附近的埃塞克斯伯爵的部队挡住了去路。1642年10月23日，两军在埃奇山遭遇。对该事件的描述通常让人怀疑，但事实上，查理一世击败了埃塞克斯伯爵部队的阻挠，安全抵达牛津。这是"在英格兰，唯一一个他觉得完全对自己忠心耿耿的城市"。从牛津就可以向雷丁推进了。

查理一世最初的成功是如此引人注目和出乎意料。于是，议会中的议和派鼓起勇气提出谈判。但查理一世进军伦敦的步伐并没有停止。1642年11月12日，查理一世到达布伦特福德，但13日在特纳姆格林，查理一世的军队遭到有力的阻挠。于是，他被迫率军返回雷丁，转而前往牛津。

由于未能顺利抵达伦敦，查理一世急于重启谈判。因此，福克兰子爵奉命以"上议院临时议长"的身份，将查理一世对议会1642年11月12日来函的答复转交给威廉·格雷。实际上，这份文件是对布伦特福德行动中查理一世善意的详尽证明。莱茵的鲁珀特亲王的行为自然遭到议会的强烈不满。议会提出的条件是查理一世必须回到首都伦敦，把"违法者"交给议会处置，这样议会才肯同意谈判。要满足这些条件是不可能的。莱茵的鲁珀特亲王的冲动之举——从纯粹的军事角度来说并非有错——暂时粉碎了和平派的希望。

1642年冬季，双方并没有正式停火，尽管零星的战斗在北部和西部发生了，但冬季真正的任务不是战争，而是外交。1642年12月到1643年4月，牛津和伦敦之间的谈判几乎没有中断过。

到目前为止，这个国家几乎没有经历过战争，对和平的渴望却是盼望已久的。如果没有伦敦忠实的支持，在与查理一世的斗争中，议

第9章 政治与战争

会就会无能为力，并且会感受到商业萧条的压力和战争期间税收的负担。1642年12月12日，市议会决定分别向查理一世和议会提出维护和平的请愿书。威斯敏斯特的上议院其余议员与伦敦是一体的。下议院律师并不比商人缺乏热情。很明显，只有皮姆不屈不挠的决心才能使议会坚守初心。皮姆并不反对谈判，前提是不牺牲发动战争要达到的基本目的。他努力不让这样的牺牲出现。1642年12月26日，下议院同意根据上议院提出的条件，与查理一世展开谈判。大约一个月后，下议院委员在牛津正式与查理一世会面。

与此同时，一个来自伦敦的代表团进入牛津。这个代表团受到的接待让人十分失望。在街上，代表团遭到辱骂，查理一世也几乎没有安排什么仪式。实际上，代表团的提议并不足以起到斡旋的作用。代表团建议查理一世立即解散军队，完全听命于议会。查理一世傲慢地提议赦免那些无条件投降的人。很难理解怎么会有人提出这样的条件，因为不可否认的是，商人是真诚地渴望和平的。他们的态度不仅是出于有钱人的私利。1643年1月3日，三千多名伦敦学徒组成的庞大人群包围了议会，提出了类似的请愿。赫特福德郡、埃塞克斯郡和贝德福德郡等伦敦周围各郡采取了同样的做法。对和平的渴望几乎是普遍的，但没有人能够提出如何实现和平的建议。

1643年2月1日，议会委员抵达牛津，和平提议立即递交给了查理一世。该提议的全文可以在约翰·拉什沃思的《文集》或塞缪尔·加德纳的《文件汇编》中看到。这些提议没有为谈判提供可能的基础，更不用说向查理一世妥协了。的确，《十九项提议》中令人反感的要求在牛津的和平提议里没有再次出现。牛津的和平提议并没有提到所有枢密院议员和法官宣誓维护权利请愿和议会出台的其他法规，也没有提到要求撤销所有未经议会批准的枢密院官员和内阁大臣的职务，或者以后未经同样批准不得任命枢密院官员或内阁大臣，或者其他无理要求，即除非得到议会多数成员的签署，否则不应承认来自"议会中的国王"的命令，要求议会掌管国王子女的教育和婚姻，以及上议院和下议院对贵族在上议院的席位或投票权有否决权等。另外，加入了或保留了非常令人反感的要求。要求查理一世解散军队，恢复议会，让"违法者"接受议会的审判和法律的判决，解除天主教徒的武装，迫使天主教徒放弃信仰，同意新教徒根据新教对天主教徒子女的教育进行立法，将民兵定居点交给议会处理，接受议会对高级司法官员的提名。关于教会这一至关重要的问题，议会要求查理一世同意《废除主教制议案》，并且在议会"与虔诚、笃信宗教、有学识的神职人员进行协商之后"，承诺通过其他类似的教会改革法案。如果军事形势对查理一世来说很危急，那么这些建议很可能会被听取。但到目前为止，军事优势的天平无疑在查理一世那一边。在这种情况下，提出放弃原则的条件和屈从查理一世亲近的人的条件是徒劳无益的。查理一世的回答虽然在语气上并非不可协商，但自然是坚定的。他表示欣然同意"任何取缔天主教教会及坚定解决目前依法建立的新教面临问题的善行"，并且建议制定一项法案，"以便更好地保存《公祷书》，使其免受布朗派、再洗礼派和其他教派的蔑视和暴力，像陛下以前所说的那样，有这样的条款，就会有利于富有善意的良知"。最后，查理一世提议停战，让臣民自由交流。

上议院和下议院都进行了关于停战激烈的辩论。上议院赞成停战，下议院坚持解除查理一世军队武装。最终，议会妥协，决定停战二十天。1643年3月1日，"停战条款"被呈交给查理一世。16日，查理一世的复函送交议会。两项提议都不令人满意，但18日，议会"依旧怀着强烈的和平愿望"，向牛津的谈判代表发出了进一步指示。在牛津，谈判持续了整整一个月的时间。

但这一切都是徒劳的。查理一世坚持要立即归还他的收入、杂志、船只和堡垒，并且于1643年4月14日从牛津召回了谈判代表。双方都有这么好的态度，牛津的谈判怎么会失败呢？这个问题的答案不是现实情况那么简单。无疑，约翰·皮姆和查理一世一样固执，但1643年底前，他就从舞台上消失了，而查理一世仍然表现得不屈不挠。

海德的叙述非常清楚地表明，查理一世并没有完全信任他的官方顾问，没有信任这些忠心耿耿的人。查理一世曾承诺，没有他们的"共同建议"，自己不会采取任何重要的举措。在"内阁"的后面是莱茵的鲁珀特亲王和乔治·迪格比，再后面是王后亨利埃塔·玛丽亚。海德描绘的查理一世和王后亨利埃塔·玛丽亚之间的关系是田园诗般的。"查理一世对王后亨利埃塔·玛丽亚是一种非常特殊的感情，是良心、爱心、慷慨、感激，以及把所有激情提升到极致境界的高尚情感的结合体。这可以从她的目光和她做出的判断中看出来。"但家庭的田园诗可能意味着一场政治悲剧。当王后亨利埃塔·玛丽亚离开英格兰到国外为查理一世的事业奔走时，查理一世曾许诺，"除她的干预和调解之外，他永远不会实现任何和平，英格兰王国只有从她那里才能得到祝福。这一许诺[①]是他拒绝或不接受议会最后提议的原因"。"错在哪里，我无法判断，"托马斯·梅说。但怀特洛克本人是议会派往牛津的谈判代表，他同意爱德华·海德的

---

① 对此，查理一世是一个诚实的遵守者。——原注

观点。与此同时，他描述的查理一世在谈判中的行为给人们留下了良好的印象。在任何时候，谈判代表似乎都能接触到查理一世，允许"与他进行非常自由的辩论"。除他的谈判代表之外，莱茵的鲁珀特亲王、南安普敦伯爵、爱德华·利特尔顿及约翰·班克斯都参与了辩论。但这些都是次要的。怀特洛克说，他们从来没有"和我们辩论过任何事情，而是在国王要求他们做的事情上，把自己的意见告诉国王，有时还会让国王想起一些特别的事情。除此之外，他们什么也不说"。查理一世"表现出了他还有点儿能力，表现出理性的力量和敏锐的忧患意识，表现出听取反对意见的耐心……他的不幸之处在于，他对其他人的判断比对自己的判断更有见地"。在谈判过程中，在这些"其他人"中，抵达约克郡的莱茵的鲁珀特亲王和王后亨利埃塔·玛丽亚无疑是最有影响力的。

1642年底到1643年初，查理一世不仅仅只和议会签订了条约。1643年2月17日，苏格兰专员抵达牛津，其中劳登勋爵约翰·坎贝尔、亚历山大·亨德森和拉纳克伯爵[①]威廉·汉密尔顿（**图73**）随后抵达。从罗伯特·贝利的信中可以看出，"他们在牛津的生活

图73 威廉·汉密尔顿

---

① 罗伯特·贝利说的"拉涅利克"，后来成为汉密尔顿公爵。——原注

第9章 政治与战争

一直很不舒服……没有人会给他们任何合理的恩惠。在街上，透过窗户，他们不断遭到各种人的辱骂"。查理一世对苏格兰人的态度似乎是极不礼貌的，并且奇怪的是，甚至连普通的礼节都没有。"在给出任何答复之前，得等上二十天，因为陛下不乐意。陛下二十四小时之内做出回应后，再等上另外二十天，尼古拉·斯兰宁、福克兰子爵、爱德华·海德、威廉·阿什伯纳姆、拉涅利克等大臣才有机会做出回答。如果他们得不到召见，一年就会白白浪费掉。"也许罗伯特·贝利的评论是有道理的，与其说他感到愤怒，不如说是悲伤。他说道："这种策略和我们其他不满者的见识一样，是极其愚蠢的，因为国王最终的目的是给我们的大臣更好的发言和露脸的机会。"另外，伍德报道的普遍传闻至少有一部分是真实的："人们认为，在这件事情上，苏格兰一方存在着双重交易。"1643年，在牛津，和其他地方一样，苏格兰人的最高目标是迫使查理一世和英格兰人建立一个他们深恶痛绝的教会制度。在这一点上，除非查理一世丧失意志，陷入令人绝望的困境，否则他是不可能做出妥协的。

1643年夏天，情况远远不是这样。相反，一切似乎都有利于王室迅速获胜。查理一世军人般的能力受到威灵顿公爵的高度评价。他设想在伦敦发动第三次进攻，在纽卡斯尔消灭约克郡的叛乱分子后，准备进剿克伦威尔在林肯郡的部队，然后沿着向北的大道往首都伦敦挺进。在康沃尔郡和德文郡，格伦维尔和拉尔夫·霍顿为查理一世提供了一切安全保障。他们从西部出发，在泰晤士河以南继续向萨瑟克进军。北方人要与伦敦以东的康沃尔人和德文人联合起来，查理一世要从牛津和雷丁出发进行应对，而威尔士人则要越过塞文河，占领塞文河和泰晤士河之间的领土。

1643年夏天，这一计划取得了部分成果。霍顿扫清了康沃尔郡，除达特茅斯和普利茅斯之外，德文郡所有人都逐渐支持查理一世，霍顿穿过萨默塞特郡和威尔茨郡继续前进。1643年7月底，英格兰第二大城市布里斯托尔向莱茵的鲁珀特亲王投降。1643年8月，多塞特郡的叛乱分子被清除。普利茅斯、达特茅斯、普尔、莱姆里吉斯等西部海港为议会提供了支持，查理一世的国土在芒特湾和默西河之间的连续性被格洛斯特的顽固抵抗破坏。正如托马斯·梅告诉我们的那样，布里斯托尔投降的消息传到了伦敦，"像被判了死刑一样"。托马斯·梅补充道："当时，议会的实力和声誉都很低。于是，议会被那些追逐财富的人完全抛弃了，只有非凡的天意才能让它重整旗鼓。"

与此同时，在北方，总体上，威廉·卡文迪什是成功的。到1643年2月底，除约克郡西区周边的城镇之外，中部和北部城镇大多被查理一世控制。1643年2月，王后亨利埃塔·玛丽亚带着急需的物资和武器抵达布里德灵顿。5月，她安全抵达牛津。1643年6月30日，在布拉德福德附近，卡文迪什战胜了斐迪南多·费尔法克斯部族，结束了该部族的抵抗。尽管如此，他依然在北部完全取得成功的过程中遇到了阻碍。赫尔城守军得到来自海上的救援后，仍然继续坚守。但当赫尔城被攻下之后，北方的乡绅、自耕农和农民拒绝再往南走。

菲利普·沃里克暗示赫尔城顽强的抵抗并不是纽卡斯尔部队拒绝南下的唯一原因。沃里克是被查理一世派来劝说卡文迪什不要南下的。他发现卡文迪什"对此非常反感，觉得卡文迪什只不过是想加入国王的军队或在莱茵的鲁珀特亲王麾下服役而已。无论身处何方，他都把自己设计成一个能扭转局势的人，一个掌管独立的、与众不同的

第9章 政治与战争

军队的人"。沃里克可能对卡文迪什过于怀疑。但可以肯定的是,几位保王派指挥官之间存在着严重的摩擦。

然而,从表面上看,议会一方前景黯淡。埃塞克斯伯爵未能在1643年6月抵达牛津,这只会加剧保王派在西部和北部胜利带来的悲观情绪。但保王派的成功之链上也有薄弱环节。议会从未失去对海洋的控制权,只要控制着海洋,就能保住普利茅斯和赫尔等重要海港。只要普利茅斯能够坚持下去,西部的人们就会犹豫地东移。正如我们所看到的那样,赫尔城阻止了北方人向南进军。但此时更重要的是格洛斯特的抵抗。人们认为布里斯托尔守军的投降是格洛斯特投降的前奏。结果却不是这样的,在格洛斯特被攻占之前,威尔士人无法越过塞文河。格洛斯特永远没有被攻破。相反,埃塞克斯伯爵和他来自伦敦的部队从奇平诺顿到切尔滕纳姆,沿着科茨沃尔德的山脊行军,出色地解救了格洛斯特。1643年9月8日,莱茵的鲁珀特亲王发起了围攻,由于未能占领格洛斯特,保王派胜利的形势发生了转变。

因此,如果说查理一世的计划被赫尔、格洛斯特和普利茅斯这三座城市破坏的事实还不足以说明什么,那么它们的抵抗至少有力地证明了海上力量的重要性——甚至在英格兰这个岛国的内战之中也是如此。

然而,阴郁的气氛已经笼罩在了议会。罗伯特·贝利也许会在某种程度上为苏格兰人伸张正义,去帮助一项被破坏了的事业。"当然,"他写道,"这是一种信仰上帝的了不起的行为,是一种巨大的勇气和前所未有的同情。它促使我们不顾自己的和平,不顾自己的生命和一切,为一个在自己和全世界人们眼里都无可挽回的、被毁灭的民族而冒险。"几乎任何一个坦率的当代观察家都会接受罗伯特·贝利对形势的看法。但回想起来,不难看出,更持久的力量是在支持圆颅党。不言而喻的是，议会的最终胜利实际得益于对海洋的控制，体现在赫尔、普利茅斯和格洛斯特坚韧不拔的精神，体现在查理一世征募的地方士兵不愿远离家乡，体现在新的军事组织虽然在东部各郡只有一个团的兵力，但很快就扩大了整个"新型"部队，更重要的是，这个组织的创立者的天才正在萌芽阶段。不过，他的全部影响还没有显现出来。

此时，查理一世的事业显然取得了优势。在绝望中，英格兰议会转向苏格兰王国寻求帮助。这种帮助需要付出的代价是接受《神圣盟约》。更有先见之明的人认为，这尽管可能获得苏格兰人不可或缺的援助，但与查理一世和解将变得极其困难，并且格洛斯特的问题依然没有解决。经过一定程度的修改后，下议院接受了《神圣盟约》[①]。

根据《神圣盟约》，英格兰议会承诺维护"苏格兰教会改革后的宗教，'按照上帝的话语及最好的教会改革模式'，在英格兰及爱尔兰，从教义、礼拜、惩戒与体制方面进行宗教改革，并且'努力在三个王国让上帝的教会在宗教、信仰的忏悔、教会组织形式、礼拜和布道方式等方面接近高度统一'，在'不考虑个人因素的情况下'去'清除天主教会和高级教士的职位'"等。简单地说，长老派思想是议会以苏格兰模式用其权威强加的，不仅在英格兰王国——这个虽然信奉新教，却是圣公会性质的国家——而且在信奉天主教的爱尔兰，都面临着危险。按照苏格兰模式建立的长老会教会中，不允许有任何偏离，也不允许有其他任何形式的宗教。

[①] 1643年9月25日是正式接受《神圣盟约》的日期。1643年9月8日，埃塞克斯伯爵进入格洛斯特。但此前，1643年9月1日，下议院讨论了《神圣盟约》。——原注

第 9 章 政治与战争

在世俗事务方面,查理一世"本人及其权威"将与"议会的特权及王国的自由一起"得到维护,"恶毒的人"将受到追捕,并且受到"应有的惩罚……作为两个王国各自的最高司法机关,或者其他从该机关获得权力的人将便利地做出判决"。

几个月后,即1644年2月16日,上议院和下议院受命组成了一个委员会,"与苏格兰的委员会和专员一起",来管理两国的事务并执行《神圣盟约》的条款。在这些代表英格兰议会的议员中,有任总指挥的埃塞克斯伯爵、任海军大臣的菲利普·沃里克、诺森伯兰伯爵、曼彻斯特伯爵(图74)、威廉·法因斯、老亨利·文、小亨利·文和奥利弗·克伦威尔。

图 74 曼彻斯特伯爵

《神圣盟约》是长老会在英格兰清教徒革命中取得的最高成就。在为使之生效而任命的委员会名单中，将不会有两个人的名字：汉普登和皮姆。1643年6月，在查尔格罗夫战场上，汉普登受了致命伤（图75）。12月8日，皮姆离开了人世。他们谁都不会对事态缓和产生影响，但在这个节骨眼上，他们的死亡无疑促进了最高权力从威斯敏斯特议会转移到战场上的将军手中，从议会军的将军手中转移到"新模范军"的组织者和指挥官手中，从长老会转移到独立派手中。

汉普登是那种靠人品而不是靠成就给人留下印象的人。除他与船税案有偶然的关联之外，很难将他的名字与动荡时期的任何突出事件联系起来。然而，他给同时代人留下的印象是难以抹掉的。在这一点上，海德的证词是确定无疑的。他对约翰·汉普登的描述并不完全是奉承的："一个比皮姆更狡猾的人，他很少说话，但会仔细聆听，在观察到议会可能的动向之后，开始参与辩论。可以说，他很快就会清晰而巧妙地得出'他想要的结论'，或者如果做不到这一点，他就会'灵巧地寻求另外的时机再来辩论'。他是一个看似服从同时领导别人的人。"海德似乎从来没有原谅约翰·汉普登在长期议会初期对福克兰子爵的影响，但承认他"对所有人都有礼貌"，同时承认"他在整个动荡时期的举止表现出了少有的耐心和谦逊，甚至那些以狭隘眼光看待他的人也会发现他身上的一些优点……被迫给他提供一个公正的评价"。关于汉普登的死亡，海德写道："它引起了对手的巨大恐慌，就好像他们的整个军队都被击败了或赶走了一样。"后人接受了与汉普登同时代的人给出的结论。

说到皮姆，可以说，他在同时代人中享有很高的声誉，并且随着时间的推移，他的声誉有增无减。"他是有史以来最受欢迎的人，也

图 75 约翰·汉普登在查尔格罗夫战场上受了致命伤

是任何时候都最会伤害人的人"，这是海德得出的结论。"他是历史上最伟大的革命领袖之一，"利奥波德·冯·兰克如是说。然而，皮姆不仅是一个伟大的革命领袖。丹东是伟大的革命领袖，但在法兰西王国，他留下了什么永久的印记呢？皮姆是一个伟大的、积极的政治家，他因对英格兰议会宪法的贡献而被人们铭记在心。

然而，在皮姆倾注心血发展的政治手段方面，他不能称自己享有独占权。罗伯特·布尔沃-利顿作为一个不错的批评家，认为在这方面，福克兰子爵得到的评价是高于皮姆的。他们因《大抗议书》而分道扬镳了，但在死亡日期上，他们相隔不远。皮姆临死前三个月，在第一次纽伯里战役中，福克兰子爵丧生（图76）。海德为自己最亲密的朋友做的生动描述是每一个英语散文爱好者都熟知的。

> 纽伯里战役中，福克兰子爵被杀。他学识渊博，谈吐中带着无与伦比的甜蜜和喜悦，对人类有着热情洋溢、有求必应的仁慈与善良，生活简单淳朴，为人诚实正直。如果这场可恶的、受人诅咒的内战除损失福克兰子爵之外没有其他烙印，那它必将是最臭名昭著、最令后人憎恶的了。

海德是带着丧友之痛写出这番话的。罗伯特·布尔沃-利顿虽然没有这么做，但对福克兰子爵的赞美并不亚于海德。此外，他还提出了一个与本书试图分析的问题有关并具有特殊意义的论点。皮姆和福克兰子爵是否对我们未来的宪政发展有进一步的看法？正如我们看到的那样，皮姆坚持一个负责任的行政机构的原则，认为这是他那个时代宪法问题的最终解决办法。查理一世必须任命"议会有理由信任的议员"。在这一点上,他证明了自己的先见之明。在《大抗议书》问题的关键分歧上,福克兰子爵投了皮姆的反对票。难道皮姆是对的,福克兰子爵是错的吗?

如果这个问题仅是一个宪政问题,那么福克兰子爵可能会和大多数人一样站在皮姆一边。但教会因素的存在使问题变得复杂化了,在教会问题上面临的困难和迫切性丝毫不亚于宪政问题。如果不是英格兰君主制的历史连续性,那么它的教会的历史连续性就岌岌可危了。到了1641年秋天,宪政方面已经取得了很大的成就。君主政体已经被斯图亚特王朝剥夺了。"专制"的机器已经坏得无法修理了。福克兰子爵、海德和温和的保王派准备再给君主政体一次机会。皮姆和汉普登却不这么想。《大抗议书》不是学术上的决议,而是内战的号角。福克兰子爵担心战争会危及长期议会头几个月取得的一切成果。谁说他的担心是没有道理的呢?皮姆准备冒险一试。人们习惯上认为,皮姆的原则虽然被克伦威尔的军事独裁统治淹没,并且在复辟时期遭到暂时排斥。但1688年的革命成功永久地证明了皮姆的原则的正确性。在宪法问题上,这种说法是有道理的。但这场革命不仅是君主立宪制原则的胜利,并且是英格兰国教的胜利。皮姆政策的胜利包括建立长老会制、铲除"主教"和废除君主制。如果皮姆的计划是取代君主制而不是摧毁它,是扩大英格兰国教的势力范围而不是以长老代替牧师,福克兰子爵本可以站在他的一边。福克兰子爵虽然不关心君主,但相信君主制。虽然不喜欢威廉·劳德派主教,但害怕清教徒思想上的不宽容。因此,未来的关键与福克兰子爵有关,而不是与皮姆有关。而我们是否可以接受罗伯特·布尔沃-利顿代表福克兰子爵提出的要求呢?

图 76 福克兰子爵在第一次纽伯里战役中丧生

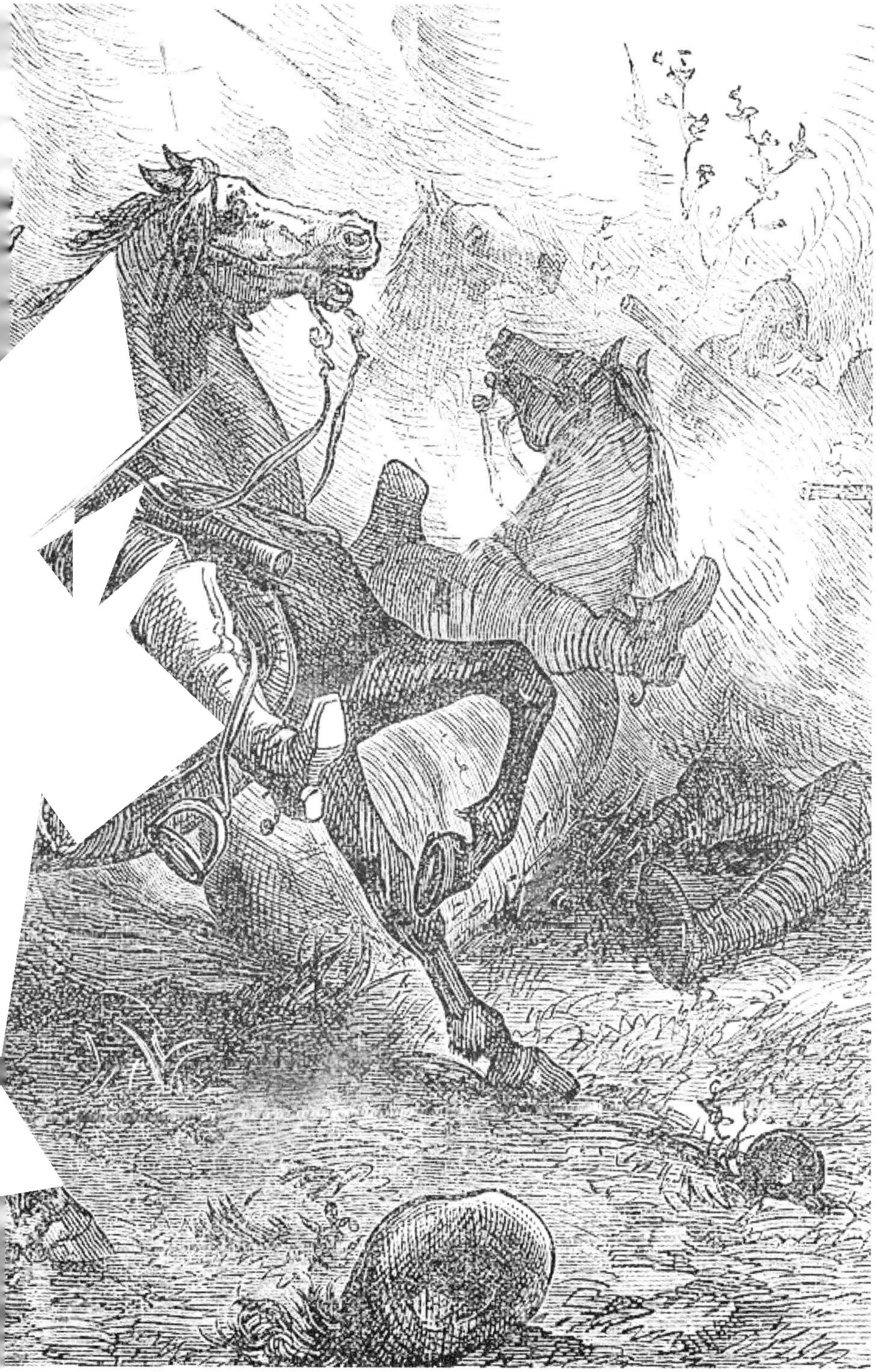

安息中的福克兰子爵如果看到英国现在的样子，会不会说："这就是我追求的国家样子；这就是我本可以与议会自由调和的王位；这就是我要从教会对世俗事务的统治和对敌对教派的不宽容的迫害中净化出来的教会。为了使英格兰成为我现在看到的样子，我反对《大抗议书》和《十九项提议》的制定者。今天看到的英格兰，是对我推崇的政策的证明，也是对约翰·皮姆的政策的驳斥。"

这个论点貌似有理，但它是结论性的吗？不可否认，今天的英国更符合福克兰子爵的理想，而不是皮姆的理想。但谁又能说，如果没有约翰·皮姆在他那个时代艰辛的付出，议会君主制微妙的平衡机制会得到发展？

对这种评论人的题外话，没有人提出道歉。福克兰子爵和皮姆代表了当时革命阶段本质上冲突的原则。此外，这些"演员"退出舞台的同时，新的戏剧表演拉开了帷幕。

事实上，接受《神圣盟约》标志着议会为保持对局势的控制权而做出的最后有效努力。直到去世为止，皮姆一直控制着议会。但他在威斯敏斯特的议会里没有留下继任者，控制权很快就被转交给了军队及其将领。

然而，一项巨大的军事成就留给了誓约派。1644年1月，苏格兰人越过特威德河，卡文迪什就像被夹在苏格兰人和约克郡的托马斯·费尔法克斯的部队之间，最终发现自己的部队在约克郡遭到包围。然而，莱茵的鲁珀特亲王率军一路挺进，1644年7月2日，莱茵的鲁珀特亲王参加马斯顿荒原战役。是克伦威尔和戴维·莱斯利挽回了

第9章 政治与战争

费尔法克斯率领的议会部队的失败,马斯顿荒原战役以保王派军队的溃败而告终。1644年7月16日,约克城投降,查理一世在北方的事业随之被毁。

埃塞克斯伯爵在康沃尔战役中的失败,以及1644年10月27日第二次纽伯里战役(图77)中曼彻斯特伯爵和威廉·沃勒从查理一世手中夺取胜利时遇到的失利,都因克伦威尔在约克的辉煌胜利得到了更大的鼓舞。第二次纽伯里战役失败后,克伦威尔对他的同僚失去了耐心。他直言不讳地将失败归咎于"不愿让战争取得全面胜利的某些原则,以及希望在某种条件下以妥协的方式来结束战争。而国王的地位降得太低可能会对他不利"。他的怀疑是有根据的,但长老会一派仍然有足够的力量坚持与查理一世重新开始谈判。因此,1644年11月9日,议会就和平提议达成协议并于两周之后在牛津将协议递交给了查理一世。查理一世同意派特使代表他去阿克斯布里奇讨论这些提议。在阿克斯布里奇,特使会见了议会和苏格兰委员会的谈判代表。

根据塞缪尔·加德纳的描述,在阿克斯布里奇,议会向查理一世提出的条件是"侮辱性的"。这样说一点也不夸张。我们已经看到的1643年2月1日,在牛津提交给查理一世的提议中省去的《十九项提议》令人反感的要求,在这里又出现了。此外,议会还要求与查理一世分享宣布战争及和平的权利,建立一个由英格兰人与苏格兰人组成的永久机构,该机构拥有控制英格兰和苏格兰所有军事力量的最广泛权力。其中还包括一长串罪犯名单及一些未透露姓名的人。议会要求必须由这些人承担所有战争费用。最后,议会不仅要求两个王国在宗教上完全统一,而且要求查理一世本人也要签署《神圣盟约》。

实际上,查理一世的答复是要求恢复原状。他认为《大抗议

图 77 第二次纽伯里战役

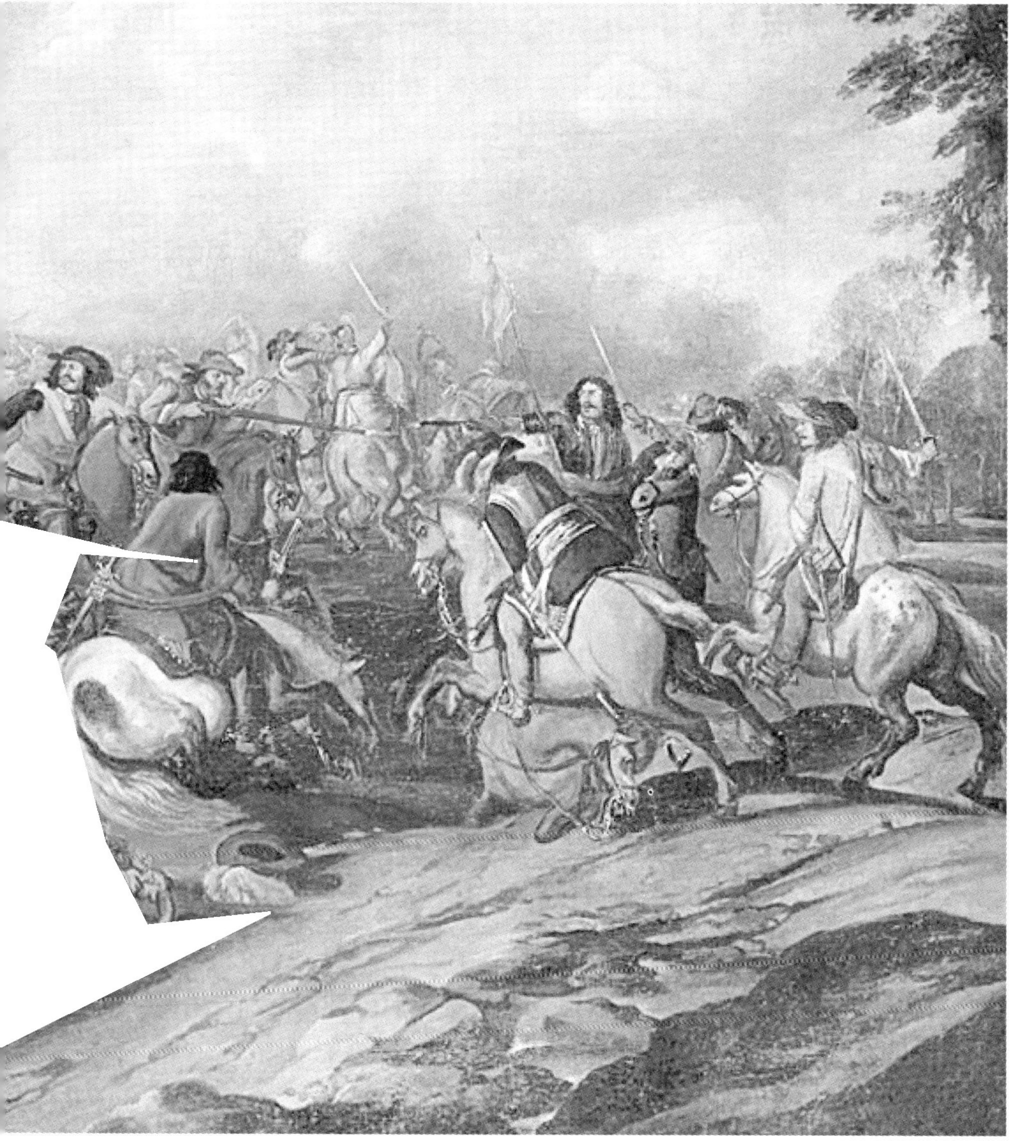

书》应当保留并建议"合法成立"一个国民议会,来处理并解决天主教会事宜,"更坚定地解决依法建立的新教问题",并且"更好地保存《公祷书》,让其免遭蔑视和暴力破坏,让良心得到安抚"。大家会注意到,查理一世现在提出的建议与1688年革命最终达成的解决方案相差不大。这一点不假,但应当补充的是,革命的解决办法是由处决一个斯图亚特国王[①]同时驱逐另一个国王[②]来得到保证的。1645年,议会不太可能接受查理一世的条件,就像查理一世不太可能接受议会的条件一样。如果议会知道这一点,阿克斯布里奇谈判将是议会提出或接受条件的最后一次真正的机会。

阿克斯布里奇谈判破裂后,紧接着是一场重要胜利——克伦威尔在威斯敏斯特的议会里首次获胜。在下议院,克伦威尔强烈要求重组军队,更换指挥官。

> 如果不进行更迅速、更有力、更有效的战争,整个王国将会疲于战争,议会将会遭到憎恨……如果军队不采取另外的途径,将战争合法化,人们就再也无法忍受战争,你们得到的和平也是不光彩的。

克伦威尔直言不讳地说出了真相。1644年11月23日,下议院命令两个王国的委员会考虑立即重组整个军队的问题。随后,1644年12月19日,下议院颁布了一项严厉的法令,剥夺上议院议员和下议

[①] 即查理一世。——译者注
[②] 即查理二世。——译者注

第 9 章 政治与战争

院议员的一切官职或军队职务。经过一段时间的拖延,上议院否决了该法令,但最终,1645年4月3日,上议院以一种修改过的、不那么严格的形式接受了该法令。新的自我否定条例仅要求上议院和下议院的所有成员在四十天内辞去职务,但如果议会认为合适,不会对他们的连任设置任何障碍。与此同时,完全改建后的军队的最高指挥权由托马斯·费尔法克斯掌握。经验丰富的军人菲利普·斯基庞被任命为少将,但中将的职位没有人补充。然而,议会特别命令克伦威尔继续他在军队的工作。1645年6月10日,就在内斯比战役爆发前夕,托马斯·费尔法克斯和他的军官委员会请求任命克伦威尔为中将,指挥骑兵部队。对于这一请求,下议院表示同意,但上议院没有答复。1645年的重大胜利取得之后,这一请求就不需要任何答复了。

新模范军的战斗力很快就得到了证实。1645年6月19日,内斯比大捷后,西部的战役取得了成功。7月29日,巴斯被攻下。9月10日,莱茵的鲁珀特亲王被迫在布里斯托尔投降。到10月底为止,除德文郡和康沃尔郡之外,所有西部地区的保王党人都被清除了。在苏格兰,蒙特罗斯侯爵(图78)连续一年取得辉煌的成功之后,1645年

图 78 蒙特罗斯侯爵

9月13日，在菲利普霍赫意外地被戴维·莱斯利击败。1646年初，圆颅党赢得了西南部的胜利。1646年6月24日，忠于王室的牛津被迫投降。牛津的陷落标志着第一次内战的结束。

就在托马斯·费尔法克斯包围牛津之前，查理一世从这里逃了出去，投靠了苏格兰人。苏格兰人马上把查理一世作为囚犯押到了纽卡斯尔。1646年7月，议会提交了进一步的和平提议，向查理一世提出的条件与他在阿克斯布里奇拒绝的条件相差无几。按照提议，民兵将由议会控制二十年，但要求议会控制王室子女的教育及决定和平与战争的权力被放弃了。然而，长老会思想仍将继续存在，查理一世将接受《神圣盟约》，同意剥夺自己大批最优秀和最勇敢的支持者的公权。"难怪，"约翰·莫利说，"查理一世觉得这些建议——有些现在看来也是那么可憎，有些是那么令人无法容忍——就像把他头上的王冠用斧头用力砍下来一样。"这里要补充的是，如果查理一世的回答令人不满意，闪烁其词，那就更不足为奇了。最终，议会决定羁押查理一世。1647年2月，查理一世被押往霍尔姆比城堡。

纽卡斯尔谈判的破裂标志着英格兰清教徒革命史上的一个决定性时刻。查理一世如果接受议会当时提出的条件，克伦威尔和独立派就会陷入进退两难的境地。他和独立派会发现，自己要么被迫接受伊拉斯图派长老会制的枷锁，要么再次拿起武器，对抗查理一世、议会和苏格兰人联合的力量。只有通过查理一世的固执或崇高的原则，克伦威尔和独立派才能从艰难的抉择中如释重负地解脱出来。查理一世如果是一个伟大的政治家或更有智慧的人，就可能会接受在纽卡斯尔提出的条件，至少从对手的分裂中获得喘息的机会。

即使是查理一世的敌人，他们也经历了严重的分歧。也许正是

第9章 政治与战争

因为知道了这些分歧,查理一世才选择了拒绝,并且在到达霍尔姆比城堡时精神抖擞。当查理一世发现自己受到军队的追捧时,就更有底气了。这并非完全没有道理。尽管查理一世在战场上失败了,但他的地位依然稳固。总体上,英格兰人是支持君主制的。斯图亚特王朝对英格兰人实行了残酷的暴政。在社会中上层,许多人在人身、财产和思想上都遭受过国王和主教的暴政。但更有思想的人和克伦威尔一样,一定知道查理一世是英格兰政体不可或缺的组成部分。在人们的心里,世袭君主制就是其本质上存在的基本要素。

另外,新的军事组织围绕部队的营火展开长时间讨论,以及对国家权威越来越多的反抗,甚至可能更多是对教会的反抗,的确是克伦威尔的军官和士兵产生新情绪的因素。这种情绪即使不是共和主义的,起码也是民主主义的。它几乎和国王、牧师或长老的行为毫不相干。克伦威尔和独立派并不是无政府主义者,绝对不是,但认为权威是由统治者,而非被统治者的意志赋予法律的。内斯比战役结束后,理查德·巴克斯特来到克伦威尔的营地,发现了他做梦都没想到的事情。"我听说,"他说,"那些密谋颠覆教会和国家的人情绪激动……我发现,许多无知和缺乏判断力的老实人受到引诱,加入了为教会民主或国家民主而争论的行列。"罗伯特·贝利在同一时期的著作中写道:"在所有教派中,特别是在再洗礼派中,有一种明显的倾向,即厌恶现在的治安法官和法律,经常提出动议,要求建立新的政府模式。他们不再掩饰自己对君主制的憎恶。"简而言之,平等主义者在军队里发挥了作用。巴克斯特把自己在士兵中发现的新情绪归因于平等主义者的影响:"造成这场恶作剧的重要原因是散发了理查德·奥弗顿和约翰·李尔本等人反对国王和大臣、支持思想自由的小册子。而驻地的士兵在没有人反对的情况下可以阅读这样的读物。"

至于这些读物的内容，后文将进行介绍。

第10章

君主制的**崩溃**

FALL

OF

THE

MONARCHY

平等主义者的崛起标志着清教徒革命戏剧中又一场演出的开始。新的运动部分是民主军队发动战争的产物，部分是教会思想的产物。这些思想从荷兰和新英格兰的清教徒流亡者那里被带回了英格兰。简而言之，平等主义者代表了政治实践中的布朗主义或教会主导的政府的独立原则。他们坚决拒绝议会的最高统治权，就像他们拒绝国王的最高统治权或教皇至高无上的地位一样。最高统治权只属于人民。理查德·巴克斯特发现士兵在营地"强烈反对国王，反对一切没有人民的政府"。然而，他们最直接的争吵是针对查理一世发生的。

巴克斯特写道："我知道，他们把国王看作暴君和敌人，真正的意图是完全控制他或毁灭他。他们认为，如果与国王作战，就可能杀死国王或战胜国王。如果能战胜国王，他们就不会再像国王当权时那样相信他了。"

在反对君主制的斗争中，士兵们把克伦威尔当作天然领袖。但奥利弗·克伦威尔不仅是一个受欢迎的领袖，还是一个骁勇善战的军人，更是一个睿智的政治家。议会领袖与长老会领袖的迂腐作风确实让克伦威尔很不耐烦。与持不同意见的人结成友好关系，教会了他一些在威斯敏斯特议会阴影下生活和工作的人看不到的东西。长老会的信条中，没有宗教宽容的空间。"让人们按照自己的良心来信仰上帝，就等于驱逐了一个魔鬼，但还会有七个更坏的魔鬼进来。"这就是威斯敏斯特议会流行的观点。

在新部队的军营里，人们的看法各不相同，尤其是将军。"在这件事上，诚实的人对你们忠心耿耿，他们是可靠的。我以上帝的名义恳求你们不要让他们气馁。凡是为国家的自由而冒生命危险的人，我希望他为信仰的自由而相信上帝，为他争取的自由而相信你们。"在内斯比，克伦威尔在给议会的信中这样写道。但在威斯敏斯特，他要求宗教宽容的请求引起了强烈不满。尽管如此，几个月后，西部的大战以布里斯托尔守军的投降而告终后，他重复了这一请求。

> 长老会教徒和独立派人士都有同样的信仰和祈祷精神……他们在这里意见一致，没有什么不同。可惜的是，在其他地方并非如此。所有人相信的东西都有真正的统一之处，因为内在的和精神的原因，这是最光荣的……我们向教友所要求的，不是出于强迫，而是出于光明和理性。

如果当时在纽卡斯尔查理一世接受了议会提出的条件，那么从法律上就确立了一种并非出于光明和理性的强制措施。正如我们看到的那样，由于查理一世的坚持与乐观，这个国家才从危险中得到了拯救。

在纽卡斯尔，查理一世拒绝议会提出的条件。这给克伦威尔提供了机会。他决定通过与查理一世的和解来抓住这一机会。克伦威尔明白，正如他狂热的追随者不明白的那样，如果没有国王，就不可能有永久的解决办法。不用说，查理一世和克伦威尔有着同样的观点。"人们将开始意识到，"查理一世写道，"没有我的坚持，就不

第 10 章 君主制的崩溃

可能有和平"。然而，查理一世的当务之急是与上议院领导人和下议院领导人进行私下接触。"现在我说说自己的决定。正因为如此，我正努力去伦敦，让上流社会的人们能拥有我这个国王，让叛乱者承认我是国王，吸引长老会教徒或独立派人士支持我，让我再次成为真正的国王。这并非没有希望。"查理一世在给乔治·迪格比的信中这样写道。但他的希望注定要落空。上流社会的人和叛乱者确实都希望他留在王位上，但都不愿意[1]让他"再次成为真正的国王"。

与此同时，1647年1月，长老会领袖秘密地给查理一世寄去一封草拟的信。如果得到查理一世的同意，这封信将被送往议会，作为对纽卡斯尔提议的进一步答复。查理一世接受了它并做了一些无关紧要的修改。之后，1647年5月，查理一世把它交还长老会领袖。查理一世表示愿意来伦敦，"真心诚意地参加所有关乎他的两个王国荣誉的活动"，并且确认建立为期三年的长老会制度[2]，然后与威斯敏斯特议会商议解决宗教问题。查理一世同意采取强硬措施来对付拒不参加英格兰国教的天主教徒，并且将民兵组织的领导交由议会提名，为期十年。

塞缪尔·加德纳非常重视这些文件，认为这标志着国王和长老会联盟的第一步，并且导致了1648年英格兰第二次内战和1660年王政复辟。作为建立长老会和暂时控制民兵的条件，查理一世将恢复内战前自己拥有的位置。但这份协议并不令人满意，因为正如查尔斯·弗思观察到的那样，"它遗留的问题没有解决，正是这些问题导致内战再

---

[1] 正如向他提出的条件证明的那样。——原注
[2] 前提条件是他和他的家人私下可以举行圣公会的礼拜仪式。——原注

次爆发，也使胜利的果实荡然无存"。

军队会怎么看这份协议呢？长老会领袖并不急于找出答案。除爱尔兰之外，战争结束了。1647年2月和1647年3月，议会通过了一系列解散军队的决议。军队将立即从四万人减少到一万六千人，其中四千骑兵留在英格兰服役，其余的将用于重新征服爱尔兰。托马斯·费尔法克斯保留将军的职位，但所有其他将军和独立派军官将被解职，只任用长老会成员。议员不得担任任何职务。士兵在被遣散时只能得到被拖欠的军饷的六分之一。

召集军队的议会显然有权解散它，但条件的不足对军队是一种污辱。在萨夫伦沃尔登，军队举行了一场规模庞大的军官会议，在抗议的同时，提出了要求：对他们所服兵役给予法律赔偿，全额支付所欠军饷，为阵亡士兵的遗孀和孤儿提供抚恤金，在今后的任何战争中免予监禁，在解散军队之前发放军饷等。

对这些并非不合理的要求，1647年3月30日，议会通过决议，宣布参加军队请愿的人是国家的敌人，是扰乱社会治安的人。作为回应，军队维护了作为士兵和公民向议会请愿的权利，从每个团中选举代理人作为代表。于是，军队几乎建立了一个对立的议会。

克伦威尔对这种准政治的发展持怀疑态度，并且尽其所能让议会和军队冷静下来。但一方面，议会决定解散军队。另一方面，对军队而言，除非其不满得到解决，否则拒绝解散或被派往爱尔兰。同时，议会和军队都越来越清楚地认识到查理一世掌握着局势的关键。

因此，查理一世的人身监护成了一件至关重要的事情。但正当议会考虑把查理一世从霍姆比城堡迁往伦敦时，乔治·乔伊斯带着一队骑兵突然出现，把查理一世带回了自己在纽马基特的居所（图79）。纽

第 10 章 君主制的崩溃

马基特虽然受到陆军总部的严格控制，但由查理一世亲自挑选的地方，与牛津或剑桥相比，他更喜欢这里。查理一世在纽马基特受到忠诚的村民的欢迎，受到军队的爱戴。

查理一世抵达纽马基特一周后，军队在特里普勒荒原上集合。议会任命的委员向军队提出了来自上议院和下议院的进一步建议：对战争中的各种行为给予全面赔偿，废除1647年3月30日的冒犯性声明，并且对遣散后尽快支付拖欠款项进行投票。军队的答复是，要求将条款提交军官和鼓动者委员会，长老会领袖应被排除在议会之外，军队应在国家最终解决方案中拥有发言权。

与此同时，军队在离伦敦更近的罗伊斯顿推进了一步，不是向议会，而是向该城市发出了呼吁。

"我们希望，"军队宣称，"王国和臣民的自由得到解决……但前提是不能更换公民政府。我们不愿打断或干预长老会政府对此事的解决。我们也不愿试图以获得良心上的平安为借口，为放纵的自由开辟一条道路。我们一如既往地承认，一旦国家解决了这些问题，我们没有什么可说的，只有屈从或去受苦。我们希望每一个善良的公民，每一个待人态度和平、言谈举止无可厚非且有益于国家的人，都能够得到自由和鼓励。这符合所有国家的真正政策，甚至是正义本身。"

对这一呼吁，市议会做了暂时性的答复，否认任何抵制士兵正当要求的意图，但要求军队不要在离伦敦三十英里以内的地方推进，否则将提高为公民提供的粮食的价格。

对此，1647年6月15日，军事委员会以声明的形式做出了回应。军事委员会称军队有权以英格兰人民的名义发言，要求下议院确定其解散的日期；要求议会今后举行定期会议，议会未经一致同意不

图 79 乔伊斯来霍姆比城堡带走查理一世

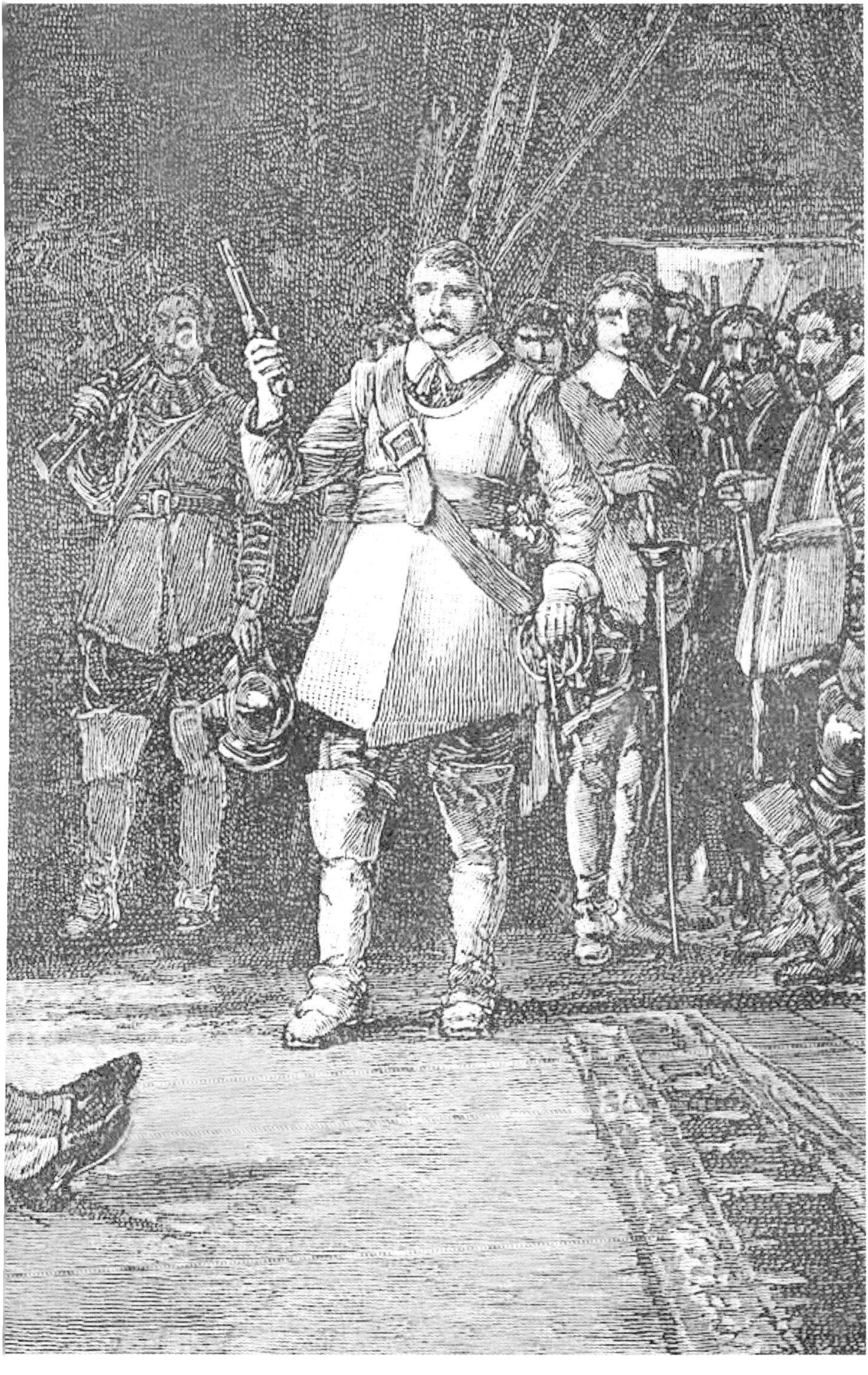

得延期或解散；应当承认提出申诉的权利；犯罪行为应受到法律，而不是议会的惩罚；在列举出一些违法行为的案例之后，应该有一种普遍的赦免措施。

议会甚至拒绝讨论这些要求，拒绝暂停被军队弹劾的11位议员的职务。但军队不顾伦敦市的要求，继续向其推进，迫使11位议员自愿退出议会。随后，议会对军队的要求做出了一些让步，军队撤退到雷丁，并且在卡弗舍姆确立了查理一世的地位。在卡弗舍姆，克伦威尔开始了与查理一世的一系列对话，旨在为最终解决问题铺平道路。

不幸的是，这些提议让查理一世高估了自己的地位。当然，查理一世很重要。但他认为自己是不可或缺的。

长得粗壮结实的老共和党人埃德蒙·勒德洛写道："国王发现自己受到所有人的追捧，他对自己的利益变得如此自信，认为自己能够根据自己的意愿扭转局面。就此，代理教长亨利·艾尔顿（**图80**）对国王说了这样的话：'陛下，您有意在议会和我们之间担任仲裁人，但我们打算在您和议会之间担任仲裁人。'"

图80 亨利·艾尔顿

第10章 君主制的崩溃

艾尔顿是克伦威尔的女婿[①],是一个天赋很高的宪政法学家和军事委员会经验丰富的文件起草人。他准确地分析了形势,并且承担了起草提议的任务。1647年8月1日,这些提议在非正式地提交查理一世后,经军事委员会修订后公布。

在汉普顿宫,这些提议被正式提交给查理一世。从更多的意义上说,对迄今起草的任何解决方案来说,这都是一个显著的进步。这些提议既更加民主,又不过于反对君主制。"它们没有,"就如塞缪尔·加德纳观察的那样,"像以前摆在查理一世面前的各种主张那样,企图在国王专制的废墟上建立起议会专制。它们的确提出了让国王的权力服从议会的权力。"但与此同时,它们要使议会更加顺应全体选民的意愿,限制国家干预公民个人自由的权力。海德不接受这样的观点,但他不能像加德纳那样,站在维多利亚时代晚期批评家的立场来看待这些提议。在他看来,它们似乎"与议会之前做的那样,对教会和王权都是毁灭性的,在某些方面情况甚至更糟、更不光彩"。

这种观点能维持多久?现有的议会最多将在一年内解散。今后,议会将通过两年一次的"自由"选举和根据某些可理解的"平等规则或比例"[②],大幅重新分配席位,与选民建立更密切的联系。民兵将由议会掌管十年,此后由国王指挥,但要接受议会的建议和控制。国家的重要职位将由议会掌管十年,此后,国王将从议会提交的三个候选人名单中任命每一个空缺职位。议会将任命委员会。在休会期间,委员会以议会名义行使职能,并且在七年内设立国务委员

---

① 亨利·艾尔顿的妻子是奥利弗·克伦威尔的女儿。——译者注
② 如课税价值。——原注

会，"监督"民兵和处理外交事务。不过，和平与战争的最终决定权将留给议会。1642年5月21日以后产生的贵族，未经上议院和下议院同意不得担任议员；自国玺从威斯敏斯特被带走之日起，盖有国玺的法案将被视为无效，只有盖有议会印章的法案才有效。除五个保王党"罪犯"之外，其余的人都将被赦免。至于宗教，必须有完全的自由：圣公会可以继续存在，但主教没有强制性权力。宗教上的犯罪不受民事处罚，任何人不得被迫接受国民契约，也不得因参加或不参加任何特定形式的公开礼拜而受到惩罚。

我们比查理一世或爱德华·海德更容易理解这些提议的优点。英格兰王国空位时代的历史证明，未经改革的议会的行为至少会像斯图亚特王朝国王的行为一样武断专横。我们知道，最终，行政问题的解决办法是在内阁中找到的。名义上，内阁由国王任命，但实际上是对议会负责的。不过，就连查理一世也可能会看到，虽然受到不可避免的限制，但君主制的尊严和价值并没有永久地受到损害；他自己也免去了签署一项侮辱自己神圣信仰的盟约的耻辱；他与他最卑贱、最骄傲的臣民一样，仍可以自由地以自己认可的方式敬拜上帝，并且与使徒后继者管理的教会保持联系。

但查理一世说服自己，他能得到比这更多的东西。如果他利用议会反对军队，长老会反对独立派，他就可能会"再次真正成为国王"。这一信念成了他垮台的原因。

这时，一个新的复杂情况出现了。议会对军队的要求做出让步后，又面临伦敦市民提出的要求。这些要求更趋向于议会党人，或者至少更趋向于长老会，而非长老会议会本身。议会多年来向伦敦暴民让步，结果刺激了他们的政治欲望，暴民要求控制伦敦的民兵，恢复

11位隐退议员的职位，坚持邀请查理一世"安全、体面、自由地"返回伦敦。

现在，议会似乎处于进退两难的境地。然而，真正的权力不在伦敦，也不在民兵部队那里，而在费尔法克斯和克伦威尔指挥的纪律严明、战斗经验丰富的军队那里。1647年8月初，在伦敦，军队凯旋。长老会领袖再次退出议会，逃亡的独立派人士重新获得了支持。

尽管这再次证明了军队的关键地位，但查理一世仍然拒绝接受提议中提出的条件。

克伦威尔的耐心几乎耗尽，但他仍然坚定地坚持自己的决心，如果君主坚决支持，那么他将保留君主制。与此同时，在自己的党派内，他面临的形势十分严峻。

克伦威尔和查理一世一样，都厌恶新思想渗透到军队中。像休·彼得（图81）这样的人，在流亡荷兰并在新英格兰逗留之后，又回到新模范军当牧师。约翰·李尔本是星室法庭的受害者之一。休·彼得通过口头和书面的方式在士兵中传播新奇的学说。从那些带有民主和共产主义性质的教义中，一个被称为"平等主义者"的新党派获得了灵感。最高统治权既不属于

图81 休·彼得

君主，也不属于议会，它属于人民。君主和议会从人民那里获得其行使的权力。为什么政治权力要以拥有财产为基础？难道穷人不能像富人一样拥有与生俱来的不可剥夺的权利吗？这就是军队中开始听到的声音。更多可怕的内容开始出现在士兵的窃窃私语中。克伦威尔和保王派人士的会面预示着什么？克伦威尔和亨利·艾尔顿跪在查理一世面前亲吻他的手是真的吗？不，难道他们没有屈从于尘世的诺言吗？"国王的奉承，"约翰·怀尔德曼（图82）说，"就像毒箭，浸染了克伦威尔和艾尔顿的血液。"

1647年秋，这种零星的谈话开始形成了具体的主张。具体的主张出现在《军队主张》中。不再有特权、挂名闲职或垄断，把圈地者盗取的土地归还给穷人等，这些都是《军队主张》中提出的要求。

意义更大、更持久的是《人民公约》。1647年10月是《人民公约》最初起草的时间。1647年11月，韦尔发生兵变时，《人民公约》的抄本被平等主义者大肆宣扬。但直到1649年1月20日，也就是查理一世被处死前十天，它才被提交给下议院。1649年到1659年，在成文宪法的基础上几次试图重组英格兰政府的尝试中，《人民公

图 82 约翰·怀尔德曼

约》是第一次。因此，目前考虑它的条款与英格兰联邦时期的其他实验联系起来可能更方便。

《人民公约》的直接意义在于，它和《军队主张》一起为克伦威尔的批评者起到了造势的作用。1647年11月15日，在韦尔，克伦威尔的批评者集合并发动了兵变。约翰·李尔本的影响越来越大，平等主义者的学说在士兵中四散传播。这些都让克伦威尔深感不安。克伦威尔不仅不赞成对君主制的攻击①，而且坚定地拥护权威的原则，无论权威存在于何处。"没有国王给予的权利，"他宣称，"任何人都不可能平静地享受自己的生活和财产。"简而言之，君主制对个人自由和财产权至关重要。在英格兰王国两场内战之间错综复杂的时期，国王、军队和议会之间的三角斗争仍在继续，克伦威尔始终坚持自己的主要目标：国家要有稳定有序的政府，在基督教精神范围内，教会中的所有人都要有信仰的自由。他赞成君主政体，宽容主教制度，但认为必须剥夺两者对人的身心实施暴政的权力。然而，他不是一个平等主义者。比暴政更糟糕的是无政府状态，如果士兵自行发布命令，或者军官拒绝承认议会的民事权利，那么无政府状态就必然存在。任何东西，"只要有权威的外表"，他都会抓住，这总比什么都没有要好。

当军队在赫特福德和韦尔之间的科尔布什荒原举行会议，或者说会合时，关键时刻来临了。如果想扑灭四处蔓延的叛乱之火，就必须立即采取行动。不，应该说如果不想让英格兰王国跟着暴君②的脚步陷入无政府状态，就必须立即采取行动。克伦威尔果断出击。11个兵

---

① 因为克伦威尔仍然急于维护君主的利益，而不是人民的利益。——原注
② 不管是加冕的还是没有加冕的。——原注

变主谋被揪了出来，被军事法庭判处死刑，士兵理查德·阿诺德也被立即枪决。一场危险的兵变就这样被暂时平息了（图83）。但鼓励兵变的精神并没有终止，就如我们看到的那样，在查理一世被处死后，这种精神又活跃起来。

在这场戏剧的紧要关头，剧情的发展速度加快了。1647年秋，克伦威尔开始为查理一世的安全产生了担忧。难道平等主义者不应承担起公正地讨伐"罪大恶极的违法者"的责任吗？此时，在汉普顿宫，查理一世由爱德华·惠利看管。克伦威尔认为有必要警告爱德华·惠利："有谣言称有人企图谋害国王陛下。因此，我希望你能做好保卫工作。如果这样的事情发生，那将是非常可怕的。"同样的谣言或许也传到了查理一世的耳朵里。总之，在同一天，即1647年11月11日晚上，查理一世逃离汉普顿宫，前往怀特岛的卡里斯布鲁克避难（图84）。查理一世逃跑的动机不得而知。有人认为这是克伦威尔阴险的暗示，尽管有安德鲁·马弗尔著作的支持，但这种看法可能马上就会被推翻。更有可能的是，这是怀特岛地方长官罗伯特·哈蒙德在汉普顿宫觐见查理一世时共同策划的。但哈蒙德是克伦威尔的姻亲，所以虽然受到查理一世的"诱惑"，但仍然是克伦威尔警惕而恭敬的"狱卒"。实际上，怂恿查理一世逃离军队的监禁的是苏格兰人，他们建议把伯威克作为避难所。但查理一世更愿意选择怀特岛，因为如果必要，经怀特岛可以更容易地逃到法兰西王国。

查理一世并不认为自己的处境是绝望的。在卡里斯布鲁克——"一个他认为自己比以前更加自由与安全的地方"——他写信给上议院负责人，拒绝放弃主教制，但表示愿意延续长老会三年的地位，为他人提供信仰的自由，然后在国王和议会的同意下促进宗教问题的

图 83 克伦威尔果断出击，镇压科尔布什荒原兵变

图 84　查理一世来到卡里斯布鲁克避难

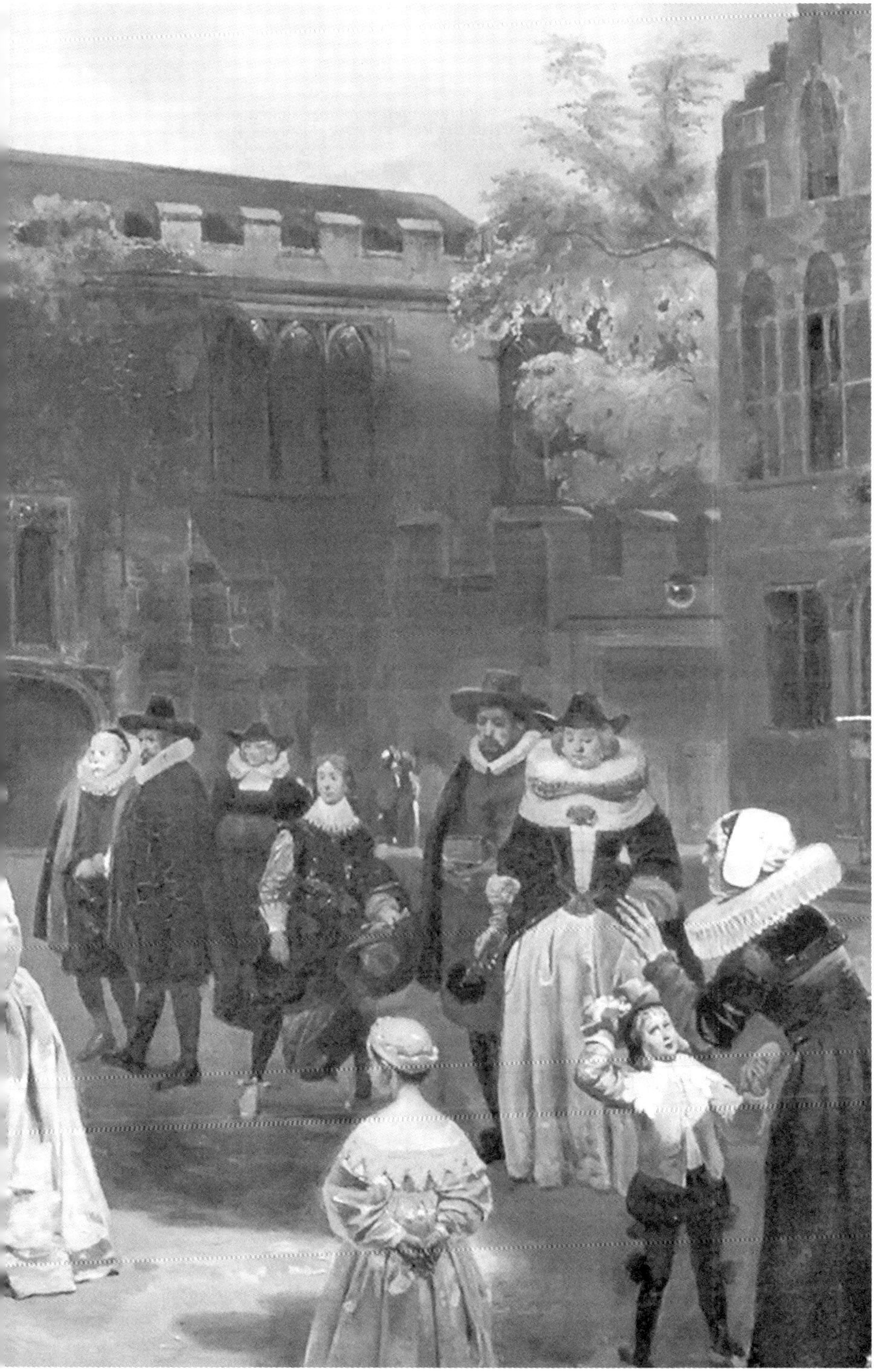

解决，在他的有生之年放弃对民兵的控制权。至于议会，积极考虑军队提出的改革建议。议会的答复是，以《四项法案》①和一系列主张，发出最后通牒。实际上，这些只是重申了纽卡斯尔提案的主张。

于是，查理一世转向抵达卡里斯布鲁克的苏格兰特使。1647年12月26日，查理一世与他们缔结了一项条约，由苏格兰人承诺恢复君主制，以换取三年的长老会制度，镇压秘密组织，并且给苏格兰人某些特权。苏格兰议会要求英格兰议会解散所有军队，如果被拒绝，就彻底恢复查理一世的王位，并且通过入侵英格兰，在英格兰召集一个"自由、全面的议会"来坚持获得这些让步。

事实上，双方都无法履行上述条约中的条件。尽管如此，查理一世还是拒绝接受《四项法案》，准备逃往法兰西王国。但现在，逃跑的大门已经对他关闭了。查理一世成为关在卡里斯布鲁克的囚犯。1648年1月17日，议会通过投票，终止了其与查理一世的谈判。

军队领导人不久也达成了类似的决议。1648年4月底，在温莎，军队领导人举行了一次会议，会议通过了一项重大决议。

> 如果上帝让我们和平地回来，我们有责任让查理·斯图亚特，这位杀人成性的人，来解释他手上沾满的鲜血，以及他对上帝的事业和对这些穷苦百姓带来的伤害。

克伦威尔再也无法抗拒这一决议。查理一世同样不可能。难道

---

① 《四项法案》代表了议会在第一次内战后与查理一世达成协议的最后尝试，被认为是对查理一世诚意的考验。查理一世如果同意法案中的条件，就会被邀请到伦敦讨论所有其他有争议的问题。——译者注

第 10 章 君主制的崩溃

君主政体不能在国王被推翻后幸存下来吗？根据查尔斯·弗思的说法，有证据表明，1648年春，独立派领导人讨论了一项方案，废黜查理一世，让威尔士亲王查理或约克公爵詹姆斯来即位。结果，这一方案因威尔士亲王查理不情愿和约克公爵詹姆斯逃往法兰西王国而受挫。然而，就目前而言，查理一世本人已经决定了君主制的命运。

英格兰第二次内战的规模甚至要比第一次更大。它是在普通百姓的头上打起来的。肯特郡和埃塞克斯郡这种最有英格兰特色的地区，也许出现了支持国王的人民起义。费尔法克斯1648年6月在梅德斯通战役的胜利及1648年8月在科尔切斯特战役的胜利，遏制了起义。与此同时，在威尔士西部，彭布罗克城堡的顽强防守让克伦威尔的军队攻打了六个星期。但1648年7月11日，彭布罗克城堡守军投降，克伦威尔得以自由地应对北方更严重的威胁。就在彭布罗克投降的三天前，一支由詹姆斯·汉密尔顿率领的苏格兰大军越过边境，向南挺进。苏格兰大军没有像克伦威尔预料的那样选择东海岸，而是选择了西海岸。1648年8月12日，在纳尔斯伯勒附近，克伦威尔与约翰·兰伯特会合。得知汉密尔顿率领保王派军队正在通过兰开夏郡。克伦威尔便率军越过奔宁山脉，在普雷斯顿向保王派军队发起了进攻。一场持续三天[①]的战斗，从普雷斯顿一直延伸到威根和沃灵顿，克伦威尔一举歼灭了汉密尔顿的军队，从而实际上结束了战争。随后，克伦威尔率领打胜仗的军队进军苏格兰，并且在阿盖尔与苏格兰人达成协议。汉密尔顿等保王派人士永远逐出苏格兰之后，克伦威尔返回伦敦，应对伦敦的局势。

---

① 1648年8月17日到1648年8月19日。——原注

军队在战场上浴血奋战时，议会鼓起勇气与查理一世重开谈判。1648年9月，查理一世接受了在纽波特时议会向他提出的条件。军官的任命、皇家军队的指挥权和国家主要官员的任命，都将交给议会，由其掌控二十年。主教将被停职，长老会机构继续存续三年。赦免所有议员，并且惩罚少数保王派的"违法者"。查理一世显然是在拖延时间。"我今天做出的巨大让步——包括教会、民兵和爱尔兰——只不过是为了我的逃跑。"查理一世给一个朋友这样写道。但他已经逃不掉了。

《纽波特条约》增添了军队返回伦敦的痛苦。一个又一个请愿接踵而至，所有人都抗议议会和查理一世签订的条约，要求将战争的发动者绳之以法。克伦威尔完全赞同军队的愤怒情绪。

克伦威尔向费尔法克斯转交请愿书时写道：

> 我发现军官很有见识……这个可怜的王国遭受苦难和毁灭，军官都怀着极大的热情要求对所有有罪者进行公正的审判。我发自内心地支持他们。我的确认为他们是上帝让我惦记的人。

但如果要对议会施加强制措施，就必须诉诸某种原则。在军队存在的"君权神授说"中，克伦威尔发现了这一原则，并且在他所有信中最有趣的一封信中指出了这一原则。这封信是写给"亲爱的罗宾[①]"的，当时，罗伯特·哈蒙德仍然是查理一世的狱卒。哈蒙德

[①] 即罗伯特·哈德蒙。——译者注

的良心被双重忠诚①搅得心烦意乱,耶和华的受膏者②在他的监禁当中。当然,查理一世与议会签订了条约,但议会难道不仍然是宪法的权威吗?1648年11月21日,费尔法克斯将军已召哈蒙德回总部,哈蒙德准备服从命令。因此,1648年11月27日,哈蒙德将指挥权移交给了三个军官,同时指示他们,"除非议会直接命令",否则不得将查理一世带出怀特岛。当时,军队总部已迁往温莎。返回途中,哈蒙德在法纳姆接到议会的命令,让他返回岛上继续自己的任务。结果,他被一支军队护卫队逮捕,押送到温莎。

克伦威尔这封1648年11月25日写于庞蒂弗拉克特附近的诺廷利的抗议信,哈蒙德并没有收到。但作为克伦威尔思想的启示,它同样具有极高的重要性。就哈蒙德对议会神圣的权威的顾忌,克伦威尔回答了一系列有特色的问题:被动或主动服从的义务没有限制吗?人民生命安全的学说不合理吗?议会不是违背了与军队的协议吗?难道上帝的旨意没有在军队的大获全胜中显现出来吗?"让我们看看上帝的意愿,它一定是有深意的。"上帝赐予的胜利难道不是把合法的权力从背叛了其事业的议会移交给了能向人类证明其目的的军队吗?

克伦威尔满怀激情地坚信,自己是受上帝之手指引的。坦率地说,这是毋庸置疑的。怀着这种信念,他继续执行艰巨的任务。

此时,形势发展很快。1648年11月30日,议会拒绝考虑军队的抗议。12月1日,查理一世作为秘密囚犯,被从怀特岛转移到对岸的赫斯特城堡。12月2日,军队前往伦敦,驻扎在威斯敏斯特。然而,议

---

① 如果不是三重忠诚。——原注
② 即查理一世。——译者注

会决定继续与查理一世谈判。12月6日，军队解散了担任议会护卫队的民兵。在纳撒尼尔·里奇上校和托马斯·普赖德上校的指挥下，军队占领了宫苑和威斯敏斯特大厅。只有50名到60名对军队有影响的人准许进入议会，45人被捕，另有96人被逐出议会。

下一步该怎么做？查理一世该如何处理？军官意见不一。克伦威尔仍然以政策为由提出恳求，说只要查理一世接受现在向他提出的条件，可以免其一死。但查理一世甚至拒绝考虑条件。因此，在绝望中，克伦威尔向极端分子做出了让步。1649年1月1日，下议院的残余议员通过一项法令，设立一个特别法庭来审判查理一世。上议院一些议员不同意。于是，下议院决定，"在上帝的庇佑下，人民是一切正义权力之源"，而"在议会中，由人民选出并代表人民的英格兰下议院拥有至高无上的权力"，并且可以在没有国王或上议院同意的情况下合法立法。两天之后，即1649年1月2日，一项法案被通过，设立了一个由135人组成的委员会来听取、审理和判决查理一世的案子。该法案有一个精心策划的序言，序言中给出的理由是国王"邪恶的计划完全颠覆了这个国家的法律和自由，并且建立了独裁和专制的政府"；他还坚持对议会和王国的内战，利用议会的宽容来挑起"新的混乱、叛乱和入侵"。为了防止未来任何"背叛国家、恶意地谋划奴役或毁灭英格兰的行为"，必须将查理一世绳之以法。

1648年12月23日，查理一世被带到温莎。1649年1月19日，他被转移到圣詹姆斯宫。20日，他被带到法庭（图85），拒绝承认法庭的司法权限。尽管存在严重的意见分歧，但67人认定以"暴君、叛徒、杀人犯和英格兰的公敌"的罪名判处查理一世死刑。通过各种方式，有

第 10 章 君主制的崩溃

59人在处决国王的执行令上签了字。30日，查理一世以十足的尊严和非常顺从的态度，接受了自己的命运（**图86**）。

安德鲁·马弗尔著名的诗句证明了处决国王给目击者留下的印象：

> 他做过的事，既不平凡，也不卑鄙
> 都留在了难忘的记忆里，
> 然而，面对他敏锐的双眼
> 刀斧的利刃没有迟缓；
> 他没有用粗俗的怨恨来召唤诸神
> 为他无助的权力做出证明，
> 但他美丽的面庞俯向地面
> 就像面对着床板。

就这样，一场巨大悲剧的最后一幕落下了。现代意义上的用法使"悲剧"这个词变得粗俗了，但严格意义上讲，查理一世之死无疑是一场"悲剧"。从当时到今天，弑君者的行为一直引起激烈的争论。克伦威尔认为这是出于残酷的必然性，另外一些人谴责这是谋杀。即使是最公正的历史学家，对国王被处决一事也有着截然不同的判断。狭义上讲，法律的公正性是不存在的。在军事力量的胁迫之下，残余的立法机构设立了一个不正常的法庭，国王是拒绝承认其管辖权的。必须以其他依据找到为查理一世辩护的理由，这能找到吗？

对查理一世的处决让人民找到自由了吗？

> 至于人民，我希望他们的自由和其他任何人一样。但

图 85　1649 年，查理一世接受审判

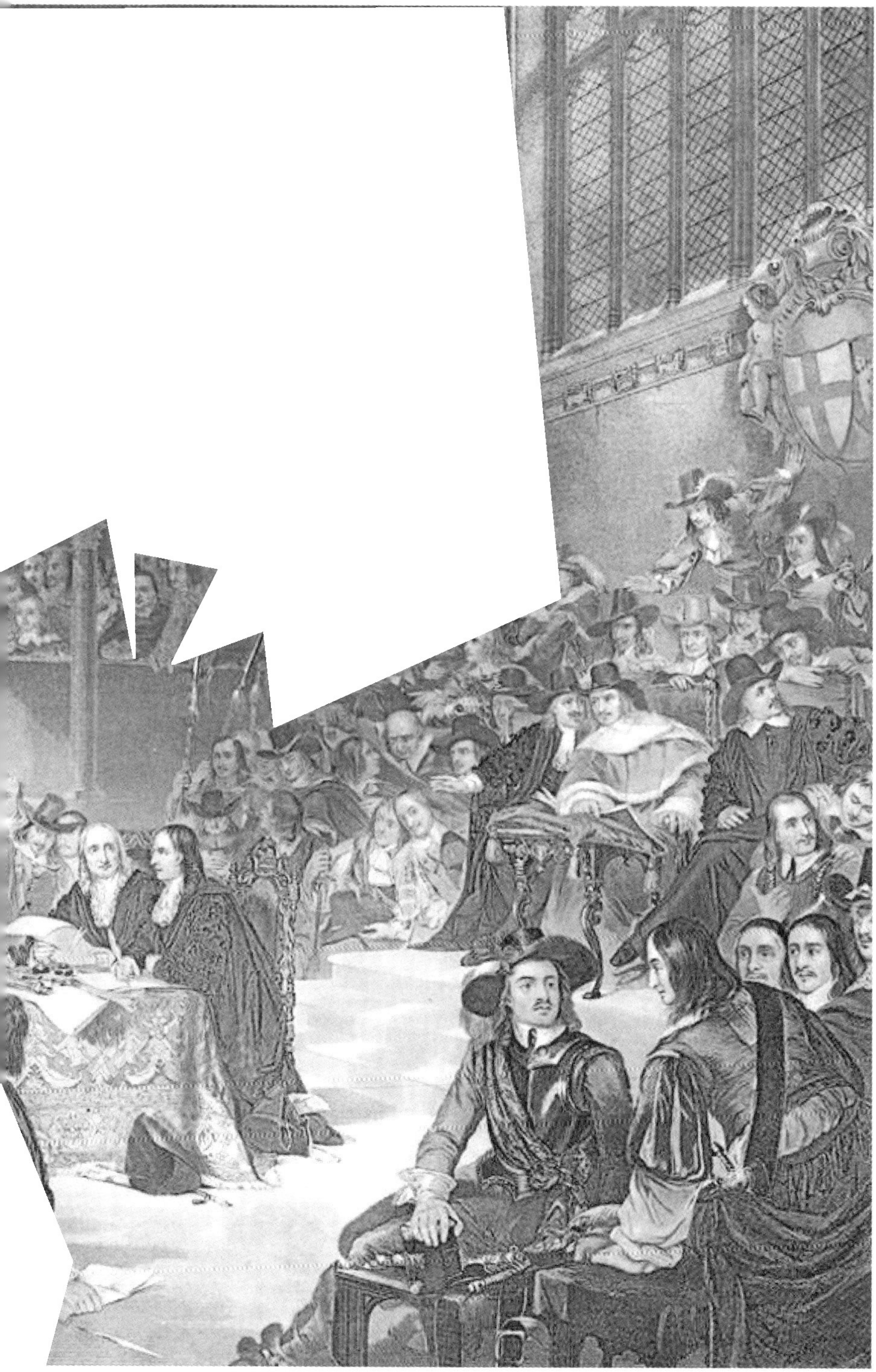

图 86 查理一世被处决

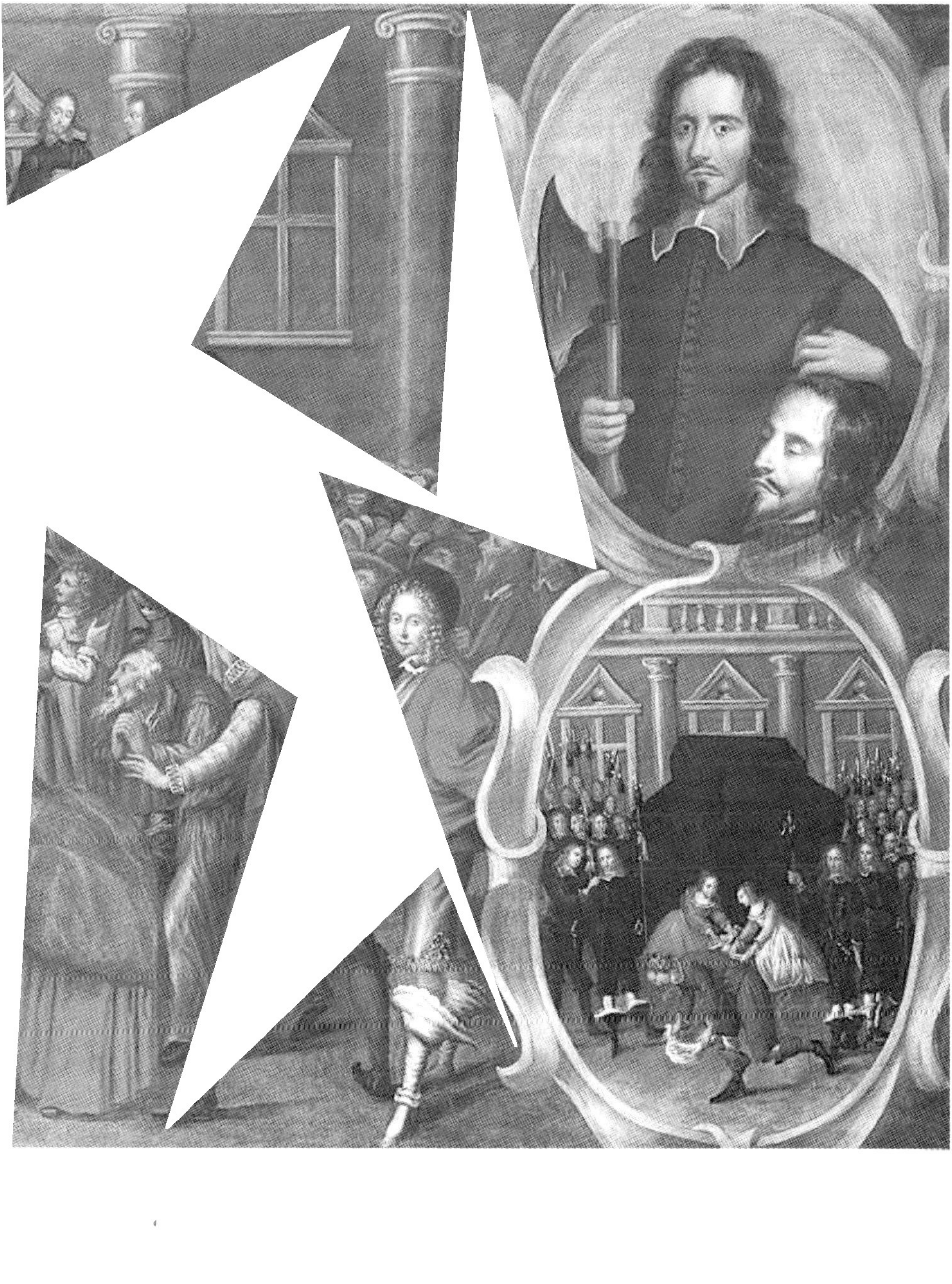

我必须告诉你们，他们的自由包括拥有政府，法律使他们的生命和财产完全属于他们自己，但并不包括他们参与政府管理。这与他们无关。臣民和君主是完全不一样的。因此，除非你们那样做——我的意思是，让人民享有那种自由——否则他们永远不会享受自己的快乐。

这就是查理一世在绞刑台上说的话。在一些现代人听来，尽管他对民主的根本原则的否认可能有些刺耳，但我们能否认这些原则包含的不只是真理的萌芽吗？"民主"是否确保了"自由"？但这是一个很大的问题，当时的情况离现在过于遥远，很难在此进行讨论。毫无疑问，查理一世的死并没有给那一代人带来自由。

在很大程度上，历史学家倾向于谴责这种行为。

"我无法理解，"亨利·哈勒姆写道，"这一程序的严肃性对司法形式的无理嘲弄，以及这种境况下所有不公正和非人道的行为，并且这些行为的罪责还被减轻了。如果有人声称，许多弑君者良心上都坚决相信他们有谴责国王的权利和义务，那么我们肯定会记得，平民谋杀者也常常做出同样的辩解。"

利奥波德·冯·兰克认为查理一世至少是一个殉道的君主。

不幸的是，他并非没有高尚的品德。对他来说，如果他向苏格兰人承认英格兰长老会的绝对统治，或者向独立派承认其所称的军队的实际自由，挽救自己的生命是很容易的。他没有这样做是他留给英格兰的功绩。如果他答应解散教会主导的政府，永久性地转移国家的财产，那就不可能

第 10 章 君主制的崩溃

再看到英格兰复兴的希望了。如果他按照《四项法案》给予军队要求的职位，那么市政当局及下议院的自治，以及后来的议会政府本身，都将会是不可能实现的。到目前为止，提出抵抗他的价值估计还远远不够充分。独立派公然蓄谋推翻宪法[①]，这使他完全意识到，需要建立一个共和国，并且这肯定是他自己的立场。到目前为止，如果一个人把他为之奋斗的事业看得比生命还重要，并且为未来而放弃自己的生命，那么他身上肯定有某种殉道者的特质。

塞缪尔·加德纳避免做出最终的判断。

所有人都能感觉到，随着查理一世被处死，建立宪政体系的主要障碍被消除了……查理一世理解的君主制已经永远消失了……绞刑台完成了约翰·艾略特、约翰·皮姆的雄辩和长期议会的法令都无法完成的任务。

就连加德纳也承认，到目前为止，克伦威尔和他的同僚所做的工作"纯粹是消极的"。他们已经"扫清了障碍"，把建造"宪法上妥协的大厦"的任务留给了别人。

如果不采取行动，实现这种妥协难道是不可能的吗？这样的行动首先会导致议会的专制，然后是军事独裁，最后是保王派的回应，接着又是二次革命。谁又能说清呢？就当时情况而言，实际上，查理一

[①] 也许还不只是最终意图。——原注

世使一切妥协都不可能了，因为"他不能受到束缚"。查理一世的话已经不起作用。作为一个机会主义者，查理一世活一小时算一小时，他是一个"三心二意的人"，所以他在任何一方面都靠不住。在这种不稳定的情况下，他不可能打稳根基。

II

自由的危机
全球视角下的英国内战史

THE
CRISIS
OF
ENGLISH
LIBERTY

[英]约翰·A.R. 马里奥特 著
张荣 译

吉林出版集团股份有限公司

第11章

残缺议会与共和国

THE
RUMP
AND
THE REPUBLIC

君主政体的垮台开启了一段宪政实验的时期，尽管这些实验转瞬即逝，但对研究政治制度的人来说，具有不可抹杀、永恒的利益。

在这些实验中，第一个是由单一立法机构或司法机构主导的共和国[①]，其议会严格隶属于立法机构。1649年2月6日和7日，被削弱的下议院分别通过了废除上议院和君主制的决议。然而，直到3月17日，王位才被正式废除。两天后，即3月19日，上议院也被废除。与此同时，残缺议会通过了一项法案，成立了一个"英格兰联邦"国务委员会。该委员会由41位成员组成，法定人数为九人，负责"反对和镇压"任何可能主张威尔士亲王、斯图亚特家族其他成员或"任何其他个人"继承王位的人，采取措施重新征服爱尔兰、海峡群岛和马恩岛，鼓励英格兰、爱尔兰及"属于它们的领土"与所有海外种植园进行贸易，与列强保持友好关系，并且任命和接受大使等。该委员会还将指挥民兵，维持保卫国家必需的陆海部队。"除非议会另有命令"，否则它将继续一年的时间。简而言之，该委员会组成了一个议会行政机构，负责议会的一切事务，其成员要宣誓保密并效忠"不需要国王或上议院"的共和政体。虽然没有具体说明他们是否将成为立法机构的成员，但事实上，在其41位成员中有31位也是议会成员，而

[①] 英格兰联邦也称"英吉利共和国"。——译者注

议会仍在继续存在。

  1649年3月17日，残缺议会通过了一项法案，宣布国王的职位"没有必要，是累赘，对人民的自由、安全和公共利益是危险的"，应该立即废除。该法案通过后，19日，残缺议会又立即颁布了另一项法案，宣布"英格兰下议院……根据长期的经验，发现上议院对英格兰人民毫无用处，并且是危险的，合适的做法是制定并通过法案……从今以后，议会中的上议院将被完全废除和撤销。从今以后，上议院议员不得在所谓的上议院或其他任何类似的地方出席会议，也不允许以上议院的名义出席会议、投票、提供咨询、做出裁决或决定"。此外，该法案还规定，"那些因英格兰联邦的荣誉、勇气和忠诚而降低自己身份的上议院贵族"应该能够当选为单一立法机构的成员。17日和19日的法案，既没有国王的批准，也没有上议院的批准，显然没有下议院提出的其他任何决议更具有法律效力。在承担下议院的工作时，大多数当选代表都被武力排除在外，所以其道德上的意义比平时要小。然而，这样的考虑对残缺议会来说毫无意义，因为它一开始就明显地决定永久地巩固自己的权威地位。1649年5月19日，残缺议会通过了一项法案，宣布英格兰及其"所有属地和领土"为自由联邦。1650年1月2日，残缺议会命令所有年满18岁的人效忠这个在没有国王和上议院的情况下建立起来的联邦。但没有任何迹象表明残缺议会对自己的无限权力有任何限制，也没有任何关于改革选举权或重新分配席位的法案，尤其是没有任何关于残缺议会解散的日期。

  以上所有这些方面，残缺议会的政策与《人民公约》规定的原则和制订的方案直接冲突。我们现在必须回到《人民公约》这一重要文

第 11 章 残缺议会与共和国

件的历史上来。

1647年10月，《人民公约》名义上由新模范军士兵选出的代理人起草，实际上由约翰·李尔本执笔。同时提交给将军托马斯·费尔法克斯的一份声明宣称，信仰自由、人身自由、免于束缚的自由及法律面前人人平等是每一个英格兰人的基本权利——任何议会或政府都无权削弱或剥夺这些权利。简而言之，这是对亨利·艾尔顿起草并于1647年8月1日由军官委员会发表的《军队提案要点》的反对宣言。正如我们所见，《军队提案要点》代表奥利弗·克伦威尔和军官们对建立王国的最低要求。他们假定君主制和上议院继续存在。《人民公约》则是截然不同的。它要求"建立一个民主共和国，这个共和国建立在根据英格兰政治新出现的抽象原则起草的成文宪法基础之上"。《人民公约》是1837年《宪章》的预言，提出了成年人选举权、选区平等和两年一届议会等问题。它宣称，最高权力属于议会中的国家代表，而"无须其他任何人的同意或认可"。这样一来，国王和上议院的权威就被暗中废除了。士兵们对下议院也没有表现出更多的温柔。显然，他们想要一种直接的民主，而不是代议制的民主，因为他们要求自己的计划不应提交给即将在一年之内解散的议会，而应当通过公民投票直接提交给人民。

军事委员会坚决反对《人民公约》。军事委员会认为它不仅毁灭了与国王和解及解决王国事务的希望[①]，而且会把一些新的危险原则引入英格兰政府。

克伦威尔说："《人民公约》包含了王国政府的巨大改变——自

---
① 这是目前克伦威尔及其幕僚提出的。——原注

国家成立之日起一直经历着政府的变更。"奥利弗·克伦威尔身边的所有保守派人士①都强烈反对《人民公约》。他并不否认士兵的计划有可取之处，但这个国家是否已经为如此激烈的革命做好了准备呢？他严重怀疑"在精神和情感上，这个国家的人民是否做好了接受革命的准备"。总之，这必然会引发无休止的辩论，以及源于此的其他计划的颁布。所有这些计划都可能同样有道理。"并且不只是一个接一个的辩论，还有许多这一类的辩论，如果是这样，你认为会产生什么后果呢？难道不会混乱吗？不会彻底混乱吗？难道不会使英格兰像瑞士那样——在瑞士，州与州、郡与郡之间针锋相对？这样做的结果不是只能给这个国家带来彻底的毁灭吗？"他补充说。人们应该有信心，这是很好的。信心能排山倒海，但"请允许我说，这条路上群山高耸"。

这样的语言尽管很明显是冷静的，却让狂热的民主派人士深恶痛绝。这个党派的势力虽然在士兵和他们的"代理人"中间更强大，但在军官中间不是没有代表，就连托马斯·雷恩斯伯勒上校（图87）也是他们的发言人。托马斯·雷恩斯伯勒又名托马斯·雷伯罗。无论在陆军还是

图87 托马斯·雷恩斯伯勒

---

① 占很大一部分。——原注

第11章 残缺议会与共和国

在海军,他都为议会的事业做出了卓越的贡献。1645年,雷恩斯伯勒被授予一个团的指挥权。1646年,他以德罗伊特威奇议员的身份进入议会。但当议会提议解散军队时,雷恩斯伯勒是军队中最坚定的拥护者之一。他脾气暴躁,举止粗鲁。后来,他被认为是军事委员会中极端共和党的领袖。克伦威尔的温和要求激起了他强烈的反对情绪。雷恩斯伯勒不愿听那些缺乏信心的人所说的"困难":从良心上讲,困难只会倒逼着人们自己去克服。

他继续说:"我听说这是一个巨大的变化,需要引入新的法律,并且这个王国从它开始成为王国的时候就在王室统治之下。"如果书上写的是真的,那么英格兰诚实的人们和对其实施暴政的人之间一定有很多斗争。那些对英格兰人民一出生就一视同仁的法律,却没有对暴君的权力有所影响。如果人们一直处于这些法律之下并且发现这些法律不利于自己的自由,那么我知道,不管在上帝面前,还是在世人面前,都没有理由可以阻止我通过各种方式让人们得到比现有政府统治之下更加有利的东西。

不止雷恩斯伯勒一个人在抗议。为什么要维护国王或上议院贵族的"消极声音"呢?约翰·怀尔德曼提出了这样的问题。也有人说:"国王和贵族的权力,从来都是暴政的一部分,如果一个民族要从暴政中解放出来,那一定是在经历七年的战争和为自由而战之后。"

尽管这些狂热的教条主义者言辞激烈,但克伦威尔和艾尔顿仍然坚持自己的立场。正如我们看到的那样,在适当的时候,《军队提案要点》提交到了查理一世面前,只是被他轻蔑地拒绝了。然而,克伦威尔坚持的残酷斗争被这一事件充分证明是有道理的。因此,无论是在当时,还是在其他任何时候,冷静的英格兰人都没有关注到政治上的抽象推理。从最好的意义上说，他们信任的领导人几乎无一例外都是机会主义者——他们不是讲理论的人，而是采取权宜之计者。例如，约翰·皮姆、奥利弗·克伦威尔、罗伯特·沃波尔和罗伯特·皮尔等人，他们在看到下一步要做的事的时候，就付诸行动。

查理一世和那些平等主义者一样，是理想主义者，或者我们可以把他称为"原则的坚定拥护者"。本质上，克伦威尔和艾尔顿的计划是保守的，在查理一世的"权术"面前变成了泡影。最终，查理一世成了暴力的受害者。然而，这一事件证明了克伦威尔是有智慧、有远见的。查理一世被斩首后不久，这个新生的共和国就面临着一些人提出的不可能实现的要求。这些人不顾军队首领更睿智的判断，极力主张废除君主制和上议院。

与此同时，在军事委员会经过漫长的辩论之后，《人民公约》做了很大的修改。1649年1月20日，修改后的《人民公约》被提交给了残缺议会。官员们在提交该公约时宣称，绝不想把他们的个人担忧强加于任何人的判断，更不用说强加于议会成员。如果《人民公约》不被接受，至少可以表明这是他们对和解的渴望。不过，《人民公约》不太可能被一个希望永久存在的议会接受。这是因为它的第一条要求"1649年4月的最后一天或之前，本届议会结束并解散"。第二条要求详细阐述了一项由400名议员组成的议会改革方案及席位的重新分配问题。除领取薪金和"靠施舍过日子"的人之外，所有年满21岁的居民和纳税人都享有选举权。议会成员也应具备同样的资格。辩论的最低法定人数为60人，立法的最低法定人数为150人。议会每两年选举一次，每年要工作六个月。除担任为期两年的国务委员会成员之外，任何议员不得在连续两届议会中任职，也不得担任行政职务。但担任为期两年的国务委员会成员必须

第 11 章 残缺议会与共和国

严格按照议会的指令行事。

至于宗教,基督教是要确立的。但除罗马天主教徒和支持主教制教徒之外,所有"承认信仰上帝和耶稣基督"的人都应被宽容。

《人民公约》的一个新特点是区分了"基本原则"和"对人民有用的和对人民有益的"东西之间的差异。当时,这一区别在英格兰宪法中尚不为人所知。后来,这一区别得到克伦威尔的极力强调。这的确可以被视为成文宪法的一个基本特征。与英格兰传统更格格不入的是将议员列举的某些要点排除在外或有所保留,从而试图限制议会在法律上的绝对权力。《人民公约》第八条要求旨在确定立法机关的地位,其内容如下:

> 代表们拥有,也应该被理解为拥有最高的信任。这样就可以做到维护与管理全体。在未经其他人同意或赞同的情况下,他们的权力可以扩大到设立和废除法庭及政府机关,颁布、修改、废除和宣布关于一切自然或民事的法律,做出最高和最终的判决,但不涉及精神或新教会的问题。但即使在自然和民事方面,下面六项细节也应被理解为是将我们的代表排除在外,或者有所保留,即……

接下来有五个细节问题与我们无关,但第六个细节是最重要的,它宣布了如下内容:

> 任何代表不得以任何方式放弃、赋予或剥夺本公约包含的共同权利、自由和安全的基础,也不得分割、毁坏别人的

财产或让所有财物共有，并且在这类涉及大家根本关切的事项方面，上述代表中的某些成员应在主要表决中提出自己的异议。

这类不同意见的法律效力如何并未说明，但《人民公约》第八条本身足以让政治专业的学生对《人民公约》产生极大兴趣。在英格兰民族的历史上，这是第一次尝试在一份书面文件中，不仅体现宪法，而且赋予该文件不可改变的权威，让其本身严肃起来。议会只能行使明确的和有限的权力，最高权力毫不保留地属于人民。但《人民公约》从来没有取得过法律效力。正如我们即将看到的那样，几年后，英格兰又进行了一次制定一部成文的、严肃的宪法的努力，但同样没有取得成功。与此同时，有必要指出，《人民公约》同《政府文件》一样，都没有规定修改宪法的任何方法。然而，1653年之前，议会就注意到了这一漏洞，并且在另一份宪法草案中提出了弥补这一漏洞的建议。

《人民公约》的起草者在其修订版中表示，希望所有天真的人们都满意地意识到，他们不像"被诽谤"的那样，是野蛮的、非理性的和危险的生物。假定君主制转变为共和制，上议院被取代，提出这样的希望不是没有道理的。不管怎么说，《人民公约》采取了严肃的书面宪法所能采取的一切预防措施，反对废除私有财产或其他平等主义、共产主义的计划。

《人民公约》的预防措施本身表明，废除私有财产或其他平等主义、共产主义的计划已在到处散布。当时大量涌现的小册子文献证实了这一点。确实有很多士兵和平民团体的想法远远超出了《人民公约》中相对温和的限度。"我们以前由国王、上议院和下议院统治，现在由军事法庭和下议院统治。请你们看看有什么区别？"这个不容易回答的问题是在《五只小猎犬从特里普勒荒原到威斯敏斯特的猎狐经历》中提出的。它是这些小册子中的一本。对克伦威尔本人的批评比比皆是。这是所有革命运动中普通百姓对那些已经登上权力宝座的领导人采取的一贯态度。"你几乎不能跟奥利弗·克伦威尔谈任何事情。"约翰·李尔本写道，"他会把头放在胸前，抬起眼睛，呼唤上帝来做记录。即使给你致命一击的时候，他自己也会哭泣、哀叫和忏悔。"

1649年2月底，李尔本和他的朋友通过一本小册子向议会提交了新的提案，对过于温和的《人民公约》做出了补充，这本小册子的标题是"英格兰的新枷锁"。攻击的主要对象是新的国务委员会。用现在人们熟悉的话说，它是反民主的，要求新的国务委员会应当被"经常、准确地履行自己职责的短期委员会"替代。议会本身每年重新选举，继续举行会议，以便控制执行委员会。不设立特别法庭，不因欠债而坐牢，也不收什一税。最重要的是，要为穷人和无能力的人提供工作和舒适的生活。

但对新政府的反对并不局限于书面上或口头上的言论。有人试图重新设立军事委员会，并且试图在指挥政治行动方面给予士兵与军官平等的发言权。由于新政府没有做出让步，士兵们受到煽动起来叛变。这太考验克伦威尔的耐心了。李尔本和其他三人被捕，被带到议会。透过门缝，李尔本听见克伦威尔敲着桌子，怒气冲冲地大声喊道："我告诉你们，对付这些人，别无他法，只能打败他们，否则他们会打败你，甚至会把这个国家的血债和流失的财富都归在你们的头上，让你们多年付出的辛劳都化为泡影。因此，我再告诉你们一遍，你们必须得打败他们。"

在伦敦暴民普遍情绪的影响下，即使是克伦威尔也无法击溃他们。李尔本和他的伙伴被关进了伦敦塔。但他们从那里散布出一大堆小册子。其中一本叫《对克伦威尔和艾尔顿叛国罪的弹劾》，由于言辞过于激烈，1649年10月，政府决定将李尔本送上审判台。然而，在此之前，残缺议会已经通过了两项预防措施。第一项是1649年7月17日通过的、新的《叛国法》，宣布现在建立的政府"是暴虐的、篡夺的或非法的；议会中的下议院不是国家的最高权威"，或者说"谋划或努力激发对现政府的反对力量"。第二项是1649年9月的法令，该法令禁止在没有许可的情况下出版任何"书籍或小册子、论文等印刷品"，如果在二十四小时内没有上报，不仅作者、印刷工和销售商要受到惩罚，购买者也要受到惩罚。

1649年10月，李尔本接受了审判。一大批士兵被带进了法庭。但一切都毫无意义。李尔本坚持认为，只有陪审团才能根据他的著作来判断他是否触犯了法律，尽管有新的《叛国法》和政府采取的所有特别预防措施，陪审团还是宣判他无罪。塞缪尔·加德纳将这一判决激起的舆情和近四十年后宣布七位主教无罪的事件[①]进行了比较。当时的一篇报道说，这一判决引发了"如此响亮和一致的呼声。据说，这是在市政大厅里从未听到过的声音，把法官们吓得脸色苍白，都低下了头"。政府

---

① 七位英格兰主教因反对1688年詹姆斯二世发布的《第二次宽容宣言》而被判煽动诽谤罪入狱。在审判中，正反双方就煽动叛乱的问题展开了辩论。最后，陪审团大胆地做出了不利于国王的裁决，将七位主教无罪释放。——译者注

第 11 章 残缺议会与共和国

也从来没有出面接触过这位最后的"自由民约翰①"。

然而,就目前而言,叛乱分子已经被镇压下去了。1650年3月,为了以儆效尤,在圣保罗大教堂前,一个叫洛克耶的士兵被处决。但在断头台上,这个士兵大胆发表演说,宣称他相信上帝以他流的血来给全英格兰传播自由。成千上万的示威者将他的尸体护送到了坟墓。

1650年5月,在索尔兹伯里,曾经在爱尔兰服役的三个团爆发了兵变。士兵们主张"英格兰的自由和士兵的权利",除非英格兰的自由得到保障,否则他们拒绝上船。费尔法克斯和克伦威尔立即采取措施,追捕叛乱分子。在牛津郡的伯福德,他们抓住叛乱分子,射杀了三名军官,俘虏了四百人。兵变结束了。

然而,革命思想的酝酿并不局限于士兵,也不局限于那些只关心宪法调整的人。总体来说,将查理一世送上法庭的人,和将英格兰王国转变为议会制共和国的人都是些"不屈不挠"的律师、有实力的商人和乡绅。他们牢牢抓住了议会民主的根本原则,但他们不是政治理想主义者,更不是社会理想主义者。只要内战由长老会主导,只要李尔本是伦敦暴徒中的英雄,伦敦清教徒就会在第二次内战中扮演重要角色。但在这场斗争中,农民几乎没有发挥作用。他们甚至希望自己发挥的作用比已经发挥的更小,正如乔治·特里维廉先生睿智地指出的如下内容:

在欧洲历史上,没有什么事情比农民在政治中发挥作用的起伏更让人无法解释。1381年,沃特·泰勒发动了英格兰

---

① 指约翰·李尔本。——译者注

农民起义。当时，庄园主试图重新把农奴制的枷锁强加在农民身上。16世纪的圈地运动和对修道院的打击引起了社会生活的混乱。农民再次揭竿而起。这次反对的是爱德华六世的统治。但从中世纪最后爆发的起义到威廉·科贝特所处的时代，乡村的人几乎不知道社会煽动者是什么。甚至到了联邦时期，三万本小册子被发行，当时所有人都团结起来质疑社会习俗的基础之时，农民中也没有发生任何重要的、代表他们自己的运动。

这既是事实，也让人难以置信。但如果像清教徒革命那样的剧变没有产生任何平等主义思想，没有产生任何乌托邦式的社会调整计划，那就更让人难以置信了。在政治联邦建立后，希望在共产主义基础上实现社会重组的一群社会空想家中，杰勒德·温斯坦利是最突出的。作为"真正平等派"（又名掘地派）的领袖及创始人之一，私有财产，尤其是土地，对他来说都是深恶痛绝的。土地是属于"人民"的，应该还给他们。应该禁止买卖土地这种基本的生活必需品。"这是特殊利益的开始，把土地从一个人手里卖到另一个人手里，称'这是我的'……好像地球是为少数人创造的，而不是为所有人创造的。英格兰所有人，无论男女，都是这片土地的孩子。地球是属于上帝的，不是属于某些声称自己对这片土地的利益高于他人的特定的人的。"这样的语言几乎在口头上预示了卢梭的思想[①]。事实上，这是在1649年温斯坦利的《新正义法》中发现的。几年前，《白金汉宫闪耀的光芒》将政治奴役和社会奴

---

① 参见《论人类不平等的起源与基础》。——原注

役的起源归因于土地私有制:"人因为欲望成了圈地者,所有土地被一些唯利是图者圈得,其余的人成了他们的奴隶。这种篡夺行为是由牧师怂恿的,他们为人类的罪行提供了神圣的许可。这些不道德的牧师宣扬我们所有权力和宪法都是依据神权的。你们要摆脱这些蝗虫,不再受他们的迷惑,摆脱这些可憎的骗子。"

1649年4月,由温斯坦利和一个叫埃弗拉德的人带领的大约二十个空想家,在萨里郡泰晤士河畔的沃尔顿附近的圣乔治山的荒地上,"开始松土,播种萝卜、胡萝卜和豆子"。几天后,他们采取了一种更具威胁性的态度:"他们威胁要拆掉所有公园,把它们夷为平地,然后打算种植这些作物。他们散布消息说,十天之内他们就会有四五千人,并且威胁周围的人,让他们都上山干活。"

如果真有这样的威胁,那也只是徒有虚名。在思想史上,虽然温斯坦利可能很重要,但他领导的运动没有任何政治意义或社会意义。"掘地派"几乎立刻被驱散了。温斯坦利被当地治安官传唤,并被判处支付九英镑的罚款。他没有保持沉默,而是立即"向议会呼吁,要求议会回答平民应该安静地拥有公地和荒地,还是仍然应该听从庄园主的意愿"。下议院和军队领导人一样,对整个事件不屑一顾。然而,温斯坦利发出的声音并没有停止传播。

除左翼的极端分子之外,残缺议会的政府还面临着其他困难。保王派并没有被埋葬在查理一世的陵墓里。威尔士亲王查理依然健在,在他的父亲查理一世被处死后的两周内,即1649年2月,在苏格兰王国,他被苏格兰议会宣布为"英格兰、苏格兰和爱尔兰的国王"。在爱尔兰王国,奥蒙德公爵(图88)奇迹般地团结了所有支持他的党派,在除都柏林和伦敦德里之外的全国范围内维护了自己的权

图88 奥蒙德公爵

威。舰队的很大一部分已经落入保王派手中。因此，在泽西群岛和西利群岛保王派的支持下，莱茵的鲁珀特亲王得以守住英吉利海峡。马恩岛属于保王派，从这里的港口出发的私掠船，就像从海峡群岛出发的私掠船一样，能够掠夺英格兰叛乱者赖以生存的商品。欧洲大陆强国，尤其是法兰西王国和西班牙王国，拒绝承认英格兰联邦，并向它的敌人提供援助和庇护。在抵达海牙的当晚，英格兰联邦驻荷兰大使艾萨克·多里斯劳斯博士被一些蒙特罗斯人谋杀（图89）。在马德里，英格兰联邦派往西班牙的安东尼·阿斯卡姆也死于非命。

克伦威尔对所有外部敌人都处理得很好，但英格兰联邦最严重的困难来自国内根基的不牢固。英格兰联邦只代表这个国家的一小部分人，却对大多数人课以重税，从而提高了它的不受欢迎程度。查理一世在位时，1633年，国家的岁入估计为61.8万英镑。到了1649年，英格兰联邦的岁入达到了200万英镑。英格兰许多地方，除士兵之外，食物严重短缺，半饥半饱的人们痛苦地抱怨说："面包被税收吃光了。"

然而，保王派感情上的恢复并不完全是因为英格兰联邦的不受欢迎。在查理一世被处死之后的两周内，一本其支持者树立查理一世

第 11 章 残缺议会与共和国

形象的小书被出版。这本书给人带来了积极的启示。据说，这是查理一世在卡里斯布鲁克被囚期间亲手写的，似乎揭示了这位王室殉道者内心深处的感受：他对自己神圣使命的坚定信念，他对人民福祉的关心，他在受到迫害时的耐心，他对全能的上帝的服从，尤其是他不断为误入歧途的敌人得到宽恕的祈祷。实际上，这本书是约翰·高登博士高明的伪造之作。斯图亚特王朝复辟之后，作为奖励，高登博士得到了埃克塞特主教的职位。这本册子虽为伪造，但丝毫不影响宣传的效果。这本册子出版的第一年就售出了近五万册，不仅证明了作者的技能，也证明它表达了人们的普遍情感。不久前被任命为国务委员会外语秘书的约翰·弥尔顿奉命反击，1649年10月之前写成的《偶像的破坏者》是用一种"粗鲁的辱骂和傲慢招摇"的口吻写出来的，完全没有达到预期目的。

然而，在英格兰联邦面临的所有危险中，最紧迫的——如果不是最可怕的——是爱尔兰反共和党派暂时联合带来的威胁。国务委员会意识到形势的严峻性，1649年3月15日，克伦威尔被任命为陆军总指挥，军队随后被派往爱尔兰。克伦威尔和他的同僚一样敏锐地察觉到了危险。"你们的宿敌，"克伦威尔对军官说道，"正在联合起来反对你们。"在英格兰、苏格兰，尤其是在爱尔兰，所有党派都联合起来，"危害英格兰人的利益，拥立威尔士亲王查理"。现在，像以往一样，爱尔兰很可能成为进攻英格兰的起点。"如果不努力及时在那里实现我们的利益，不仅我们的利益会被彻底清除，而且在很短的时间内，他们就能在英格兰登陆，给我们带来麻烦。"就像平等主义者激起了克伦威尔对保守党人的愤怒一样，来自"教皇派"的爱尔兰的攻击也激起了克伦威尔对清教徒和英格兰人的愤怒。

图89 艾萨克·多里斯劳斯博士被谋杀

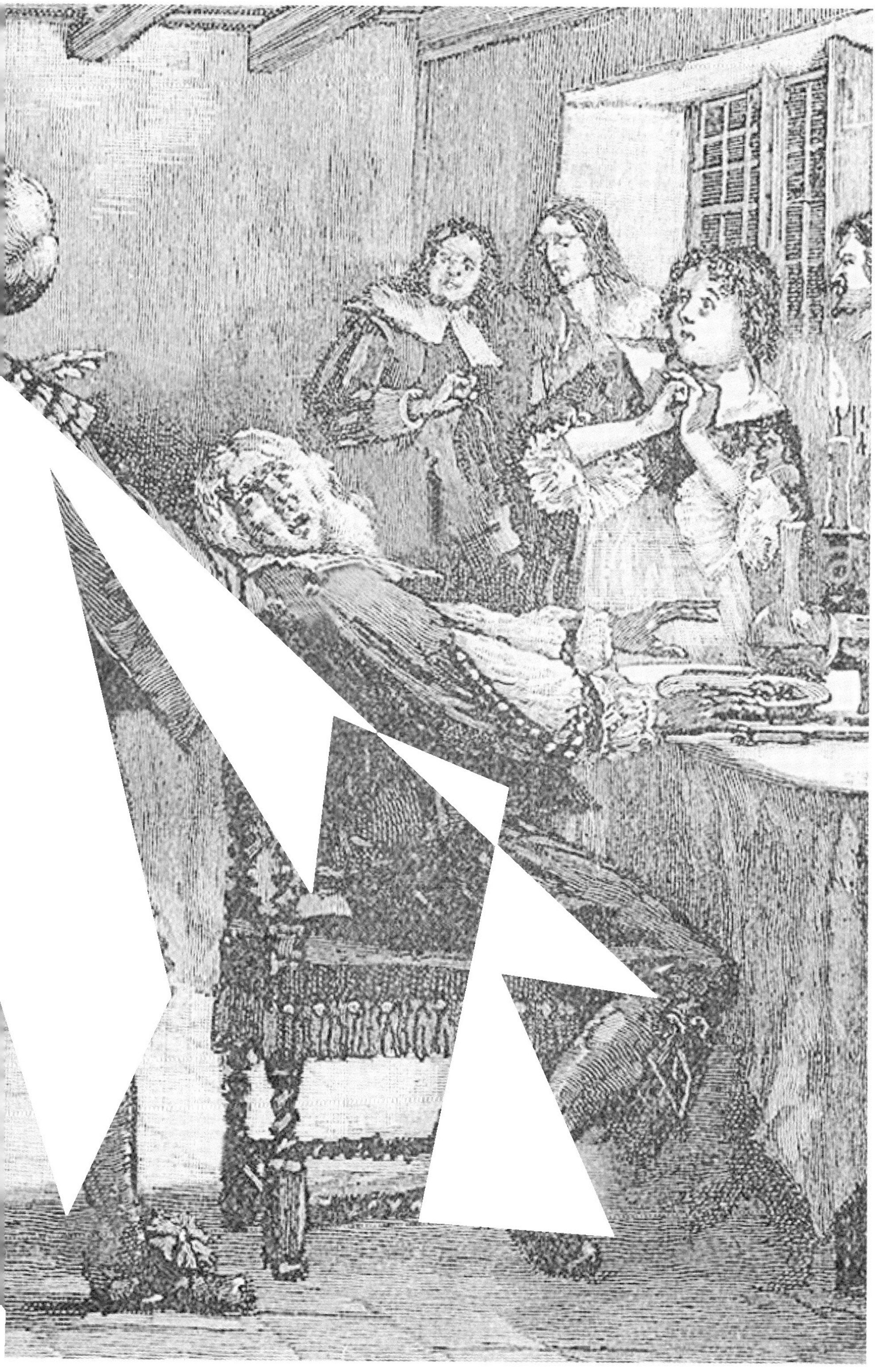

我承认我经常有这样的想法，也许是世俗的和愚蠢的：我宁愿被查理一世的支持者的利益支配，也不愿被苏格兰人的利益支配；我宁愿被苏格兰人的利益支配，也不愿被爱尔兰人的利益支配。我认为这是最危险的……争论的结果是：我们几乎不能回到从前所受的那种专制统治了，但我们必须同时服从苏格兰王国或爱尔兰王国，因为国王来自那里。应该唤醒所有英格兰人。

克伦威尔严肃地审视着局势，在没有做好自己认为足以胜任这项艰巨任务的准备之前，他不想出发。他坚持要一支庞大的军队，充足的资金，完整的装备，以及独掌的大权。议会同意了他的要求：任命他为爱尔兰总督和远征军指挥官，任期三年，给他每年1.3万英镑的薪水，并配给他一支1.2万人且装备精良的军队。1649年8月，他的准备工作已经完成。8月13日，克伦威尔抵达都柏林。他在爱尔兰取得的胜利，以及解决国家问题的计划，为17世纪英格兰王国和爱尔兰王国之间错综复杂的关系揭开了新的篇章。此时，还没有人提及两国接二连三的政治交往和反应。因此，在某种程度上，做一些后续的补充是不可避免的。

第12章

英格兰与爱尔兰

ENGLAND

AND

IRELAND

八百年来，爱尔兰一直是英格兰的"阿喀琉斯之踵①"。17世纪尤为如此。然而，在那个时期，英格兰有一个前所未有的机会来解决爱尔兰的问题，这样的机会也许以后再也不会有了。詹姆斯一世登上英格兰王位的时候，爱尔兰为一项伟大的政治实验献上了一块书写板。在这块干净的书写板上，斯图亚特家族也许已经写下了自己想要的东西。四百年来，斯图亚特家族的君主都是爱尔兰的领主，但直到伊丽莎白一世统治的最后一年，他们的统治地位才真正得到确认。

约翰·戴维斯爵士令人钦佩地阐述了造成上述局面的原因。1606年到1619年，戴维斯是爱尔兰总检察长。他曾在阿尔斯特种植园委员会任职，也曾短期内担任过爱尔兰下议院议长。1612年，他出版的著作书名冗长但意义重大：《在詹姆斯一世陛下的幸福统治之前爱尔兰从未完全屈从或臣服于英格兰王室的真正原因》。对两国来说，没有解决爱尔兰问题是一场灾难。而灾难的根源可以在亨利二世没有完成的征服任务中找到。英格兰被"征服者"威廉相对轻松地彻底征服了。而甚至在一个世纪后，爱尔兰还没有走出部落发展阶段。在这

---

① 阿喀琉斯是《荷马史诗》中的英雄。阿喀琉斯之踵原指阿喀琉斯的脚跟，因为是其唯一没有浸泡到神水的地方，所以是他唯一的弱点。后来，在特洛伊战争中，阿喀琉斯被射中脚跟而死。现在，阿喀琉斯之踵一般指致命的弱点或要害。——译者注

种情况下，一个国家过于软弱，不能集中精力有效地抵抗外来攻击。但同时它的软弱和缺乏凝聚力使它难以被征服。

"因为一个野蛮的国家，"约翰·戴维斯（图90）写道，"不像一个文明的国家那么容易被征服。恺撒在与高卢人的战争中就有过这样的经历。一个拥有许多小领主和小国的国家，不会很快就被君主统治的统一王国征服。"

图90 约翰·戴维斯

金雀花王朝的君主没能征服爱尔兰的部落首领，就在东部海岸建立了一个地区，并且尽他们最大的努力来维持这个地区。这里主要是盎格鲁-诺曼贵族的领地。这样的权宜之计注定了爱尔兰在自然和国家方面的发展。该领地的贵族还不够强大，不足以把英格兰人的统治强加给整个爱尔兰，但它的存在使爱尔兰的分裂永久化，并且阻止了当地任何一个贵族征服其余地区，影响了当地人民健康、有序的生活。此外，许多盎格鲁-诺曼贵族发现，采用爱尔兰风俗习惯，使用爱尔兰语言和服饰，使用爱尔兰名字，这些实际上是用盎格鲁-诺曼贵族的身份换取爱尔兰族长的身份。这对他们是有利的。因此，就像谚语所说，他们变得"比爱尔兰人更像爱尔兰人"。人们不时地试图阻止这种"堕落"，但大多都是徒劳无功的。都铎家族登上王位时，英

第12章 英格兰与爱尔兰

格兰对爱尔兰的统治已经名存实亡。

都铎家族重申了这一点。1494年的《波伊宁斯法》使英格兰法律适用于爱尔兰，并且使爱尔兰议会依赖于英格兰枢密院。《波伊宁斯法》一直使用到1782年。亨利七世在位时忙于稳固权力，无暇顾及其他。亨利八世获得了爱尔兰"国王"的称号，而非爱尔兰"领主"，并且在爱尔兰全境宣布英格兰对爱尔兰的统治。与此同时，亨利八世努力让爱尔兰的法律和社会习俗都融入英格兰的法律和社会习俗。这项新政策取得了一定的成功，但被强加给爱尔兰的"英格兰式"改革的企图所破坏。在法律上，爱尔兰教会与英格兰国教是一致的。事实上，广大爱尔兰人不仅保持了原有的天主教信仰，而且第一次成为罗马教廷的忠实信徒。

整个16世纪下半叶，爱尔兰一直在反抗英格兰的统治[①]。事实上，从伊丽莎白一世时代起，爱尔兰的"问题"就开始呈现出现代性的一面。伊丽莎白女王时代过去的三百年里，导致了这一问题的出现有三个因素：宗教、农业和政治。广大爱尔兰人热衷于罗马天主教，一贯主张土地是当地部落的财产，而不是入侵的征服者或种植园园主的财产，并且没有放过任何实现民族独立的机会。然而，爱尔兰内部问题本身就十分棘手，因另一个问题而变得更加复杂了。自16世纪以来，英格兰在欧洲大陆的敌人就一直认为爱尔兰的土地特别有利于培养针对君主政体和英格兰人民的阴谋。伊丽莎白女王时代过去的四个世纪里，英格兰卷入了四场大战，每次都有外敌企图利用爱尔兰作为对抗英格兰的棋子。这些外敌是西班牙国

[①] 先是此起彼伏，后来覆盖了整个爱尔兰。——原注

王腓力二世（图91），法王路易十四，18世纪末的法兰西第一共和国，20世纪早期的德意志帝国皇帝威廉二世。所有人都试图玩同样的游戏，但每次都以类似的失败告终。

伊丽莎白一世在英格兰的基础太不稳固，所以无法忽视爱尔兰的威胁。威廉·莱基称，伊丽莎白一世在爱尔兰的战争不是民族战争，在很大程度上也不是宗教战争，而是爱尔兰人害怕自己被赶出他

图91 西班牙国王腓力二世

第 12 章 英格兰与爱尔兰

们深深依恋的土地引发的战争。事实上，接连领导反抗伊丽莎白一世的爱尔兰部落首领，阿尔斯特的奥尼尔家族，芒斯特的杰拉尔丁家族，以及最可怕的蒂龙家族，都希望一举达到三个目的：恢复他们的宗教信仰、财产安全及国家独立。与英格兰外敌的勾结使这些反抗更加危险。伊丽莎白一世不得不使出浑身解数。爱尔兰第一次真正被征服了，但被征服的土地一片荒凉。诗人埃德蒙·斯潘塞对蒙斯特的描述非常可怕。他本人就是那里的"殖民者"或"种植园园主"之一。他在《爱尔兰概况》中写道："在很短的时间里，几乎没有人幸存下来，一个人口多、富饶的国家突然间没有了人和牲畜。然而，可以肯定的是，在那场战争中，被刀剑杀死的人并不多，更多的人是被他们自己制造的极度饥荒夺去了性命。"

这张"书写板"虽然令人生畏，但为建设性的政治家提供了一个独特的机会。斯图亚特王朝也没有资格给爱尔兰提供其最需要的东西。都铎王朝的政策建立在统一的，但处于不同政治发展阶段的两个国家的基础之上。这种政策可能是出于值得称赞的动机，但必然会导致灾难。我们已经看到，16世纪末的英格兰已经不再需要强大而集权的政府的统治，但爱尔兰并非如此。爱尔兰迫切需要一个强大而集权的统治，就如几个世纪之前的亨利二世和爱德华一世给予英格兰的一样。但爱尔兰因亨利二世没有完成的征服和盎格鲁-诺曼贵族致命的政策而遭受了永久的损失。这的确是爱尔兰历史上的许多悲剧之一。在这个关键时刻，爱尔兰政府被全权委托给了两个卓越的英格兰政治家。他们曾深得爱尔兰政府的信任。爱尔兰政府认为他们会赋予这个国家无与伦比的利益，让它拥有强大、公正、平等的管理，并且给予它一些锻炼。如果没有这些培训，权力的委托就是一种残酷的嘲弄。但无论阿瑟·奇切斯特爵士（图92），还是斯特拉福德伯爵，都没有获准去完成他们对爱尔兰仁慈的计划。

奇切斯特当过水手，曾参加过与西班牙无敌舰队的战争，参加过德雷克和埃塞克斯伯爵的远征，也曾在芒乔伊男爵领导下，在低地地区①和爱尔兰当过兵。1604年，奇切斯特成为爱尔兰总督。在十年的时间里，他把自己的坚定意志和富有同情心的天赋都奉献给了爱尔兰。他的首要努力是解除爱尔兰的武装，让其获得安定，并且从爱尔兰的土地所有权中铲除部落制度的最后残余。他的目标很好地体现在他发表的宣言中。

图92 阿瑟·奇切斯特爵士

---

① 位于欧洲西北部沿海地区，由比利时、荷兰和卢森堡组成。——译者注

第 12 章 英格兰与爱尔兰

为了上述贫穷的佃户和居民,以及他们每个人,从现在起,他们都可以知道和了解他们出生时的自由财产和生存条件。从现在起,这些财产和生存条件将继续得到保护。我们以国王陛下的名义,以此宣言宣布并让大家知道,他们每一个人、他们的妻子和孩子,都是国王陛下自由的、天生的、直接的臣民。他们不应被称作任何领主或族长的未开化的人或天生的追随者,他们每一个人都应完全和直接地依靠陛下。陛下既有能力也愿意保护他们,无须向其他下级领主负责。他们也可以从此放心,任何个人或集体都不能因领主权或习俗而利用或规定任何个人或集体劳动或财产方面的利益。同时,上述各郡领主可以合法主张或质疑不属于他们的族长或领主的一切权力和领导。这完全是由于陛下的恩典和恩惠。陛下的恩典和恩惠使上述许多领主都得到并享受他们的土地、生命和荣誉。如果有人真的表现出了应有的忠诚和美德,陛下可以且将以君主的智慧,使臣民中最卑贱的人成为最了不起、最优秀的人。

戴维斯进一步强调了这项政策的效果。

首先,法官们教导百姓,他们是英格兰国王的自由臣民,而不是他们假冒的领主的奴隶和附庸。他们的领主的勒索等行为是非法的,他们不应该再屈服,因为他们现在正受到公正而强大的君主的保护。英格兰国王能够也愿意保护他们不受任何冤屈和压迫。百姓愿意接受这些教导。于是,突然，那些爱尔兰领主在他们人民面前的崇高与权力一落千丈，消失殆尽了。

在詹姆斯一世的强迫下，奇切斯特尽管不情愿地对天主教徒强制执行了《不尊奉国教法》，但还是竭尽全力地改善爱尔兰新教机构的状况。他敦促将英语的礼拜仪式翻译成爱尔兰语，并且在其他方面做出努力，让新教更加能被詹姆斯一世的爱尔兰臣民接受。同样，法律和行政改革没有被忽视。让英格兰习惯法适用于整个爱尔兰，引入更有效的警察制度，以郡为单位来划分整个国家，建立定期的司法巡回审判制度。正如戴维斯洋洋自得地评论的那样，"公共正义的潮水渗透到王国的每一个角落，英格兰法律的益处和保护不分彼此，传播给了所有爱尔兰人和英格兰人"。至于这种"传播"在多大程度上得到了接受者的赞赏，这是英格兰统治者为自己落后的或低等的人民的利益而设定的，他们不会去问这样的问题。至于改革的良好效果，戴维斯至少是没有任何担心的。

然而，1607年，改革的进程突然因北方蒂龙伯爵休·奥尼尔（图93）和蒂康奈尔伯爵的逃亡而中断。政府得到的消息称，在西班牙王国的支持下，这两个伯爵打算重振国家，夺取都柏林城

图93 蒂龙伯爵休·奥尼尔

堡（图94），谋杀总督奇切斯特。该消息的可靠性有多大不得而知。奇切斯特自己也不相信，但两个伯爵惊慌地逃离了爱尔兰，再也没有回来。他们的逃亡行为被解释为承认有罪。随后，爱尔兰北部接连发生起义。结果，阿尔斯特的大部分地区被宣布归詹姆斯一世所有。

这是一个殖民的时代，存在着大规模种植的机会，英格兰政府决定加以利用。奇切斯特满腔热情地赞成种植园政策。他的计划是把爱尔兰人当作土地的实际拥有者，慷慨地满足他们的要求，然后把剩余的土地分给英格兰殖民者和苏格兰殖民者。他发现，无论对错，农民认为土地归他们的部落成员所有，只受他们首领的支配。

> 你必须注意到，每个郡的许多土著都要求在他们拥有的土地上拥有自由，尽管他们的要求在法律上是不合理的，但要让他们改变是很困难的，几乎是不可能的。因此，我希望能考虑他们中最优秀、最主要的人，尽管他们都参与了蒂龙伯爵最后的叛乱……

这些话都是明智和有人情味的政治家说的，但他们并没有向英格兰政府任命的长官推荐自己。因此，最终采用的阿尔斯特种植方案颠倒了先后次序。阿尔斯特的大部分土地被分配给王室的退休军人和公务人员，以及英格兰殖民者和苏格兰殖民者。剩下的劣质土地才可能留给土著。奇切斯特不得不执行这令人厌恶的任务，把土著赶走。这样做几乎令他心碎。"我曾研究并努力改造过那些人。在任何合理的事情上，我都能说服他们，尽管很多事情对他们来说是全新的。然而，如今，我在他们中间已经名誉扫地了。"他在写给索尔兹伯里伯

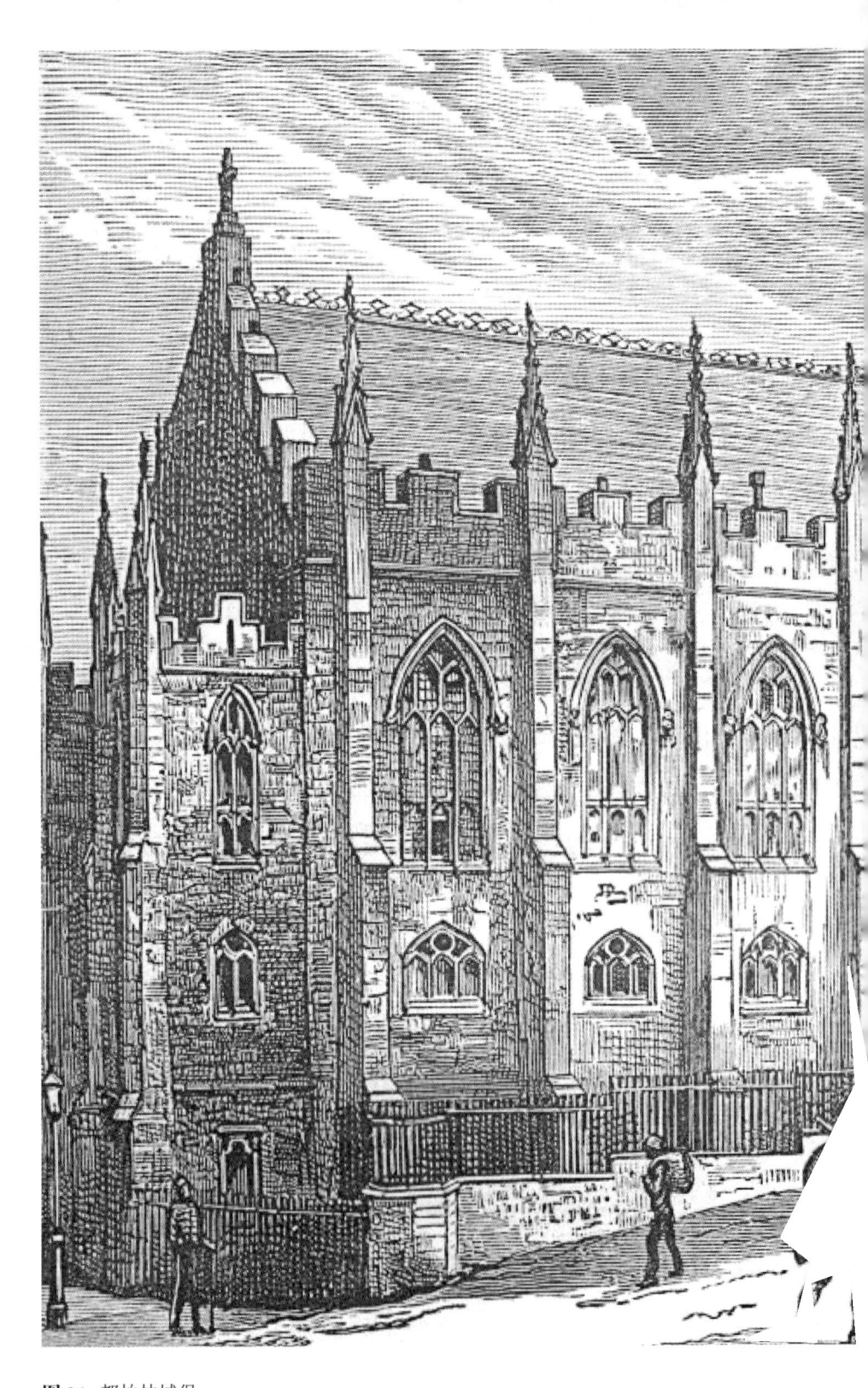

图 94　都柏林城堡

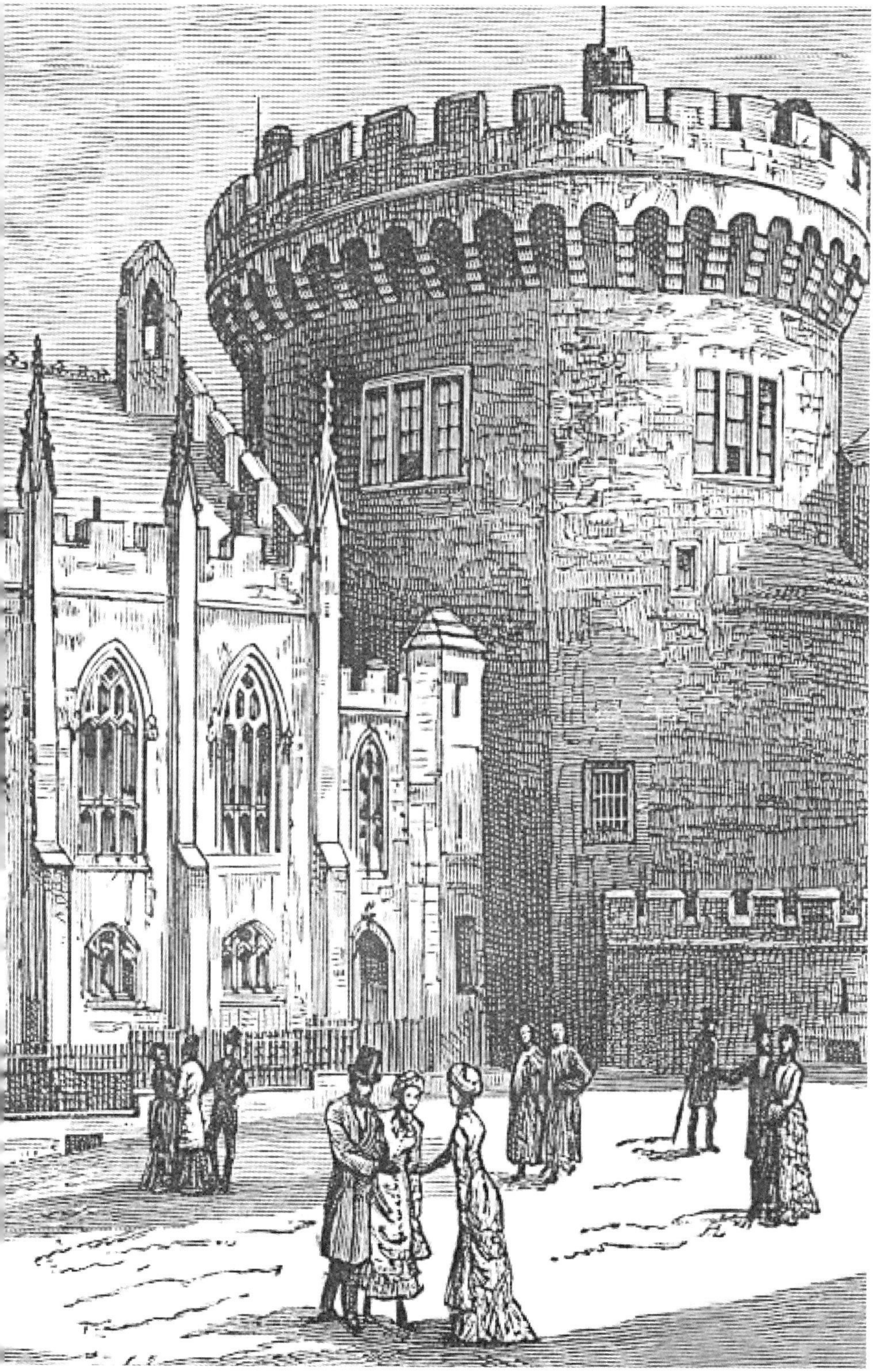

爵的信中这样说道。事实上，赶走土著的任务完成得很不好。新定居者不能离开当地居民的劳动。当地居民为这些与自己在血统、传统和信仰上格格不入的主人承担起了砍柴工和挑水工的角色。

最后的结果创造了历史。北爱尔兰的很大一部分地区都有英格兰驻军。北爱尔兰与英格兰政府之间的分歧时有发生，但由于血统方面、信仰方面的原因与其他爱尔兰地区存在鸿沟。北爱尔兰对英格兰王室的忠诚和对新教的信仰随着时间的推移而日益加深。现在，北爱尔兰六个郡都在英格兰王国最忠诚的地区之列。为了这种不容置疑的收获，北爱尔兰已经付出了沉重的代价，一方面是与爱尔兰其他地区日益疏远，另一方面也许是大西洋彼岸讲英语的民族两大主要分支的误解。

在爱尔兰任职时期，奇切斯特最值得纪念的是阿尔斯特种植园，但必须简要提及他试图在这个国家恢复议会机构的努力。

1587年，上一届爱尔兰议会是在约翰·佩罗特爵士（**图95**）的领导下召开。奇切斯特迫切希望得到爱尔兰议会承认詹姆斯一世拥有被占领的阿尔斯特土地的所有权，并且确认近期定居阿尔斯特一事。但在现有基础上选举产生的任何议会都不太可能做出这样的决定。土著和天主教党派必然占绝大

图95 约翰·佩罗特爵士

第 12 章 英格兰与爱尔兰

多数。为了避免这一局面，在爱尔兰又建立了四十个新的选区，詹姆斯一世可以依靠这些选区来确保绝大多数席位。在上议院，天主教贵族议员占绝大多数，但在投票中被主教们完全击败。天主教教会自然反对议会的结构组成情况。回想起来，从这样一种缺乏判断力的学究式的试验中，很明显除混乱之外，什么也不会发生。尽管如此，奇切斯特和戴维斯还是觉得有必要一试。

议会由总督奇切斯特亲自主持召开的。现在，他晋封为贝尔法斯特的奇切斯特男爵。下议院面临的第一件事是选举议长。宗教热情立刻爆发出来。托马斯·里奇韦爵士提议选举戴维斯为议长，并且暗示詹姆斯一世会接受这一结果。对此，著名的天主教徒詹姆斯·高夫爵士强烈反对把议会打包处理，并且提名虔诚的罗马天主教徒约翰·埃弗拉德爵士担任议长。双方出现了分歧。人数较多的新教徒鱼贯进入议会大厅，人数较少的天主教徒落在其后。天主教徒利用对手缺席的机会，让自己支持的埃弗拉德就座。当大多数人回来时，埃弗拉德不肯挪动位置。于是，奥利弗·圣约翰爵士和托马斯·里奇韦抓住约翰·戴维斯的胳膊，将他抬了起来，放到坐在椅子上的约翰·埃弗拉德的腿上。

这种情形并非没有幽默感，但它并没有推进会议的工作。爱尔兰天主教徒向詹姆斯一世提出上诉。在所有问题上，国王基本都做出了有利于新教徒的判决。

1614年6月，因为这一原因，已经到达伦敦的奇切斯特最后一次回到了爱尔兰。他接受了詹姆斯一世的指示，重新发布了驱逐耶稣会传教士的公告；要求对不尊奉国教者进行罚款；将天主教贵族的孩子送到英格兰接受教育；如果各城镇坚持选举那些拒绝向最高权力宣誓的地方法官，就收回它们的特许权。

这样一来，古老而沉闷的游戏重新开始了。但这些与奇切斯特无关。1615年11月29日，奇切斯特被召回英格兰。他被召回的确切原因一直是个谜，但据推测，可能是由于他显然不愿意参与新一轮的迫害行动。如果真是这样，"只能说，"正如塞缪尔·加德纳公正地指出的那样，"政府的统治在他这样的人手里结束是值得的。"

除塞缪尔·加德纳之外，奇切斯特在爱尔兰统治的这段历史，通常被研究这一时期的英格兰历史学家荒谬地歪曲了，或者经常被完全忽略了[1]。然而，在爱尔兰历史上的许多转折点中，这是关键的转折点之一。在这个关键点上，一个公正、无畏、不受约束的强大统治者，可能会给后来的英格兰与爱尔兰关系带来一种既有益又有决定性的倾向。奇切斯特高尚、勇敢，在动机和意图上公正无私，这是无可置疑的。但他并非不受束缚。他虽然看到了充满安全与荣誉的道路，但没有沿着这样的道路往下走的自由。他拥有绝好的机会，但被他弄丢了，这不是他的错。

1615年11月，奇切斯特离开爱尔兰。1633年7月23日，斯特拉福德伯爵抵达都柏林。其间的十八年相对平淡无奇，无足轻重。1615年到1622年，在奇切斯特之后的奥利弗·圣约翰的统治下，在利特里姆、朗福德、韦斯特米斯等郡，以及最重要的韦克斯福德郡，更多的种植园建立了。只有四分之一的土地被分配给了英格兰的殖民者，但大量爱尔兰人的部落权利被忽视了，他们遭受了巨大的苦

---

[1] 在乔治·特里维廉教授所著《斯图亚特王朝统治下的英格兰》中没有提到奇切斯特和他的著作，詹姆斯·弗兰克·布赖特博士在他的《君主专制政体》中同样没有提及。约翰·理查德·格林在《简明历史》中倒是花了一页篇幅提及。——原注

难。而种植园则加重了英格兰人不公正的态度。这种态度注定要成为英格兰人的传统。奥利弗·圣约翰的继任者是亨利·卡里（图96）。卡里的儿子福克兰子爵非常有名。卡里虽然软弱，但很善良。他在爱尔兰的统治之所以值得注意，是因为他发明了一种方法来"治疗"所有在爱尔兰的英格兰行政人员都面临的两个顽疾。"各种恩典"被给予了土地所有者和天主教徒。土地所有者得到的恩典是一个无法实现的头衔，他们可以对土地拥有六十年的所有权。而宗教方面的恩典则让天主教徒的良知得到了安抚，它通过取代至高无上的誓言[①]，以新的誓言效忠王室。人们希望，作为对这些让步的回报，爱尔兰贵族将愿意提供捐赠，让心烦意乱的总督卡里至少能偿还拖欠军队的部分款项。在拖欠军饷的情况下，士兵会对当地居民进行掠夺。这样一来，爱尔兰诸多不满的因素中，一支待遇不高、纪律涣散的军队就是其中之一。

这只是新上任的总督斯特拉福德伯爵要处理的诸多问题之一。但斯特拉福德伯爵不是那种在困难面前畏缩不前的人。担任北方议会主

图96 亨利·卡里

[①] 包括不承认教皇的权威。——原注

席的三年证明了他的统治能力。关于斯特拉福德伯爵在英格兰政治上的职业生涯，前文已经有所提及，但他的名字将永远与爱尔兰联系在一起。在爱尔兰，他发现了完全相同的领域来展示自己独特的天赋。他的这种天赋已经在印度和埃及有所体现。1633年，斯特拉福德伯爵抵达爱尔兰时，发现爱尔兰在宗教方面、社会方面都处于混乱状态，在政治发展和经济发展方面比英格兰落后几个世纪。

一个独具慧眼的斯特拉福德伯爵的传记作家写道："如果一个大臣的职位优势是给了一个人施展才华的地方，那么没有哪个地方像爱尔兰这样幸运，因为爱尔兰拥有斯特拉福德伯爵。当时的爱尔兰以最尴尬的方式，呈现了一个文明国家和一个不文明国家的困难……部落首领的权力被没有秩序意识的贵族继承。如果这些贵族不能像以前部落首领那样控制下属，那么他们自己也就同样没有被控制的概念。腐败已经渗透到公共服务的每一个部门；司法软弱无力，只有部分得到执行；一支纪律涣散、得不到应有报酬的军队正在掠夺百姓的财产；一部分收入被垄断者吞噬，另一部分被拥有王室土地的贵族吞噬。教堂的财产也好不到哪里去，被贵族大肆挥霍，而那些可怜的剩余部分则被贪婪的清教徒主教和高级神职人员以嘉奖和欺诈性罚款的形式攫取。"

斯特拉福德伯爵对该情形的描述与詹姆斯·莫兹利博士的分析大同小异。

"在这里，我发现他们，"斯特拉福德伯爵在给波特兰伯爵的信中写道，"是我见过的最专注于自己目标的人。照此速度下去，他们会和别人的财富差距越来越大。"军队"无论是在数量、武器装备上，还是在纪律上，都是名义上的军队，而不是行动上的军队"。看

第 12 章 英格兰与爱尔兰

到眼前的工作，斯特拉福德伯爵几乎吓了一跳。"不过，"斯特拉福德伯爵最后鼓励自己说，"你会看到，我不会卑鄙地放弃我对陛下和自己的责任。然而，没有陛下的建议和支持，我是不可能完成这项工作的。"

首先，必须有一支纪律严明、收入稳定的军队。斯特拉福德伯爵毫不迟疑地着手创建了这支军队。他做得非常成功。不久，他就向枢密院汇报，已经把一群衣衫不整、武器不全、未经训练、没有报酬、管理不善的乌合之众变成了一支高效、有序的军队。他是在不知疲倦地亲自监督之下做到这一点的："我参观了整个军队，亲眼看到了每一个人，也亲眼看到了他们接受的训练。"他从自己的腰包里掏出6000英镑用于军队建设。在装备和纪律上，这支军队成了爱尔兰全部军队的典范。他甚至使英格兰驻军在爱尔兰非常受欢迎。"从前，士兵拿了食物却不付钱，好像到了敌国一样。"现在一切都变了，"在转移和行军的过程中，他们拿了东西会付款，和其他臣民一样谦逊有礼，没有给自己经过的地方带来负担"。因此，"现在在任何地方，士兵都是受欢迎的。而在以前，他们是居民深恶痛绝的对象"。

就像训练军队一样，斯特拉福德伯爵也希望"训练"议会，让议会服从自己在爱尔兰的崇高目标。在议会的运转和议会领导方面，他有自己的经验。就像弗朗西斯·培根一样，他相信议会，认为如果运用得当，议会可以作为政府的工具。正如他忠实的秘书乔治·拉德克利夫爵士解释的那样，并不是说议会必须侵犯王室的特权。

国王的权力和人民的特权可以并行不悖。然而，要使国王和人民的利益互不侵犯是很难的。随着时间的推移，经验告诉他，国王获得的权力要远远大于人民从他身上得到的利益。这可能会引起某些受害者的偏见，从而导致全局性的破坏。

然而，爱尔兰议会最近的经历几乎很难有过于乐观的前景。当然，爱尔兰的议会制度与英格兰的议会制度几乎是同时代的，但议会制度从未在爱尔兰深深扎根。17世纪的爱尔兰，也没有任何真正的基础来建立议会制度。像奇切斯特这样的统治者也许会努力打破部落制度，但不可能在废墟上突然建立起一个国家。除非有一个能够被代表的国家，否则代议制只能是一种嘲弄而已。

一个诚实、能干、有人情味、拥有全部权力的总督，在那个时候可能做的远不止为国家的和平与文明提供最大程度的议会自由措施。

这是已故的、热爱自由的戈尔德温·史密斯先生做的非常敏锐的判断。塞缪尔·加德纳也有类似的看法。

爱尔兰需要的是一个像今天的印度那样的政府，依靠一支不可战胜的军队来支撑，并且以政治家般的智慧来领导。不幸的是，英格兰的政治家急于把爱尔兰提高到英格兰的水平时，却把不适合爱尔兰的机构强加给了对方。

第 12 章 英格兰与爱尔兰

詹姆斯一世也不像总督斯特拉福德伯爵那样乐观。他写道，"至于那个九头蛇①"，意思是让议会中忠实的下议院议员"要格外小心，因为你们知道，我发现它既狡猾又恶毒。"

然而，1634年7月15日，斯特拉福德伯爵接见爱尔兰议员，恳求他们从英格兰议会的不幸中吸取教训——抛开猜疑，不要让国王和人民之间出现利益上的对立。

> 不要让怀疑或忌妒破坏了你们的判断，要从别人的伤害中获得智慧。你们不可能不知道近年来英格兰召集的这些会议带来的不幸。因此，不要打击议员们经常动摇的不信任的基础……尤其是不要把国王和臣民的利益分割开来，就好像一部分利益是国王的，一部分利益是臣民的。这是出于国家利益制定的最有害的原则，如果不仔细判断，也许最容易让你们被误导。或许你们会告诉我，没有身体，脑袋可以存活，或者没有脑袋，身体也可以存活，就如没有百姓，国王也可以富有和幸福，或者反之亦然。最确定的是，他们的幸福是一个整体，他们的利益很微妙地、千丝万缕地交织在一起。国家没有分裂，他们的利益就不可能被撕开。

这些话很有道理，显然反映了说话人的坚定信念。爱尔兰议会也并非完全对他的态度无动于衷。1634年，爱尔兰议会举行了两次会

---

① 该典故源自希腊神话，传说九头蛇有九个头，如果其中一个头被砍掉，就会立即生出两个新头。经常比喻难以一次根除的祸害。——译者注

议，六项补贴在没有反对意见的情况下经投票通过。尽管这受到了天主教徒的一些阻挠，但当他们发现自己偶然和暂时获得多数票时，许多有益的工作已经完成。然而，查理一世的怀疑并没有消除。1635年，虽然他又召开了两次会议，但还是坚持解散议会。查理一世写道："爱尔兰议会有猫的天性，随着年龄的增长而受到诅咒，所以如果想让它好，时间一长就应该洒脱地将其解决掉，时间越短的议会越容易驾驭。"

尽管受到查理一世的阻挠，但斯特拉福德伯爵还是继续自己的实验，他执掌爱尔兰政府时的最后一个事件是1640年爱尔兰议会一致投票通过了共8万英镑的四项补贴，将其作为反对苏格兰誓约派的主教战争的开销。鉴于随后的投票事件，以及对国王的无比忠诚，这并不是没有意义的。1640年3月，斯特拉福德伯爵信心十足地写信给内阁大臣弗朗西斯·温德班克（**图97**），说爱尔兰人将随时提供人力和资金支持。1640年5月中旬，他已做好准备。只要能按预计补贴提前从英格兰王国获得资金，他将会带领九千人出征。

尽管斯特拉福德伯爵在处理爱尔兰议会上取得了成功，但在新教徒反对天主教徒和天主教徒反对新教徒的问题上，他的议会政策是明智还是天真，仍然存在疑问。不过，斯特拉福德伯爵对议会的态度并不含糊。强大的

图97 弗朗西斯·温德班克

第 12 章 英格兰与爱尔兰

政府是他的政治理想。如果可以让议会为其服务,为什么不加以利用呢?应该允许经验不足的爱尔兰乡绅或者英格兰绅士和商人组成政府的协调机构,更重要的是控制行政部门。这一想法并不在他的政治视野之内。正如我们看到的那样,斯特拉福德伯爵支持英格兰下议院议员对白金汉公爵的攻击及他们对《权利请愿书》的要求,并不是因为他赞同约翰·艾略特和约翰·汉普登的政治观点或宗教观点,而是因为他希望看到英格兰君主政体强大并且受人尊重。不称职的人只会削弱和贬低君主政体。对臣民的人身自由进行攻击,只会导致普遍的反对和有充分理由的怀疑。

一个政府要得到尊重,最重要的莫过它的强大和公正。在英格兰,我们长期以来已经习惯把司法和公民的自由这两者与陪审团审判的手段联系在一起。但如果有一种英格兰制度比议会更加不适应于爱尔兰的需要,那就是陪审团制度。斯特拉福德伯爵很清楚这一点。因此,虽然他真心希望实现自己展示出的正义①,但对英格兰人,甚至是对盎格鲁-爱尔兰人来说,他在方法和手段上都表现得粗心大意。在为自己的爱尔兰政府致歉时,他不无理由地声称自己在保留司法机构②,并且"在适当的情况下服从国王"的同时,也一直关注国王的爱尔兰臣民的利益。他断言,"在没有被大家接受的情况下",正义得到了伸张。事实的确如此:那些有权有势、身居高位的罪犯悲哀地证明了这一点。"穷人知道去哪里寻求救济,不必害怕向国王陛下的天主教司法机构提出申诉,以对抗有权势的人。"正如斯特拉福德伯

---

① 实际上,英格兰人眼中的正义也是盎格鲁-爱尔兰人眼中的正义。——原注
② 就像所有其他政府机构一样。——原注

爵公正地声称的那样，"以前，在爱尔兰，对穷人的赐福和对富人的限制，大家是不熟悉的。"对那些"像世界上任何民族一样，坚持自己的意志"，只希望"满足自己贪婪的欲望"的伟人，斯特拉福德伯爵没有表现出丝毫同情之心。不可否认，斯特拉福德伯爵对待像克兰里卡德侯爵、科克伯爵、罗切斯特伯爵、大法官亚当·洛夫特斯，尤其是蒙特莫里斯男爵这样的人的方法多少有些专横。斯特拉福德伯爵本人也意识到自己的性格有缺陷，但他辩解说，他的政策从始至终是由一种热情的愿望激发的，那就是要在一个长期被名义上的统治者忽视的国家里开创一个更纯洁、更好的政府。谁又能否认他自己伤感的请求呢？

因此，我在所有方面都很清楚。任何有同样想法的人都会承认，并非我内心的任何东西，而是为陛下效劳的必要性，迫使我表面上显得严厉。原因的确如此。当我发现被宠坏的君主、教堂神职人员和人民时，我无法想象用亲切的微笑和温柔的眼神将从重压中解救出来，这需要更加热心才能做到。实际情况是，当得到一块土地并安定下来，人们也许会接受温和的建议保持原状。但最高统治权①如果走下坡路时，人的本性决定了它就会陷入不受支配的"自由之途"。如果力量不够，没有生机和活力，它就无法再次登上山顶。

---

① 以尊敬的方式来说。——原注

第 12 章 英格兰与爱尔兰

但斯特拉福德伯爵必须付出代价。受害者强大的复仇之心使他走向死亡。威廉·劳德早就警告过他所面临的风险。

"我知道，"劳德在给自己的朋友斯特拉福德伯爵的信中写道，"对爱乱叫或不知足的人，你有更大的决心拒绝为他们服务，而不是出于国王、国家或教会的缘故。虽然上帝不允许，但你应该这么做。我的主啊，如果你能找到一种方法来做所有这些了不起的事情并平息这些风暴，我认为那将是一个非常好的结果。"

这个建议是精明的，为了自己的利益，斯特拉福德伯爵应该明智地采纳它。但斯特拉福德伯爵霸道的脾气，在面对丑闻和职权滥用的指控时直接"破门而入"，而更有耐心的人则会"绕道而走"。他发现在爱尔兰没有比教会丑闻更引人注目的了。都铎王朝摧毁了深受广大爱尔兰人民爱戴的教堂[①]，却没有在其位置上放上新的东西。已经建立的新教教会确实呈现出一种令人遗憾的景象。原来的结构不是破败不堪，就是只剩基础；教会财产被窃取，以"满足大领主的贪婪欲望"；没有学问的新教神职人员虽然为自己的教区增加了不少好处，却很少去教区，即使去了，也会因学问匮乏而无法履行自己的职责。

斯特拉福德伯爵尽其所能来补救。对不尊奉国教者，他拒绝因他们没有去教堂而处以罚款，直到给这些人提供可以前往的教堂为止。斯特拉福德伯爵设立了修补组织体系的委员会，为最严重的滥用权利行为寻找补救办法。规模巨大的教堂财产掠夺者被迫每年交出3万英镑；神职人员被迫居住在自己的教区，放弃教堂兼管行为；同时，建立起许多学校来鼓励教育。如果这是一个"腐败且反复无常的

---

① 虽然不是宗教。——原注

暴君"所为，那么爱尔兰很可能要承受更大的代价。

斯特拉福德伯爵为爱尔兰做的几个方面的工作中，最重要、最持久的是经济方面的工作。他的首要任务是清除爱尔兰海的海盗。第一次横渡英吉利海峡时，他自己就是这些海盗掠夺性袭击的受害者。随后，他成功地改革了海关的行政管理，在不增加爱尔兰消费者负担的情况下，将岁入从1.2万英镑增加到了4万英镑，并且重组了整个财政、金融体系，将每年2.4万英镑的赤字转化为8500英镑的盈余。在三年的时间里，经过他的苦心经营，岁入增加了18万英镑。为查理一世服务的人，不管是公务人员还是军人，都按时领到了报酬，王室的租金也得到了定期的收取——秩序从混乱中建立了起来，避免了迫在眉睫的破产危险。但和立即增加收入相比，斯特拉福德伯爵更在意开发国家的永久资源。当时，爱尔兰的农业一如既往地主要依靠耕种土地和利用广阔的草地。羊毛是其唯一重要的出口产品，羊毛制造业是其唯一的产业。斯特拉福德伯爵被指责不鼓励这样的做法。这一指责是真的，但它证明了斯特拉福德伯爵的先见之明，而不是他对爱尔兰利益的漠不关心。当时，高度保护是财政上的流行做法。对爱尔兰的羊毛和布料来说，英格兰即使不是唯一的市场，也是主要的市场。但爱尔兰越繁荣，英格兰的竞争对手就越忌妒，其保护性关税壁垒也就越高。这与斯特拉福德伯爵的预料完全相符。于是，他以少有的远见卓识，为爱尔兰提供了一种替代品。在很大程度上，他自费为阿尔斯特的亚麻工业奠定了基础。从那时到现在，亚麻工业一直是爱尔兰工业的支柱。

正如对独裁统治没有好感的戈尔德温·史密斯公正所言。

第12章 英格兰与爱尔兰

> 国家的资源在他的掌握之下迅速增加：土地的价值增加了，航运规模成倍地增加了。如果他的政府没有被邪恶的目标玷污，他可能会果断地证明，一个仁慈的专制统治者的临时统治是国家弊病的补救办法。

詹姆斯·莫兹利无疑是一个不太公正的证人，但他有权在对斯特拉福德伯爵的辩护中发出声音。

> 现在，斯特拉福德伯爵的重要实验已经经过尝试，取得了成功。至少，在自治领的一部分，一个懒惰、胆怯的政府已经变成了一个有效而果敢的政府。在一定程度上，他的伟大理论和美丽的理想，即一个广受欢迎的君主政体，一个尽职尽责、关心人民的君主政体实现了，他的政府得到了广大人民感激。尽管爱尔兰人有一些尖锐的意见，但他喜欢爱尔兰人。爱尔兰人接受了这位总督大胆、坦诚的态度，因为他真正关心他们的利益。斯特拉福德伯爵说，当他在种植园计划上取得进展时，人们为他欢呼，因为他们比过去过得更好，感到了王室的仁慈，而不是"专横的小领主的压迫"。

戈尔德温·史密斯对斯特拉福德伯爵"邪恶的目标"的称法是否准确？斯特拉福德伯爵有严重的性格缺陷，这些都反映在他的管理方法中，这是无可置辩的。斯特拉福德伯爵意识到自己的目标是无私的，却很少注意实现这些目标的手段。他急于改善手无寸铁的穷人的命运，却不小心得罪了权贵和富人。斯特拉福德伯爵对"恩典"的侵犯是站不住脚的，他对待他人的态度是专横和武断的。然而，斯特拉福德伯爵为自己的行为做的道歉不能被轻易地搁置一旁。他接待别人的方式，和奥利弗·克伦威尔的一样，是粗暴的。他没有时间，也没有地方来展现"亲切的微笑和温柔的表情"。但主要的指控没有得到回应：斯特拉福德伯爵的整个政策是否被邪恶的动机玷污呢？

斯特拉福德伯爵去爱尔兰的目的是为自己的主人提供一支征服英格兰的军队，这似乎是他的死对头不惜一切代价为他定罪、为他的死指明方向的绝妙建议。"死人是没有同伴的，"埃塞克斯伯爵说的没错。如果允许斯特拉福德伯爵继续存在，约翰·皮姆的努力很可能会付诸东流。然而，这并不能证明斯特拉福德伯爵就该死。如果像他一贯坚持的那样，他在爱尔兰集结的军队是为了保卫他的国王和他的国家，反对苏格兰人，那么他的行为哪里是应该受到谴责的，甚至是叛国的？如果说对苏格兰人使用的有效武器，后来可能会在英格兰议会中用来对付他们的盟友，这倒是有可能的。但到1641年，对付盟友的计划如果曾经被考虑过，就已经失败了。斯特拉福德伯爵也已经被解除了武装。尽管如此，他还是被判了死刑。爱尔兰失去了它遇到的最出色的统治者。

在斯特拉福德伯爵死后的六个月内，英格兰面临的是发生在爱尔兰的大屠杀和叛乱。从此，爱尔兰的历史翻开了新的一页。

第13章

爱尔兰叛乱及之后

THE
IRISH
REBELLION
AND
AFTER

英格兰人一向难以理解爱尔兰的政治。在斯特拉福德伯爵离开爱尔兰后的几年里，爱尔兰的政治变得混乱。保王派和议会议员，苏格兰长老会教徒和爱尔兰天主教徒，盎格鲁-爱尔兰贵族和凯尔特人，各有所图，不断变换联盟，形成了一幅不可分割的杂乱一团的画面。

然而，在混乱之中，四个界限明确的派别逐渐出现了，我们在开始的时候把它们列举出来，有助于下文更加清楚地叙述。第一个也许是四个中最不重要的一个，由英格兰议会的拥护者组成，接受上诉法庭法官约翰·博莱斯和上诉法庭法官威廉·帕森斯领导。斯特拉福德伯爵离开爱尔兰后，在都柏林，他们负责政府管理。其力量体现在，在爱尔兰，他们代表了法定的权威。但在查理一世任命奥蒙德公爵为爱尔兰总督，长老会派和教派之间的裂痕扩大[①]之后，他们的地位逐渐削弱。第二个是以奥蒙德公爵为首的保王派。奥蒙德公爵是少数几个忠实地支持斯特拉福德伯爵政策的大贵族之一，也是几乎唯一一个在整个动荡时期表现表里如一、坦率可敬的杰出人物。作为新教徒的奥蒙德公爵，努力把所有像他一样忠于英格兰王室和英格兰国教的人团结起来。第三个是盎格鲁-爱尔兰贵族和绅士，虽然他们首先是天主教徒，但如果他们的宗教信仰和财产得到令人满意的保障，他

---

① 甚至反映在他们自己在爱尔兰的派别中。——原注

们就继续效忠查理一世。第四个是爱尔兰凯尔特人，他们认为自己的部落土地大部分被种植园园主侵占。这些人献身于天主教，并且急于摆脱他们土地上的外国征服者。他们找到了欧文·奥尼尔（**图98**）这样一位勇敢的领袖。

1641年11月1日，从威斯敏斯特传来消息称，爱尔兰爆发了叛乱，大批新教徒在爱尔兰北部各郡遭到屠杀。谣言让本身已经够可怕的局势变得更恐怖。正如我们所见，约翰·皮姆利用在议会中激起的恐惧心理，积极推进《大抗议书》的实施，后来又要求议会控制王室的武装力量。

各种情况交织在一起，让局势变得非常复杂。查理一世在苏格兰，英格兰的舆论正在向有利于他的方向转变。然而，几乎每天都有消息或多或少地传给议会领导人，说王后亨利埃塔·玛丽亚与欧洲大陆或爱尔兰的其他宗教人士进行了一些新的谈判，内容是关于军队的"阴谋"或有预谋的政变。最重要的是爱尔兰的叛乱的消息。在伦敦，人们普遍认为，大家看到的如果不是查理一世煽动的大屠杀，就是叛乱。

事实是什么？要说查理一世对1641年10月爱尔兰叛乱知情是不正确的。但毫无疑问，王后亨利埃塔·玛丽亚确实与爱尔兰

图98 欧文·奥尼尔

第 13 章 爱尔兰叛乱及之后

的天主教徒经常保持联系[①]，并且在1641年8月，查理一世与奥蒙德公爵和安特里姆侯爵进行了谈判。向天主教徒做出让步承诺的同时，奥蒙德公爵和安特里姆侯爵将把正在解散的斯特拉福德伯爵在爱尔兰军队的残余力量集合起来，获得爱尔兰议会赋予的权威，从而夺取都柏林城堡并将其作为对抗英格兰议会的行动基地。这一计划被泄露给了大法官，使他们能够阻止都柏林爆发叛乱，并且确保首都伦敦的安全。

与此同时，在基纳德的费利姆·奥尼尔（图99）的领导下，被剥夺土地的阿尔斯特当地人发起反抗，杀害了他们能见到的所有新教徒。直到今天，对大屠杀的规模的争论依然很激烈。爱德华·海德说，遇难人数在四万到五万之间。根据当代其他记录，这个数字甚至更高。詹姆斯·弗劳德谈到了"堪比圣巴塞洛缪大屠杀的恐怖场面"。

威廉·莱基以其特有的、不偏不倚的、超然态度分析了叛乱的原因后，倾向于把"所谓的屠杀"限制在非常狭小的范围内。

"这次叛乱，"他写道，"代表着两代人累积起来的过错和仇恨。被驱逐的领主的影响……氏族的愤怒……土著和在他们的旧

图99 基纳德的费利姆·奥尼尔

[①] 这是很自然的。——原注

375

领土上定居的外来殖民者之间自然地产生的仇恨；在牧师和修士的说教下兴起的新狂热；所有长期在土地方面的不当行为……所有长期在宗教方面的不当行为，导致了这样的结果……这些考虑将所谓的屠杀限制在非常狭小的范围内。这足以表明它在通俗历史中被夸大了，几乎超过了其他任何有记录的悲剧。然而，毫无疑问，阿尔斯特叛乱是极其可怕的，随之而来的是大量残暴的谋杀行为。"

与此同时，我们可以从1641年12月12日约翰·坦普尔爵士写给查理一世的信中摘录了一段话。这封信虽然不那么冷漠，但带有当时情绪的印记。

> 他们愤怒地拿着武器前进，见英格兰人就杀。在整个爱尔兰，不分性别和年龄，英格兰人都被他们用最野蛮的方式杀害了，比土耳其人和异教徒还要残忍……我们国家成千上万的人已经在他们残酷的屠杀中丧生了，可怜的幸存者流离失所、孤苦伶仃、衣不蔽体，在饥寒交迫中备受折磨。

约翰·坦普尔是爱尔兰负责保管档案的法官，无疑有个人的夸张动机。然而，他的证据不能被完全忽视。塞缪尔·加德纳和威廉·莱基一样，对任何"大屠杀"的证据都提出了质疑。但加德纳承认，确实发生了"难以想象的暴行"和大规模驱逐盎格鲁—苏格兰定居者的事件。最谨慎的估计表明，在十二万名定居者中，大约有两万人到两万五千人不是死在刀剑之下，就是死于叛乱之后最初几周的饥荒。

第13章 爱尔兰叛乱及之后

无论准确的受害者人数是多少[①]，毫无疑问，大屠杀的事实给英格兰和苏格兰的清教徒留下了难以磨灭的印象，并且给英格兰和爱尔兰的关系史蒙上了一层永久的阴影。英格兰选民从来都不愿意违背自己的意愿，将信仰"新教"的阿尔斯特置于都柏林的"天主教"议会的管辖之下。可以肯定地说，无论1641年的记忆变得多么模糊，他们在任何情况下都不会同意这么做。但违法者会遭到更迅速的报复。英格兰的清教徒在《旧约》，而不是《新约》中寻求他们的榜样。"以眼还眼，以牙还牙"是他们很快就遵循的指令。1649年，克伦威尔实施的"可怕的手术"并不仅是一时之需。这位"外科医生"没有忘记"阿尔斯特的圣巴塞洛缪"。

当时，关于查理一世的同谋的问题引起了激烈的争论。现在，这一问题用几句话就可以弄清楚了。安特里姆侯爵说："这些傻瓜很喜欢这么做，他们不指望我们有时间、有办法来做出安排。在没有我们的情况下，他们赶在我们之前自己行动，以自己的方式来做，结果弄得不可收拾。"安特里姆侯爵和奥蒙德公爵是爱尔兰贵族的两个领袖，参与了1641年夏天与查理一世的谈判。查理一世想要的是把斯特拉福德伯爵的军队集结起来，如果需要，可以在英格兰使用。他最不愿意看到的就是爱尔兰的叛乱。然而，他很可能在无意中引发了一场与他完全无关的运动。这场运动给他带来的灾难甚至比对他的对手还要深重。

尽管如此，爱尔兰的敌人怀疑查理一世是同谋。这是很自然的、几乎不可避免的。欧文·奥尼尔的堂兄费利姆·奥尼尔与罗

[①] 并且受害者人数只能粗略地估计。——原注

杰·穆尔一起领导了对阿尔斯特新教徒的攻击。费利姆·奥尼尔展示了一份由查理一世签署并盖有苏格兰国玺的委任状，上面的日期是1641年10月1日。塞缪尔·加德纳在承认费利姆·奥尼尔的委任状是伪造的同时，认为造成这份伪造的委任状的原因是查理一世在同一天签署了另一份委任状，授权爱尔兰贵族以他的名义占领要塞。这至少是耐人寻味的巧合，说明这一天国玺易过手。

确定无疑，并且与我们目前的目的相关的是，爱尔兰的叛乱让约翰·皮姆在《大抗议书》上获得了大多数人的支持，而《大抗议书》也立即提出了控制民兵的问题。这一点即使没有造成英格兰第一次内战，也加速了它的爆发。最后，我们也不怀疑英格兰议会采取的措施在爱尔兰起到了火上浇油的作用。英格兰议会不仅通过了一项决议[①]，反对任何对"天主教徒"的宽容，而且采纳了一份建议，将爱尔兰250万英亩的优质土地分配给订购者，以获得100万英镑的特殊资金，用于镇压叛乱。一支军队迅速组建了起来。1641年12月，西蒙·哈考特爵士（**图100**）率领一支由一千五百人组成的先头部队抵达都柏林。1642年2月，乔

图100 西蒙·哈考特爵士

---

① 1641年12月8日。——原注

第13章 爱尔兰叛乱及之后

治·蒙克（图101）率领的一支庞大的步兵部队和理查德·格伦维尔爵士率领的骑兵部队紧随其后。

1642年4月初，查理一世宣布自己打算亲自到爱尔兰进行实地调查。但议会正式要求他停止调查，并且指示约翰·霍瑟姆拒绝向查理一世提供他提议从赫尔的军火库获得的装备。

与此同时，尽管爱尔兰议会军队取得了一些成功，但爱尔兰的运动逐渐具有了更多的民族特性。爱尔兰南方的天主教贵族与阿尔斯特叛乱者同流合污。1642年5月，在基尔肯尼，他们成立了临时政府。6月，天主教成员被驱逐出都柏林议会。10月，在基尔肯尼，爱尔兰的每一个郡和每一个实际没有被占领的市和镇召开大会。大会决定在每个省设立一个拥有行政权力和司法权力的省议会，成立一个由25个成员组成的最高执行委员会，并且在爱尔兰重新建立天主教教会。英格兰议会仍然可以在其武装部队控制的爱尔兰城镇行使职能，爱尔兰其余地区由最高执行委员会和基尔肯尼大会统治。

图101 乔治·蒙克

在爱尔兰建立全国性政府的过程中，事情进展得很顺利。但本质上，民族运动不是共和性质的。它确实准备好了有条件地拜倒在国王脚下。1643年3月，查理一世接到请求，要求弥补爱尔兰天主教徒的怨苦，并且同意废除《波伊宁斯法》，建立独立的爱尔兰议会。作为回报，爱尔兰将为他提供一支一万人的军队，用于对付英格兰议会。

此刻，查理一世在爱尔兰的地位几乎完全取决于一个人的忠诚。在这些困难时期，奥蒙德公爵承担了不可替代的、始终如一的高尚角色。1642年8月，作为一个真正的爱国者、一个坚定的新教徒、一个狂热的保王派人士，奥蒙德公爵被查理一世封为侯爵。1643年1月，他奉命代表查理一世在爱尔兰工作。1643年10月，他被任命为爱尔兰总督。尽管他信奉新教，但没有人比他更适合充当查理一世和天主教同盟之间的中间人。1643年9月15日，他代表查理一世与天主教同盟达成了休战十二个月的协议。

实际上，这种所谓的"暂停战争"的做法是为爱尔兰东部地区的复兴提供条件。爱尔兰东部海岸有一个严格划定的地区，科克周围有另一个较小的地区，爱尔兰北部和西部有英格兰军队实际占领时实力较强的地区，这些地区将继续由英格兰指挥官控制。在爱尔兰其他地方，天主教同盟组成的政府被认为是有效的。爱尔兰的保王派军队摆脱了英格兰的束缚。休战给英格兰和苏格兰的清教徒留下了深刻的印象。据罗伯特·贝利说，这吸引了大量人签署《神圣盟约》。"最重要的是，"这位苏格兰神学家写道，"爱尔兰的停火让我们的人民得到了安全的保障。"

查理一世从这次停战中只得到了两支来自芒斯特的英格兰部队。但正如理查德·拜伦写给奥蒙德公爵的信中说的那样，这些人"服役期间态度冷漠，在楠特威奇和圆颅党人交战时溃败而逃，被俘的一千五百个俘虏中有八百人很容易就被说服签署了盟约"。拜伦给奥蒙德公爵的建议是，只派遣爱尔兰军队，由可以信任的英格兰人指

第13章 爱尔兰叛乱及之后

挥。虽然来自芒斯特的士兵实际上是英格兰人，但对他们的雇用冒犯了查理一世在英格兰的支持者。如果1644年2月3日的《真实通讯者》杂志的内容可信，那么"国王陛下损失的英格兰骑士比爱尔兰骑士还要多"。

然而，为确保天主教对国王事业的支持，更大的计划正在酝酿中。1644年11月，王后亨利埃塔·玛丽亚抵达巴黎，与由英格兰天主教徒和爱尔兰天主教徒组成的联合委员会进行磋商。该委员会成立的目的是促进天主教在两国的复兴。他们探讨了各种可能的援助。1645年1月，他们达成了一项协议。根据该协议，洛林公爵夏尔四世同意派遣一万多名士兵帮助查理一世，奥兰治亲王腓特烈·亨利答应为他们提供交通工具。与此同时，在牛津，查理一世本人也在与爱尔兰同盟最高委员会的代表进行谈判，尤其是与伍斯特侯爵之子拉格伦的赫伯特勋爵（图102）之间的谈判。赫伯特勋爵本人是一个狂热的天主教徒。他被封为格拉摩根伯爵，奉命组织爱尔兰天主教徒、威尔士天主教徒和欧洲大陆天主教徒的广泛联合，如果可能，拯救查理一世日薄西山的命运。查理一世则承诺暂停一切不利于天主教徒的刑法。值得注意的是，即使在这个黑暗的时刻，查理一世也始终如一地忠于国教，不会同意废除重大的法令，如作为宗教

图 102 拉格伦的赫伯特勋爵

改革解决方案依据的《反对向罗马上诉法令》。

然而,在查理一世的新教徒朋友中,查理一世与天主教徒的谈判引起了极大的不安。在内斯比战役中缴获的国王的文件使清教领袖得以将整个事件公之于众,由此引起的轰动是深刻而痛苦的,并且对保王派的事业造成了极大的损害。

在内斯比战役结束两个月后,经过多次意外和长时间的拖延,赫伯特勋爵设法到达爱尔兰,与基尔肯尼同盟军签订了以他的名字命名的著名条约。然而,它没有什么实际意义。虽然对天主教徒做出了巨大承诺,但乔治·门罗领导下的议会势力在爱尔兰取得了很大的进展。教皇英诺森十世的圣座大使①乔瓦尼·巴蒂斯塔·里努奇尼的到来只会使局势变得更加复杂。1645年12月底,赫伯特勋爵在都柏林被捕。1646年1月,在伦敦,他与基尔肯尼同盟军签订的条约同乔治·迪格比和教皇英诺森十世(图103)直接缔结的条约一起公布。1646年3月,奥蒙德公爵与基尔肯尼同盟军签订了一项范围更有限的条约。但在承诺的天主教军队开始参与在英格兰的军事行动之前,所有这些支持都是不切实际的。因此,远征军的命令被撤回,奥蒙德公爵奉命放弃与基

图103 教皇英诺森十世

---

① 圣座大使,罗马天主教代表教皇,具有大使级地位的外交代表。——译者注

第 13 章 爱尔兰叛乱及之后

尔肯尼同盟军的进一步谈判。但在爱尔兰发生的事件让奥蒙德公爵的指示无法得到真正的执行。1646年6月5日，同盟军惨败乔治·门罗的军队。于是，奥蒙德公爵和爱尔兰同盟最高委员会达成了协议。但该协议对罗马圣座大使里努奇尼来说是很不快的。他自然对爱尔兰的思考相对较少，而对欧洲的总体形势，尤其教皇的地位思考得很多。简而言之，爱尔兰再次卷入欧洲大陆的政治中。里努奇尼声称，作为教皇的大使，他要控制局势，而爱尔兰的爱国者、忠诚的新教徒奥蒙德公爵除向威斯敏斯特的实际政府提出申请之外，别无选择。奥蒙德公爵提出，自己要么代表英格兰政府继续担任爱尔兰总督，要么向任命自己的君主提出辞呈。威斯敏斯特议会在没有征得国王意见的情况下，立即接受了他的辞呈，并且任命莱斯特伯爵的长子莱尔子爵菲利普·西德尼（图104）接替他的职位。但菲利普·西德尼还没有开始行使自己的职权就被召回了。

并不是说议会有意忽视爱尔兰的事务。的确，爱尔兰似乎第一次给威斯敏斯特的政客带来了方便，而非尴尬。现在[①]，议会和军队之间的争吵到了决定性的时刻。第一次内战结束了。因此，议会极度渴望解散获胜的军队，重新控制局势。但士兵

图104 莱尔子爵菲利普·西德尼

---

① 1647年3月。——原注

们拒绝被解散，除非在他们自己的将军费尔法克斯和克伦威尔的领导下，或者议会满足支付他们军饷和养老金的条件，否则大部分士兵都不愿离开。

与此同时，议会对爱尔兰军队指挥部做出了其他安排。其中之一是任命迈克尔·琼斯上校为都柏林的指挥官。他是一个粗鲁但高效的军人。1647年6月7日，在议会代表的陪同下，琼斯抵达都柏林。奥蒙德公爵尽管为了查理一世的利益竭尽全力巩固爱尔兰的政党，但别无选择，只能把政府的控制权交给琼斯。8月8日，在邓根山，琼斯击溃了基尔肯尼同盟军。他对敌人的残酷，让爱尔兰天主教徒明白他们可能会从获胜的清教徒那里得到什么。不久，琼斯与乔治·蒙克将军交好。蒙克被阿尔斯特议会任命为指挥官。在芒斯特，英奇昆男爵默罗·奥布赖恩（图105）发号施令，逐渐控制了爱尔兰南部。

爱尔兰清教徒的前途从未如此光明，但由于第二次内战爆发了，情况再次变得复杂起来。1648年3月，英奇昆男爵宣布支持查理一世。多年来一直为阿尔斯特议会英勇斗争并取得胜利的乔治·门罗也加入了保王派和长老会之间的新联盟。但9月，乔治·蒙克占领了贝尔法斯特、卡里克弗格斯和科尔雷因，俘虏了门罗，并把他作为囚犯送到了英格兰。这些胜利避免了苏格兰人对阿尔

图 105　英奇昆男爵默罗·奥布赖恩

第 13 章 爱尔兰叛乱及之后

斯特的入侵。实际上，就爱尔兰而言，这些胜利对英格兰第二次内战起到了决定的作用。然而，10月4日，奥蒙德公爵在接到查理一世让他再次担任爱尔兰总督的任命后，抵达科克。只要查理一世仍在被关押，他就服从王后亨利埃塔·玛丽亚的命令。与此同时，奥蒙德公爵尽其所能巩固爱尔兰保王党的地位。

处死查理一世为奥蒙德公爵的任务提供了便利。教皇英诺森十世的圣座大使里努奇尼对那些同情盎格鲁-爱尔兰人而不是罗马教皇的天主教贵族发出了警告。1649年2月，奥蒙德公爵的离开，解开了爱尔兰政治中的一个结。琼斯的野蛮行径并没有引起人们对新模范军清教徒的喜爱。阿尔斯特长老会教徒自然希望能找到他们苏格兰教友的线索。因此，相对来说，奥蒙德公爵没有遇到什么困难就把盎格鲁-爱尔兰天主教徒、圣公会教徒和长老会教徒暂时联合了起来，并且宣布查理二世为国王。实际上，芒斯特、康诺特和阿尔斯特的局势对奥蒙德公爵有利。只有通过继续占领都柏林，英格兰议会才能保住对岌岌可危的爱尔兰的控制。

英格兰联邦面临的威胁是实实在在的，爱尔兰不仅处于独立的边缘，而且可能成为攻击英格兰的基地。正如克伦威尔对他的军官所说，"如果我们不努力在那里获得自己的利益，过不了多久，不仅我们得不到利益，他们也将在很短的时间内把军队部署在英格兰，给我们带来麻烦"。他说得没错。克伦威尔被任命为爱尔兰总督和军队总指挥。经过几个月的精心准备，1649年8月13日，他带领一支庞大的、装备精良的部队抵达都柏林。

在克伦威尔1650年1月在约尔发表的一份宣言中，他远征爱尔兰的精神得到了明确阐述。

我们来是为了给无辜流血的人讨回公道，面对代表我们希望和力量的全能上帝，带着他的祝福，努力向所有诉诸武力、为自己辩解的人做出清算。我们来是为了挫败无法无天的造反者的势力，他们已经抛弃了英格兰的领导权威，成为人类社会的公敌。全世界都很清楚，他们的原则就是摧毁和征服所有不服从他们的人。在上帝的帮助下，我们来这里是为了发扬和维护英格兰自由的光辉和荣耀。在这样一个国度里，我们毫无疑问有权这样做。爱尔兰人如果不听你们这些诱惑者的话，就可以平等地获取所有利益。爱尔兰人如果放下武器，就可以与英格兰人平等地享有自由和财富。

英格兰人、统一派和新教徒多年来一直反对爱尔兰政府问题的一种说法更具有代表性。这种说法以前没有人想过，也没有提出来。它就是"叛乱就像巫术的罪恶一样"。把对英格兰自由的祝福带给世界上所有人民，这难道不是英格兰显而易见的权利和简单的职责吗？还有什么比把英格兰从罗马教廷解救出来，让其分享自己美好的新教遗产更幸运吗？早在1641年，约翰·克洛特沃西爵士就建议英格兰人应该一手拿着利剑一手拿着《圣经》去爱尔兰。实际上，克伦威尔是在践行他的话。

当时，利剑甚至比《圣经》更引人注目。克伦威尔到达都柏林的前两周，在拉思敏，迈克尔·琼斯击溃了奥蒙德公爵的军队。奥蒙德公爵率领精锐部队前往德罗赫达躲避。于是，克伦威尔前往德罗赫达，勒令奥蒙德公爵投降。在遭到拒绝之后，克伦威尔指挥军队向德洛赫达发起猛攻。按照克伦威尔的命令，其军队杀死了德罗赫达守军中的每一个人。最终,死亡人数超过了三千人。"我不认为,"克伦威尔在给约翰·布拉德肖的信中写道,"守军中有三十人逃脱了。那些人已经被安全拘留在巴巴多斯岛。""真的,我相信,"克伦威尔补充说,"这种痛苦可以避免流更多的鲜血。"特里姆和邓多克投降了。随后,克伦威尔派遣一支部队向南进军,去解伦敦德里之围。1649年10月11日,在德罗赫达上演的一幕在韦克斯福德重演。克伦威尔估计敌人的损失"不少于两千",没有一个牧师逃脱。克伦威尔的损失则微乎其微。

面对德罗赫达和韦克斯福德的前车之鉴,一座又一座城镇向克伦威尔敞开了大门。只有沃特福德守军阻止了他凯旋的步伐。但到1649年底,爱尔兰的整个海岸,从伦敦德里到克利尔角,除沃特福德之外,都掌握在了克伦威尔手中。但面对沃特福德守军的顽强抵抗,连克伦威尔都退缩了。最终,在1650年8月,沃特福德被亨利·艾尔顿占领。

克伦威尔早就被召回以应对更紧迫的危险。然而,1650年5月,在离开爱尔兰之前,他已经使伦斯特和芒斯特臣服,并且允许投降的城镇驻军到境外服役,从而解除了大约四万五千名士兵的威胁。抵抗者的主力被打垮,艾尔顿留下来完成克伦威尔的未尽工作。1650年以前,在阿尔斯特和芒斯特的几乎所有驻军都投降了,残余的军队被赶过香农河,进入康诺特。在康诺特的沼泽和山峦之间的战斗断断续续,持续了一年多的时间。1652年5月,爱尔兰人的最后一个据点戈尔韦投降。英格兰对爱尔兰的重新征服终于完成了。

在基尔肯尼,查尔斯·弗利特伍德将军建立了一个高等法庭,1641年阿尔斯特叛乱的幸存者最终被绳之以法。基纳德的费利姆·奥尼尔和另外二百人被定罪处决。爱尔兰的白板又被擦干净了,英格兰会在上面写上什么呢？

在回答这个问题和研究克伦威尔式解决办法的细节之前，必须先谈谈克伦威尔摧枯拉朽的工作。

毋庸置疑，克伦威尔在爱尔兰的做法引发了激烈的争议。

与克伦威尔本人一样，托马斯·卡莱尔毫不怀疑地认为，他不过是执行全能的上帝旨意的工具。

> 对那些认为通过洒玫瑰水"手术"就能治愈充斥着血腥的土地的人来说，这些1649年来自爱尔兰的信一定非常可怕。关于这场可怕的"手术"，它到底是"手术"，还是残忍的谋杀？这是一个应该提出来并进行回答的问题。克伦威尔确实相信上帝的判断，不相信洒玫瑰水的"手术"计划。

卡莱尔的观点和克伦威尔的观点是一样的，并且与在英格兰清教徒间盛行的观点完全一致。德罗赫达大屠杀（图106）和韦克斯福德大屠杀只是对1641年阿尔斯特天主教徒屠杀英格兰人的报复。正如塞缪尔·加德纳指出的那样，只有对1641年之前的爱尔兰王国社会历史一无所知，才会认为这种观点是正确的。事实上，这种无知确实在英格兰盛行。克伦威尔也有同感，他的行为自然是这种思想的产物。对克伦威尔打算消灭爱尔兰人的说法，戈尔德温·史密斯认为是"一个爆炸性的寓言故事"。但从那一天到现在，在爱尔兰王国，这则寓言不但被接受，而且被认为是和福音一样真实的事情。如果克伦威尔没有考虑过消灭爱尔兰人，他自己就可能差点流亡国外。克伦威尔的真正借口只有运用实证主义的批判方法才能找到。关于这种方法，弗雷德

图 106 德罗赫达大屠杀

里克·哈里森有一个很好的例子。

> 克伦威尔并不比他那个时代的清教徒和英格兰人更坏，而是更高贵、更公正，但他必须在未来几代人身上背负起传说中的"诅咒"。他是清教徒信仰的化身，是英格兰野心的工具。他是官方权威，整个工作都得由他来完成，并且剩下的工作也得由他负责。因此，这场世俗的民族纷争的责任主要落在他身上。

"世俗的民族纷争"是克伦威尔留给英格兰和爱尔兰的遗产。然而，就目前而言，他的职责是十分明确的。英格兰不能忽视一个宣布支持查理二世的爱尔兰王国，正如威廉三世不能忽视一个欢迎詹姆斯二世成为国王的爱尔兰王国一样。但如果不能忽视爱尔兰，就必须重新征服它。克伦威尔和威廉三世几代人都被委以这个重任。

17世纪，殖民是征服的自然结果。克伦威尔的土地殖民计划只是使前辈尝试的"种植园"计划更合逻辑了。

根据这个计划，香农河把爱尔兰分成了两个不相等的部分。香农河以西的爱尔兰的沼泽和山地将成为爱尔兰的"威尔士"。这里的人全部由信奉天主教的凯尔特人组成。所有"无辜的教皇派"——凯尔特的首领、"公开的"教皇派和其他没有真正拔剑出鞘的英格兰议会反对者，以及逃离克伦威尔之剑，宁愿选择康诺特也不愿到国外服役的"劣等剑客"或士兵，都被赶进这里。康诺特和克莱尔的城镇留给了英格兰和爱尔兰的定居者，并且在海岸和河岸周围划出一英里宽的军事警戒线，以切断凯尔特人与外界或爱尔兰其他地区的所有联系。实际上，凯尔特人是被关在了人类编织的带刺的铁丝网后面。阿尔斯特、芒斯特和伦斯特的居民都是来自英格兰和苏格兰的移民，除一定数量的"农夫、工人、匠人"和"穷劳工"之外，还有一些更卑微的人，只要他们同意为新来的定居者提供木材和水，就可以得到宽恕和谅解。天主教神父被大批送往西班牙或西印度群岛；都柏林议会被废除；爱尔兰在威斯敏斯特有代表，并且在贸易方面和英格兰享有同等权利。

对那些无法通过17世纪的眼光来审视这一计划的人来说，用冷静的眼光批判性地审视这一计划的细节几乎是不可能的。其实也没有必要这么做，因为这个计划从来没有被完整地实施过，在查理二世重新掌权时，这个计划就被抛弃了。实际上，大规模驱逐凯尔特人的实际困难没有看上去那么严重，因为他们的人数还不到七十万。然而，这丝毫不能减少这种意图的残忍性。毫无疑问，如果该计划全面实施，自由贸易和立法联盟将使爱尔兰领先苏格兰半个世纪，并且避免18世纪"占统治地位的"政府的最糟糕的一面。奥利弗·克伦威尔式殖民的最后几年，爱尔兰的确享有经济繁荣的特殊措施。这是当代证据充分证明的事实。

但繁荣是以可怕的代价换来的。在这一点上，威廉·莱基的判断从未改变。"克伦威尔式的殖民，"他写道，"是所有权和占有者之间持久而深刻的分歧基础，这也是爱尔兰政治和社会罪恶的主要原因。"说到社会上的罪恶，这是毫无疑问的。但莱基属于认为经济改革和教会改革将解决"爱尔兰问题"的一代人。这使他们的期望落空。爱尔兰圣公会脱离政治的做法和其财产被没收，以及连续的几部土地法案中的让步，甚至最终征用盎格鲁-爱尔兰专有权等，都未能提供一个解决方案。他们的诊断哪里出了问题？也许1919年"爱尔兰共和国临时政府"与伍德罗·威尔逊总统之间的通信是解决这一悖论的关键所在。"我们的民族主义，"信中写道，"不是建立在不满之上的。我们反对的不是英格兰的管理不善，而是爱尔兰的英格兰政府。"没有人比克伦威尔更能真正代表爱尔兰的英格兰政府，无论好坏，他都曾踏上过爱尔兰的土地。

第14章

英格兰联邦和护国政体

THE

COMMONWEALTH

AND

THE

PROTECTORATE

在征服爱尔兰后，克伦威尔需要解决苏格兰问题。正如我们看到的那样，他早在完成在爱尔兰的任务之前就被议会召回，指挥英格兰对苏格兰的战斗。费尔法克斯一直对征服苏格兰持拒绝态度。

苏格兰的情况虽然没有爱尔兰那么混乱，但不能完全否认它的复杂性。苏格兰三方势力脱颖而出：首先是以蒙特罗斯侯爵为首的老保王党，在1649年春的战斗中，蒙特罗斯侯爵被誓约派军队俘虏，1650年5月21日，英勇地死在绞刑架上。其次是以阿盖尔侯爵为首的严肃的誓约派，在第二次内战中，克伦威尔获胜后授予了阿盖尔侯爵领导权。最后是以詹姆斯·汉密尔顿、劳德代尔公爵、亨特利侯爵和约翰·米德尔顿为首的"法律"誓约派，又称"契约派"或"汉密尔顿分子"，其负责应对1648年英格兰的入侵。

1649年夏，为了打击查理二世和誓约派的势力，第二次入侵苏格兰迫在眉睫，但费尔法克斯拒绝进军苏格兰，除非苏格兰人越过边境。克伦威尔准备先发制人。7月22日，他率领一万六千人越过特威德河。但苏格兰东部低地几乎没有人，并且物资匮乏。克伦威尔只能靠保护其右翼的海军向他的军队提供补给。一连几周，戴维·莱斯利率领二万四千名士兵作战，始终不肯从爱丁堡前的堡垒中撤出。克伦威尔也没有足够的兵力发动进攻。8月底，莱斯利看到了一个机会，切断了虚弱的入侵者的退路。他从爱丁堡进军，封锁了通往邓巴南部的贝里克的道路。9月3日，克伦威尔取得了这场以邓巴的一个渔村命名的战斗的大捷（图107）。誓约派军队中三千人被杀，一万人被俘，克伦威尔夺取了敌人的粮草和武器之后，向爱丁堡进军。在珀斯，苏格兰议会召开了会议，对誓约派军队进行了改革，允许保王派和契约派加入誓约派军队。1651年1月1日，在斯昆，查理二世加冕。由于被克伦威尔的军队切断了与苏格兰高地的联系，查理二世决定向南进军，8月22日，在伍斯特，查理二世举起了大旗。克伦威尔留下五千人在乔治·蒙克的领导下来完成征服苏格兰的任务，他自己则乘胜追击。9月3日，在伍斯特，克伦威尔大获全胜。和许多英格兰和苏格兰的知名人士一样，莱斯利被俘。但在四十四天的躲藏逃窜之后，10月16日，查理二世逃到了诺曼底。

克伦威尔在爱尔兰、苏格兰和英格兰的胜利，对欧洲大陆各国政府对英格兰联邦的态度产生了显著影响。君主政体的国家和共和政体的国家竞相恢复与英格兰联邦的友好关系。英格兰联邦和瑞典王国、丹麦王国、葡萄牙王国、瑞士邦联，以及汉萨同盟、托斯卡纳大公国、威尼斯共和国、日内瓦共和国、西班牙王国等建交，最后甚至包括法兰西王国。与此同时，英格兰联邦的海军从英吉利海峡、地中海和西印度群岛的港口追捕莱茵的鲁珀特亲王。到1652年底，英格兰联邦得到了国外所有大不列颠种植园乃至全世界的承认。

然而，还有一场争端有待调和。英格兰联邦和荷兰共和国之间，尤其是两国商人之间，长期存在摩擦。1623年，在安汶发生的对英格兰商人的大屠杀（图108）迫使英格兰人离开了香料群岛[①]。对

[①] 即马鲁古群岛。——译者注

第14章 英格兰联邦和护国政体

英格兰来说，幸运的是，这些英格兰人可以前往印度半岛东海岸避难。关于这一残酷的大屠杀，詹姆斯一世和查理一世都没能获得道歉或补偿。没有人希望在离自己国家较近的地方发生摩擦。

1652年，第一次英荷战争爆发。在罗伯特·布莱克和马尔滕·特龙普之间展开了一场命运各异的战斗。最终，英格兰联邦取得了一系列胜利，荷兰海军上将特龙普丧生。1654年，英格兰联邦与荷兰共和国达成了一项和平协议，荷兰共和国承认英格兰联邦国旗在英吉利海峡和爱尔兰海至高无上的地位。荷兰共和国还同意将英格兰保王派驱逐，对安汶大屠杀做出赔偿，并且接受1651年英格兰议会通过的《航海法案》的条款。坦率地说，《航海法案》是主张贸易保护主义的。亚当·斯密称赞它是政治家才能的胜利。从此以后，除英格兰的船或原产国的船运载的货物之外，再也没有其他货物可以进口到英格兰了。事实上，无论《航海法案》是否仅是为了记录已经在进行的经济变革，从那天起，荷兰的运输贸易都减少了，英格兰的运输贸易都增加了。荷兰仍然是一个重要的金融和商业中心，但海上霸权转移到了大不列颠岛上。

与此同时，在英格兰，事情虽然进展缓慢，却一直在朝着解决问题的方向发展。英格兰的党派和爱尔兰的党派一样，但英格兰党派的界限要清晰得多。在查理一世被处死和上议院被废除后，英格兰残余的"合法"权力归下议院所有。这时的议会，或者说"可怜的残余"，极度渴望能够拥有永久的权力，其目的实际上是想让自己独立于选民之外。它得到了一些"诚实的共和党人"的支持，如埃德蒙·勒德洛、小亨利·文和马丁等。他们害怕军队是不无理由的。查理二世在伍斯特战败之后，保王派成员都保持低调，静观事态发

图 107　克伦威尔取得邓巴大捷

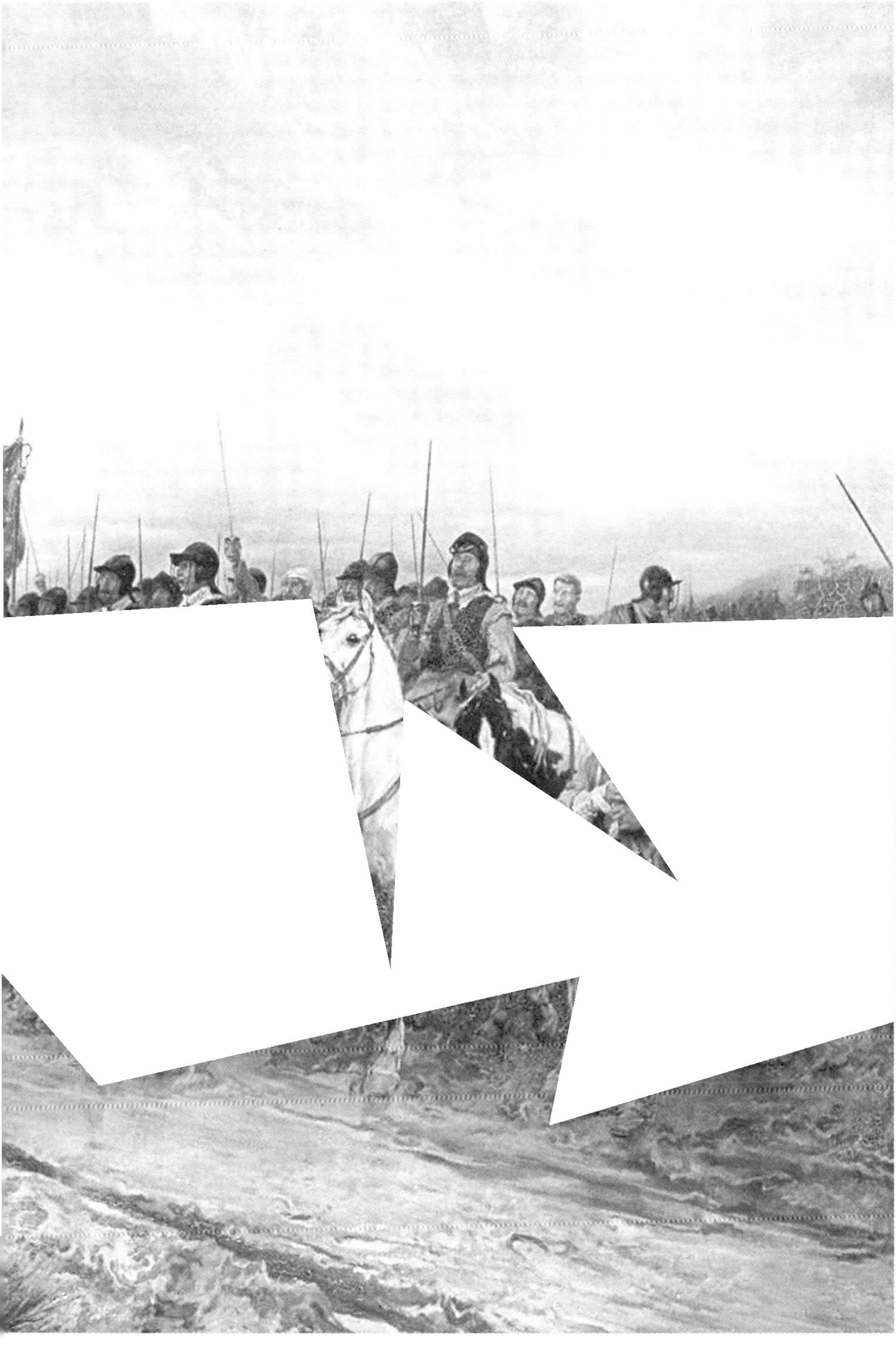

图 108 英格兰商人在安汶遭屠杀

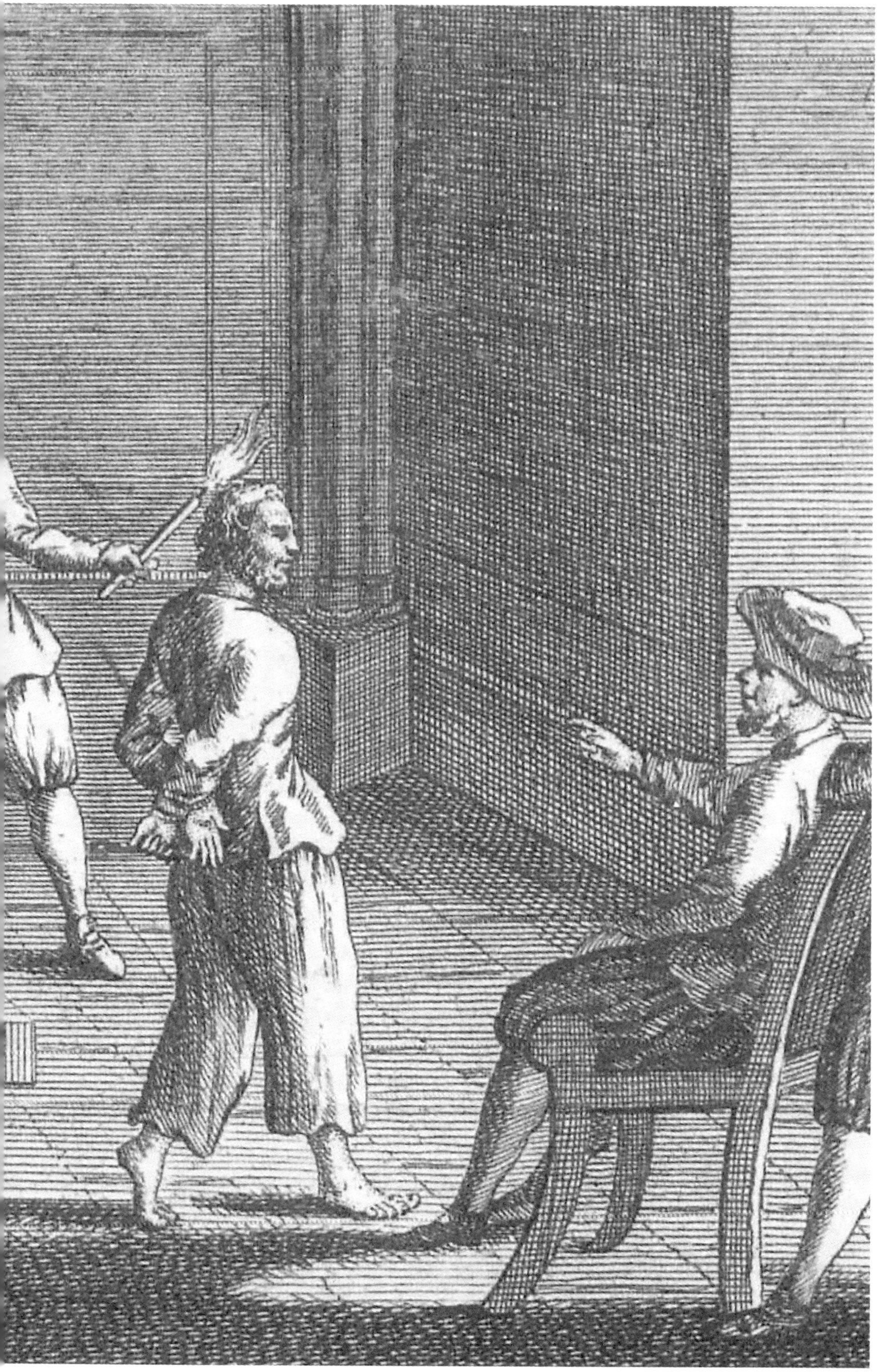

展,但对苏格兰和英格兰长老会教徒的任何同情的窃窃私语,他们都保持高度警惕。关于"平等者"的地位问题,他们已经说得够多了。

议会似乎决意疏远国内每个党派,而更在乎占有国家利益。它肆意没收"保王派成员"的财产,让自己的成员和支持者中饱私囊。它违背了所有合理的政府原则,同时以立法者和司法者的身份行事。1650年3月,它建立了一个法庭,实际上是新的星室法庭。法庭没有陪审团,但有权决定生死。法庭成员的任期被限制在六个月之内。但有迹象表明,对法庭成员的任命体现了残缺议会的专横和其行动的恐怖。

其中最主要的是议会的恐惧和怀疑,这反映在使议会独立于选民并使其权力永存的各项措施当中。根据1641年5月11日得到国王和上议院批准的法案,长期议会不能解散或休会,除非议会"为此目的通过专门的法案"。该法案还进一步规定,"在本届议会期间,除非已做出决定或根据自己的指令做出决定……上议院在任何时候都不得休会"。尽管如此,该法案仍被认为是有效的。它确实为下议院残余分子提出的无耻要求提供了一定的制裁措施。1649年1月4日,下议院决定"英格兰议会中的下议院,由人民选出并代表人民,在国内拥有至高无上的权力"。正如查尔斯·弗思所言,议会从来没有"像通过这次投票时那样缺乏代表性。战争期间,保王派成员被驱逐。1648年,长老会成员被驱逐。正如克伦威尔所言,这是'精心筛选后放到了适当的地方'。1640年11月,长期议会举行会议时,它由大约490名议员组成。1649年1月,那些可以自由参加会议的议员不超过90人。整个地区没有代表……1649年到1653年,长期议会从未有权说它代表人民"。

然而,长期议会采取的立场具有这样一种力量:在没有国王、上

第 14 章 英格兰联邦和护国政体

议院和成文宪法的情况下，绝对没有法律来制约其无限的和不负责任的权威。

克伦威尔在他的第二届议会讲话时说："这是英格兰当时的情况。议员们自认为拥有之前三个阶层的权威。他们认为自己拥有无限的权威，一旦有人发问：'你们依据什么规则来做出判断？'它就会回答：'为什么要有规则呢？我们没有规则。我们在立法和司法方面是至高无上的。'"

残缺议会声称自己是至高无上的，但它忽视了形势中的主导因素——新模范军及其将军。残缺议会忘记了自己篡夺的权力实际是建立在武力之上的。它很快就会不安地想起这个事实。1651年，要求建立王国的呼声很高。现在，英格兰联邦的外部敌人瓦解了，所以获胜者内部有闲暇和机会互相攻讦。来自军队的请愿书如潮水般涌来，要求对法律和司法进行改革①；要求建立一个"福音部"；最重要的是，要求尽快解散现有的议会。军官准备动用武力来实现最后一个目标，但克伦威尔提出反对并限制同僚的行动。与此同时，残缺议会继续推动《新代表议案》。该法案建议新议会应由四百名议员组成，但同时进一步提议，现有议员应保留席位，无须重新选举，他们不仅对下一届议员，而且对今后所有议会选出的新议员拥有否决权。这通常被认为是对选民权利的粗暴剥夺。但值得注意的是，像已故的约翰·莫利那样严格的宪政主义者、无可指责的民主党人，认为"这也许是在没有希望的时候，最没有希望摆脱困境的办法"。至少它避免了法兰西大革命中制宪会议犯的致命错误。尽管如此，军官还是强

---

① 这项工作已经拖延了很久。——原注

烈反对这个提议，甚至克伦威尔也失去了耐心："你们必须离开，因为人民讨厌你们占有席位。"后来，他对这个"永久法案"发表了自己的看法："那时我们本应该把工作做好……一个由四百人组成的议会，除部分变动之外，不停地实施专制统治。一个议会走进另一个议会，一个议会离开的同一天，另一个便趁虚而入……我从过去到现在一直认为，这是一种可怜的补救办法。"

克伦威尔对一院制残缺议会的地位与政策的估计，无疑是正确的。这显然是"地球上有史以来最可怕的专横行为"。从司法角度看，残缺议会已经成为两院以前拥有的所有剩余权力的继承者。"无论上议院和下议院的权力是什么，在残缺议会中都是统一的。"这就是首席大法官格林的理论。上议院的司法权被认为授予了残缺议会，而少将高夫则向同僚保证，"自从废除了主教之后，主教曾经惩罚亵渎行为的教会管辖权也移交给了议会"①。行政、立法和司法的结合，为克伦威尔的著名描述提供了充分的理由。任何人的人身和财产都是不安全的。这是重新把所有专断的法庭合而为一的做法。因此，克伦威尔做出了如下描述：

> 人民的自由、利益和生活不是由任何已知的法律和权力来评判，而是由一种专断的权力来评判……我说的是一种专断的权力：让人们的财产易于没收，让他们的人身易于监禁——有时，根据犯罪之后的事实制定的法律，通常由议会

---

① 查尔斯·弗思：《护国政体的最后岁月》，伦敦，纽约，朗文-格林出版社，1909年，第1卷，第9页。——原注

第14章 英格兰联邦和护国政体

在死刑等刑事案件上做出决定。以前，人们根本不知道还有这样的审判制度。

毫无疑问，克伦威尔没有夸大对下议院武断行为的指控。这种行为既没有对国家负责，也没有受到任何外部权威的制约。但替代方案是什么呢？为了找到这些替代方案，1651年9月3日到1653年4月20日发生政变的十八个月里，举行了许多正式的和非正式的会议。在这些会议中，怀特洛克在他的《英格兰事务纪要（1625—1600）》中给出了当时最好的描述。的确，直到1682年，这些纪要才出版，而托马斯·卡莱尔关于复辟之后作家可能存在偏见的暗示不容忽视。但怀特洛克是一个训练有素的律师，一个博学父亲的博学之子。在困难的日子里，他扮演了一个可敬的角色，卡莱尔很乐意给自己加上一些嘲弄性的绰号，尽管不见得合适。不幸的是，这位"会跳舞的河马""愚笨的公牛"，以他的"肥脑"，在某种程度上，关于如何乐观、永久地解决王国问题的方针不同于克伦威尔的观点。但对卡莱尔来说，这就足够了。约翰·莫利认为，怀特洛克"比他周围的任何人更能代表人民实实在在的想法"。克伦威尔自己也认为，即使不遵照怀特洛克的建议，也应该征求他的意见。

在议会，议长威廉·伦索尔召开会议时，克伦威尔提出了这样一个问题："采用共和政体还是采用混合的君主立宪政府，最好得以解决。如果是君主立宪政府，那么权力应该置于谁的手中？"军人和律师之间立刻出现了明显的分歧。军人强烈赞成建立共和国。相反，怀特洛克则表示支持君主制。

怀特洛克说："英格兰法律与君主制的权利和实践交织在一

起。在没有君主制的情况下解决政府问题，将会使我们的法律程序发生很大的变化，而你没有时间去纠正它，我们也很难预见由此而产生的不便。"

托马斯·威德灵顿爵士建议由已故国王查理一世的第三个儿子格洛斯特公爵亨利·斯图亚特继承王位，因为"他很年轻，还没有能力武装反对我们，也没有被对手的想法侵害"。怀特洛克认为可以与威尔士亲王查理或亨利王子达成协议。克伦威尔本人回避了人选的问题，但他的结论是"如果能安全地保护我们作为英格兰人和基督徒的权利，那么与君主权力在某方面达成和解将是非常有效的"。正如各方同意的那样，这个寻求解决办法的问题"并非一般的困难"。整个政体的结构都以国王的存在为前提，没有国王的解决方案，意味着彻底、重新改造法律和制度。

找到某种解决办法，确实是一种迫切的需要。克伦威尔一次又一次提到这个问题。有一天，他在圣詹姆斯公园遇见了怀特洛克，克伦威尔和他重新提到了这个问题。"我们有很重要的理由来凸显上帝赐予我们的恩典和成就，而不是被我们彼此之间的争斗和仇恨弄得支离破碎。"军队开始憎恶议会。"对此，我希望没有太多的原因。议会的骄傲、野心和追求私利，每天都分裂成新的派别，做事拖拉，企图永久存下去，我的主啊[①]，这些事情给了人们太多理由来提出质问。因此，除非有某种权威非常充分、非常崇高，能够约束和保持事物的良好秩序，否则就不可能阻止我们的毁灭。"但怀特洛克反对说，谁能约束一个被承认"最高统治权"的机构呢？"万一有人要请

---

① 怀特洛克是掌管国玺的官员之一。——原注

第 14 章 英格兰联邦和护国政体

它当国王呢?"克伦威尔反驳说。"当然,"他在回答怀特洛克谨慎的抗议时说道,"国王的权力很大、很高,被这个国家的人民理解。在这个时代,它将有巨大的优势。"

不只克伦威尔和士兵想要将行政权和立法权分开。早在1650年2月,一位议员的儿子——年轻的艾萨克·彭宁顿,在《为联邦所言》中提出了对更强大、更独立的行政机构的请求。他说,有人抱怨三个方面的弊端,"事务多,提议多,缺乏一个有秩序的政府"。他提出的补救办法是行政机构与立法机构分离。"在我看来,"他写道,"议会一味干涉政府事务,而不是让合适的人在合适的范围内解决问题,这是不恰当的……"

然而,议会将毫无最高统治权可言。残缺议会的成员甚至不愿意接受"自由"选举的严峻考验。军队会更愿意这样做吗?议会和军队都很清楚,"自由"选举意味着恢复斯图亚特王朝的统治。然而,军队和人民对议会越来越不耐烦。

因此,1653年4月19日,克伦威尔召集将军和一些议员在自己家里开会。有23位议员参加了会议。小亨利·文代表议会承诺,在举行进一步会议之前,将不再继续执行士兵们反对的《新代表议案》。据埃德蒙·勒德洛所说,克伦威尔和士兵们不会为未来的政府提供任何保障,并且说:"有必要推翻这个政府,届时将有足够的时间来考虑应该在这间屋子里放置什么。"埃德蒙·勒德洛补充道:"所以,双方都要相互理解,准备保护自己。"

第二天,即1653年4月20日,克伦威尔得到消息说,尽管小亨利·文做出了承诺,但议会依旧在推动《新代表议案》。仕兰伯特,克伦威尔召集了一群火枪手,在其他军官的陪同下,大步流星地走进议会，然后就座。在议长威廉·伦索尔提出问题的时候，克伦威尔对弗雷德里克·哈里森说："是时候了，我必须这么做。"然后，他站起来，满腔激情地说："你们不是议会，我说你们不是议会。"他喊道："好了，好了，我们已经受够了，我将不再让你们胡说八道。把他们叫进来。"火枪手鱼贯而入。"我们怎么处理这个手杖？"他从桌上抓起手杖递给一个火枪手："来，把它拿走。"然后，他指着威廉·伦索尔，对哈里森喊道："把他打倒。"伦索尔坐着一动没动。"先生，我来帮你一把。"哈里森说道。看到眼前的阵势，伦索尔屈服了，把位置腾了出来。议会被清理之后，将门锁了起来。"是你们逼我这么做的，"克伦威尔对小亨利·文和其他昏倒的议员说道，"我日夜追寻上帝，他宁愿让我留下来也不愿让我干这件事。"

这是英格兰议会历史上最著名、最具戏剧性的事件之一，对此该做何评论呢？在这一点上，"诚实的共和党人"，即使像埃德蒙·勒德洛这样的军人，也肯定与克伦威尔分道扬镳。相反，海德称，议会"在整个王国内变得令人憎恶"，解散议会（图109）"总体上非常让人感激，并且被人民接受"。"没一只狗乱叫，"这是克伦威尔自己的评论。在现代评论家中，以亨利·哈勒姆和约翰·莫利为代表的正统宪政主义者，对克伦威尔与坚守律法的残余势力的决裂感到遗憾。以托马斯·卡莱尔为首的克伦威尔的传记作家和辩护者，虽然普遍对克伦威尔表现出的狂热和粗鲁有所微词，但大体上对其做法还是赞成的。

实际上，克伦威尔的行为必须以结果来评判。如果他的行为为解决争端开辟了道路，即使是最迂腐的人也会赞成。事实上，它确实启

第 14 章 英格兰联邦和护国政体

动了一系列宪政实验，这对政治专业的学生来说很有趣，但无助于人民，尤其是商人，他们因长期的动乱而遭受了巨大损失。

克伦威尔认为，根据从议会获得的最高统帅的任命，他是遗留下来的唯一的法定权力代表。但他不希望延长自己的独裁统治。他成立了由13人组成的临时国务委员会，其中大部分人是军官，负责处理国家的日常事务。即使在这个小小的机构中，随后也产生了对未来政府形式的争论。但很快，临时国务委员会就决定召集一次清教徒知名人士大会，参会人员由克伦威尔和临时国务委员会从公理教会、敬虔的神职人员和清教徒知名人士提交的名单中选出。在入选的140人中，六人代表爱尔兰王国，六人代表威尔士公国，五人代表苏格兰王国，其余代表英格兰王国。他们都是"敬畏上帝，信仰虔诚"的人，大多数是有地位和财产的人。但事实证明，他们的谨慎与热情并不相称。克伦威尔说："跟傻瓜在一起比跟无赖在一起更让我烦恼。"

在开幕演说中，克伦威尔追溯了对国家军队的挑选一事，"不懂军事，也不太喜欢军事"的军队取得的非凡成就，以及从查理二世离开威斯敏斯特到伍斯特战役上帝之手的眷顾。在伍斯特战役之后，这个国家唯一的愿望就是能够收获它付出的所有鲜血和财富的果实。但它的希望被长期议会的残余势力持续毁灭。军队恳求议会自发采取行动，而非外界强制。在军队意识到现状的时候，无望地发现"从遭受暴力的情况来说，比经历的任何战斗都要糟糕"。当《新代表议案》必须强行废除的时候，议员立即召集非常会议来"剥夺民事管理中的一切权力之剑"。最后，克伦威尔恳求议员自上而下寻求力量来执行仁慈与真理的审判。

图 109 克伦威尔解散议会

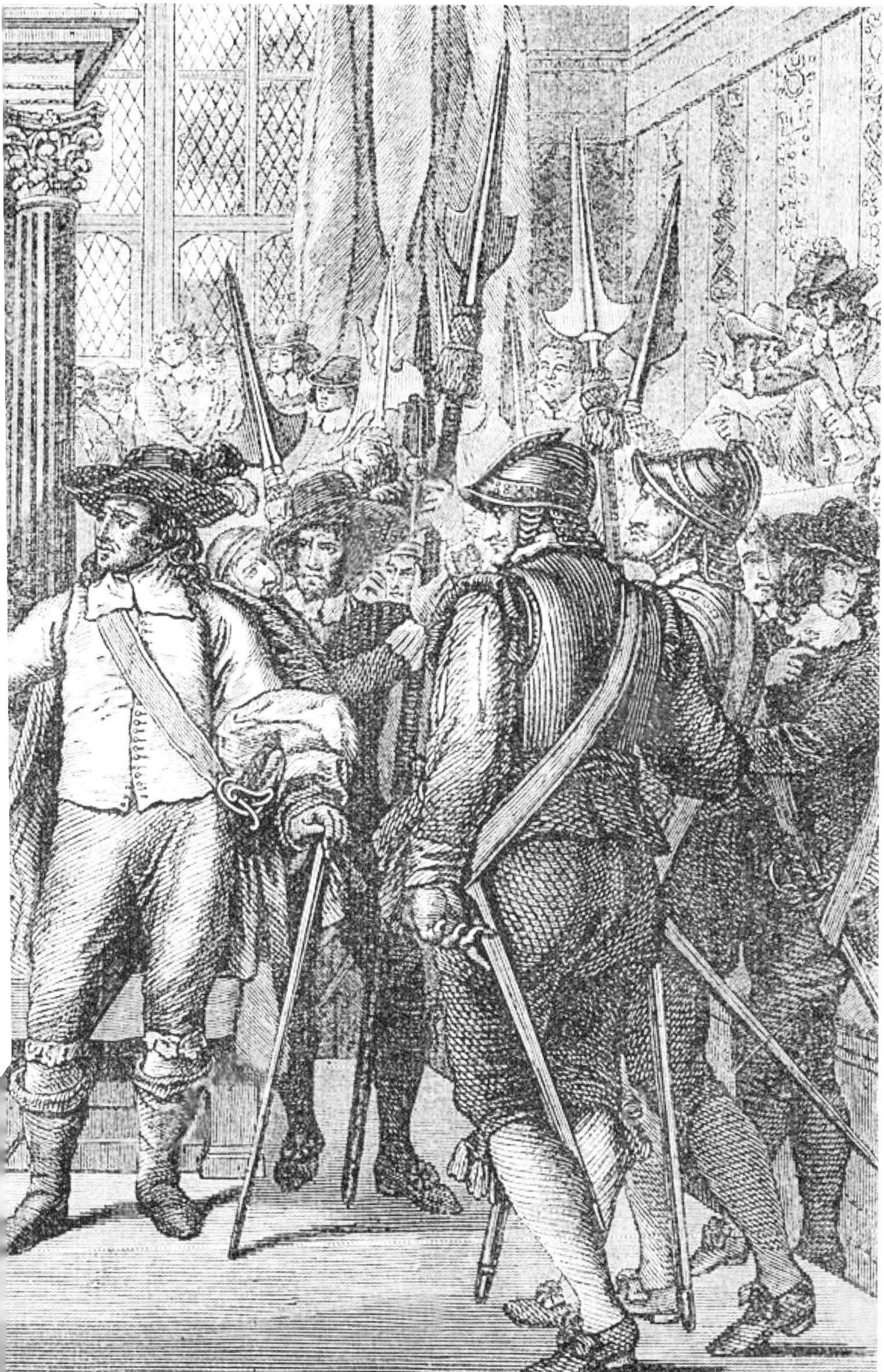

于是，清教徒狂热分子开始着手在几个月内完成一项经过多年思考后决定的行动。他们不顾律师的强烈反对，提议废除衡平法庭，废除什一税，废除因债入狱的做法，强制实行民事婚姻及婚姻与出生登记制度等。此外，这些狂热分子还起草了法案，以确定律师费，建立面向穷苦百姓的郡法院，登记土地所有权等。

这个后来被称为"小议会"的议会，允许自己即刻被清教徒支配。而温和派，正如塞缪尔·加德纳说的那样，"因忽视职责而失去了权力"。这也不是最后一次。有一天，温和派人士鼓足勇气准时去参加议会的会议，但发现他们中大多数人都把权力交给了克伦威尔。剩下的少数人发现自己人数太少，达不到法定人数。于是，在看到一个警卫出现后，1653年12月12日，他们悄悄离开了。

埃德蒙·勒德洛对克伦威尔的憎恨与日俱增。他毫不犹豫地指责克伦威尔，并且把清教徒大会称为"让可憎的律师和神职人员服从他的野心"的深层设计。他说："律师和神职人员腐败不堪，奥利弗·克伦威尔成了他们的保护伞，而他们则是克伦威尔暴政的卑微支持者。"

如果这确实是克伦威尔的目标，那么他一定会表现出自己很渴望与民选议会一起分担暴君责任的样子。正如克伦威尔后来承认的那样，圣徒大会完全失败了，它径直走向了"一片混乱"。一段时间以来，约翰·兰伯特将军（图110）和一

图110 约翰·兰伯特

第14章 英格兰联邦和护国政体

个官员委员会一直在起草新宪法。小议会解散之后,新宪法很快就完成了,被提交给了官民会议,并且被1653年12月16日被庄严任命为护国公的克伦威尔接受。

《政府文件》中体现的新法规被描述为"伊丽莎白一世制度和《人民公约》结合的产物"。这种描述与其说准确,不如说是生动罢了。对政治专业的学生来说,《政府文件》对他们很有吸引力。有史以来,英格兰第一次被置于有宪法的政府之下。该宪法当然是成文的,但制宪者是否刻意让它显得"严肃"一些,历史上确实存在一些争议。宪法第二十四条赋予护国公克伦威尔对立法的暂时否决权。它能不能赋予克伦威尔更多权力呢?宪法第二十四条内容如下:

> 所有经议会同意的法案都应呈送给护国公,以征得他的同意。如果他在法案提交后二十日内不同意,或者在规定的时间内对议会表示不满意,那么在议会宣布护国公没有同意或不满意的情况下,这些法案也会获得通过并成为法律,但这些法案不得含有与本文件所载事项相抵触的内容。

这句话的确切意思是什么,尤其是斜体字的意思是什么?塞缪尔·加德纳认为,其目的主要是制定一部严格的宪法,并且根据《政府文件》规定的宪法条款限制护国公和议会的权力。根据这一观点,克伦威尔对普通立法享有短期的临时否决权,但无论是他本人,还是议会,还是两者结合,都不能改变或修改宪法本身。值得注意的是,埃德蒙·勒德洛对该条款做的解释并非来自同时代的人。他对这一条款的总结如下:

议会颁布的任何内容都应提交护国公同意，如果在第一次提交之后二十天内护国公没有确认，它就应该具有法律的效力和约束力。条件是它不能减少军队的人数和军饷，不能因信仰而惩罚人，不能对《政府文件》做出修改。在所有情况下，将否决权留给单个人，即护国公。

勒德洛显然认为克伦威尔和议会有能力共同修改宪法本身的条款。这也是艾伯特·戴西博士的观点[①]。此外，《护国政体时期第一届议会的宪法法案》草案似乎也确认了这一点，其中第二条规定如下：

如果今后任何时候提交任何法案会改变英格兰联邦的基础和政府，即从上述的个人和单个议会改为以这些法案为基础，那么在此宣布该个人，即克伦威尔，具有否决权。

显然，如果克伦威尔不否决宪法修正案，这些法案将成为法律。这一"宪法法案"从未通过并成为法律，所以只能作为例证加以引用。但就目前而言，它似乎支持了律师的论点，即从法律意义上讲，《政府文件》并不是一部"古板的"宪法，而是一部"灵活的"宪法。另外，该法案没有为宪法修正案提供任何机制。我们从外部消息来源得知，克伦威尔本人的意图是议会只应行使立法职能，而非宪法功能。由于议会决心就这些宪法问题提出辩论，正如我们将看

[①] 约翰·A.R.马里奥特：《英格兰政治制度》，牛津，克拉伦登出版社，1910年，第132页。——原注

第14章 英格兰联邦和护国政体

到的那样，议会被克伦威尔解散了。

一本当时似乎是经官方批准写成的小册子为正在讨论的问题提供了一些线索。

> 如果有人反对，则在第二十四条中，对上述机构包含的内容，护国公都有权否决。在第十二条中，根据双方的契约，当选议员禁止改变政府，因为政府由一个人和一个议会来领导。最高统治权在最贴近其信用和职责的事情上是有限的、受制约的。有人回答说，虽然这种制约不是必要的，但无疑是一件令人期望的事情，那就是在政府的机构中，公众的同意与否可能总是并且始终具有唯一的影响。但当像17世纪的英格兰经历多次国内分裂和争取自由的斗争后，一旦建立了一个机构，我们无疑更有理由珍视它，因为它是以鲜血为代价，从暴政的魔爪中夺来的。我们认为，为了防止那些刚刚奠定自由的基础遭到破坏，提出一些确定的限制性条款，是我们高度关切的问题。尤其在这样一个时代，人们很容易改弦更张，小一枪换一个地方……考虑到这一点，现在正是时候，应该有一种力量颁布一项法案，来制止人民动摇的意志，并且对这个国家说，就像全能的上帝曾对汹涌的大海说的那样："这将是你的疆界，你只能到这里，不能再往前了。"

这本小册子代表的愿望，即使不是制定《政府文件》的人的意图，也是不容置疑的。克伦威尔对议会职能的看法也是不容置疑的。这些职能完全是立法性质的，而不是"提名性的"，其任务是制定法律。但前提是这些法律不能违背《政府文件》中体现的宪法的"基本原则"。不过，我们必须回到这一重要的问题上来。

克伦威尔坚持的"基本原则"之一是行政权应由"一个人"拥有。这一点不允许任何置辩。《政府文件》将"首席大法官和行政管理权……授予护国公克伦威尔，并且得到委员会的支持"，该委员会由13人到21人组成。克伦威尔被任命为"英格兰、苏格兰和爱尔兰联邦及其属地的终身"护国公。但这一职位是"选举产生的，而不是世袭的"。克伦威尔死后，国务会议将选举他的继任者，但不包括斯图亚特家族的任何成员。

国务会议的最初成员为15人，由《政府文件》提名，采取终身制。根据一项临时规定，克伦威尔和国务会议可以在议会开会前增选不超过六名成员。在遭到议会撤销之前，他们还被授予类似制定具有法律效力的法令的权力。就如我们即将看到的那样，这项规定得到了充分利用。

召集议会期间，经议会同意，克伦威尔负责控制国家的军事力量，处理外交事务，对外宣战或媾和。如果没有召集议会，那么这些事情应征得国务会议的同意。如果对外宣战，应立即召集议会，克伦威尔和议会有权在任何必要的时候召开特别会议。

财政收入用于公民政府的普通开支固定在每年20万英镑。此外，要有一笔足以维持一万匹马和两万名步兵的开支，并且由海关、克伦威尔和国务会议同意的其他方式募集资金来保障"用于海上保护的适当数量的船的开支"。但除非得到克伦威尔和议会的同意，否则财政收入不能减少，财政收入的增加方式也不能改变。

第 14 章 英格兰联邦和护国政体

显然，在职能上，国务会议与旧君主政体的枢密院大不相同。它的权力是具体而巨大的，它的意图显然是为"个人"独裁统治而服务。没有国务会议成员的同意，克伦威尔什么也做不了。

"毫无疑问，"塞缪尔·加德纳说，"他对成员的影响力是非常大的。但在与他们打交道时，他不得不依靠影响力，而不是权威。不幸的是，尽管我们对国务会议中除例行公事之外发生的任何事情都知之甚少，但我们了解到的情况足以让我们相信，那些认为克伦威尔是独裁者，而他的议员只是傀儡的看法是非常错误的。"

包括财政大臣和首席大法官在内的国家高级官员，很可能是由克伦威尔选出来，并且由"议会批准"的。如果议会不召开会议，国务会议将批准这些任命，但随后应经议会确认。

立法权被授予一个由400位英格兰和威尔士成员、30位苏格兰成员和30位爱尔兰成员组成的议事机构。重新分配席位的计划基本上要符合《人民公约》的规定，自治市镇的代表人数大大减少，而各郡的代表人数增加了，并且对所有选举人都有很高的财产资格要求——价值200英镑的不动产或个人财产。天主教徒和爱尔兰叛乱分子将永远被排除在选举权之外，或者被排除在议会席位之外，议会的敌人同样被剥夺十二年的选举权。

议会每三年改选一次，存在时期不少于五个月。《政府文件》中列入了详细的预防措施，以防议会可能出现休会的情况。议会"无权改变政府，因为它由一个人和一个议会决定"。正如我们所见，在存在期内，议会和护国公克伦威尔分享各种行政权。

关于宗教事务，《政府文件》反映了这个时代普遍的观念，即维持"基督教"是国家的事务。实际上，这意味着建立一个公理会模式的捐赠教堂，但除天主教徒、主教制派和"基督教职业掩护下的道德败坏者"之外，所有基督徒都必须得到宽容。

以上就是《政府文件》的主要规定。但直到1654年9月3日，第一届议会才召开。因此，在九个月的时间里，护国公克伦威尔及其国务会议有一个确定的地点来进行立法和行政方面的工作，同时没有忽视对《政府文件》的利用。1654年1月到1654年9月，不少于八十二项涉及各类主题的法案颁布了，其中许多得到了护国公克伦威尔和第二届议会的确认。如果说克伦威尔没有在英格兰的法典上留下永久的印记，那只是因为到了王政复辟时期，过渡时期的法律被废除了。

作为护国公，克伦威尔证明了自己不仅是一个热情的改革者，还是一个热心的君主制拥护者和统一派。正如我们看到的那样，爱尔兰在威斯敏斯特议会里有自己的代表。来自爱尔兰的30位议员在1654年、1656年和1659年的议会中任职。爱尔兰还享有对外贸易和殖民地贸易方面的平等权利，并且支付相同的关税和消费税。苏格兰人同样"与英格兰人统一为一个联邦"，享有平等的贸易权和代表权。但这两个合并起来的国家在待遇上的相似之处仅此而已。爱尔兰天主教徒被认为是野蛮人，受到追杀或放逐，而苏格兰人则是弱小的兄弟，但不管怎样，他们还是兄弟。一共只有24位苏格兰领导人失去了财产，罪轻者则被罚款。爱尔兰人没有遭受普遍的财产没收，也没有受到外国的殖民。

另外，人民的信仰也没有被禁止。郡议会被解散；教会被剥夺了民事权利和强制管辖权；封建所有制被废除了；甚至在接纳苏格兰人后，司法制度也得到了极大的改善。伯内特的确称"王位被篡夺的那八年是一段非常和平与繁荣的时期"。但罗伯特·贝利的描述更接近

第 14 章 英格兰联邦和护国政体

事实："一支庞大的军队和众多守军高高在上，而贫困让生活痛苦不堪。各种各样的税收如此高，贸易量如此少，如果季度性资金短缺没有导致某些灾难，那将是一个奇迹。"毕竟苏格兰经历了十五年断断续续的战争。克伦威尔本人也承认，战争结束时，苏格兰是一个"破败不堪的国家"。但无论英格兰人的统治带来的是毁灭还是财富，苏格兰都表现得深恶痛绝。苏格兰欢迎斯图亚特王朝复辟，称之为"民族独立的重生"。然而，克伦威尔在苏格兰的工作并没有完全被抹杀，他的政策也只是等了半个世纪就得到完全的证明。

正如我们所见，与葡萄牙王国和荷兰共和国的战争在有利于英格兰贸易的条件下结束了，并且与瑞典王国和丹麦王国签订了商业条约。"欧洲没有一个国家，"正如克伦威尔在议会上吹嘘的那样，"愿意请求与你达成友好的谅解。"法兰西王国和西班牙王国这两个欧洲大陆上的劲敌迫切地"争夺"与铁甲军伟大统帅克伦威尔的友谊。克伦威尔倾向于法兰西王国，而不是西班牙王国。西班牙王国不仅在国内迫害异教徒，还忌妒地将英格兰商人排除在其殖民地贸易之外。只有在英格兰商人自由贸易和对英格兰水手宽容的基础上，克伦威尔才会同意向西班牙王国伸出友谊之手。"要求从宗教裁判所获得自由，在西印度群岛自由航行，"西班牙大使说，"无异于要求得到我的主人的两只眼睛。"出于这个原因，1659年10月，罗伯特·布莱克被派往地中海。1659年12月，威廉·佩恩乘船前往西印度群岛。布莱克让英格兰联邦的国旗在地中海受到了尊重。他释放了被阿尔及尔迪伊[①]俘虏的英格兰商人，并且严厉惩罚了袭扰英格

---

① 代理统治者的头衔。——译者注

兰航运的海盗。1655年，英格兰与西班牙爆发战争。1656年到1658年，罗伯特·布莱克、威廉·佩恩（图111）和罗伯特·维纳布尔斯与伊丽莎白时代海军将领的功绩不相上下。满载金银财宝的西班牙大帆船被俘获。英格兰在南大西洋的统治地位得到了确认，对西印度群岛的占领也因征服牙买加而得到了加强。法兰西人急于与克伦威尔结盟，这给了他一个在沃州①支持新教徒的机会。克伦威尔没有错过这个机会，他的名声响彻了信奉新教的欧洲。1657年，法兰西得到了回

图 111 威廉·佩恩

---

① 沃州是瑞士的一个行政中心。——译者注

第14章 英格兰联邦和护国政体

报，在佛兰德斯，一支英格兰军队被派去与蒂雷纳子爵亨利·奥弗涅（图112）合击西班牙人。1658年6月14日，蒂雷纳子爵在敦刻尔克取得的大捷结束了法兰西和西班牙之间旷日持久的战争。敦刻尔克要塞归英格兰人所有，这是英格兰铁甲军及时向法兰西提供帮助得到的奖赏。正如约翰·瑟洛所说，敦刻尔克将成为"通往荷兰的纽带和通往欧洲大陆的门户"。克伦威尔曾一度考虑通过对直布罗陀的进攻，打开进入欧洲大陆另一扇大门，从而牵制西班牙人，但出于谨慎还是没有这么做。尽管如此，在他短暂的执政时间里，英格兰联邦国旗在国外受到了尊敬。自伊丽莎白一世执政开始，英格兰国旗从未受到过如

图112 蒂雷纳子爵亨利·奥弗涅

此的尊敬。在克伦威尔的统治下，英格兰联邦的国际地位比伊丽莎白一世时期更高。伊丽莎白一世凭着无限的耐心和一贯的谨慎，凭着有限的人力和财力，最多只能维持法兰西和西班牙这两个大陆强国之间的平衡。在克伦威尔执政的鼎盛时期，两国都曾向他求助。正如博林布罗克子爵亨利·圣约翰后来抱怨的那样，克伦威尔与法兰西的联盟可能破坏了欧洲的平衡，让法兰西获得了突出的地位。多年以后的事实证明，这对英格兰是危险的。但如果克伦威尔能找到一个称职的王位继承人，法兰西就永远不会获得这种突出的地位。如果路易十四能够威胁到欧洲的独立地位，那么责任应该主要落在查理二世和不光彩的《多佛条约》上，而不是落在让我们得到敦刻尔克的平等联盟上。为了圆满结束我们预期的故事，我们必须回到护国政体时期的前几个月。

克伦威尔不仅是帝国政体的奠基人之一，还是一个了不起的国内改革家。事实上，他首先关心的是在他统治之下宗教的影响和人民的道德福祉。国家能够脱离教会的想法，从来没有出现在他的脑海中，也没有出现在那个时代任何其他负责任的政治家的脑海中。即使主教制度被废除，长老会制不受欢迎，但国家必须提供恭敬、虔诚、博学的神职人员。于是，1654年3月20日，一项法案被颁布，设立了一个由38位委员组成的委员会，审查所有候选人的资格。没有这些委员或"检验者"的证明，任何人都不能获得有俸神职，证明自己的"谈话神圣、无可指责，知识渊博，具有传递福音的口才和能力"。8月，每个郡都任命了地方委员，负责驱逐不称职的牧师和教师。大教区被细分，小教区被统一。理查德·巴克斯特虽然是长老会教徒，并且怀疑这些"检验者"对"独立派、分离派、第五王国派[①]和再洗礼派"的偏爱,但不得不承认"他们对教会做了大量好事","成千上万的灵魂因他们接纳的忠实的牧师而祝福上帝"。为公立学校任命大学委员会和监事会,进一步证明了克伦威尔对人们的理性知识、精神福祉及牧师和教师素质的关切。

仅次于宗教纯洁的是法律纯洁。因此,对司法行政进行了认真的改革。通过对刑法的改革,如果可以,克伦威尔可能已经预料到了塞缪尔·罗米利和威廉·皮尔完成的大部分工作。通过简化大法官法庭的程序,降低了司法费用。同时,还制定了相关法案,来建立能够及时、省钱地获得司法公正的地方法院和郡级登记机关。

尽管有克伦威尔的推动力量,但九个月的时间不足以完成如此广泛的改革。大部分工作只停留在草案上,因为1654年9月克伦威尔不得不面对议会。

这是议会历史上的一个关键时刻。克伦威尔急于让议会分担他的责任,只有那些认为他是有意为之的伪君子的人,才会对此提出质疑。议会虽然大部分由温和派人士组成,但执意要维护自己对主权的最高统治权。对最高统治权,克伦威尔并不比斯图亚特王朝君主更愿意做出让步。我们是为了"疗伤和解决问题",很长一段时间以来,人们心中除了"颠覆,颠覆,再颠覆",什么也没有。在英格兰联邦内,内部和外部的对手都利用了分裂和困难。如果《政府文件》不提供补救办法,将会造成巨大的苦难。"我这么说,不是想控制你们,而是决心和你们在一起。在这些艰巨的事务中,做一个与你们同行的奴仆。"

[①] 17世纪热烈盼望基督再次降临的基督教派。——译者注

在开幕词中，克伦威尔向议会说出了上面这番话。但议会不愿意接受《政府文件》为立宪的基础。议员们称，从技术上讲，议会不仅是一个立法机构，而且是一个选举机构。是议会，这个人民选出来的机构，而不是由任何自封的军人或平民团体来起草宪法并确定立法机关与行政机关的关系。整整一个星期，议员们继续讨论"政府形式"问题，讨论它是否应该由一个人和一个议会组成。

克伦威尔对他们迟迟不开始工作感到恼火。于是，1654年9月12日，他怒气冲冲地走进议会，向议员们发表了第二次讲话。

> 我说过议会是自由的议会，这一点没错。但你们必须承认，议会是根据《政府文件》被召集的。我不是自己要到这个地方来，是上帝和人民让我这么做。如果真是这样，除非上帝和人民把这一权力从我身上撤走，否则我不会放弃。在伍斯特战役之后，我希望并期待过一种平静自由的私人生活。上帝作证，我渴望自己的职责被解除。我敦促长期议会自行解散。在军队的经历让我学会了讨厌长期议会的行为。

残缺议会解散之后，克伦威尔说道：

> 小议会被召集起来安定国家，而我自己则放下手中的权力……我接受了《政府文件》，因为它并没有赋予我更高的权力，而是对我的权力有所限制。我的地位得到了人民的肯定，这是有明显的证据的——得到了各郡及大陪审团的认可。法官们遵照我的命令行事，地方长官也一样。你们是

第14章 英格兰联邦和护国政体

因我的召集令而来到这里,你们是我的见证者。你们在这里任职,如果没有你们应有的权威,那将是荒谬的。不可否认的是,在这个机构中,有一些事情是根本性的。有些虽然不是,但可视情况而定。毫无疑问,如果有理由能够说服我,我会很容易改变这些观点。但有些事情是根本性的。关于这一点,我将坦率地向你们说明。这些根本性的东西是不可分割的,但我相信,它们将会作为我们的血汗和劳动的果实传于后人。政府由一个人和一个议会组成是基本的。这是必要的,是结构性的……信仰自由是一项基本原则,民兵组织和议会都掌握在一个人手中。

关于基本原则,我们必须达成一致。因此,我遗憾地告诉你们,今天以后,只有那些签署了对护国公及英格兰、苏格兰和爱尔兰联邦效忠契约的人,才能被议会接纳……而不是改变政府,因为它是由一个人和一个议会决定的[①]。

约有三百位成员签署了效忠契约,被排除在外的有像约翰·布拉德肖和阿瑟·哈斯勒里格爵士这样的共和派成员和约翰·怀尔德曼这样的平等主义者。然而,"肃清"收效甚微。议会继续就宪法问题辩论。护国公克伦威尔和议会之间就军队的规模和对军队的控制问题产生了摩擦。结果,克伦威尔尽可能第一时间,也就是1655年1月22日解散了议会。"在你们履职的五个月,矛盾和分裂、怨言与不满及整个国家面临的危险,比几年前还要多。"克伦威尔用这些严厉的话告

[①] 这一论点不太全面,但我希望得到实质性的再现。——原注

别了第一届议会。

他的话没错：保王派和平等派，第五君主主义者，宗教和政治狂热分子，密谋推翻护国政体。在威尔特郡，真正的保王派崛起，但遭到了严厉的镇压。

接下来，英格兰又进行了另一个实验。在十八个月时间里，这个国家被移交给军队管理。英格兰被划分为十二个区，每个区由一个少将负责。这样一来，秩序得到了维持。但这种管理是刀剑统治和圣徒统治的糟糕结合。许多啤酒屋被查封；禁止举行赛马大会、斗鸡和逗熊游戏；禁止舞台表演；大批保王派贵族被判刑入狱，他们每英镑的财产被征收2先令的特别附加税。查理一世独裁政府的许多最糟糕的特征都被邪恶而准确地再现出来，结果大同小异。司法行政部门的做法也让人想起星室法庭：将军们通过高等委员会法庭把大臣驱逐出去；托马斯·格雷（图113）的人身保护令遭到拒绝，发生了类似于五爵士的案件；彼得·温特沃思爵士延续了家族传统，拒绝缴纳商品税，就像约翰·汉普登拒绝交船税、约翰·贝茨拒绝为红醋栗交税一样。首席大法官亨利·罗尔辞去了职务，以此拒绝在彼得·温特沃思的案件中做出判决。其他法官拒绝对任

图113 托马斯·格雷

第 14 章 英格兰联邦和护国政体

命他们的委员会采取行动。掌玺大臣怀特洛克和托马斯·威德灵顿双双辞职。但令人尴尬的是，就像斯图亚特王朝的君主一样，克伦威尔最迫切的需要是金钱。没有金钱，英格兰与西班牙的战争就无法继续。于是，克伦威尔召集了第二届议会。他做出了巨大的努力来确保忠实的人参与选举，即便如此，依然有必要排除多达一百个拒不妥协的人。

这种新的"筛选"并没有解决遇到的困难。事实上，只有两种务实的选择："建立在一致意见基础上的政府"和"建立在武力基础上的政府。"像埃德蒙·勒德洛这样的"诚实的共和派人士"，希望前者入选。"我们为之奋斗的目标，"勒德洛回答说，"就是让国家按照自己的意愿来统治。""我和任何人一样赞成政府，"克伦威尔说道，"但我们到哪里才能找到这种意愿呢？"这个问题代表的是务实的政治家，而不是教条主义者。"建立在一致意见基础上的政府"可能意味着一个拥有制宪权、自由选举的议会。这样的议会意味着斯图亚特王朝的复辟。克伦威尔清楚这一点。尽管如此，他还是迫切地想让刀剑远离人们的视线，并且想尽一切可能的办法达成合乎法律的协议。"现在是达成和解的时候了，是时候抛弃国家无法接受的独断专横的程序了。"律师、商人和中间派人士都与克伦威尔意见一致。1657年初，各地都要求修改宪法。伦敦高级市政官克里斯托弗·帕克爵士接受委托前去提议修改宪法，召集第二届议会，增加护国公克伦威尔[①]的权力。

1657年3月底，这种要求在《恭顺请愿和建议书》中得到了切实的

---

① 他即将成为像国王一样的人。——原注

体现。《恭顺请愿和建议书》提出以下建议：将护国公克伦威尔变为国王，有权指定继承人；议会再次实行两院制；"另一议院"的成员不得超过70人，也不得少于40人，由"殿下"奥利弗·克伦威尔提名终身议员，并且由"本议院"批准；下议院再次确保对自己选举的控制权，任何正式选举的议员都不能被排除在外；国务委员会从此被称为枢密院；国王将获得永久的财政收入，所有人都将得到宽容对待。"这样一来，这种自由就不会扩大到天主教教会或主教身上，也不会扩大到在基督的名义下发表亵渎神灵的可怕言论及有淫乱或亵渎行为的人身上。"总之，只要当时的情况允许，旧宪法将得以恢复。

克伦威尔对《恭顺请愿和建议书》很满意，如果他的官员允许，他会全盘接受。他宣称："《恭顺请愿和建议书》的内容确实保障了上帝子民的自由，这是他们从未拥有过的。"但有一点，掌权的官员和"诚实的共和派人士"都是毫不动摇的：他们不会有国王。他们的反对也得到了极端清教徒的支持。

> 面对一些人试图强加于您的可怕的叛教行为，我们不得不向您表达深切怨恨，这让我们的内心在流血……通过说服您担任那个被议会宣布反对的职务……以免对人民的安全和自由造成不必要的、严重的和破坏性的影响[①]。

在伦敦，再洗礼派19位牧师发表的演说也表达了类似的观点。克

---

① 查尔斯·弗思，《护国政体的最后岁月》，伦敦，纽约，朗文-格林出版社，1909年，第1卷，第155页。——原注

伦威尔本人也举棋不定。理智让他同意《恭顺请愿和建议书》，但政策要求他不能与掌控武力者决裂。最终，极端分子占了上风，经过五个星期的讨论与踌躇不定，克伦威尔拒绝了登上王位的提议。

相反，恢复第二届议会的提议出乎意料地获得了一致同意。奥利弗·克伦威尔强烈地向官员施加压力。

"我告诉你们，"他说，"除非有一种如天平一样的东西获得平衡，否则我们就不可能安全。你们要么把当选为议员的人排除在外，从而侵犯公民的自由——我知道下次你们也许会把四百人排除在外——要么他们会侵犯我们的宗教自由。从本届议会的议事程序中你们可以看出，他们需要制衡力量，詹姆斯·内勒的案子可能恰好就是你们的案子。他们惩罚了内勒，根据同样的法律和理由，他们也可能会惩罚独立派或再洗礼派的成员。凭借司法权，他们攻击这些人，《政府文件》能否让我有控制这一局面的权力？《政府文件》不会代替你们的工作"[1]。

反对单一立法机构的案件从来没有像现在这样有说服力。"从本届议会的议事程序中你们可以看出，他们需要制衡力量。"最近发生的事情就说明了这一点。没有哪个政府会表现出如此可怕的专横跋扈。律师们特别强调，他们要求建立一些壁垒，以防选举产生的单一议会反复无常、专制的行为。

"另一议院，"约翰·瑟洛（**图114**）说，"按照上议院的性质，应该用令状来召集，但它不是由旧议员组成的，而是由那些从来没有反

---

[1] 查尔斯·弗思：《护国政体的最后岁月》，伦敦，纽约，朗文-格林出版社，1909年，第1卷，第137页到第138页。——原注

对过议会的人组成的,他们是敬畏上帝和善于交际的人。不管是从他们的影响、感情还是正直的表现来说,殿下①都是十分满意的。我们在这里断定,这样的议会将成为巨大的安全保障,保护合法的权力和善良的人民。它不会像取决于人民的选择的下议院那样不确定。另一个议院的议员是终身制的,一旦有人离世,应由该议院,而不是按别人的意愿确定新的人选。这样一来,这样的"另一议院"一旦建立,只要人类存在,就会永远持续下去。"②

图114 约翰·瑟洛

然而,律师们对两院制立法机构的偏爱只是根据自己的期望而已。他们坦率地希望,即使不恢复旧王朝,最好也尽快恢复旧秩序。更值得注意的是士兵的默许。他们也意识到了单一议院带来的不便③和《政府文件》书面限制的不足。自由选举产生的下议院意味着"苏格兰国王"的复辟。

正如查尔斯·弗思中肯地描述的那样,"只要仔细考虑一下,当

---

① 即克伦威尔。——译者注
② 查尔斯·弗思:《护国政体的最后岁月》,伦敦,纽约,朗文-格林出版社,1909年,第1卷,第41页。——原注
③ 用再严厉的词也不为过。——原注

第14章 英格兰联邦和护国政体

看到一个监督选举产生下议院的上议院时,律师们就不会感到遗憾,认为这将有助于维护他们与整个国家的反动倾向做斗争的原则。他们对此深信不疑,所以1659年,'一个经过挑选的上议院'的必要性成为军队政治纲领的主要内容之一"[1]。

1657年5月8日,克伦威尔向下议院传达了自己的最终决定,即不"以国王的头衔来接受政府"。经过多次辩论,《恭顺请愿和建议书》根据克伦威尔的意见进行了修改。1657年5月25日,修改后的《恭顺请愿和建议书》得到克伦威尔的明确接受。1657年6月26日,克伦威尔被庄严地任命为护国公。1658年1月29日,他首次会见重新组建的议会。

根据《恭顺请愿和建议书》的条款,"另一议院"的成员不得超过70人,也不得少于40人,"由殿下[2]提名,并且由本议院批准"。但经过多次辩论之后,"本议院"的批准权被放弃了,克伦威尔得到授权,想召集谁就召集谁。选择合适的议员并不容易,但为了忠实完成这一任务,克伦威尔付出了巨大的努力。约翰·瑟洛写道:"事实证明,在那些适合但不愿意服务的人与那些愿意且期待服务却不适合的人之间做选择,存在着巨大的困难。"最后,他选定了63个人,按照古老的传统发布了令状,命令他们"把所有托词都放到一边",并且"亲自到威斯敏斯特来……在这里,与我们及大人物和贵族一起商议和讨论问题,并且提出自己的建议"。在被召集的63人中,只有42人做出回应,其中有克伦威尔之子理查德,克伦威尔的三

---

[1] 查尔斯·弗思:《护国政体的最后岁月》,伦敦,纽约,朗文-格林出版社,1909年,第1卷,第142页到第143页。——原注
[2] 即克伦威尔。——译者注

个女婿福肯贝格伯爵托马斯·布拉西斯①、约翰·克莱波尔②和查尔斯·弗利特伍德③，以及他的两个姐夫④约翰·德斯伯勒和约翰·琼斯⑤。在被召集的七名英格兰贵族中，只有两人愿意提供服务，一位是托马斯·布拉西斯，另一位是地位和名望都不高的乔治·厄尔男爵。威廉·法因斯虽然是虔诚的清教徒，但除真正的上议院之外，他拒绝支持任何第二议院。

经验已经证明，支撑这个框架和建筑并让其屹立不倒的法宝和支柱是英格兰的贵族，以及他们在上议院的权力。他们一直在天平的横梁上，让国王和人民保持在一个平衡的状态，互不侵犯，没有给对方造成伤害和破坏。长期以来的经验表明，他们反对国王的暴政，维护了人民的正当权利和自由。同时，他们也像台阶和楼梯一样，支撑着王冠，让其不会因为人民的暴力而掉到地板上。

在这种情况下，威廉·法因斯认为，英格兰任何一个有着悠久历史的贵族都不应该背叛其家族或违背其秩序，"成为这个指定议院中的一员，甚至伪装的候选人或掩护性的候选人"。他的儿子约翰·法因斯和纳撒内尔·法因斯没有这样的顾虑，支持克伦威尔。纳撒内

---

① 是克伦威尔的女儿玛丽的丈夫。——译者注
② 是克伦威尔的女儿伊丽莎白的丈夫。——译者注
③ 是克伦威尔的女儿布里奇特的丈夫。——译者注
④ 约翰·德斯伯勒的妻子简是克伦威尔的姐姐。——译者注
⑤ 约翰·琼斯的妻子凯瑟琳是克伦威尔的姐姐。——译者注

尔·法因斯确实是"另一议院"最热心的辩护者之一。

但克伦威尔仍然不得不面对下议院那些刻薄而迂腐的共和党人。阿瑟·哈斯勒里格曾拒绝在"另一议院"占有席位，他是对新宪法实验吹毛求疵的批评者中首当其冲的一个。克伦威尔坚持认为国内和国外的形势危急，但下议院就是不听劝告，再次坚持质疑"基本原则"，并且就分配给"另一议院"的权力、职位和头衔进行辩论。这样"愚蠢"的一个星期足以耗尽克伦威尔的耐心。1658年2月4日，克伦威尔怒气冲冲地解散了议会，"让上帝在你们和我之间做出裁决吧"。"阿门，"一些不可调和的共和党人回答道。于是，英格兰联邦及其护国政体的宪政实验以混乱和失败告终。

毫无疑问，克伦威尔真诚地渴望恢复公民权利的权威并重建议会机构。但他显然失败了。

将克伦威尔的失败完全归咎于废除君主制和上议院是不公正的。毫无疑问，由于缺乏制衡因素，他的任务几乎无法完成。同时，不能完全归咎于克伦威尔的人格或个性。的确，从来没有任何迹象表明他具有从事宪政重建工作的特殊能力。更真实的情况是，现代意义上的性格要求和"宪政"统治者角色的训练都不适合他。他和斯特拉福德伯爵或查理一世一样，坚决要把行政权掌握在自己手中，拒绝给议会分配任何权力，只允许议会在成文宪法的严格限制下行使立法权。另外，一个自以为已经把斯图亚特王朝消灭的议会，不愿意接受如此有限制的行动和权力范围不足为奇。如前所述，护国政体时期的议会决心不仅行使立法权，而且行使制宪权；不仅制定法律，而且修订和界定宪法本身。这尽管在理论上是合理的，但既不方便，也不合时宜。正如克伦威尔指出的那样，如果让剑入鞘，恢复文官政府，就绝对有必要从某个地方开始，就某些基本原则达成一致。议会拒绝承认这种必要性，并且每次都要坚持重修宪法。

争论的焦点正是斯图亚特王朝统治时期的问题：最高统治权究竟存在于何处？它存在于宪法之中，议会之中，还是人民之中？这很难断定，成文法规背后有很高的道德权威。无论是《政府文件》，还是《恭顺请愿和建议书》，都是如此。另外，毫无疑问，从任何真正、有效的意义上承认人民的最高统治权——召集一个选民自由选举产生的制宪议会——将为斯图亚特王朝的复辟铺平道路。无论是单一制议会，还是两院制议会，最高统治权是否必须授予议会，并且以一种众所周知的限制性特权和明显无视"民众"权利的方式选举产生呢？事实上，这完全是一个两难的问题，无法得到解决。更重要的是，我们不可能承认这样一个赤裸裸的事实，即在过渡时期，英格兰联邦真正的最高统治权既不属于人民，也不属于议会，更不属于书面宪法，而是属于武力。克伦威尔急于忽视或掩饰这一事实，因为他的权威建立在自己不可征服的铁甲军的忠诚之上。他的宪政实验，虽然是诚心诚意的，但最终注定失败。然而，这次失败具有非同寻常的启示意义。英格兰人常常忽视这一事实：议会制政府并非适用于所有民族，也并非适用于所有时代；议会制政府假定了某些条件；议会制政府的成功并不总是取决于一定要实现的前提：如果要顺利运行，就必须在"基本原则"上达成一定程度的共识；在"条件"的问题上，各党派可能存在广泛的分歧，但在政府的一般原则上，必须保持一致。最后，克伦威尔的宪政实验似乎证明了这样一个结论：无论如何，英格兰的议会制度只有在一个真正的两院制立法机构中，在一个立宪的世袭君主制之下，才是可行的。

第 14 章 英格兰联邦和护国政体

十年来,英格兰人默默地、忍气吞声地屈服于一个军事独裁政府。该政权几乎是在联邦议会的面纱下伪装起来的,或者说它只是一个受成文宪法限制的护国政体。护国公克伦威尔是一支不可战胜的军队的领袖。在他死后,"刀剑"和"长袍"[①]之间立刻发生了尖锐而公开的冲突。在短暂的混乱之后,人民得到了自1640年以来的第一次机会来表达自己真正的政治情感。正如我们会看到的那样,他们用这个机会来追忆斯图亚特王朝。

---

① 指军队和议会。——译者注

第15章

王政 **复辟**

THE

RESTORATION

查理二世的统治虽然从法律上可以追溯到1649年1月30日,但实际上,1660年5月才开始生效。恢复世袭君主制已经不可避免,即使不是从查理一世被处死的那一天开始,至少也是从奥利弗·克伦威尔去世的那一天开始。

克伦威尔去世后,即1658年9月3日后,议会立即根据最新成文宪法的规定,宣布他在世的儿子理查德·克伦威尔为护国公。"谁知道,"老护国公曾说,"会生出聪明人还是傻瓜呢?"他两个都生了。亨利·克伦威尔证明了自己既能当兵又能管理国家。理查德·克伦威尔从来没有表现出任何控制局面的能力。按照埃德蒙·勒德洛的说法,理查德·克伦威尔是个逍遥快活的浪荡子。按照其他没有像勒德洛那样充满偏见的人的描述,他是一个心地善良、为人随和的乡村绅士。对我们来说,理查德·克伦威尔是一个有点默默无闻的人物。他被罢免后,以约翰·克拉克的名义去了巴黎,在那里寄居了二十年。1680年,他回到英格兰,以乡村绅士的身份安静地生活,直到1712年去世,享年85岁。

从护国公克伦威尔死后到查理二世复辟之间的十八个月,在宪政方面没有什么重大意义。因此,我们可以简述这一时期的事件。

克伦威尔之死(**图115**)让他暂时控制住的党派冲突再次显现出来。根据勒德洛的说法,"那些与他分享篡夺的权力的人非常不

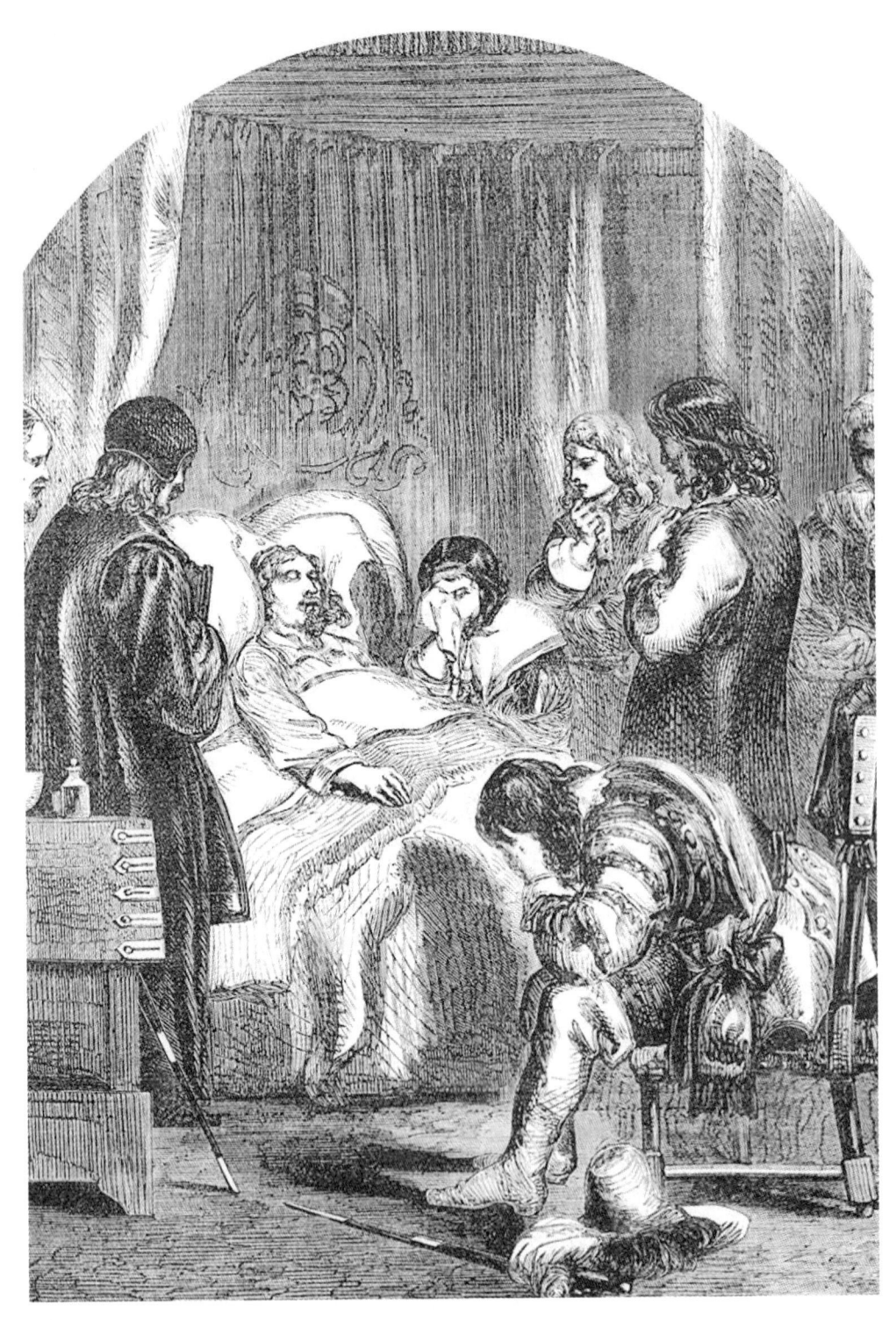

图 115 克伦威尔去世

安,而其他人都很高兴"。新护国公理查德·克伦威尔到了伦敦,得到一大批长老会教徒及上议院与下议院大约一半议员的支持,尤其是那些希望奥利弗·克伦威尔建立世袭君主制的人。在这些支持者中,布尔斯特罗德·怀特洛克、约翰·瑟洛、约翰·梅纳和奥利弗·圣约翰最为突出。

"诚实的"共和派人士,也就是勒德洛现在所说的"联邦人士",在小亨利·文的家里举行会议,决定支持理查德·克伦威尔立即召集议会。然而,各种令状发到了长期议会时期的旧选区,而不是护国政体时期成文宪法规定的新选区。人们希望以这种方式成立一个更加顺从的机构。然而,上议院与苏格兰代表机构、爱尔兰代表机构一样被保留了下来。

现在被称为"沃灵福德议会党"的军队显贵组成了第三个团体。在亨利·弗利特伍德和约翰·德斯伯勒等人的领导下,它的直接目标是把护国公和将军的职位分开,把将军的职位授予弗利特伍德。

约翰·兰伯特是一个大阴谋家,他并没有——也许只是暂时的——与同僚在沃灵福德采取行动。他的目的是自己能够成为护国公,但他几乎完全被孤立了。

最后,保王党人听从爱德华·海德睿智的建议,支持议会,"发现自己的人数比预期的要多"。

军队受到议会各党派冲突的鼓舞,不失时机地起草和提出要求。它要求护国公的职务要与将军的职务分开,把将军的职务交给弗利特伍德,由将军任命所有军官。军队实际成为独立于议会之外的自治实体。议会对这些无礼的要求做出了答复。在议会存续期间,未经护国公和议会同意,禁止举行任何军官会议,并且要求每一个军官书面保证不干扰议会的议事程序。

1659年4月22日，军官把这些主张视为向军队宣战，立即强迫护国公理查德·克伦威尔解散议会，并且承诺作为回报，他们会支持护国公。怀特洛克说："这是理查德·克伦威尔被这些人扳倒的开始。""从那一刻起，"爱德华·海德写道，"没有人求助于他，除嘲笑之外，也没有人听说过'护国公'这个名头。"

然而，军队里也有不同的派系。虽然贵族希望保留一个"具有威尼斯公爵式"的护国公，但下级官员赞成建立共和制。有一些人谈论另一个"最高法院"，也就是赤裸裸的议会实验的重复。但1659年5月7日，军队在"诚实的"共和派人士的支持下，恢复了长期议会的残余势力。被托马斯·普赖德排除在外的成员没有得到召集，虽然出席人数最高为76人，但残缺议会的120名议员依然被保留了下来。然而，军队对恢复一个全能的一院制议会心存疑虑。1659年5月13日，军队向议会提交了一份要求清单。其中包括一个定期选举产生的下议院军队及"一个由有能力且忠诚的人士组成的、以虔诚著称的协调机构，来继续坚持事业"。勒德洛代表共和派认为，除非出于权宜之计，以应对当前的困难。"防止人民自我毁灭，沦为任何派别或政党的奴役。"以詹姆斯·哈林顿为首的一些更有思想的共和派人士也和军队一样反对建立一院制议会。哈林顿是《大洋国》的作者，他在当时几个月的时间里出版了许多政治小册子。哈林顿写道："由单一议院构成议会，并且这个议会拥有政府的所有权力，是一件新颖的事情。审视起来，无论是古代还是现代，都还不曾有过先例。"1659年5月25日，理查德·克伦威尔向议会提交了一份正式的呈件，不久退位（**图116**），离开白厅。他只要求议会偿还自

图 116 理查德·克伦威尔退位

己和父亲为国家服务而欠下的约3万英镑的债务。议会答应了他的要求，但最终没有兑现。

整个夏天，与斯图亚特王朝间谍活动有关的谣言，英格兰发生的几次保王派起义，尤其是在兰开夏郡和柴郡，这些都影响着苏格兰。乔治·蒙克迅速处置苏格兰的情况。在诺斯维奇，约翰·兰伯特击败并驱散了乔治·布思爵士（图117）召集的军队。很明显，斯图亚特王朝的余烬正在燃烧，现在还不是削弱军队的时候，因为只有军队才能阻止斯图亚特王朝复辟。然而，议会似乎更急于重申公民权利的至高无上。它的确愿意让弗利特伍德担任军队总指挥。许多被认为过于讨好理查德·克伦威尔的议会的军官都被革职了。军队和残缺议会的隔阂日益严重。1659年10月13日，约翰·兰伯特赴前任的后尘，第二次驱逐了残缺议会。一本当代小册子准确地描述了当时的情况。

图117 乔治·布思爵士

议会大厦里的那些人难道就比那个拿着钟锤站在威斯敏斯特教堂钟楼上的人更重要吗？需要他敲的时候，他就去敲。军队和议会之间的关系不就是这样吗？

这个问题很中肯。然而，还是有许多人和乔治·蒙克一样心存疑虑。他将在即将上演的激

第 15 章 王政复辟

动人心的戏剧中担任主角。斯图亚特王朝复辟后，蒙克成为第一任阿尔比马尔公爵。他已经证明自己是一个优秀的军人和一个出色的水手。尽管在1649年他因交出登邓多克而受到议会的谴责，但深受理查德·克伦威尔的信任。此外，蒙克在苏格兰英明而有力的管理经验，让他有望在更大范围内施展政治才华。在听说残缺议会被第二次驱逐之后，蒙克写信向约翰·兰伯特提出抗议。

> 我坚信，如果军队把自己的利益与国家的其他部分分开，使我们陷入无法忍受的长期奴役中，那么这个可怜的联邦就永远不会得到幸福。至少在所有手段都失败的时候，如果我们最终达成协议，议会就必须这么做。
>
> 1659年11月3日

几周后，乔治·蒙克写信给基督教会牧师约翰·欧文博士。在这封更有意义的信里，在驳斥任何打算支持保王派的意图的同时，蒙克说，"我很荣幸看到我的国家从军队控制的政府难以忍受的奴役中解放了出来"，并且补充说，爱国者之间不愉快的分歧肯定会给斯图亚特王朝带来希望。"除非这届议会再次召集起来，或者以合法的方式组建另一届议会，"他最后说，"否则，我看不出建立自由国家的任何法律基础。"

写这封信的时候，蒙克已经开始为进军伦敦做准备了。1659年12月8日，他率领七千人从科尔德斯特里姆渡过特威德河。与此同时，军队成立了一个公共安全委员会和一个小的分委员会，来"准备一种最适合的、与自由国家和联邦一致的政府形式，取代一个人或只有上议院领导的国家机构"。在这个顾问性质的委员会里,怀特洛克、勒德洛和小亨利·文同意与弗利特伍德及另外两个将军搭班子。勒德洛提出了一个有趣的建议,即为了维护某些基本原则,"任何权威都不可侵犯",应该建立由21位公认的正直人士组成的叫"自由保护者"的独立机构,其职能是确定"根本原则"是否受到侵犯。

在这个建议中,好奇者也许可以察觉到人们对美国最高法院现在履行的职能的预演。的确,在美国,有人向立法机构所代表的各州人民发出呼吁,通过他们的行动,联邦宪法可以得到修正。英格兰联邦的任何成文宪法都不允许,或在当时的情况下不允许像美国这样的规定。但勒德洛的建议至少表明,在没有具体的修改机制的情况下,僵化的宪法存在固有的难题。

目前,宪法委员会的审议工作没有结果。事件的处置权掌握在其他人手中。蒙克正在向南进军,约翰·兰伯特带领一万人前去阻拦。兰伯特最远到达约克郡,但费尔法克斯已与蒙克达成协议。老将军蒙克一出现在战场上,兰伯特的部队就像初春的雪花一样融化了。兰伯特潜逃了,但在1659年12月3日,他遭到了监禁。蒙克没有遇到任何抵抗,一直向首都伦敦进军。26日,先后两次被驱逐的残缺议会重新召集起来。1660年2月3日,蒙克进入伦敦(**图118**)。

我们不清楚蒙克的意图,甚至连他自己也不清楚。但他被宣布为英格兰联邦的中将,并且服从议会的命令。英格兰人精神振奋地说:"一切都是我们自己的,他是一个诚实的人。"与此同时,伦敦宣布要建立一个"自由的"议会。在残缺议会的命令下,蒙克虽然摧毁了伦敦的许多街道,但对1660年2月9日目睹的示威活动印象深刻。10日,蒙克到城里,召集了市议会,与市议会一起要求建立一个

第 15 章 王政复辟

充分自由的议会。

1660年2月23日,在蒙克的压力下,十一年后,被托马斯·普赖德排除在外的议员又恢复了议会的席位。他们重新被接纳之后,让长老会成员获得了多数席位。议会随即任命蒙克为三个王国的陆军和海军的联合指挥官,并且任命了一个新的国务委员会,召集了新一届议会。该议会通过"自由"选举产生,决定于1660年4月25日召开会议,1660年3月16日,旧议会被解散。这样一来,1640年选出的议会最终合法地终结了。

接下来将何去何从?一切都取决于蒙克,但蒙克还没有宣布自己赞成斯图亚特王朝复辟。至今也不能确定他到底是什么时候决定要推动复辟的。勒德洛宣称,在这些隐退的议员返回时,蒙克向阿瑟·哈斯勒里格和其他"诚实的"共和党派人士提出抗议,称他将"尽最大努力反对斯图亚特王朝复辟,反对一个人对上议院的统治"。爱德华·海德还声称,直到这个时候[①],蒙克还没有任何为查理·斯图亚特[②]服务的意图和想法,只有当他意识到别无选择的时候,才决定走复辟的道路。这样一来,他就成了"既没有远见,也没有勇气尝试,更没有能力去设计"的工具。但勒德洛和海德都不是毫无偏见的证人。蒙克开始南下时,很可能还没有做出召集"自由"议会的决定。在经过英格兰时看到的一切让他相信,自由选举产生的议会将不可避免地恢复斯图亚特王朝。于是,他明智地做出决定,抢先采纳该议会议员的观点。

---

① 1660年2月。——原注
② 即查理一世之子查理二世。——译者注

图 118　乔治·蒙克进入伦敦

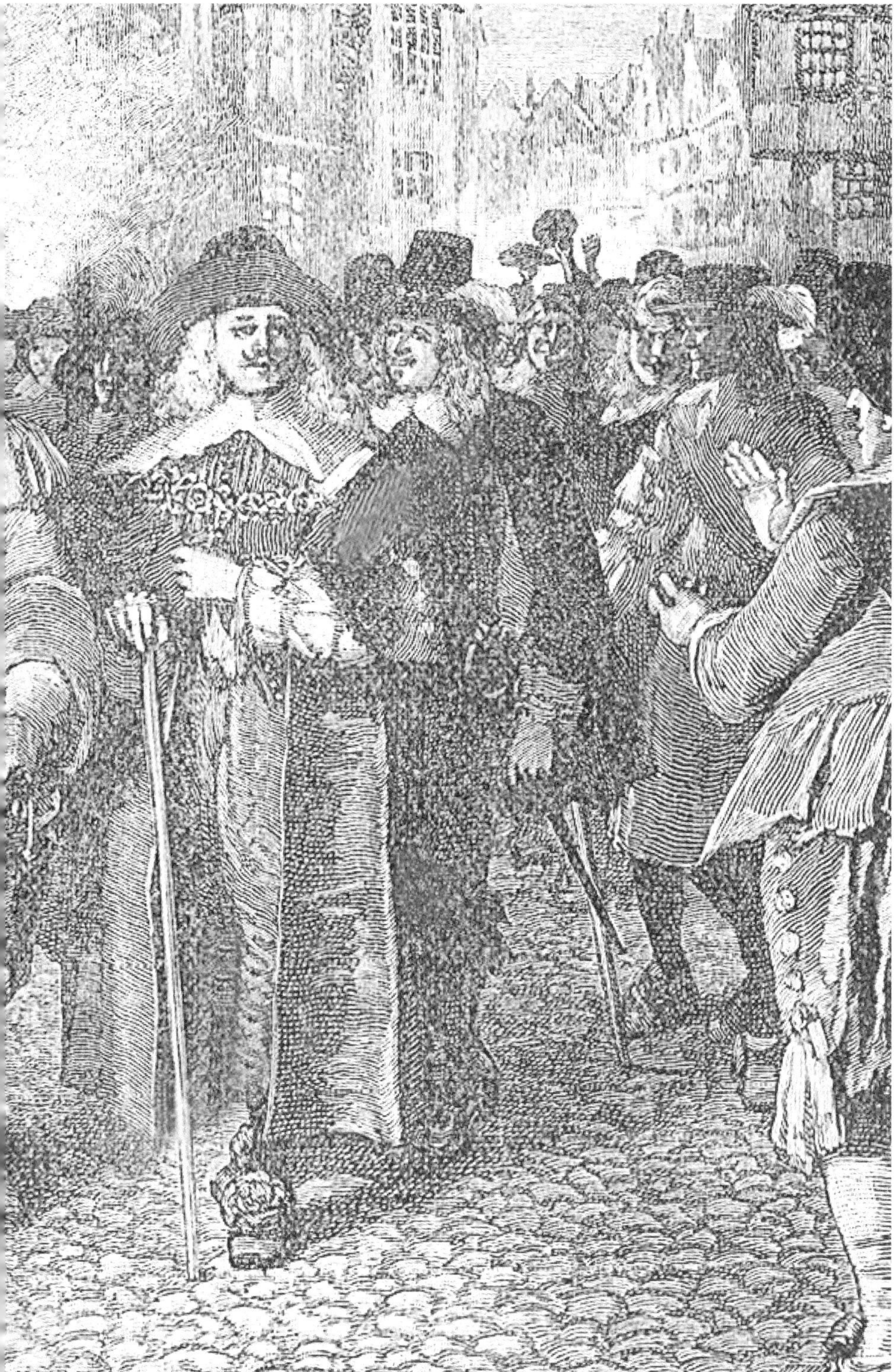

作为一个值得信赖的人，约翰·格林维尔爵士将接到的口头指示铭记于心，奉命前往查理·斯图亚特在布鲁塞尔的住所。查理·斯图亚特被要求承诺大赦和宗教信仰自由，确认出售王室土地，从布鲁塞尔搬到荷兰。海德建议他服从。1660年4月4日，查理·斯图亚特发表了《布雷达宣言》（**图119**）。他宣布，希望他的臣民能够享有法律上属于他们的权利，就像他享有法律上属于自己的权利一样；他承诺大赦，对过去的行为既往不咎，议会也不例外；他承诺通过法案确保人们的宗教信仰自由，通过议会解决政府增地和土地购买等问题。

1660年4月25日，议会举行了全体下议院选举产生的议员会议，但上议院只有十位议员。5月1日，上议院和下议院做出决定，"根据这个王国古老而基本的法律，政府现在是并且应该是由国王、上议院和下议院管理的"。接着，它们立即向在布雷达的查理·斯图亚特发出了要求。1660年4月25日，在多佛，查理·斯图亚特登陆，得到了蒙克的迎接，迈出了成功走向首都伦敦的步伐。29日，查理·斯图亚特抵达伦敦。在一片热情欢呼中，也有明显的例外情况。严肃的共和派人士仍然是以前克伦威尔建立的军队中最强大的力量。他们在平民中也绝不是没有代表。他们阴沉着脸，沉默地站在欢呼的人群中。

约翰·德莱登在《奖章》[①]里的讽刺也许不无道理。

尽管他们[②]做的事情是两个极端，但人民没有错；

[①] 《奖章》是约翰·德莱登1682年写的诗。——译者注
[②] 即共和派人士。——译者注

第15章 王政复辟

虽然杀死了父亲，却又把儿子召回宝座。

然而，在《奖章》里，除讽刺之外，还有深刻的政治道理和哲学道理。

他们[①]愚蠢地让不虔诚的公理张扬，
因为在有些土地上共和国不能成长。
我们温和的岛屿不会存在有极端，
不会有人民的摇摆，也不会将专制的统治提倡。
但在两者之间，会调整最佳的状态，
不仅有君主的祝福，还有自由的保障。

查理二世的复辟受到普遍欢迎，这是毋庸置疑的。其中的原因也并非模糊不清。也许最普遍的是所有阶层逐渐形成的一种信念，即除非国家准备接受古罗马执政官式的统治，否则除恢复君主制之外，别无选择。随着查理一世被处死，一年又一年过去，人们越来越清楚地认识到，他们只是把君主制换成了军事独裁而已。不管克伦威尔多么急切地想要与议会分享立法权——虽然不是行政权——但他的权力基本建立在军队的忠诚之上。不管怎么伪装，他的统治就是刀剑的统治。这给人们留下了痛苦的回忆。人民对军事独裁的恐惧持续的时间很长，甚至奥利弗·克伦威尔去世半个世纪后，他的"阴影依然笼罩

---
① 即共和派人士。——译者注

图 119 查理·斯图亚特发表《布雷达宣言》

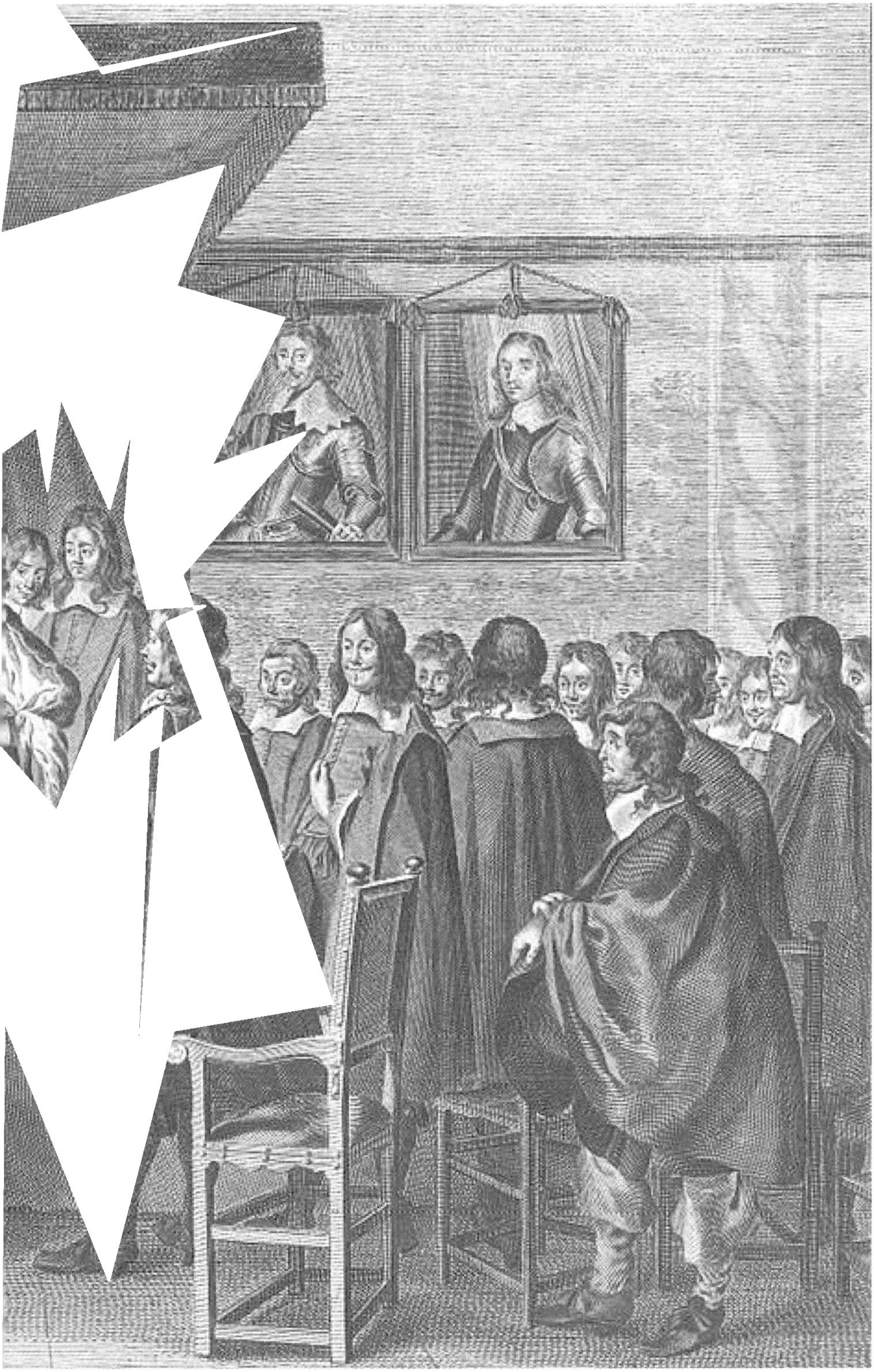

在马尔伯勒公爵充满野心的道路上"①。在安妮女王时代，布莱尼姆的胜利者能够重新建立军事独裁政权，这是令人难以置信的。但更重要的，正是对军事独裁统治的恐惧导致了克伦威尔政府最终的垮台。

另一个原因是不确定因素和不稳定因素的拖延，商业阶层产生了混乱。贸易晴雨表特别容易受到影响。尽管殖民地种植园得到了发展，但贸易晴雨表的刻度在下降。沉重的税负进一步抑制了贸易。在宗教信仰上，以长老会教徒为主的商人对军事统治越来越不耐烦，越来越渴望"解决方案"。

广大人民虽然坚定地信奉新教，但不热衷于当权的清教主义。正如我们所见，清教徒的统治不仅意味着对罪恶的压制，而且意味着对人民心中根深蒂固的习惯的暴力干扰，以及对在我们看来是无辜的许多形式的娱乐的干扰。在清教徒严酷的统治下，"快乐的英格兰"的传统正在迅速衰落，允许复辟是对过去十年剥夺合理自由而付出的代价。

毫无疑问，所有这些考虑都是有分量的。但斯图亚特王朝复辟有两个突出的因素，一是英格兰对议会作为一种机制的重视，另一个是英格兰人认为没有世袭君主制的议会政府是不可能延续的。在这两个因素中，前者十分显著。对19世纪的英格兰人来说，代议制政府的价值是不言而喻的。因此，我们很容易忘记，直到16世纪，向下议院派遣代表的责任还被视为是强加给地方的负担，而不是地方享有的特权。正如我们所见，都铎王朝时期，人们的情绪发生了显著的变化。斯图亚特王朝对议会的反对加强了人民对议会的好感。奥利弗·克伦威尔的军事独裁统治更让人们看到了这一点，热情的关怀变

---

① 这句话是威廉·莱基说的。——原注

第 15 章 王政复辟

成了近乎狂热的忠诚。

与此同时，尽管乍一看似乎有些矛盾，但人民对世袭王权原则的依恋与日俱增。研究英格兰历史的德国学者利奥波德·冯·兰克强调了这些事实，并没有向英格兰人隐瞒。

"英格兰的复辟运动，"兰克写道，"本质上是一场议会革命。召回查理二世的主要原因是，没有国王就不可能建立议会政府……世袭继承权……再次被誉为'国家宪法'这一理想拱门的基石。"

这些话为解开后面这段时期的复杂历史提供了一些线索。至少还有另外两个因素：一是对所有外国人，尤其对法兰西人的普遍怀疑。另一个是对已建立的圣公会的亲切依恋。四个因素中有三个对复辟具有不可推卸的责任。四分之三的人认为，1660年到1681年的狂热迅速降温；辉格党人企图把约克公爵詹姆斯[①]排除在继承权之外，这重新激起了人们对世袭王权原则的依恋之情，让辉格党短暂的得势戛然而止。最后，就如我们后面看到的那样，詹姆斯二世以反常的才智，无视这四种因素。

复辟后的查理二世面临着一些难题，但他的智商远高于一般人。无论从最好还是最坏的意义上讲，查埋二世都是一个"深谙世故的人"。他很有勇气，举止优雅，在逆境中学到了很多东西。回到英格兰后，查理二世下定决心，即使不进行个人报复，也要为命运的打击得到补偿。查理二世经常提到"再也不去旅居"的决心，这多少为他上不了台面的行为提供了一些线索。查理二世自鸣得意地认为，没有人会谋害自己，从而把自己的弟弟约克公爵詹姆斯推上王位。在抵

[①] 即后来的英王詹姆斯二世。——译者注

达多佛时，市长送给查理二世一本"非常精美的《圣经》"，他称自己"爱它胜过世界上的一切"。但查理二世从来没有提供任何证据来证明自己对新教的感情，或者说他对任何信仰都不冷不热。说"他在罗马天主教和无神论之间满足地摇摆不定"也并不为过。信仰上，查理二世远不如自己的父亲；智力上，他是斯图亚特王朝中最有才干的国王，但他无可救药地懒惰。查理二世对女人的喜爱是出了名的，但詹姆斯·谢菲尔德勋爵称"王太后是国王陛下的真爱"。也许和墨尔本子爵的情况一样，他的懒惰和冷漠只是一种外在的表现，而不是实际情况。

从本书的角度看，从斯图亚特王朝复辟到光荣革命这段时期的关注点主要集中在五个方面：一、对教会与国家关系的界定。二、议会对国家财政的控制权。三、大臣的责任与立法和行政之间的关系问题。四、政党制度的兴起。五、通过《人身保护令》对个人自由的法律保障，以及对司法机构与行政机构和立法机构之间关系的界定。然而，在我们能够处理这些重要的根本问题之前，革命年代造成的一些混乱问题必须澄清。

《布雷达宣言》曾承诺实施大赦，但不包括议会做出决定的例外情况。包括弗雷德里克·哈里森和休·彼得在内的13名弑君者被处死，大约20人被捕入狱，其中一些被判终身监禁。埃德蒙·勒德洛逃往瑞士，三十年后，即1692年，死于沃韦。小亨利·文因叛国罪受审，1662年被处决。约翰·皮姆、历史学家托马斯·梅、曾为英格兰海军增光的罗伯特·布莱克和爱德华·波帕姆、克伦威尔的母亲及他的女儿伊丽莎白的遗体被从修道院的坟墓中挖了出来，扔进附近的一个坑里。克伦威尔、艾尔顿和布拉德肖的尸体不仅被挖出，而且被吊在泰

第 15 章 王政复辟

伯恩的绞刑架上（**图120**），离现在的大理石拱门很近。暴民看到处决弑君者及克伦威尔、艾尔顿和布拉德肖的尸体悬挂在绞刑架上的可怕场面，显然既满意又高兴。一个更善解人意的时代的人对整个过程做出了谴责。我们尽管可能看到了议会对死者恐怖的亵渎，但必须承认，鉴于过去二十年里发生的一切，议会进行的报复是适度的。如果可能，查理二世和爱德华·海德可以把这种报复限制在更小的范围之内。

他们也不愿意把君主制的复辟与任何对现有土地财产分配的暴力干扰联系起来。第二次英格兰内战及其后的革命政权不可避免地见证了土地所有权发生的巨大变化。许多土地被没收，更多土地被出售，用以满足历届政府的财政需求。那些土地被没收的保王党人收回了自己的土地，但没有给出售土地的人补偿，私人土地的购买者也没有受到干扰。那些轻率地购买属于王室或教会的土地的人遭到驱逐，也没有得到任何赔偿。

国王和教会毫发无损，但其他党派都感到不满，尤其是骑士派。骑士派人士愤愤不平地抱怨说，执行的法令对国王的对手来说是《免罪法案》，对国王的朋友来说是遗忘法令。

令人满意的是对国王的收入达成了一致的解决意见。从很多方面来看，现代的国家财政体系可以说是从这个时期开始的。不过，从中世纪到现代的转变是非常缓慢的。

截至当时，国家收入就是王室的收入，政府开支由国王支付。早期，收入完全来自以下几方面：土地或者土地所有权；王室土地，即"皇家领地"；封建任期内财产附带的权利，即财产继承方面支付的费用，也就是"补贴"；监护未成年人的收益；继承人婚姻相关的费用；优先购买权和王室采买权等。

图 120 克伦威尔、艾尔顿和布拉德肖的尸体被吊在泰伯恩的绞刑架上

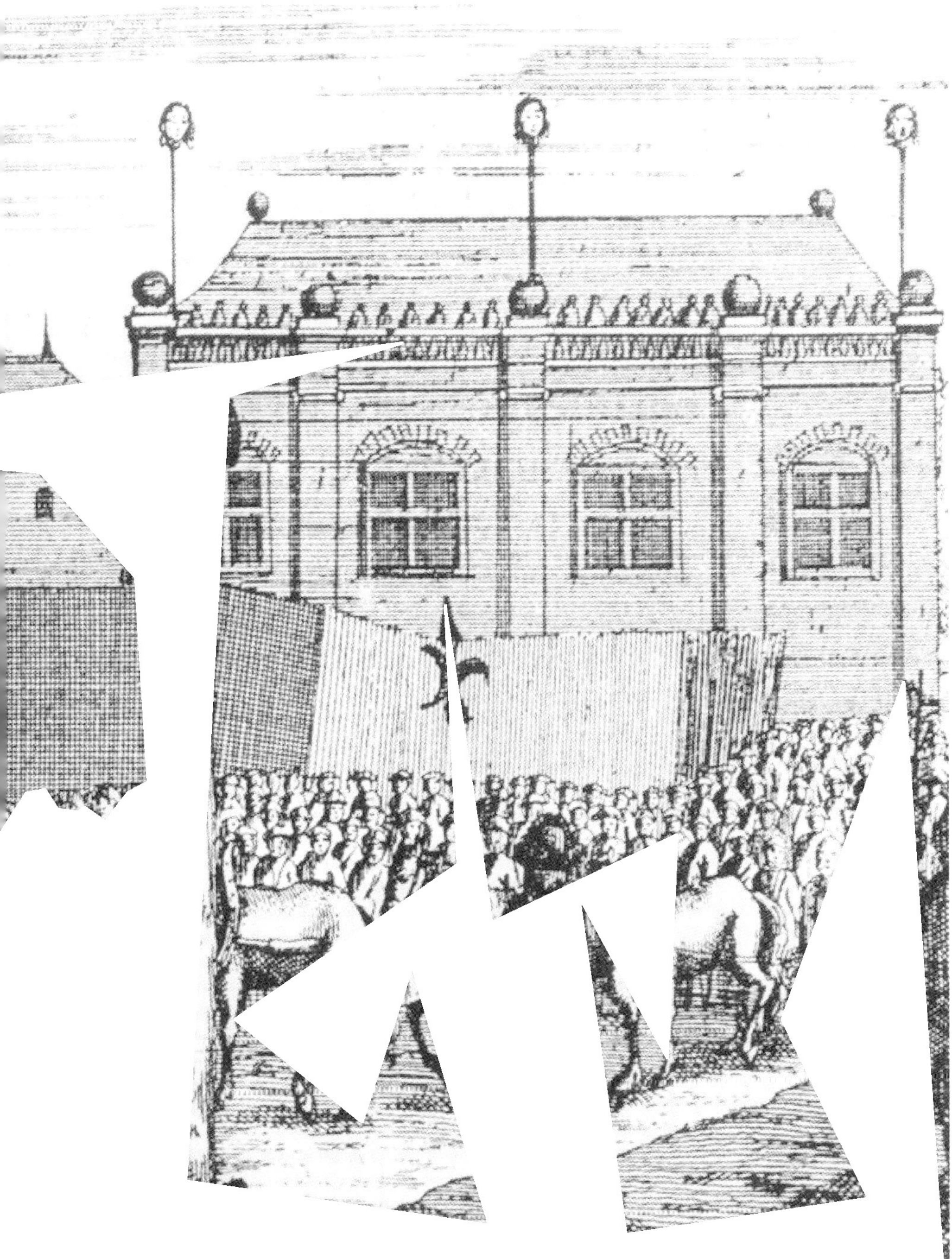

1645年，通过上议院和下议院决议，长期议会将所有骑士的终身制转变为农役租佃制。1656年的一项法案确认了这些决议。1660年以后，这些决议和《规约》都没有保留任何法律效力，通过这些渠道获得的收入微不足道，这让人很伤脑筋。

因此，没有哪个君主会愚蠢到恢复这些不受欢迎、无利可图的特权。尤其是像查理二世这样极度渴望重获人民好感的君主。相应地，查理二世颁布的《1660年废除监护制法案》废除了封建领地及与之相关的所有利益。作为补偿，查理二世每年得到10万英镑。从历史的角度看，这虽然有意义，却是一件相对较小的事情。更重要的是额外的收入来源问题：各种议会拨款、海关费用和货物税等。部分由于白银贬值，部分由于行政费用迅速增长，早期斯图亚特王朝的财政收入完全不足。正如我们所见，《大契约》曾试图使国王和议会之间达成一项协议，但最终以失败告终。1660年，议会任命了一个委员会来"考虑给国王陛下一笔收入，以维持国王职位的辉煌与荣耀，满足国王的需求，防止被邻国瞧不起"。委员会报告说，1637年到1641年，查理一世的年收入平均为90万英镑，但其中20万英镑除非通过非法手段筹集，否则无法获得。委员会建议国王今后的收入应定为每年120万英镑。事实证明，这个固定的数额完全不够，而且收入的来源比实际少了近一半。

在清教徒革命时期，议会筹集了大量资金，部分是通过消费税——一种从荷兰舶来的新手段，部分是通过每月对财产的评估。斯图亚特王朝复辟后的议会并不太乐意借用其不规范的前任在财政上的权宜之计。关税被合并了，不再区分旧关税与"征税"、也不再区分旧关税与新关税，而是将关税分为四类：一、酒桶税。二、进口货物

第 15 章 王政复辟

手续税。三、出口货物手续税。四、毛料税。这些合并的税的收入拨付给查理二世和他的继任者，供其终身享用。

对国内生产的啤酒、苹果汁和烈性酒也征收消费税，对某些进口商品的销售也征收消费税。实际上，这些商品已经缴纳了关税，被征收了双重税款。

对给予国王的"特别津贴"，即土地每英镑四先令，私人财产每磅2先令8便士实施的摊派税太糟糕。1663年，一项源于世俗人员和神职人员的特别津贴共计只有7万英镑。旧的"十分之一税"和"十五分之一税"之后实施的"特别津贴"被废除了，取而代之的是三种形式的直接税：人头税；每个炉灶的2先令的税，即"炉灶税"；"摊派税"。最初，在詹姆斯一世统治时期，邮局作为国家服务机构被建立起来。在查理一世统治时期，邮局规模不断增大。它的运营最初归邮政局长负责，在国家的管理下进行包租。查理二世第一次对新机构做出了立法规定，1663年及此后产生的大约每年2.1万英镑的收入，决定永久授予约克公爵詹姆斯和其男性继承者。查理二世即位后，这笔已经增加到6.5万英镑的收入归国王所有，并且并入世袭收入。

拨款原则虽然直到小威廉·皮特时代才接近现代的形式，但这一时期，有了十分大的进步。现代的"预算"以细致入微的方式分配给王室每1便士的供给。确保下议院的意图得到准确履行则是出纳官、审计长和公共账目委员会的职责。但直到斯图亚特王朝复辟之前，这一拨款原则一直都是时断时续的，尚未成熟。只要国王的开支不超过他的收入，议会就不会提出任何问题。总之，议会更关心的是防止非法征税，而不是查明税收是如何使用的。但从查理二世开始，议会越来越重视拨款原则。1665年，通过投票，一大笔钱被投入第二次英荷战争。法案中有一个条款，主要内容是这笔钱只能用于此目的。这是1624年之后的又一个先例，当时投票对享有王权的贵族领地进行救济，虽然并非总是如此，但类似的情况偶有发生。这种做法被詹姆斯二世时期的议会废除，但在光荣革命之后又成为惯常的做法。另一个同样重要的变化也发生在同一时期，标志着王室年俸的开始。议会投票通过给威廉三世和玛丽二世每年120万英镑的收入，其中70万英镑用于王室生活费用、君主的个人开支、行政人员的薪水等，其余50万英镑用于更一般性的行政开支。在以后的统治中，这一原则得到了进一步贯彻，王室年俸逐渐减少。同时，除完全属于君主个人的费用之外，议会还免除了其他所有费用。国王还放弃了对世袭收入的所有要求，世袭收入现在给国家带来的收入远远超过君主政体的所有开支[①]。给予查理二世的财政收入显然只是为了维持一个和平的权力机构。议会拨出一笔专款支付给英格兰联邦的庞大军队。十五个骑兵团和二十二个步兵团迅速被遣散，只留下两个团，即一个骑兵团和一个步兵团，作为保卫国王的军队，以及来自敦刻尔克的第三个团。这些团约有五千人，构成了现代常备军的核心部分。

然而，直到光荣革命之后，这支常备军才正规化。在詹姆斯二世的统治下，这支常备军的人数接近九千人。《权利法案》宣布，未经议会同意，在和平时期增加或维持常备军是违法的。但1689年通过了《暴动法案》，以确保军队的纪律并通过随后的修正案为军队提

[①] 乔治五世的王室年俸固定在每年47万英镑。1929年的王室土地年收入超过100万英镑。给其他王室成员的补助总额为10.6万英镑。然而，即便如此，这一差额也是十分可观的。——原注

供军饷和驻地。《暴动法案》最初只实施了七个月,此后每年重新颁布[1]。这保证了议会定期召开会议。直到1807年,民兵组织才被纳入该法案。当时,"在任何王室领地或王室的臣民所在地领取军饷的现役军人"都首次"被纳入该法案"。法案中一项非常重要的条款规定,法案中的任何条款不得解释为免除任何军官或士兵的习惯法律程序。正如艾伯特·戴西指出的那样,这一条款包含了我们所有关于常备军立法的线索。根据征兵合同,士兵除承担平民的义务之外,还要承担许多其他义务。但他们不能逃避英格兰任何普通公民的责任。因此,通常会有这样的说法,一个士兵可能会因为拒绝向一个暴徒开枪被枪毙,也可能会因为服从命令开枪被处决。在这种特有情况下,一种妥协达成了。人们深信,一支常备军是对国内自由的永久威胁,而没有这样一支军队,面对外来攻击,他们就感觉不到安全,或者就如艾伯特·戴西所言,"维护国家自由似乎意味着牺牲国家独立"。在严格限定的期限内通过的《暴动法案》中,特别是在最后提请注意的条款中,发现了一种摆脱困境的办法。

据说,在第一个《兵变法案》中,民兵组织被明确排除在外。但骑士议员的行动之一是通过了一项法令,宣布"民兵、所有陆海部队、所有军事堡垒和驻地的唯一最高指挥权和处置权属于……也曾经属于……国王陛下……上议院与下议院或其中任何一方都不能也不应觊觎"。1662年和1663年通过的后续法案确定建立作为宪法力量的民兵组织,并且由国王任命的郡首席治安长官负责任命军官,全权负责管理。服役的责任取决于对土地财产的占有。因此,民兵制度完全符

---

[1] 它现在被称为《陆军和空军(年度)法案》。——原注

合英格兰一个半世纪以来实行的土地寡头制度。大体上，这种制度取得了显著成功。民兵的军官都是地方贵族，主要得到佃户的支持。事实上，这是一支由当地地方官员组成的郡一级的武装力量。

我们能够预测事件的先后顺序。1660年12月29日，"公约"议会解散。1661年5月，后来持续十八年的新议会召开。在选举权和选区问题上，下议院和1640年的长期议会一样，都是在相同基础上选举产生的。因此，该议会由英格兰王国和威尔士公国的507名议员组成。苏格兰王国和爱尔兰王国没有代表，但查理二世随后向达勒姆郡和纽瓦克派出了代表①。这样一来，下议院的人数就增加到了513人，这一数字一直保持到英格兰与苏格兰合并之后。在对复辟的君主制充满无限热情的时刻，当选的绝大多数议员都是狂热的保王派，并且献身于圣公会。他们确实证明了自己，用托马斯·麦考利的名言来说，"比国王更热爱王室，比主教更热爱主教制"。然而，从一开始就有五十到六十人的少数反对者。随着时间的推移，反对势力越来越大。

如果这次复辟可以被准确地被描述为议会复辟，那么更明显的是，它是贵族的复辟。不仅下议院议员包括现在和未来近两个世纪的大量贵族和乡村绅士，而且上议院议员也恢复了所有以前的特权，虽然还不是全部的议员。1641年2月14日，查理一世同意将主教排除在上议院之外。因此，现在需要制定一项法案恢复主教的职位。1661年，该法案通过。147位世俗贵族获得资格在这届议会拥有席位，并

---

① 纽瓦克是最后一个由王室授予的议会自治市，即使在骑士议会中，它的代表权也是有疑问的。——原注

第 15 章 王政复辟

且应召参加会议①。于是,贵族恢复了所有法律特权和社会特权,但依据上层意见,他们失去了政治上的威望。查尔斯·弗思认为,"结果,他们得到的是更少的尊敬与更多的批评,曾经用以保护贵族的大多教义也不复存在"。下议院的自信心大增,结果与上议院之间的摩擦与日俱增。

尽管当时很少有人注意,但1663年发生了另一个有重大历史意义的变革。就牧师"财产"而言,作为单独征税的"财产"也不复存在了。英格兰联邦时期,在税收方面,神职人员和世俗人员之间没有区别。斯图亚特王朝复辟之后,十分之一税、十五分之一税和补贴都取消了,神职人员便放弃了在自己的教区里单独征税的权力。大法官爱德华·海德和大主教吉尔伯特·谢尔登(**图121**)之间口头、非正式的观点促成了这一变化。纪念二人的建筑物今天依然面对面矗立在牛津的布罗德街上。从此之后,神职人员有资格担任议员候选人,但由于一种奇怪的、前后矛盾的因素,他们不能当选下议院议员。关于取消选举资格的现象,像经常发生的那

图 121 吉尔伯特·谢尔登

---

① 比1640年多出20人,包括从当时受封爵位并在这段时间依然健在的人,以及1660年创造的两个贵族阿尔比马尔公爵乔治·蒙克及桑威奇伯爵。——原注

样，在维护它的特权消失后，依然存在。因此，在财政方面，像贵族一样，神职人员第一次被纳入国家体系。

下议院选择这一时刻，是为了重申其对税收的专有或至少是最重要的控制权的主张。在和平与战争时期，除国家负担的"世袭"王室收入之外，维持国家服务部门的全部重担现在都变轻了。下议院对任何企图向其代表的选民征税的行为，都应该戒备和怀疑，这是很自然的，但争执很快出现了。1661年，上议院通过并向下议院送交了一项法案，内容是"铺设、维修和清洁威斯敏斯特的街道和马路"。下议院盛怒之下拒绝了该法案，理由是"它要向人民收费"，并且"任何向下议院收费或征税的法案都不应该始于上议院"。对于这一主张，上议院提出反对，认为它"侵犯了上议院固有的特权，因为以前有些法案就是上议院最初提出来的，如伊丽莎白一世时期的《济贫法案》、修复多佛港的法案等"。于是，下议院通过了自己的法案并将其提交给上议院。这次，该是上议院抗议的时候了。

> 虽然陛下因疏忽法案中提到的那些马路和下水道的问题感到为难，但出于对陛下毕恭毕敬的尊重，在这一点上，上议院暂时只能向目前正在酝酿中的法案妥协。该法案来自下议院，附带了一项有关贵族身份的限制性条款。也就是说，"本法案的通过，或者其包含的任何内容，均不得损害议会两院或其中任何一院的特权，即使本法案中存在任何相反的内容，但议会两院或其中任何一院的所有特权应当与本法案通过之前一样存在并继续保留。本声明不应成为下议院对未来持有偏见的先例"。

第15章 王政复辟

下议院拒绝接受有附带条件的法案。于是，事情陷入了僵局，拟议的立法不得不被放弃。

然而，第二年，即1662年，上议院通过了一项性质更广泛的类似法案。同时，出现了类似的威胁性僵局。但这次，在几个上议院议员的正式抗议后，上议院做出了让步。

这仅仅是个开始。1671年和1678年，上议院试图修改下议院提交的《供应议案》，从而诞生了被宪政守护者作为经典案例的两项著名决议。1671年下议院声明，"下议院给予国王的所有帮助中，税率或税额不应由上议院做出改变"。1678年，下议院又做出如下声明：

> 所有帮助与供应，以及给予国王陛下在议会的帮助，都是下议院唯一的礼物。所有有关给予这类帮助或供应的法案都应该由下议院发起。在这些法案中，下议院无疑应当指导、限制、确定相关拨款的目的、用途、理由、条件、局限、资格等。这也是下议院独有的权利，不应被上议院剥夺。

在这两种情况下，最终，上议院都让步了，但它并非没有提出过有力的抗议。上议院的抗议如下：

> 在修订法案或使其失效的过程中，我们一致认为给予上议院行使权力的职责，"对几种外国商品征收额外关税，并且鼓励王国制造几种商品的法案，"就商品的税率和税额而言，无论是在物品、标准问题上，还是时间问题上，都是上

议院的基本的、固有的和不容置疑的权利，上议院不能袖手旁观。

这些历史性决议确定的一般原则是什么？可以看出，上议院享有征税的权利没有受到质疑。但根据这些决议，上议院不能合法地向人民收费。因此，上议院尽管可能拒绝共有征税权，但不能"改变或修改"下议院提出的税收决定。当然，上议院有可能拒绝。然而，随着时间的推移，也许部分是由于1678年7月3日决议的措辞含糊不清，在一项税收或赠款与一项现代金融法案包含的税收总额之间产生了混淆。1911年的《议会法案》最终结束了这种混乱。根据该法案，上议院被剥夺了修改或否决《货币法案》的权利。

如果说1661年的议会比国王更加倾向于保王派，那么它也比主教更加倾向于圣公会。作为一项法律预防措施，要求确认《公约法案》时，议会很困难地接受了爱德华·海德的劝说，将《补偿法案》也列入其中。但议会要求所有成员按照英格兰国教的仪式接受圣餐礼，以表达自己的倾向。通过命令普通的执法者焚烧《契约书》，并且试图将长老会教徒和其他持不同政见者排除在地方政府的公职之外。

根据1661年的《市政法案》，市政所有官员都必须像议会议员一样接受圣礼，宣布放弃《契约书》，宣誓信奉被动服从的教义。尽管从1727年起，持不同政见者在实践中通过了当年的《议会年度法案》，以免失去资格。但直到1828年，《议会年度法案》才被正式废除。

1664年通过的《秘密集会法案》旨在禁止非国教徒"煽动性"的秘密聚会。非国教徒的秘密聚会是指除家庭成员之外，有五人以上聚集在一起做礼拜。这样的聚会被定为犯罪行为，处以罚款、监禁，如第三次触犯，则处以流放。1665年通过的《五英里法案》禁止任何牧师在距离自治城市或议员选举区五英里之内的学校任教或进入该区域，除非他赞同《统一法案》，发誓信奉被动服从的教义，并且承诺自己不会试图改变教会和国家政府。《五英里法案》引起了被驱逐的牧师和其他持不同政见者更深层次的不满，因为在1665年瘟疫期间，他们在照顾病人和补充空缺或废弃的讲坛职位方面，提供了崇高的服务。

这些法案是对《布雷达宣言》中引人注意的条款耐人寻味的写照。它这样写道：

> 时间长河中的痛苦与无情使人们对宗教产生了不同的见解。于是，党派之争和敌意发生了。以后，人们团结在一起自由畅谈的时候，就会变得镇定，就能更好地包容。我们宣布要有信仰自由，任何人都不应因宗教问题上的分歧而感到不安或受到质疑，因为它不会扰乱王国的和平。我们做好准备，同意颁发给我们这种经过成熟审议的法案，以充分展示我们的宽容。

关于《宽容法案》，我们会听到更多的内容。"痛苦与无情"已经反映在概述过的立法中。然而，究其永久意义而言，1662年通过的《统一法案》让被误称为"克拉伦登法典"的刑法黯然失色。

《统一法案》重新定义了教会与国家之间的关系，至今仍是英格兰教会的重要治理法规。对17世纪的英格兰人来说，许多问题需要解决，其中教会的问题是最重要、最顽固的。此外，《统一法案》提出了解决个人自由问题的其他方法。这也是本书主要关注的问题。

"信仰自由"是各方争论不休的话题。有哪个党派对它的含义有一点点概念吗？有一点是各派都同意的观点：宗教是国家的事务。"教会"只有在宗教层面才有政权般的地位。但如果教会和国家在意义上是相同的，那么国家教会的教义、宗规和政府形式又是什么呢？它们是属于天主教、圣公会中的阿米尼乌斯派，还是清教徒？是由主教还是长老统治？国家教会会寻找特伦特、奥格斯堡、苏黎世还是日内瓦学说的定义？或者满足于伊丽莎白一世时代立法中典型的英格兰式妥协？另外，如果教会和国家的统一被打破，如果信仰、崇拜和政府的多样性取代了统一性，问题就会呈现出全新的面貌。难道与国家相比，所有教会和信仰都是完全平等、相互容忍的吗？或者国家与教会组织的某种形式联系在一起。如果是这样，与哪一种形式联系在一起呢？国家和国家教会与其他可容忍的宗教组织的关系又将如何呢？

简而言之，这就是16世纪遗留给17世纪的宗教问题。自从斯图亚特王朝建立，已经过去了六十年，但这些问题并没有得到解决。天主教徒最大的希望就是宗教宽容。但每一个新教组织都有自己的优势：从1603年到1640年，或者直到1643年接受誓约派为止的英格兰圣公会或阿米尼乌斯派；从1643年到1647年军队完全掌权时的长老会；后来一直到复辟时期的独立派。

即使是各个阶层的新教徒，也没有人利用自己的职权来解决根本问题。圣公会一直被指责，尤其是受到19世纪的辉格派历史学家的指责，错过了1661年到1662年的大好机会。坦率地讲，如果宗教宽容政策是一项切实可行的政策，那么长老会教徒拒绝接受这种政策的责任并

第 15 章 王政复辟

不小。1662年，两千名清教牧师辞去了牧师职务，只是为了与长老会统治时期，即1643年到1647年，被逐出教会的两千名圣公会牧师的数量保持一致。与此同时，以克伦威尔为代表的独立派却失去了机会。克伦威尔坚定地、始终如一地坚持信仰自由的原则。但在护国政体时期宪法中提及的全面的新教国家教会，是一个将"主教制派"，当然还有"教皇派"排除在外的教会。实际上，宗教宽容政策的希望被扼杀了，不是在1661年的萨伏依会议上，而是在长期议会拒绝听取福克兰子爵的明智言论的时候。福克兰子爵的确是"中庸的使者"，他的命运也是清教徒革命时期所有"中间"派人士命运的写照。

"他的想法，"正如约翰·塔洛克所言，"是在适当的时候产生的。垮台和复兴这两个极端，注定要顺其自然。在所有令人兴奋的时刻，情况或多或少都是如此。理性的声音在政党的喧闹声中是听不到的，当克伦威尔和爱德华·海德的继任者上台时，福克兰子爵伤心欲绝地离开了人世。"

该轮到爱德华·海德了。但无论是海德，还是查理二世，都不能对1661年宗教宽容政策的失败负责。议会提出了一项法案，赋予一项提议法律效力，即长老会成员应与主教一起执行教会纪律，并且不应强制执行长老会成员自汉普顿宫会议[①]以来一直抱怨的仪式。但即使在一个长老会教徒占很大比例的议会中，妥协方案也在下议院以26票的多数被否决。

尽管如此，查理二世和海德还是坚持召开一次会议，如果可

[①] 汉普顿宫会议是指1604年1月在汉普顿宫召开的一次会议。会议上，詹姆斯一世与包括清教徒在内的英格兰教会代表就有关问题进行了讨论。——译者注

能，为圣公会和长老会的联合制订一个计划。1661年4月，在伦敦萨伏依主教的寓所，21名圣公会神职人员和数量相当的长老会成员会面。他们得到授权修订《公祷书》，"如有必要"，"做出合理、必要的修改、更正和校正……根据达成的一致意见，让其有利于满足信仰，恢复和继续教会的和平与统一"，并且就此向国王汇报。双方都毫不妥协。长老会要求，在一些仪式方面，如使用白色法衣、十字架标志、圣餐仪式的跪拜、四旬斋和圣徒节遵守的仪式及类似性质的做法，不应该是强制性的。然而，会议在没有达成任何一致意见的情况下结束了，并且向国王报告说，"教会的福利、团结与和平及国王陛下的满意是他们所有人都同意的目标，但就措施而言，他们无法做到和谐一致"。显然，宗教宽容政策的推行为时已晚。要做到宗教宽容，还为时尚早吗？

与此同时，主教区会议正忙着修订《祈祷书》。成员包括威廉·贾克森、吉尔伯特·谢尔登和博学的达勒姆主教约翰·科辛等人。今天崇高的《公祷文》就是他们的劳动成果。《公祷文》毫无修改地体现在1662年5月19日获得王室批准的《统一法案》中。虽然有很多细微的、实质性的修改，但修订后的《祈祷书》基本上与1559年的版本一致。圣餐仪式结束时的礼仪中，重新引入了1552年的"黑红色印刷的祈祷词"，但"做出了不是为了否认真正和本质的存在，而是为了否认圣餐礼中基督自然血肉的存在的显著改变"。其他变化虽然不是很明显，但大多是反清教的。除绘图之外，《祈祷书》没有经过任何校订，就被议会接受，并且要求所有前往教区教堂的牧师和教区居民使用《祈祷书》，否则将受到惩罚。主教的接手礼第一次成为对灵魂的关怀或教职晋升的必要条件。在随后的圣巴塞洛

第15章 王政复辟

缪节前，每一个有尊严的牧师或神职人员，每一个大学或学院的官员，每一个校长和私人教师怀着被剥夺权利的痛苦，都必须签署一份特定的"宣言"。该宣言包括承诺遵守新的礼拜仪式，放弃《神圣盟约》，承诺不企图改变教会和国家政府，或者以任何借口拿起武器反对国王。

由于《统一法案》的通过，大约两千名清教徒牧师失去了有俸神职。不幸的是，与1643年到1647年被驱逐的牧师不同，他们没有得到任何补偿。然而，信仰不允许他们留在现有教会的范围之内。许多虔诚、勇于献身的人就这样失去了牧师的职务。当时原则上的分歧表明，正如后来每次宗教宽容政策的尝试表明的那样，人们的分歧太大、太深，无法弥合。

随着《统一法案》的通过，复辟工作可以说已经完成。王室、上议院和下议院、教会和宗教集会都各自恢复到了清教徒革命爆发前的状况。然而，在此之前的六十年给英格兰君主政体上留下了印记。斯图亚特王朝复辟后的二十八年，即使没有彻底灭亡，也暂时掩盖了清教徒革命的成果。因此，光荣革命落幕之前，既不能准确地衡量这些成果，也无法估计其价值。

然而，目前也许可以方便地记录某些已经明确、无可争议地取得的结果。虽然还不清楚最高统治权如何行使，但毫无疑问，最高统治权已经从单纯的国王转移到了"议会中的国王"手里。在英格兰，实行君主专制的想法已经永远消失了。尽管詹姆斯一世进行了形而上的说教，但他或他的继任者是否有行使绝对君主特权的固定目标，是一点也确定不了的。在英格兰人听来，詹姆斯一世宣扬的哲学是陌生的，足以让他们对这位加冕的哲学家无意实行的专制主义产生恐惧。但斯图亚特王朝的君主们如果不以君主专制为目标，也就无意放弃前任作为独裁统治者履行的职责。清教徒革命甚至使君主专制政体不可能存在。克伦威尔的统治强化了斯图亚特王朝的教训。清教徒革命也证明了英格兰人对圣公会的忠诚不亚于对世袭君主制的忠诚。最重要的是，它证明了没有国王，议会政府是不可能存在的。

然而，有三个问题仍悬而未决。第一个是英格兰国教在与国家的法律关系上仍将保持显著的地位。但它至高无上的地位如何与其他宗教团体的存在及维护这些宗教团体的公民自由协调呢？约翰·莫利认为，"对清教徒叛乱最严重的指控和对其无可置疑的利益最沉重的打击"是"在政治暴乱之初，通过逮捕行为和钳制教会内部正在进行的自由运动，使宗教宽容政策真正变得不可能了"。尽管如此，事实证明，宗教宽容政策是不切实际的，问题仍然存在：宗教宽容——这一唯一的选择——如何才能实现呢？

第二个是英格兰、苏格兰和爱尔兰的关系问题。克伦威尔暂时解决了这个问题，但在王政复辟时期，他的解决方案被否决了。因此，他的继任者仍然为此感到困惑。

第三个悬而未决的问题是如何建立一种机制，让国王和议会从此成为最高统治权上的伙伴，共同满意地进行国家日常事务的管理。

这些问题是斯图亚特王朝复辟后的英格兰必须面对的，也是在有条件的时候必须解决的。

第16章 查理二世和大臣们

CHARLES II

AND

HIS

MINISTERS

复辟后最初七年，查理二世的主要顾问是爱德华·海德。从皮姆提出《大抗议书》开始，海德就完全效忠查理一世，忠心耿耿地为他服务到了最后。1641年11月以后，以国王的名义发表的大多数国家文件和宣言都是他用才华横溢的文笔写成的。1645年，海德成为威尔士亲王查理西部政务委员会的主要成员，并且跟随威尔士亲王查理来到锡利群岛和泽西群岛。就是在这两个地方，他开始撰写著名的《英格兰叛乱史》。1651年后，海德成为查理二世的首席顾问，并且在复辟后继续担任这一职位，领导一个由六人组成的秘密委员会。1658年，海德成为大法官。1660年，他被封为贵族，成为海德男爵，并且在次年（1661年）被封为克拉伦登伯爵和康伯里子爵。然而，他虽然是大法官，但并不是首相。实际上，在乔治一世即位前，君主是行政机构名义上的首脑。

随着复辟最初的狂热开始消退，这届政府越来越不得人心，海德不得不首当其冲地承受一切。他对君主政体过于忠诚，导致议会不能接受他；他对宪法原则过于忠诚，在法庭上不受欢迎。虽然新教持不同政见者不公平地指责他应对骑士议会的不宽容政策负责，但他仍坚定地支持英格兰教会，导致无法取悦查理二世的天主教朋友。海德个人生活的美德是对宫廷挥霍无度的一种讥讽。他对《赔偿议案》原则的坚持冒犯了骑士党人。海德的外交政策疏远了优秀的爱国者，他在国内的管理使自己身边没有朋友。总之，海德的平台过于狭窄、极不稳定。因此，他的对手临时联合起来便可以很容易推翻他。1667年8月，海德被查理二世粗暴地免去职务，并且遭到议会的弹劾。于是，他逃离了这个国家，再也没有回来。但海德的遗体找到了一个安息之所，确切地说，是和英格兰威斯敏斯特教堂中的伟人在一起。

查理二世对海德忘恩负义，指控海德的人说他挥霍无度。海德高尚的品格可能会激起人们对这位有罪大臣的怜悯之情，不过，他自己的错误确实不少，过失也不小。然而，弹劾海德的理由的夸大和误导几乎是荒谬可笑的：他曾试图通过一支常备军来统治英格兰王国。众所周知，在没有议会的情况下，保留这支常备军是会遭到反对的；他曾在海外非法监禁英格兰臣民；他通过卖官和其他腐败手段致富；他在"种植园"引入了专制政府制度；他曾建议把敦刻尔克卖给法兰西。除此之外，他还在外交事务上欺骗了国王和国家——这是一场掺杂着真与假、理智与荒谬的奇特闹剧。然而，弹劾失败了，因为它没有什么宪法方面的意义，所以无须耽搁我们的时间。海德落魄的真正原因是他在查理二世那里失宠，是他在朝臣和王公显贵的情妇中激起的仇恨，是议会中真正反对派势力的壮大。最重要的是，查理二世希望为自己在第二次英荷战争和外交中遭受的羞辱找到一个替罪羊。

海德在议会会议厅的位置被一群称之为"阴谋集团"的人占据。这个阴谋集团实际上不是一个部门，而是一群充当君主私人顾问的大臣。事实上，就是由于一个字谜游戏，"阴谋"一词被认为具有重要意义，标志着内阁制度发展的一个阶段。此外，1667年到1673年值得注意，主要是因为查理二世推行了亲法兰西与亲天主教的政策，并且巩固了议会反对派的势力。

第16章 查理二世和大臣们

查理二世采取了预防措施，废除了1641年的《三年法案》。该法案将议会的任期限制为三年。但查理二世在现已废除的1664年法案中加入了一项附带条件，"其不一致性在我们的法律中并不罕见"，即今后议会会议最多不应中断超过三年。然而，骑士议会期限的延长比查理二世预想的更加对自己不利。他不仅有理由回忆起父亲查理一世的格言"议会就像猫，时间越长越僵化"。事实上，在人员上，1673年的议会与1661年选举产生的议会有很大的不同。1661年，许多上了年纪的上议院议员和骑士议会议员回到了下议院，迅速继承爵位或被授予新的爵位①，加上1665年鼠疫和1666年伦敦大火（**图122**）导致许多人死亡，所有这些原因导致十二年之内进行了不少于263个席位的、不寻常的补缺选举。

新议员更多来自商业阶层，少部分来自拥有大量土地的阶层。与那些被他们取代的议员比，新议员对金融更感兴趣，而不太关注宗教问题。他们发现了一个领袖，有才能，但做起事来既优柔寡断，又令人费解。他就是18岁进入长期议会、1672年被封为沙夫茨伯里伯爵的安东尼·阿什利·库珀。直到1644年，库珀一直追随查理一世。当时，为了避免背叛的罪名，他来到了议会。关于库珀在多塞特郡指挥议会军队的情况，在《勋章》中，约翰·德莱顿描述如下：

> 一个没有胡须的首领，
> 一个人面前的叛逆者，
> 如此年轻，就对君主产生了叛逆之心。

---

① 1660年到1685年，有18位议员进入贵族的行列。——原注

图 122　1666 年伦敦大火

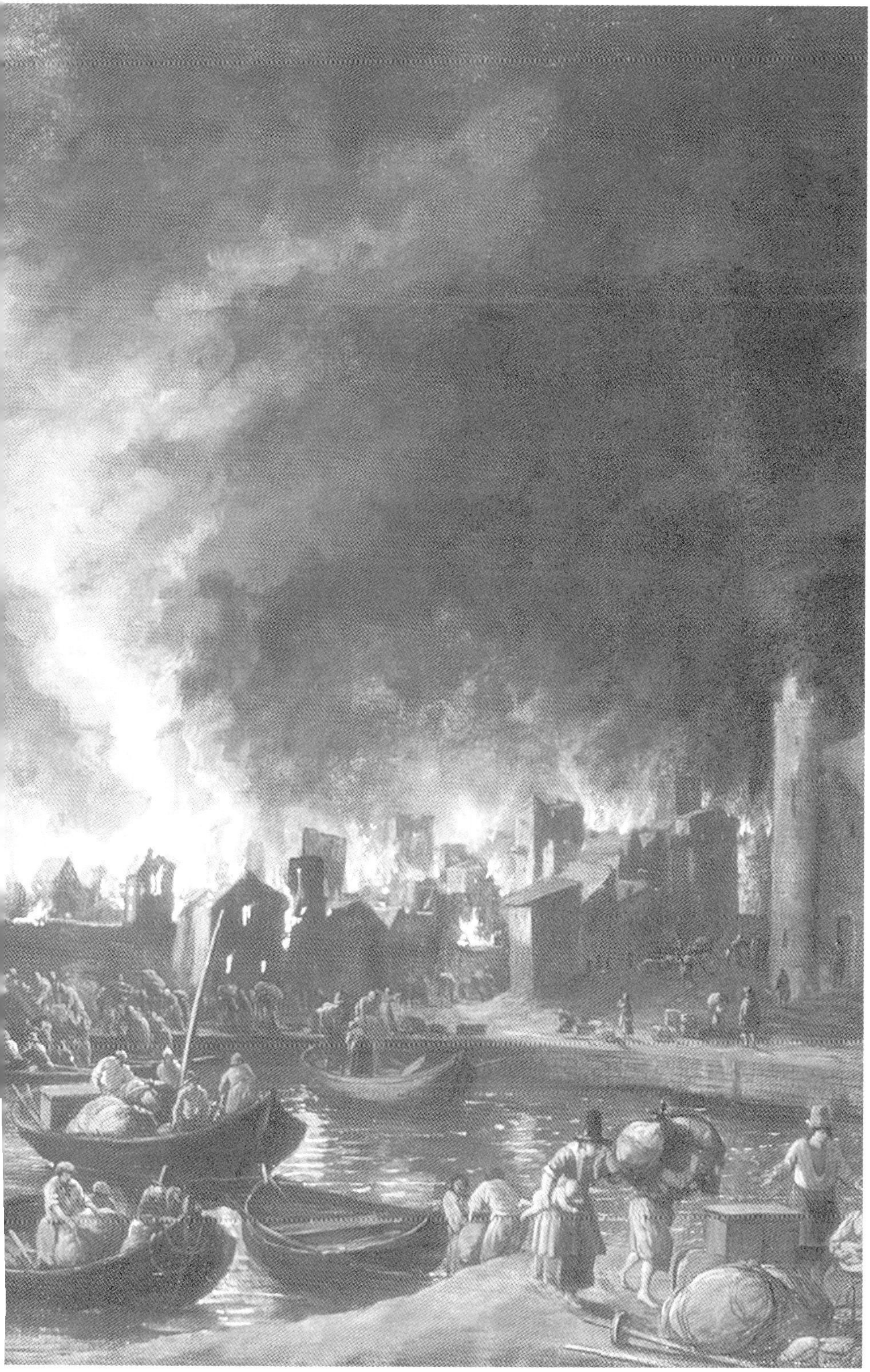

在护国政体时期的议会中，库珀与小亨利·文一起领导反对"篡位者"。1659年，他答应与乔治·蒙克合作，结果被作为犯罪嫌疑人监禁。获释后，库珀在国务委员会任职，积极参与使查理二世返回英格兰的活动，由此他得到了官职和各种殊荣。1661年到1672年，他担任财政大臣。1672年到1673年，他担任大法官。1672年到1676年，他担任新成立的贸易和种植园委员会主席。一位敏锐的评论家曾说过，查理二世统治时期的全部利益都"集中在库珀和国王这两个对立而杰出的领袖身上。这是一盘由两个高手对弈的棋局。对他们来说，其他人都比不上棋盘上的车和卒"。但如果说库珀聪明，那么查理二世则比他更胜一筹，每一步都比他的这位大臣走得好。与查理二世一样，库珀热情地支持宗教宽容政策。但他们的出发点不一样，库珀反对天主教，并且与托马斯·克利福德（**图123**）和阿灵顿伯爵亨利·贝内特不同，他对《多佛密约》中承诺恢复天主教的条款一无所知。然而，库珀必须为他的主人的亲法兰西与亲天主教的政策分担责任，尤其为1668年著名的三国同盟①的破裂承担责任。正如约翰·德莱登描述的那样：

就这样，被诬陷的他，松开了我们三方紧握的手，
真是不安全、鲁莽和直白的消息。

另外，正如我们所见，库珀尽管经济上的贡献被1672年的犯罪

---

① 1688年，为了阻止路易十四统治下的法兰西王国的扩张，英格兰王国、瑞典王国与荷兰共和国组成三国同盟。——译者注

行为抵消，但也许可以从1666年和1671年议会采取的对正常支出更严格的控制措施方面体现出他的功劳。当时，他被告知当年国家到期的贷款本金将无法偿还。

然而，最终，正是查理二世的教会政策瓦解了"阴谋集团"。如果查理二世有任何宗教信仰，那也是从母亲那里而不是从父亲查理一世那里继承的。但他天主教的倾向是出于政治上的而非信仰上的需要。尽管他和库珀一样不了解《多佛密约》中有关天主教的条款，但在他的"阴谋集团"大臣中，托马斯·克利福德自称是天主教徒，亨利·贝内特同情天主教徒。白金汉公爵和库珀一样，倾向于与法兰西王国结盟，在国内采取宗教宽容政策。而劳德代尔公爵是查理二世在苏格兰政策的主要代理人。

图 123 托马斯·克利福德

在《宽容宣言》发表之前，查理二世已经两次试图确保对不信奉国教者和天主教徒的宽容。1662年5月，《统一法案》通过后不久，查理二世提议暂停三个月再执行，但遭到主教和律师的强烈反对。1662年12月，查理二世颁布了《宽容宣言》。在宣言中，查理二世承诺如果议会通过一项授权法案，他将对不信奉国教者行使"特赦权"。然而，议会非常明确地拒绝他这样做。1672年3月，查理二世已变得更加果敢，不再需要等待许可。

"十二年的惨痛经历"这一前提已经证明了"许多频繁的强制手

段几乎没有什么效果……我们曾用这些手段来减少所有犯错误或不信奉国教的人，我们曾用这些手段造成了宗教问题上臣民之间令人不快的分歧，"查理二世继续道，这主要是由于"在教会事务中的至高无上的权力不仅是我们固有的，"而且已经被法律承认，目的是宣布立即终止对不信奉国教者或拒绝服从者的刑法；在遵守适当法律的前提下，给予不信奉国教者公开礼拜的自由机会；确认国教在各方面的突出地位。

但这样的确认并没有消除圣公会议会的怀疑。那些不信奉国教者宁愿牺牲自己的特权也不愿对天主教持宽容态度。议会迫使查理二世撤回《宽容宣言》并通过《宣誓法案》来反击查理二世的行为。根据英格兰国教的惯例，所有官员，无论是文官还是武官，都有义务参加圣餐仪式，并且签署一份反对圣餐变体①的声明。下议院还通过了一项决议，反对国王在教会事务中宣称的"暂停权力"的合法性。

《宣誓法案》瓦解了"阴谋集团"。财政大臣托马斯·克利福德与亨利·贝内特一同退休了。爱德华·海德曾说，克利福德"对英格兰宪法的了解并不比他对中国的了解多"。约克公爵詹姆斯也辞去了军队总指挥的职务。库珀的态度发生了巨大转变。他与白金汉公爵一起，在议会中全力支持后来被称作"辉格党"的政党。劳德代尔公爵继续管理着苏格兰。1674年，下议院威胁拒绝提供资金，从而迫使查理二世退出与法兰西的联盟，与荷兰单独媾和，恢复威廉·坦普尔爵士（图124）在海牙的大使职位。议会反对派的胜利就此结束。

在托马斯·奥斯本（图125）任职期间，议会日益独立的倾向得到

---

① 圣餐变体是指教堂里提供的面包和葡萄酒代表基督的躯体和血液。——译者注

图 124　威廉·坦普尔爵士

图 125 托马斯·奥斯本

了进一步体现。奥斯本在历史上被称作丹比伯爵，被贵族尊称为卡玛森侯爵兼利兹公爵。奥斯本是约克郡的乡绅。1665年，他被选为约克郡的议员，并且首次被白金汉公爵介绍给了查理二世。1671年，他被任命为海军财务主管。在托马斯·克利福德辞职后，他成为财政大臣，在国王的议会中占据了首要地位。

正如已经解释过的那样，奥斯本是英格兰富有感性情绪的杰出代表。王政复辟和光荣革命时期，在政治上，这种情绪起主导地位。正是这种原因，当然还有其他原因，他的任期是具有重要意义的时期。让人好奇的是，这种看法具有一定的矛盾性。奥斯本是君主立宪制的忠实仆人。但与海德一样，他又是议会的忠实追随者。作为查理二世的大臣，他强烈反对天主教和与法兰西联盟这两个深入查理二世内心的东西。在所有这些事情上，他都给予议会最深切的同情。但他由此被弹劾，名誉扫地。自相矛盾的人很难走得更远。还有一点或许能部分解释这种情况。

没有哪一个君主统治时期，议会的影响力会有现在这样的持续性。也没有哪个时期，议员会如此公开腐败。因此，这几年的历史预见了罗伯特·沃波尔的统治和乔治三世统治。在思想上，议会是独立的。同时，在构成上，议会又是寡头政治。它通过牧师酬金，地方和财政上的权力来对行政机关施加影响。

> 在购买选票，大规模贿赂选区，对公司施加压力，利用法庭和大臣的影响力，利用政府工作人员甚至士兵，利用选举官员的腐败，利用对行政司法长官的贿赂，以及对选民施加各种家庭压力和经济压力等方面，我们发现了一种技能和

手段，这是造成更晚些时候更加复杂的政治腐败的根源。

一位美国历史学家如是写道。他说的没错。

与荷兰的战争，正如威廉·坦普尔爵士所言，"各国在战争中没有愤怒的情绪"。1674年2月，第三次英荷战争结束，议会通过决议反对设立常备军。1675年，下议院进一步证明了自己的独立性。奥斯本曾通过上议院提议执行一项法案，要求所有官员和上议院、下议院所有议员宣誓有义务反对任何试图改变教会或政府的行为，并且宣布所有反抗国王的行为都是非法的。下议院强烈反对该法案，所以最终奥斯本不得不放弃。路易十四被英格兰议会的反应震惊。于是，他劝说他的王室表弟①查理二世暂停议会十五个月，以换取每年50万克朗②的津贴。直到1677年2月，议会才再次被召集。当时，库珀、白金汉公爵、索尔兹伯里伯爵和菲利普·沃顿（**图126**）提出了一个宪法上的问题，即这么长时间的休会是否会导致事实上的解散。但

图126 菲利普·沃顿

---

① 路易十四的父亲路易十三是查理二世的母亲的哥哥。——译者注
② 货币单位，1克朗相当于5先令。——译者注

第16章 查理二世和大臣们

当时,《兵变法案》还没出台,关于宪法的观点并不合理。出于报复,查理二世将这些贵族送进了伦敦塔。在伦敦塔,库珀待了整整一年。

暂时使议会安静下来后,查理二世把注意力转向了咖啡馆。自斯图亚特王朝复辟以来,咖啡馆几乎获得了政治机构的尊严。在过去的几十年里,在特许经营法律严格执行的年代里,对公共事务的兴趣不可避免地得到了前所未有的激发,当议会上的辩论没有被公开,也没什么报纸时,只有咖啡馆能满足人们的好奇心,为人们提供讨论的机会。这些"俱乐部"十分普遍和受欢迎。查理二世试图关闭它们的努力很快就被证明是失败的。而暂停议会会议的尝试也没有取得更大的成功。

议会重新被召集的时候,确实被说服投票支持对海军的补贴,但议会规定,这笔资金不应支付给国库,而应支付给议会的收税官,并且敦促查理二世不应使受雇的军队针对荷兰共和国,而应针对法兰西王国。查理二世招募的军队不到三万人,但议会对其用途或目的地十分怀疑,所以拒绝提供资金,并且要求解散该军队。但如果议会不信任查理二世,路易十四也不会信任他。路易十四利用自己的影响力解散了军队,并且进一步暂停了议会。路易十四使议会暂停的代价是200万里弗尔①。

与此同时,一件非常重要的事情发生了。1677年11月,约克公爵詹姆斯与爱德华·海德的女儿安妮的长女玛丽·斯图亚特②(**图127**)

---

① 法国古代货币单位,1里弗尔等于1磅白银。——译者注
② 即玛丽二世。——译者注

图 127 玛丽·斯图亚特

第 16 章 查理二世和大臣们

嫁给了奥兰治亲王威廉①。这场婚姻的最终结果意义重大，对奥斯本和1677年反法兰西王国和反天主教的政党来说，这是立竿见影的巨大胜利。路易十四从查理二世那里收回了津贴，而查理二世则以1678年2月召集议会的方式反击。这比议会休会的时间短了两个月。

几乎可以说，议会的第一项行动，就是要求解散国王招募的公开宣称要进攻法兰西王国的军队。这一要求在多大程度上是由于路易十四对反对派的贿赂，或者是由于议会信任军队的目的，我们不得而知。但法兰西王国、西班牙王国和荷兰共和国已经开始就最终于1678年8月10日在尼梅根签署的条约进行谈判。在谈判中，查理二世和路易十四签订了第二个秘密条约。作为对6000里弗尔津贴的回报，查理二世同意解散议会，遣散军队，如果荷兰人继续作战，他将不给予荷兰人任何帮助。

然而，公众的注意力被反对教皇制度的情绪转移。在过去的三个世纪里，在这个异常宽容的社会平静的表面之下，公众不时受到这种情绪的困扰。读过查尔斯·狄更斯生动的小说《巴纳比·拉奇》的读者无须再去考虑，在这样的时刻，爱好和平、善良的人们是如何被调动起来，以令人难以置信的残暴行为发泄自己愤怒的②。

1678年8月13日，查理二世收到一封匿名信，警告他不要因"死到临头"而轻率地揭露自己的身份。后来发现这封信是一个叫泰特斯·奥茨的人所写。他是一个被英格兰教会免去牧师圣职的人，做过天主教徒。在欧洲大陆，他被多所耶稣会学校开除，他去这些学校是

---

① 即威廉三世。——译者注
② 关于天主教阴谋案，请参阅威廉·杜格尔·克里斯蒂的《沙夫茨伯里伯爵传》第二卷和约翰·波洛克的《天主教阴谋案》。——原注

为了自己邪恶的阴谋而提高自己。1678年9月28日，奥茨被带到枢密院。不久，在樱草花山发现了埃德蒙·贝里·戈弗雷爵士的尸体，显然他是被谋杀的。

一阵极大的恐慌情绪随之而来。"奥茨案"传递的信息是，英格兰王国和欧洲大陆的教皇密谋刺杀查理二世和在英格兰铲除新教。约克公爵詹姆斯的秘书爱德华·科尔曼和三位天主教教士被审判和处决。奥茨获得了每年1200英镑的养老金、在白厅的住所和一个特别警卫。奥茨的好运自然激发了一大群效仿者。结果，他们的"勤奋"和"聪明才智"得到了大量逮捕、审判和定罪的回报。几个月来，首席大法官威廉·斯克罗格斯的受关注程度仅次于奥茨。他的方法为法官乔治·杰弗里斯树立了榜样。他们的名字现在被联系在一起，受到后人的谴责。亨利·哈勒姆和托马斯·麦考利及其弟子也许倾向于把实际情况的严重性降到最低，但麦考利承认，尽管大部分阴谋纯粹是捏造的，但即便没有证人，还是有一些人有借口去轻信。"国家审判，"他宣称，"只不过是一场谋杀，在此之前会有一些无稽之谈和做作的表演。"这种描述不仅适用于1678年的国家审判。就情节本身而言，当代讽刺作家约翰·德莱顿可能比任何编年史作家的描述更接近真相。

> 从此开始了这场阴谋，这个国家的祸根，
> 使它坏上加坏；
> 在极端中出现，在极端中受到谴责
> 确定的誓言，在临终时取消；
> 不受众人的评判与议论；

第16章 查理二世和大臣们

但大口吞下原样的未经咀嚼之物。
有一些真理,却被谎言冲蚀,
去讨好傻瓜,迷惑智者。
随后的岁月,也有同样愚蠢的呼唤,
要么不信,要么全信。

然而,诗人并不需要为其结论提供精确的证据。

无论阴谋的真相如何,其产生的效果是显而易见的。这一阴谋使宗教宽容的最后希望破灭了。议会匆忙召集会议,要求查理二世解除约克公爵詹姆斯的参政资格,并且通过了一项法案,实施严格的审查,禁止教皇派人士在上议院和下议院任职。然而,有些意外的是,对约克公爵詹姆斯的支持以两票的多数获得通过。接下来,下议院开始把托马斯·奥斯本当作替罪羊(**图128**)。路易十四与欧洲大陆的敌人讲和后,暂时不再需要查理二世了,但路易十四同样急于让一位政治家蒙受耻辱,因为这位政治家出现在路易十四身边可能会再次给自己带来不便。直到1675年前,理查德·蒙塔古一直是英格兰驻巴黎大使,他也急于报复解雇他的大臣。他揭露了奥斯本与法兰西王国的通信行为,为议会中的反对派提供了充足的证据。因此,奥斯本遭到弹劾。然而,他得到了盖有国玺的赦免令。他的主人查理二世为了阻止进一步诉讼,1679年1月,解散了议会。

1679年3月,新一届议会被召集。召集之前的选举,即1661年以来的第一次大选,自然在选民中引起了空前的兴奋。反对党或者"在野派"的胜利是彻底的。用麦考利的话说,大多数议员"带着一种不同于他们前任的心情来到威斯敏斯特,是他们的前任把斯特拉福德伯

图 128 托马斯·奥斯本被逮捕，成了议会的替罪羊

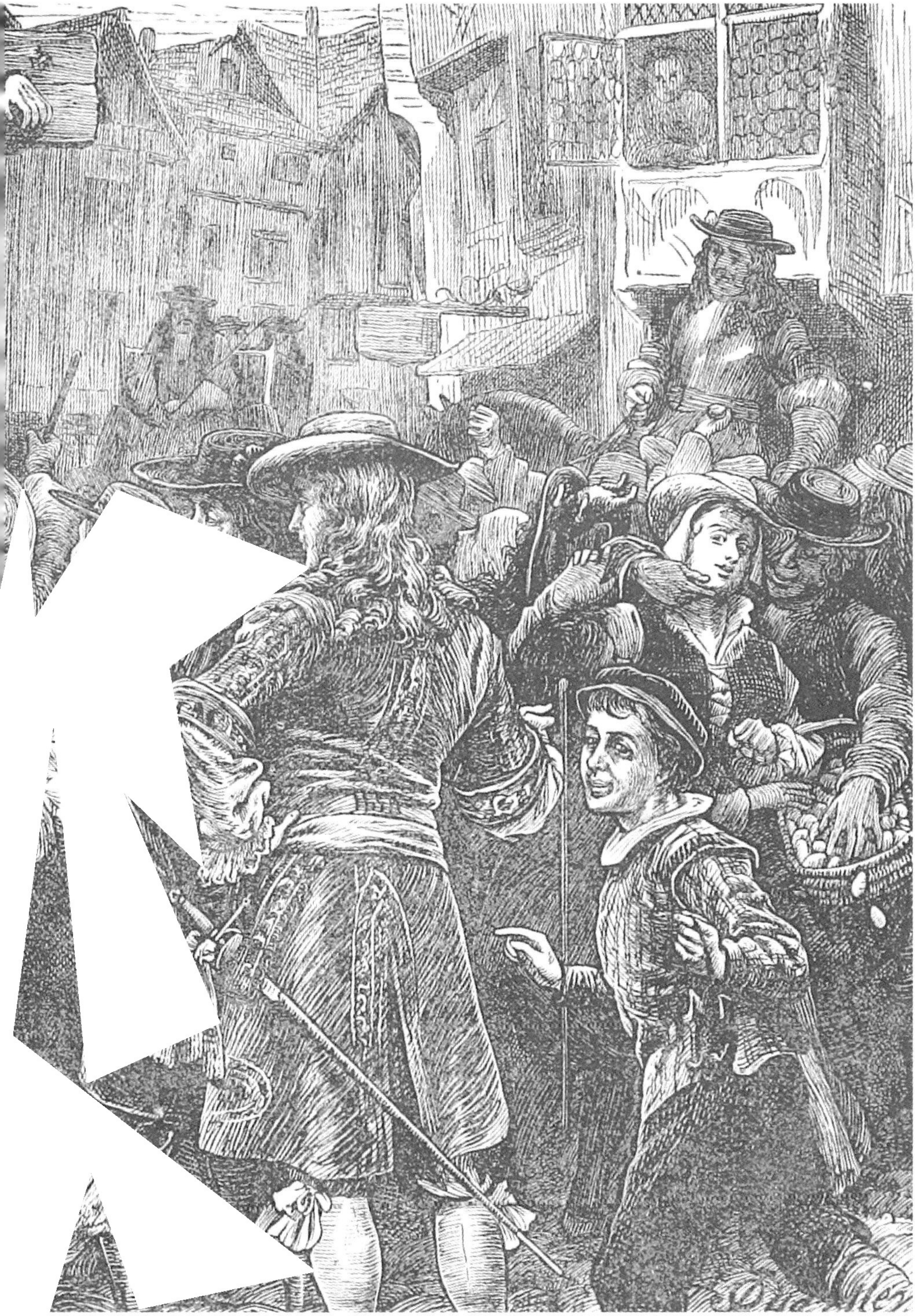

爵和劳德送进了伦敦塔"。

解散议会并不符合奥斯本或他的主人查理二世的利益。查理二世确实拒绝了下议院选出的议长，但下议院立即恢复了对奥斯本的诉讼程序。下议院说奥斯本不仅把自己的国家出卖给了法兰西王国，还试图颠覆宪法，维持一支常备军，推翻议会，颠覆新教，推行教皇制，并且说他企图掩盖天主教阴谋案，"浪费国王的财富"。没有比这更荒唐的指控了。奥斯本是一位出色的议会议员。实际上，他是在1673年被议会提名就职的。1679年，他在敌对议会的选举中辞职。在任期内，奥斯本依靠议会支持金融改革政策，并且在国内外推行真正的国策。他请求在国王的大赦之下得到赦免，但下议院拒绝了他的请求，并且要求上议院伸张正义。尽管审判没有继续，奥斯本还是被关进了伦敦塔。他的运气很差，奥茨壮着胆子指控他参与谋杀埃德蒙·贝里·戈弗雷爵士。不过，这一荒谬的指控并没有给他带来多大影响。1685年，奥斯本恢复了自己在上议院的地位，加入了反对派。1688年，他成为邀请奥兰治亲王威廉入主英格兰法案的签署者之一。

对奥斯本的弹劾虽然没有实施，但通常被认为是具有高度宪法意义的事件。的确，国王的赦免和议会的解散都不能阻止弹劾。它提出了有圣职的上议院议员在可判死刑案件上的投票权利问题，以及大臣在其任期内对王室行为的责任问题，无论王室的行为是否得到他们的认可，甚至这些行为是在君主的直接指挥下进行的。但弹劾奥斯本的意义仅限于此。在很大程度上，它确立了这样一个原则：任何大臣都不能以服从君主的命令来保护自己。大臣要"对国王采取的所有措施的公正性、诚实性、实用性、合法性负责"。但奥斯本并不是内阁的

第 16 章 查理二世和大臣们

首脑，甚至也不是现代意义上的内阁成员，他的职责和对他的弹劾都没有在很大程度上推动内阁制度的演变。

1679年，查理二世的命运跌到低谷。因不满足于对奥斯本的弹劾，也不满足于约克公爵詹姆斯退出英格兰政治舞台，在野党提出了一项法案，将约克公爵詹姆斯排除在王位之外。同时代的一些作品把国王当时的情绪描述成几乎绝望的地步①。但查理二世再次证明了自己的机敏和睿智。他决定采取一项改组枢密院的计划。这项新计划一般被认为是威廉·坦普尔爵士的功劳，他的名字是众所周知的。

在过去的一段时间里，人们越来越怀疑，枢密院作为一个建立在法律基础上的立宪机构，正在被没有法律基础的秘密委员会或阴谋集团取代，并且后者对任何人都没有责任。1667年6月24日，塞缪尔·佩皮斯（图129）传出了有关枢密院对公共事务视而不见的流言。1673

图 129　塞缪尔·佩皮斯

---

① "我从来没有见过任何人的处境比国王更加悲惨，"这一时代的威廉·坦普尔爵士这样写道。——原注

年，威廉·考文垂爵士（图130）出版了一本小册子，其标题足以作为这本小册子的内容索引：《英格兰从白厅的私人阴谋集团到国家大枢密院的诉求》①。在接下来的几年，猜疑和不满迅速增加。1679年10月20日，查理二世向枢密院正式宣布了一项"对他的王权和政府来说非常重要的决议"。查理二世感谢枢密院向自己提供的所有良好建议，但他宣布，由于枢密院的规模已经扩大到难以应对的地步，他被迫在一个"外国委员会"中雇用少数成员，"有时征求少数人的建议"。查理二世和议会一样不喜欢这样发展下去。因此，他提议成立一个新的、较小的枢密院，然后通过它不断提出的建议来治理王国，同时频繁发挥议会的作用。他认为"这是国家和政府的真正宪法"。

新的枢密院除王室贵族之外，还包括一名枢密院主席、一名苏格兰秘书和30名议员，其中15人将成为王室的官员，并且"根据他们的职位成为枢密院议员，十人为上议院贵族，五人是下议院议员"，"他们的知识、能力、兴趣和对国家的热爱将使他们毫无疑问地受到尊重"。查理二世本人立即向议会宣布了这项新的试

图130 威廉·考文垂爵士

---

① 更恰当地说，这句话的意思是指枢密院，而不是议会。——原注

第16章 查理二世和大臣们

验。"我已经,"他说,"从那些值得和能够给我出谋划策的人中做出了选择。我已决定,在处理所有重要的事务时,除听取议会的建议之外[①],还得听取枢密院的建议。"库珀成为新枢密院的主席,威廉·罗素和其他反对党的重要成员也都加入了这个机构。但这个计划很快就失败了:小型的顾问委员会,或者说内阁的倾向过于强烈,不可能受到新成立的枢密院的钳制。不过,人数减少了,查理二世不顾自己的承诺,只接纳四人作为内务委员会的成员,即约翰·坦普尔、埃塞克斯伯爵、森德兰伯爵和哈利法克斯侯爵。库珀和威廉·罗素再次反对,并且提出了《主教排除法案》。该法案在下议院获得了第二次审议。于是,查理二世宣布议会休会,然后解散了议会。然而,不久,一部英格兰法律史上最著名的法案载入了成文法。不过,人身保护令的范围早就做出了说明。

1679年初秋,新议会选举产生。但由于宫廷派的惨败,在开会之前,就已经休会了。查理二世再次向路易十四求助。路易十四答应每年给他100万里弗尔,但条件是在此期间不允许召集议会。查理二世发现,要满足这样的条件,不可能超过十二个月,在连续七次休会后,1680年10月,第四届议会召开了会议。

在议会选举和召集会议之间的几个月,英格兰王国掀起了一场声势浩大的运动,给英格兰宪法的发展留下了永久的印记。全国各地纷纷向国王请愿,请求他允许议会召开会议。这些请愿书针锋相对地表达了对篡改世袭继承权和将约克公爵詹姆斯排除在王位之外的憎恶。这样一来,对立的两个党派被称为"请愿者"或"演说者"和

---

① 我将经常与之磋商。——原注

"憎恶者"，后来分别被称为"辉格党"和"托利党"①。这些昵称经常被使用，结果就固定了下来。因此，把这几个月的斗争归因于英格兰两个历史悠久的政党的起源，就成了宪政史学家的传统②。然而，没有一个确切的日期可以代表这个进化过程。毫无疑问，在很大程度上，现在回顾的斗争决定了各方的态度。但一个博学的奥地利法学家的观点应该是有道理的。这个法学家从议会在《伊丽莎白统一法案》通过后表现出的分裂中看出了英格兰政党的起源。但这个日期并不比传统的日期更令人满意。政党制度真正起源于查理一世长期议会第一届会议冗长而激烈的辩论中。就在那时，两个具有历史意义的政党开始确定各自的立场。圆颅党和骑士党分别是辉格党和托利党、自由党和保守党的前身。后来，一个新生的社会党以"平权主义者"的名义出现了。自由党是从清教徒那里一步步传承下来的。1640年，清教徒在皮姆和汉普登的领导下，反对最高法院和劳德派主教。现代保守派的真正前身可能是那些虔诚的国教信徒，由于清教徒的暴力行为日益增多，他们不情愿地被迫拥护斯图亚特王朝的事业。正如我们所见，当皮姆以159票对148票通过他的《大抗议书》动议时，第一个现代意义上的"政党"分裂开始了。福克兰子爵尽管没有取得反对这项动议的成功，但接受了他的反对党的责任，就任内阁大臣。在这场争论和分裂中，现代政党制度诞生了。

斯图亚特王朝复辟以后，党派的界限更加分明了。1661年的议会起初包含了一大批忠于教会和国王的骑士党人，但"反对派"势力比

---

① "辉格党"是苏格兰誓约派中最严格的党派，"托利党"是爱尔兰被剥夺公民权的群体中最疯狂的党派。——原注

② 例如亨利·哈勒姆。——原注

第16章 查理二世和大臣们

人们通常想象的要大，并且正如已经指出的那样，通过不寻常数量的补选迅速得到加强①。1679年，托利党几乎被彻底击败，辉格党的优势地位一直没有受到挑战，直到其犯下了无视民意推行《主教排除法案》的错误。

还有一个更重要的问题需要注意。政党制度的兴起与议会制政府的发展是同步的。在英格兰议会漫长的历史上，没有哪一个时期比查理二世统治的头二十年更重要了。正是这二十年决定了议会是否应该成为"议会中的国王"联合统治权中的主导伙伴及某种程度上议会政府应该采取的形式。然后，有一个问题变得很明显：没有一个有组织的政党制度，议会政府的存在是不可能的。虽然过了好几年，议会行政制度才完全发展起来，但在查理二世的整个统治期间，事情一直朝着这个方向稳步发展。海德的倒台，奥斯本的任命和解职，以及议会不断干预外交事务，这些迹象都表现出一种持续性的倾向。1677年，当下议院要求以提供资金的问题为代价，与荷兰共和国结盟反对路易十四时，查理二世的回答让人想起了伊丽莎白一世。

> "你们对王权的信念如此坚定，我相信在任何时候，当剑没有拔出来时都不会使和平与战争的特权受到如此危险的侵犯，"查理二世补充道，"如果同意议会的要求，欧洲的任何一个君主都不再相信英格兰最高统治权掌握在国王手中。"

---

① 通常分配给长老会56人，但W.C.阿博特先生给出了将这一数字增加的理由。在1661年神圣盟约激烈分歧中，反对派聚集了103人来反对228人。在《赔偿法案》上，以129人对209人，在《公司条例草案》上，以136对185人。——原注

显而易见的事实是，英格兰王国的最高统治权不再完全属于国王，而是属于"议会中的国王"。因此，一个敏锐的美国评论家准确地指出，"在这一统治时期，最高统治权遭受的永久性损失比英国历史上几乎任何类似的时期都要大"。

到目前为止，查理二世似乎一直在玩反对派的游戏。而现在，反对派玩起了他的游戏。在过去的十八年，英格兰王国证明了它对议会主导的政府原则的日益依赖，对国教的忠诚，对天主教的恐惧和对法兰西王国干涉英格兰王国事务的憎恶。辉格党现在给了英格兰王国证明对世袭君主制原则忠诚的机会。

1680年10月，议会举行会议时，下议院确认了英格兰人为议会而请愿的历史性权利，然后立即通过了《主教排除法案》。该法案序言简明地指出了当时的形势。"然而，"《主教排除法案》写道，"众所周知，约克公爵詹姆斯背叛新教，转信天主教。为了废除真正的新教，他不仅极大鼓励教皇派参与对国王陛下个人及其政府的阴谋破坏，而且他还想继承这个王国的王位。没有什么比王国内部宗教的彻底改变更明显了。因此，为了防止这种情况发生，现在决定将约克公爵詹姆斯排除在王位继承者之外。在王位继承问题发生时，约克公爵詹姆斯被视同'自然死亡'。"在上议院，经过四天的辩论之后，该法案以63票对30票的结果被否决。

在短暂的人生航行中，查理二世驶入了相对平静的水域。詹姆斯二世在没有任何反对的情况下继承了王位。英格兰历史学家把这一结果称赞为查理二世的耐心和精明取得的胜利。但美国评论家质疑这一观点，认为对国王有利的评价与其说是由于他的机智，还不如说是由于议会中的温和派人士在长期的斗争中获得了一切——对财政的控

第16章 查理二世和大臣们

制权，人身保护令中对个人自由的最终保障，将天主教人士排除在公职之外，对新教不符合规定者事实上的容忍，以及对行政部门越来越多的控制等。这两种观点并不相互排斥。议会无疑取得了很大的成就，但基本上由于国王自己的能力和机智，他并没有被迫再次流亡。他无拘无束地放纵着自己堕落的趣味，没有受到自己良心或臣民的过分干涉。最重要的是，他维护了世袭继承的神圣性。然而，他并没有得到天主教朋友的宽容，也没有取代议会。他的外交政策问题将在后面的阶段被重视。

尽管上议院否决了《主教排除法案》，查理二世也郑重声明自己绝不会同意将约克公爵詹姆斯排除在外，但下议院依然坚持自己的观点。下议院拒绝拨款，结果1681年1月，议会被解散。但在牛津，在更忠诚的氛围中，查理二世在位时第五届议会开幕时，许多辉格党人带着武器来到议会，发起了攻击。查理二世最后妥协，答应驱逐约克公爵詹姆斯，同意奥兰治亲王威廉摄政。但辉格党人拒绝接受任何不将约克公爵詹姆斯完全排除在外的承诺。查理二世很快意识到他们的错误。议会很快就被解散了，并且在他剩下的统治时期再没有召集议会。

查理二世的胜利似乎已经完成了。库珀被指控叛国罪，但伦敦大陪审团拒绝提供真正的法案。他最后去了欧洲大陆。1683年1月，他去世。查理二世为了报复辉格党，撤销了其特权。根据其他城镇同样适用的追查令状，其他城镇也受到类似的审查，它们管理机构按照保王派的利益进行了类似的改组。

1683年，在赫特福德郡的黑麦屋发现了刺杀查理二世的阴谋，这更加有利于查理二世。辉格党领导人究竟在多大程度上参与了刺杀查理二世的阴谋，我们不得而知。但被捕的人中包括威廉·罗素、埃塞克斯伯爵和阿尔杰农·西德尼。埃塞克斯伯爵被发现死在了伦敦塔里，或许是自杀。罗素和西德尼尽管没有成为判处叛国罪至关重要的第二证人，但被判有罪并被处决（图131）。对他们的定罪可能不太合规。尽管辉格党辩护人做出了努力，但对这两人的实质性罪行的定罪是毫无疑问的。西德尼是天生的叛逆者和坚定的共和主义者，曾与路易十四合谋反对他的国王，而罗素曾与奥兰治亲王威廉有过叛国性质的通信。

图131 阿尔杰农·西德尼被审

第16章 查理二世和大臣们

这一阴谋激起的恐惧反映在1683年7月21日牛津大学通过的一项法案中，该法案对"在任何情况下，反抗国王都是合法的"这一观点进行了谴责。现在，哈利法克斯侯爵是唯一一个敦促公民遵守法律的国王顾问。然而，由于没有再召集议会，查理二世觉得自己足够强大，可以召回弟弟约克公爵詹姆斯，恢复他在海军部的职位，并且重新接纳他进入枢密院。到目前为止，哈利法克斯侯爵占了上风，使已经成为罗切斯特伯爵的劳伦斯·海德从财政部门被免职。劳伦斯·海德是他姐夫①约克公爵詹姆斯的主要支持者。因此，他的免职对约克公爵詹姆斯来说是一件不祥的事。但这无关紧要，因为就在这个时候，查理二世出乎意料地驾崩了。在临终前，查理二世宣布信奉天主教，他的天主教弟弟约克公爵詹姆斯毫无疑问地继承了王位。

---

① 劳伦斯·海德的姐姐安妮是约克公爵詹姆斯的妻子。——译者注

第17章

殖民地和**附属国**（1603—1688）

THE

COLONIES

AND

DEPENDENCIES (1603—1688)

17世纪是一个关键时期，并不仅仅是因为与英格兰有关。本书的主旨是阐述英格兰人自由思想的发展，因此，不能忽视英格兰海外扩张的起源问题。

　　前文第七章提到的海德叙述的事件清楚地体现了国内外运动之间的联系。"就在随后的二时，钟敲响的时候，"议员起立，以124票赞成，101票反对的结果决定，"如果没有下议院的特别命令，《大抗议书》就不能印刷出版。"当议员匆匆走出议会的时候，福克兰子爵停了下来，讽刺地问克伦威尔"是否有过辩论？"对此，克伦威尔回答说，下次自己会遵守诺言，并且对福克兰子爵附耳郑重地说如果《大抗议书》遭到拒绝，自己在第二天早上就会把所有东西变卖了，再也不想见到英格兰了，他知道还有许多诚实的人也有同样的决心。"这个可怜的王国，"海德补充道，"离获得拯救近在咫尺。"

　　如果克伦威尔实现了自己的意图，移居新英格兰，他会在那里找到很多朋友。过去十年，大批清教徒涌向新殖民地马萨诸塞。然而，清教徒并不是英格兰在北美的开拓者。这一荣誉属于建立弗吉尼亚殖民地的商业公司。弗吉尼亚公司也不是第一家这样的公司。1606年，弗吉尼亚公司成立。该公司刻意模仿伦敦商人成立的与东印度群岛贸易往来的著名公司。1600年12月31日，这家公司从伊丽莎白一世那里获得了特许权。

英格兰人的目光慢慢地转向远东和西方。直到15世纪末，英格兰人还不是一个擅长航海的民族，更不用说"商业家的国度"了。直到亨利八世统治时期，英格兰王国才拥有一支正规海军，购买的外国商品就像自己微薄的出口一样，都是垫底的。简而言之，当时，英格兰王国既没有船，也没有店铺。从15世纪开始，尽管英格兰王国与低地国家的羊毛贸易越来越多，并且作为回报，英格兰王国从低地国家购买成品布匹，但英格兰人还是以当地的初级产品为生。当时，无论是在商业上、政治上，还是在地理上，英格兰王国都附属于欧洲大陆。

15世纪末的重大地理发现改变了世界的重心。几个世纪以来，文明一直集中在地中海沿岸的国家。但1453年，土耳其人占领了君士坦丁堡，完成了对巴尔干半岛的征服。在随后的一段时间里，他们控制了整个黎凡特和东地中海地区，包括中世纪贸易的所有商业中心。他们的征服没有真正阻断旧的贸易路线。但他们对君士坦丁堡、亚历山大、叙利亚和巴勒斯坦的占领，使亚洲国家和西欧国家之间的贸易变得极其困难和不稳定。15世纪末的地理大发现就是这种情况的直接后果。葡萄牙人沿着非洲西海岸探索了一段时间。1498年，他们伟大的航海家瓦斯科·达·伽马绕过好望角，欧洲探险船队第一次从海上进入东方的海洋。与此同时，旅居西班牙和英格兰的威尼斯航海家和葡萄牙人一样，渴望从奥斯曼帝国的"侧翼"经过，他们也曾带领西班牙人和英格兰人进行过类似的探险。克里斯托弗·哥伦布和约翰·卡伯特在寻找一条通往东方的新航线时，偶然发现了西印度群岛和北美洲。因此，英格兰第一次成为世界的地理中心。

第 17 章 殖民地和附属国（1603—1688）

这是英格兰海外扩张和海外贸易的开端。但在15世纪末，经济、社会或政治上，英格兰王国都无法利用约翰·卡伯特及其同时代人的发现提供的机会。它经济上落后，政治上因玫瑰战争而一片混乱。经济上萎靡不振，人口稀少，所以英格兰没有海外商业贸易成功必备的活力。实际上，英格兰也没有必需的船。正如我们看到的那样，都铎王朝发生了巨大的变化。宗教改革使英格兰人摆脱了亚历山大六世的教皇诏书对天主教国家的限制。在南美洲，西班牙王国和葡萄牙王国攫取了巨额财富。在印度，葡萄牙王国也攫取了巨额财富。这些故事激发了英格兰人潜在的冒险精神。还有一些关于宗教裁判所残酷对待英格兰水手和商人的故事。这些故事仍可在理查德·哈克卢特的《航海》故事集里读到。伊丽莎白一世时代的老练水手出海时，一半是海盗的脾性，一半是十字军的精神。他们一手拿着《圣经》，一手拿着弯刀，为他们的同胞报仇雪恨，并且将新教之光带给愚昧的天主教受害者[①]。

英格兰海外扩张就是从这些行动中兴起的。冒险精神和对利益的贪求把英格兰人吸引到了弗吉尼亚，就像将其吸引到远东一样。对新教信仰的虔诚驱使他们来到新英格兰。

伊丽莎白一世时代的冒险家已经指明了方向。约翰·霍金斯、马丁·弗罗比舍和弗朗西斯·德雷克教会了英格兰人如何在海上作战。沃尔特·罗利和汉弗莱·吉尔伯特曾勇敢地尝试让英格兰人在北美的土地上扎根。伊丽莎白一世时代的人喜欢冒险，性情反复无常，不适合干单调乏味的农活。因此，尽管这些水手做了许多了不起

---

① 不用说，我试图用这些话再现当时的气氛，而不是表达自己的想法。——原注

的事情，但在伊丽莎白一世驾崩（**图132**）时，英格兰的海外土地上没有一个英格兰人生活在英格兰国旗之下①。然而，1606年，两家分别来自伦敦和普利茅斯的公司从詹姆斯一世那里获得了特许状，授权它们在北纬三十四度到北纬四十五度之间的北美海岸上建立定居点。

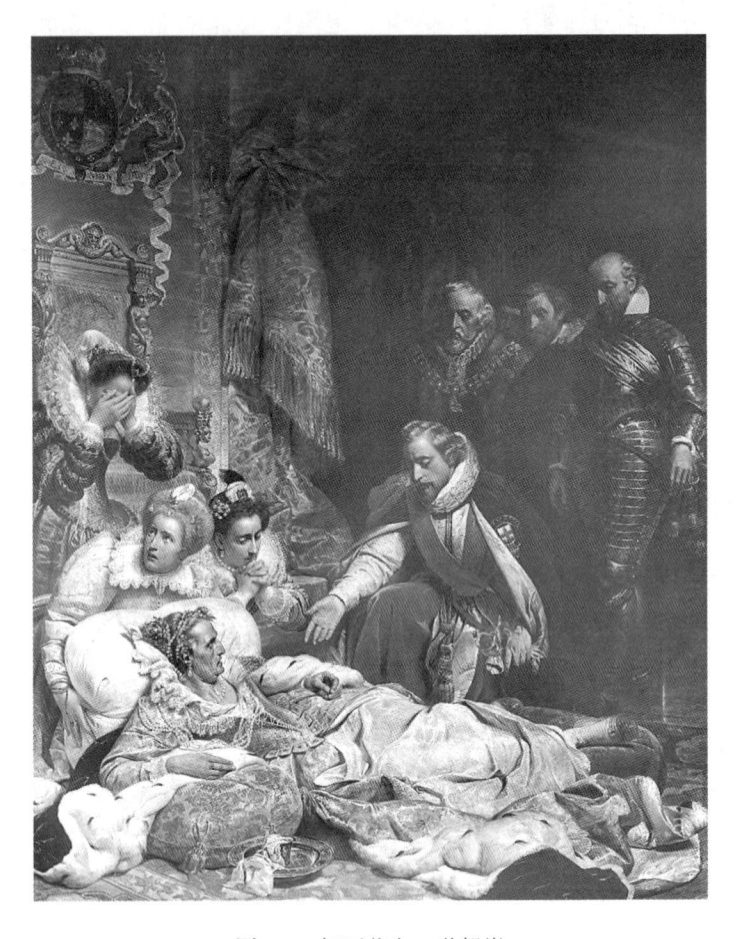

图132 伊丽莎白一世驾崩

---

① 当然，除爱尔兰之外。——原注

第 17 章 殖民地和附属国（1603—1688）

1607年的第一天，它们的船从英格兰驶往弗吉尼亚，船上载有143名打算移民的人。他们在切萨皮克湾登陆，建立了一个殖民地，取名为詹姆斯敦。但这个年轻的殖民地遇到了各种各样的困难：疾病和饥荒，与当地人的纠纷，殖民者之间的争执。1607年的远征如果没有约翰·史密斯船长的勇气和充沛的精力，就会让弗吉尼亚一系列的失败雪上加霜。史密斯主要通过要求议会提供更加优秀、来自各行各业的移民拯救了这个新生的殖民地。"我恳求你们，"史密斯在《论殖民地》中写道，"宁可派三十名木匠、农夫、园丁、渔夫、铁匠、泥瓦匠、挖树根的人，也不要派一千名像我们这里的人。"议会做出了回应，公司重新被组建，1609年新宪章将实际控制权从国王移交给了股东，索尔兹伯里伯爵、弗朗西斯·培根及许多要人都对殖民地感兴趣，托马斯·韦斯特被任命为总督。韦斯特一到殖民地，就对这里的情况感到厌恶，但因为食物供应及时，移民的构成情况较好，所以他并没有对成功感到绝望。土地本身就是公平的。"天与地，"史密斯写道，"似乎从来没有像现在这样，一致同意为人类建造一个宽敞而舒适的居所。"但创建殖民地的是人，而不是天空。

韦斯特在给议会的信中写道："住在美轮美奂的建筑里的不是那些身体不健全、精神错乱的木匠和苦工，无论是善良的举措，还是惩罚都不能阻止他们习惯性的虔诚，可耻的死亡也不会让他们感到恐惧。但为了不再用欺骗和嘲笑的态度对待这项事业，必须谨慎地提供一年的所需，也必须对挑选出来的有技艺的、参与实践的人给予同样的照顾。"

情况慢慢得到改善，1619年，新世界的代表机构出现了。

"移民可以参与自我管理，"《简要声明》中写道，"保证殖民地大会每年召开一次，有总督和顾问出席会议的殖民地必须由居民自由选出两个市民代表。大会有权制定和颁布认为对生存有利的法律和命令。"

召开第一次殖民地大会的那一年，即1619年，是令人难忘的。同样值得纪念的是，这一年，在弗吉尼亚，一艘荷兰船登陆，船上约有二十名非洲奴隶。这播下了两个世纪后发芽的种子。现在，弗吉尼亚已经完全站起来了。到1650年，这个殖民地有一万五千名英格兰人。查理一世被处死后，在弗吉尼亚，大批贵族找到了新家。到1670年，该殖民地有四万人。17世纪结束前，这个数字已经接近十万。

巴尔的摩男爵乔治·卡尔弗特（**图133**）是对弗吉尼亚殖民最感兴趣的政治家之一。由于转信天主教，他被迫退出英格兰的政治生活。1623年，在纽芬兰，他建立了一个小殖民地。但由于来自法兰西私掠船的袭扰，更有来自新英格兰清教徒邻居的刁难，他移居到弗吉尼亚。然而，在弗吉尼亚，卡尔弗特发现对他来说，圣公会太过严格。1632年，他从查理一世那里获得了弗吉尼亚北部的一块土地。同一年，即1632年，乔治·卡尔弗特去世。但1633年，他的儿子塞西尔·卡尔弗特建立了独立殖民地

图133 乔治·卡尔弗特

第17章 殖民地和附属国（1603—1688）

马里兰。这是"专有"殖民地中的第一个。查理一世授予殖民地巴尔的摩特许状有很多原因。该殖民地领主几乎是完全独立的，殖民地由他统治，向国王效忠，给国王上交一部分资金。然而，在大多数自由民或他们的代表的建议和赞同下，领主奉命为自己的殖民地制定法律。当不方便召集代表大会时，领主可颁布具有法律效力的条例，但条件是该条例不得对其百姓的生命或财产造成损害。为了保护英格兰的教友，查理一世和他的继承人查理二世同意不对殖民者征税或收取关税。

与其他殖民地一样，马里兰也有自己的麻烦。但与其他殖民地相比，它的情况比较突出。最初，马里兰是为接收天主教徒建立的，在旧世界[①]的新教国家中，天主教徒受到宗教迫害。马里兰是新世界第一个把对所有基督徒一视同仁的原则写入正式法令的殖民地，并且这一原则已在实践中得到采纳。

"然而，"1649年的法案中写道，"在宗教问题上，对信仰的强制要求经常会产生危险的后果。为了马里兰殖民地的安定与和平，以及这里居民之间的互爱与团结，'在此规定'，今后没有人因自称相信耶稣基督，或者因在本殖民地内自由从事宗教活动而受到任何形式的刁难、恶意干涉或不公正对待……不得违背其意愿，以任何方式强迫其改变信仰或从事其他宗教活动。"

《宽容法案》本身是令人钦佩的，但从曾经占主导地位的原则立场来看，它可能会受到指责，因为到17世纪末，马里兰已不再受天主

[①] 即旧大陆，指在克里斯托弗·哥伦布发现新大陆之前，欧洲所认识的世界，包括欧洲、亚洲和非洲。——译者注

教的保护。它几乎从殖民地的版图上消失了。

佐治亚、南卡罗来纳、北卡罗来纳与弗吉尼亚和马里兰属于同一地理区域。1663年，查理二世将佐治亚殖民地、南卡罗来纳殖民地、北卡罗来纳殖民地授予八位领主，其中包括爱德华·海德、当时已是阿尔伯马尔公爵的乔治·蒙克、安东尼·阿什利·库珀和乔治·卡特里特爵士。还没有哪个殖民地在如此大的支持下被建立起来。殖民地的"基本法律"是由库珀在约翰·洛克的帮助下起草的。但哲学家的立法工作很少有成功的。卡罗来纳的法律也不例外。它将政府交给由八个世袭领主领导的地方贵族。他们制定了属于领主的行政权和司法权的详细条例：将立法权委托给领主、贵族和自由地产保有人代表。他们也为英格兰国教的建立做了准备，但在某些条件下，所有原则都应完全得到宽容。该条例具有投机性质，但从未起过作用，并在1693年被废除。

直到1732年，随着卡罗来纳南部的佐治亚的建立，南方殖民地的故事才算讲述完毕。在大西洋沿岸最初的十三个殖民地中，佐治亚是最新的一个，它的起源和特征都很独特。它的建立得益于下议院议员詹姆斯·奥格尔索普（**图134**）将军。亚历山大·波普做了如下赞扬：

图134 詹姆斯·奥格尔索普

第17章 殖民地和附属国（1603—1688）

因为受到仁慈灵魂的强烈驱赶

奥格尔索普飞过一个个投票点

奥格尔索普说服下议院投票通过一项一万英镑的议案，为债务人和其他陷入困境的人提供资助。

"不是堕落者，"一个编年史作者写道，"也不是罪犯，而是那些真正不幸的人，是这个仁慈的、爱国的计划的受益者……罗伯特·索锡只是重复了这种普遍的情绪，他申明没有任何殖民地是建立在尊重其创建者的原则之上的。"

1732年，奥格尔索普本人带着116名移民来到萨凡纳定居。在萨凡纳的同名河流南岸，奥格尔索普和他的朋友建立了一个小镇。1733年，一批摩拉维亚人和神圣罗马帝国其他新教徒的到来，加强了最初的定居者的力量。早期造访这个新生的殖民地的有约翰·卫斯理（**图135**）和乔治·怀特菲尔德等人。进口烈性酒和奴隶是被禁止的，但最终它们还是都进入了萨凡纳。这里的经济条件和气候条件使奴隶的劳动几乎是不可或缺的。1752年，受托人向乔治二世交出了自己的特许状。于是，殖民地接下来采取了普通的法律形式。

从一开始，弗吉尼亚、卡

图135 约翰·卫斯理

罗来纳、马里兰和佐治亚就具有并长期保持着与新英格兰殖民地显著不同的特征。这些地方普遍倾向保王派和贵族。英格兰国教占主导地位。大庄园的主人住在宽敞的宅第里。这些庄园是由奴隶或半奴隶劳工来为其工作的。这里的主要产品是烟草。如果没有经济上的需求，烟草和棉花的种植适合使用成群结队的奴隶劳工。这里没有城镇，村庄也很少。"种植园"是工业和政治的基本单位，因为奴隶制是整个经济结构的基础。"南方人"既有贵族的优点，也有贵族的缺点。自立、自尊、自制、独享，造就了他们的领袖品质。正因为如此，在面临压迫和磨难的时候，揭竿而起的殖民地人民从弗吉尼亚和其周边殖民地物色他们的将军、政治家和管理者。但那些想要深入了解南方殖民地早期生活的人，可以从威廉·梅克皮斯·撒克里的作品《弗吉尼亚人》里了解到许多信息[①]。

在很大程度上，一个国家的力量取决于其人口的各种构成因素。英格兰王国从连续的扩张和征服中获得了这种多样性因素。美洲殖民地也从其构成要素的多样性中获得了类似的力量。在观念、社会、宗教和政治上，新英格兰的居民都与南方殖民地的贵族领主截然不同。事实上，新英格兰的缔造者是反对教会权威和国家权威的。这些布朗派人士或独立派人士中有一小部分是为了躲避伊丽莎白一世时代严酷的统治。然而，就连支持加尔文派的荷兰也被证明思想过于狭隘，无法承载新英格兰宗教自由的宏大理念。1620年，其中一些人决定在大西洋对岸寻找新的家园。

清教徒祖先的故事是英格兰历史上家喻户晓的故事之一，无须

---

① 玛丽·约翰斯通令人愉快的《公司的命令》同样生动、准确。——原注

第17章 殖民地和附属国（1603—1688）

重述。朝圣者离开他们虔诚的牧师约翰·鲁滨孙。"五月花号"从普利茅斯起航（图136）。在马萨诸塞湾荒凉的海岸，小队人马登陆（图137）。他们的斗争，他们的痛苦，他们勇敢地战胜的每一个障碍，所有这些都被写入了感人的文章，成为动人的诗句。总之，这次新移民的动机纯粹是宗教原因。

> 新英格兰始终要记住，它最初是宗教的种植园，而不是贸易的种植园。我们中间如果有人认为发展贸易比传播宗教更重要，那么他就没有真正的新英格兰精神。

1663年，弗朗西斯·希金森在参与"选举"的布道中这样说。

> 当殖民地的创建者来到这里时，他们家乡的教会和国家到处是暴政。英格兰王国正在大声呻吟。正如在英格兰王国和苏格兰王国的数次议会中达成共识的那样，上议院和下议院是全国唯一的代表，也是民族压迫最恰当的见证者。

1736年，普林斯·波士顿这样写道。

新英格兰殖民地的起源是新普利茅斯。1620年，清教徒的祖先首次在这里定居。这些移民来自国内的下层阶级。他们漂洋过海的目的不是寻找金子，而是在荒野中找到一个避难所，可以按照自己的方式崇拜上帝——这种自由在荷兰共和国和英格兰王国同样被剥夺了。移民的规模很小，殖民地的发展十分缓慢，十年后，这个殖民地只容纳了三百人。但如果清教徒遭受苦难，他们就获胜了。他们的一个英格

图 136 朝圣者在普利茅斯登上"五月花号"

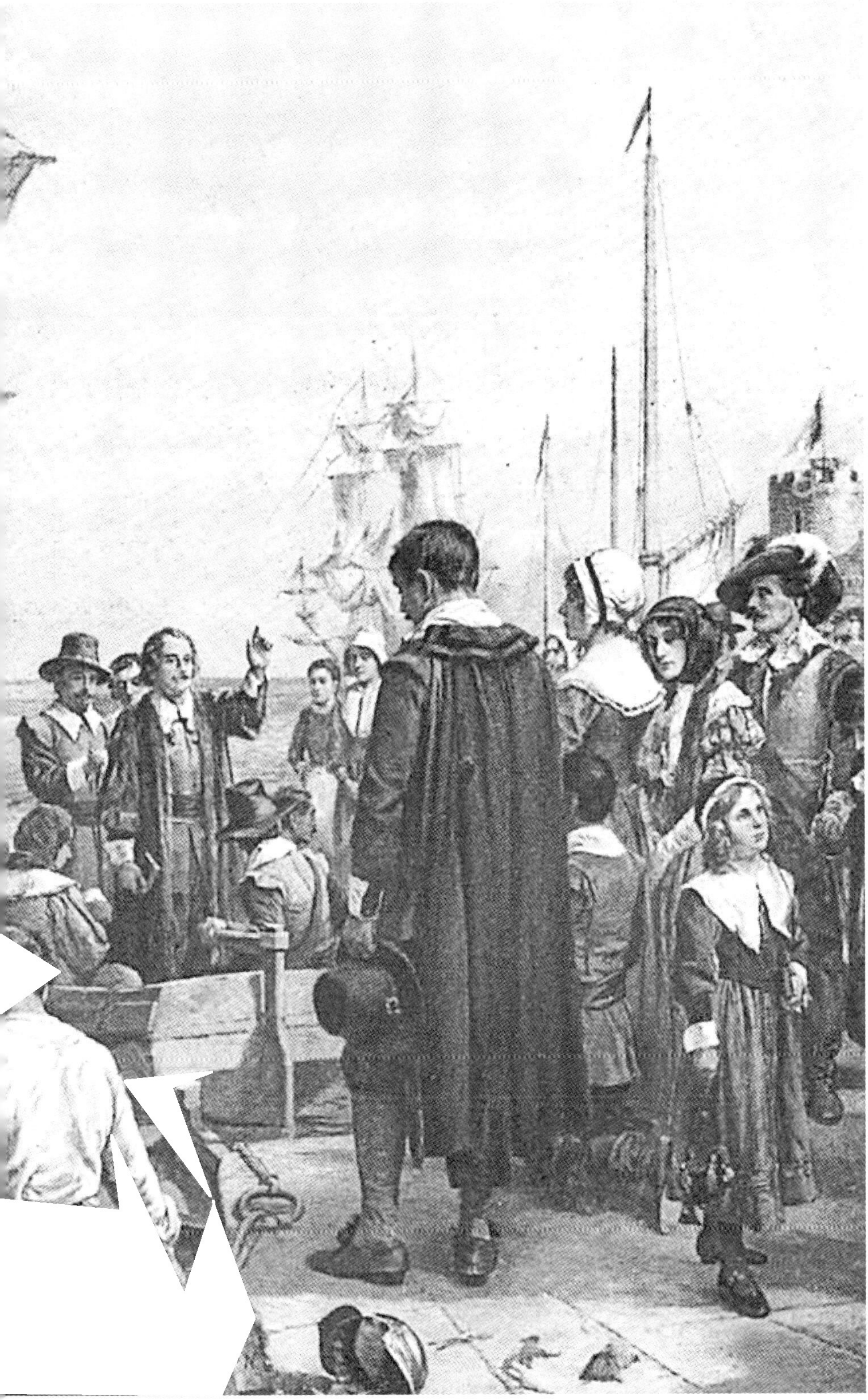

图 137 朝圣者在马萨诸塞湾荒凉的海岸登陆

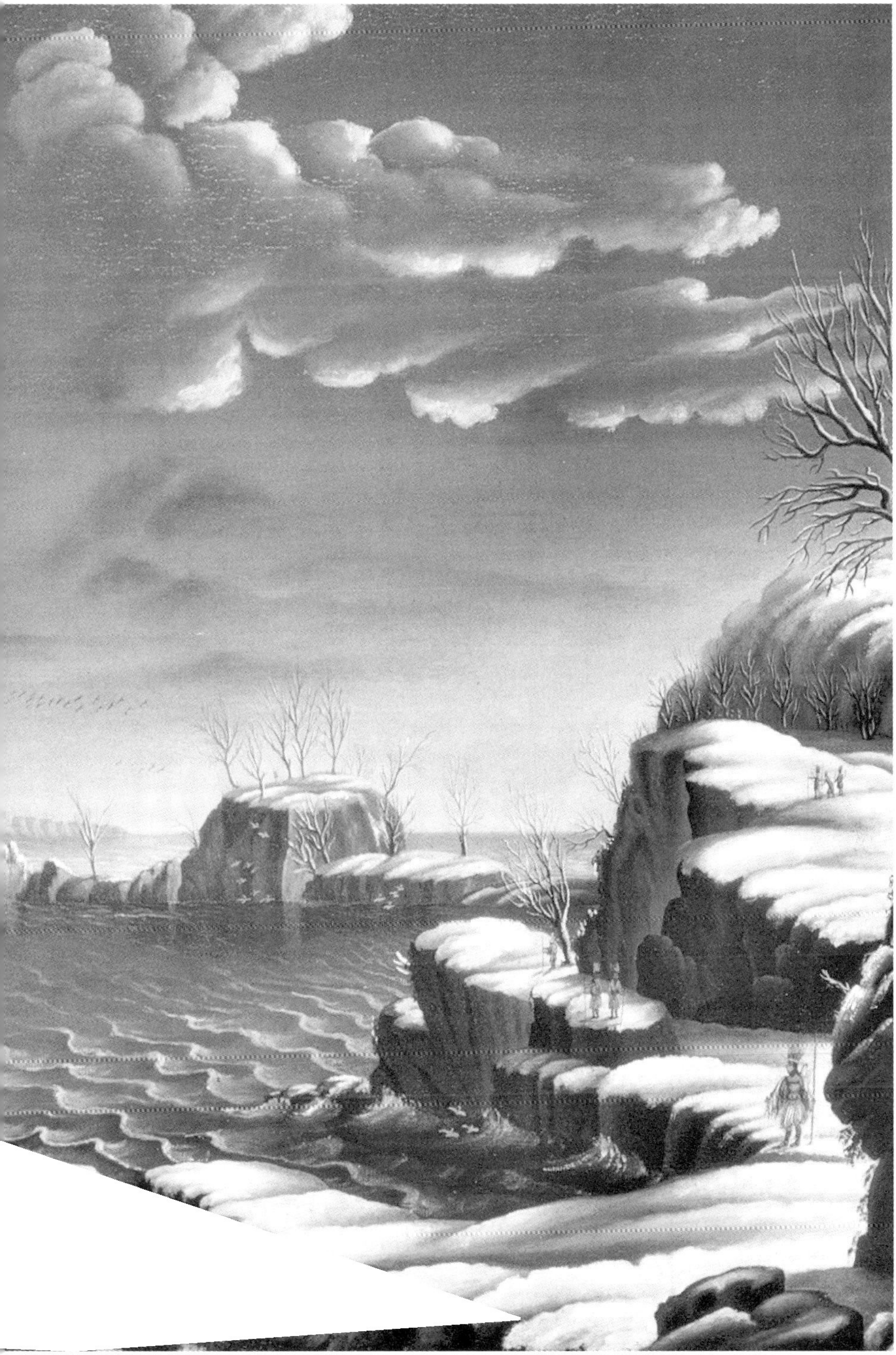

兰朋友写道:"你们一直是为别人打破沉默的工具,不要为此感到难过。这份荣誉将属于你们,直到世界末日。"

几年之后,清教徒大出逃出现了。当时,1629年,查理一世的第三届议会解散,清教徒和议会的议员们在国内的处境看起来毫无希望。就在这时,清教徒的一些主要成员,像皮姆和克伦威尔这种绅士,有钱的商人,以及其他有权势的人,从查理一世那里获得了特许状,使他们能够在马萨诸塞湾建立殖民地。1630年,约翰·温思罗普(图138),一位富有的乡绅,率领一支由十七艘船只组成的探险队起航,船上载有一千到一千五百名移民。波士顿就是他们定居的地方。尽管他们遇到的艰苦和苦难无法与弗吉尼亚或新普利茅斯的情况相比,但这个新殖民地发展迅速,成为其他殖民地的榜样。

总督温思罗普写道:"我们在这里享受上帝和耶稣基督的赐福,这难道还不够吗?我感谢上帝,我很喜欢在这里,我一点也不后悔来到这里。我即使预见了所有这些痛苦,也不会改变自己的选择。我从来没有这么满足过。"

英格兰王室对"叛乱者"的殖民地并不看好。但阻止移民,甚至废除"特许状"的努力,都是徒劳的。殖民地坚持走自己的路,毫不理会。然而,殖民地也有自己的困

图138 约翰·温思罗普

第 17 章 殖民地和附属国（1603—1688）

难，正如他们原来所在的英格兰王国不能解决宗教问题一样。这些开拓者的意图是使殖民地成为圣徒政体。但实际上，这意味着政府和教会之间的联系就像在日内瓦那样远比英格兰紧密。因此，殖民地的政府很快就发现自己与一些人发生了冲突。这些人，如年轻的牧师罗杰·威廉斯（图139），为了享有宗教自由横渡大西洋。他们认为"在灵魂问题上，除了灵魂的武器之外，不应该有其他任何武器"。威廉斯就持这种观点。他是一个有悟性、有文化、有教养的人[①]。他很快发现自己陷入了困境。具有讽刺意味的是，他后来被判处遣返英格兰。然而，他逃脱了，并且在普罗维登斯建立了自己的流放地。后来，1644年，这里被并入罗德岛。罗德岛和普罗维登斯一样，是露西·哈钦森和朋友们的家。它被建立是为了抗议马萨诸塞的宗教排斥。马萨诸塞的其他分支包括1635年建立的康涅狄格，1638年建立的纽黑文和1641年建立的新罕布什尔。亨利·梅因根据特许状授予斐迪南多·戈杰斯爵士私有殖民地。这个私有殖民地由来自英格兰的移民定居，与清教徒邻居没有什么共同之处，就像普罗维登斯和罗德岛一样。这个私有殖民地被

图 139 罗杰·威廉斯

---

① 就读于剑桥大学查特豪斯和彭布罗克学院。——原注

明确排除在1643年由马萨诸塞、普利茅斯、康涅狄格和纽黑文组成的新英格兰联盟之外。

作为1788年更大联合体的前身，该联盟一方面害怕来自英格兰的干涉，另一方面害怕土著印第安人、北部的法兰西殖民者，以及在南部的新阿姆斯特丹和哈德逊河畔建立了据点的荷兰人。1664年，经过一场不流血的"征服"，荷兰人的殖民地落入了约克公爵詹姆斯的手中。于是，最后的危险被消除了。但这些事件我们都预料到了。

第二次英格兰内战对殖民地也产生了影响。议会从未承认国王对殖民地事务的专属管辖权。查理一世被处死后，残缺议会迅速采取措施维护自己的权威。清教徒殖民地自然毫无顾忌地接受英格兰联邦的管辖。弗吉尼亚则不然。种植园园主的豪宅满是来自家乡的保王派难民，总督威廉·伯克利爵士是保王派的热心支持者。查理一世被处死后，弗吉尼亚代表大会立即承认他的儿子查理二世为国王，并且通过了一项法案，宣布对已故国王不敬的言论、维护处决查理一世的行为及对查理二世的国王头衔提出质疑的行为都为叛国罪。巴巴多斯采取了类似的做法。

然而，英格兰议会不愿让自己的权威受到轻视。很快，1650年，英格兰议会通过了一项法案，禁止与巴巴多斯、安提瓜、弗吉尼亚和萨默斯群岛①进行贸易。1651年，英格兰派出了一支舰队，在乔治·艾斯丘爵士的指挥下，去镇压那些顽固不化的殖民地。这项任务很快就完成了。同年，即1651年，英格兰通过了一项意义十分重大的法案。

事实上，《航海法案》体现的政策并不新鲜。它的目标是双重

---

① 今百慕大群岛。——译者注

第 17 章 殖民地和附属国（1603—1688）

的：增强海军实力和鼓励贸易。自14世纪以来，人们一直坚持不懈地追求这一目标。1651年的《航海法案》不是针对英格兰王国的殖民地，而是针对荷兰共和国的殖民地，用托马斯·芒的话来说，荷兰人"每天在我们的航行和贸易中破坏、损害和削弱我们的力量"。实际上，殖民地时期的航运受到了明确的保护。任何货物都不能出口到殖民地或从殖民地进口到英格兰，除非使用英格兰或殖民地建造的船，装载的是英格兰人的财产，有英格兰指挥官和船员，并且四分之三是英格兰人。实际上，无论《航海法案》的起草者是否打算与荷兰共和国开战，战争还是接踵而至。即使是对一项公开采取保护措施持最严厉批评态度的人，也不能否认，一直以来，几乎由荷兰人垄断的运输交易，即使不是因《航海法案》的颁布，也是在其颁布后而逐渐转移到英格兰人手中的。亚当·斯密虽然坚称《航海法案》不利于英格兰王国与外国的贸易，并且承认其中一些条款"可能源自民族仇恨"，但坚持认为"这些条款很有见识，就像出自最深思熟虑的智慧的头脑"。换言之，尽管经济理论可能会谴责这种行为，但其政治结果充分证明了它的正当性。商业霸权和海上霸权从荷兰共和国转到了英格兰王国。

英格兰王国和荷兰共和国之间的第一次海战完全是在海上进行的，双方胜负不断交替。但对英格兰来说，1654年海战结束后的和平完全有利：《航海法案》依然有效，见到英格兰王国国旗要敬礼，安汶岛大屠杀受害人得到了赔偿。

在和平到来之前，克伦威尔已经解散了残缺议会，成为国家元首。英格兰的统治者从来没有像现在这样爱惜英格兰在世界上的声誉，也从来没有像现在这样成功地把它变为一个强国。与前任相比，克伦威尔确实拥有一切有利条件。他是一个从来没有失败过的军队统帅，在海上拥有能干的指挥官，不受任何王室关系的束缚，可以在城门口与对手侃侃而谈，这是斯图亚特王朝的君主，甚至都铎王朝的君主做不到的。正如我们所见，克伦威尔的政策受到两个动机的激励：对新教信仰的狂热和对英格兰政治利益和商业利益的忠诚。西班牙王国是不可避免的敌人，所以法兰西王国成为天然的盟友。而牙买加和敦刻尔克是克伦威尔胜利的果实。

正如约翰·罗伯特·西利观察到的那样，后来的斯图亚特王朝君主总是把克伦威尔在外交领域取得的辉煌成就牢记在心，尽最大努力"使君主政体享有宗教宽容和常备军带来的优势"。然而，与克伦威尔不同的是，他们无法摆脱王朝沉重的历史包袱。

一位杰出的历史学家将查理二世与葡萄牙公主布拉甘萨的凯瑟琳（图140）的联姻归因于"英格兰王国对热带国家贸易的布局与法兰西王国对欧洲各地统治权的布局的巧妙结合"。由此得出的结论是，这场联姻仍然是欧洲乃至世界政治中为数不多的不变因素之一。约翰·罗伯特·西利公正地将这次联姻描述为"英格兰历史上的重大事件之一"。它延续了斯图亚特王

图 140 布拉甘萨的凯瑟琳

第17章 殖民地和附属国（1603—1688）

朝的传统，"英格兰王国虽然是一个新教国家，但应该有一个天主教王后"。这场联姻承诺英格兰王国积极参与欧洲大陆事务，并实际承诺英格兰王国继续与法兰西王国合作，共同对抗西班牙王国。但英法联盟不再是在奥利弗·克伦威尔统治下的平等联盟。克伦威尔拥有可以支配的大量军事资源，但查理二世没有。因此，查理二世成了领取路易十四津贴的人。与法兰西王国结盟后，克伦威尔丝毫没有减弱自己的新教热情。查理一世倾向于天主教。然而，与克伦威尔一样，查理二世对殖民地的发展非常感兴趣。在他统治时期，英格兰王国在欧洲以外地区的利益丝毫没有减少。敦刻尔克确实被卖给了法兰西王国，但布拉甘萨的凯瑟琳给丈夫查理二世带来了丹吉尔和孟买的丰厚嫁妆，更不用说可观的现金了。在1704年直布罗陀沦陷前的半个世纪，丹吉尔就被英格兰人占领。对一个渴望在地中海施加影响的大国来说，丹吉尔是一个重要的海军基地。出于军事目的对丹吉尔的占领是另一个可喜的迹象，表明在查理二世统治下克伦威尔对外政策将保持不变。

然而，更重要的是，英格兰王国获得了孟买（图141）。孟买注定要成为英属印度西部的重要港口和重要工业中心。孟买是东印度公司在印度斯坦大陆建立的第三个"工厂"。最初，与竞争对手荷兰人一样，英格兰商人也在香料群岛寻求贸易。但荷兰人的地位在各方面都比英格兰人强。英格兰商人逐渐被排挤出这些岛屿。1623年安汶岛大屠杀事件之后，英格兰商人放弃了不平等的斗争，好在他们回到了大陆。

一个多世纪以来，葡萄牙人一直是印度的欧洲霸主。他们的帝国虽然腐化，但威风依旧，葡萄牙商人不欢迎英格兰商人的到来。然而，1608年，在苏拉特，经莫卧儿皇帝贾汗季允许，英格兰商人建

图 141 英格兰统治下的孟买

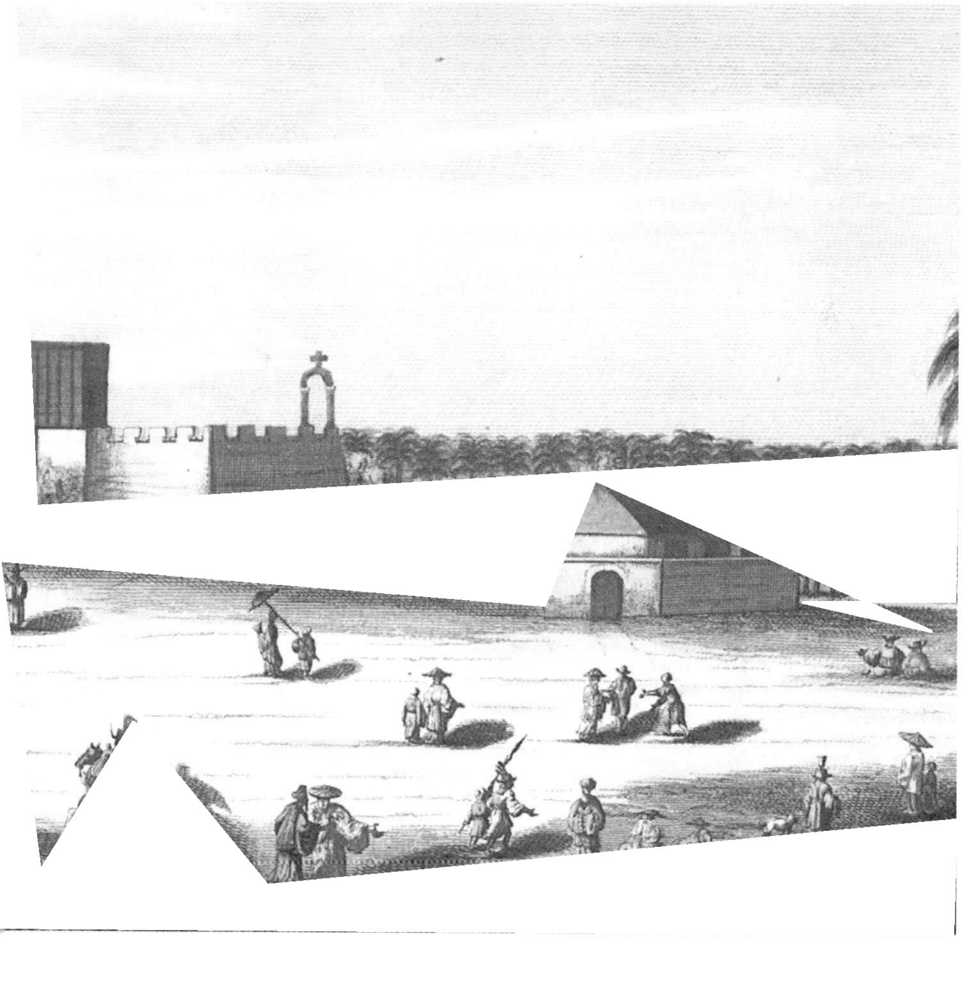

立了一家工厂。尽管受到葡萄牙占领的果阿的警告，但他们还是扩大了贸易规模。1622年攻占波斯湾中属于葡萄牙的奥尔穆兹岛为英格兰贸易提供了进一步的保障。1639年，在巴拉索尔和默苏利珀德姆，东印度公司建立了工厂，并且开始修建马德拉斯的圣乔治堡防御工事。1650年，在孟加拉的休，东印度公司建立了一家工厂。1690年，在加尔各答，东印度公司又建立了一家工厂。因此，查理二世将孟买出售给该公司既及时又意义重大，这成为英格兰统治印度历史上一个值得纪念的事件。

查理二世对英格兰贸易利益的关注，不仅表现在印度。的确，他没有理由不珍惜英格兰贸易利益。受到对手弹劾的时候，爱德华·海德说的话如下：

> 斯图亚特王朝复辟后不久，他尽自己所能，使陛下对他的种植园做出了极高的评价，并且鼓励改进这些种植园。他的意见和愿望也得到了海关的证实。他发现，国王从这些种植园中获得了巨大的收入，因为这些种植园的收入弥补了最近贸易港口关税减少造成的损失。

1660年，在重新修订和颁布《航海法案》方面，爱德华·海德的努力取得了立竿见影的成果。修订前的《航海法案》的范围现已扩大。修订前的《航海法案》旨在鼓励英格兰航运，而1660年法案旨在保护英格兰工业的产品。一方面，1660年法案禁止向英格兰进口任何商品，也禁止从非洲、亚洲或美洲的任何英格兰种植园出口任何商品，但英格兰制造或英格兰人乘坐的船除外。另一方面，它完全禁止

第 17 章 殖民地和附属国（1603—1688）

从殖民地向英格兰或英格兰种植园出口某些列举的商品，但出口到英格兰或英格兰种植园的商品除外。1662年的一份解释性法案明确指出，"英格兰人"的意思是"国王陛下的所有臣民，包括英格兰、爱尔兰和他的种植园的居民"。

《航海法案》与后来众多的法案，以及其体现的政策，已经成为政治上、经济上无休止争论的内容。它们被通过的时候，重商主义学派的至高无上地位无人可及，"权力"学说比财富学说更受重视，在经济自给自足的基础上，重要的民族国家正在建立。一个世纪后，亚当·斯密猛烈地抨击了重商主义学派的所有学说。至于《航海法案》本身，他对自己赞成的政治动机和谴责的经济结果做了十分恰当的区分。《国富论》与美国《独立宣言》都发表于1776年。从表面上看，《国富论》存在政府与殖民地之间争议的许多痕迹。把英格兰的商业政策抨击为"对人类最神圣权利的明显侵犯"，对一个既是强大的自由贸易者，又是狂热的帝国主义者来说，或许过于夸张，但这种夸张是可以原谅的。然而，埃德蒙·伯克在抨击殖民地税收政策的同时，赞成商业限制政策。后来的批评家，不仅在英格兰，而且在美国，都倾向于埃德蒙·伯克的观点，而不是亚当·斯密的观点。

然而，有一点是清楚的：《航海法案》的起源完全符合当时公认的政治学说和经济学说，并且直接帮助将商业霸权从荷兰共和国转移到英格兰王国。同样重要的是，《航海法案》没有给殖民地带来任何困难。威廉·阿什利爵士做了进一步说明。他认为《航海法案》给新英格兰的造船业带来了巨大的动力，限制殖民地对英格兰的出口贸易并不会对殖民地的经济造成不利影响，而与英格兰的政治联系对殖民地完全有利。阿什利爵士并非没有美国著名经济学家的支持。从最大意义上说，英格兰的"自由"由当时的经济立法提出。任何一个了解史实的人都很难对此提出质疑。

查理一世对促进国家利益的关注也不只是表现在立法上。据称，最初，殖民地事务由枢密院管理。然而，1634年，他成立了一个委员会，成员包括威廉·劳德、托马斯·考文垂、莱昂内尔·克兰菲尔德和其他一些官员，"为英格兰殖民地制定法律等"。1643年，议会用一个特别委员会取代了这个委员会。虽然不是正式的，但在人员配备上，它是议会能提供的最强大阵容，包括皮姆、克伦威尔、彭布罗克伯爵、曼彻斯特伯爵、威廉·法因斯、小亨利·文和本杰明·拉迪亚德爵士等。

1660年，枢密院种植园事务委员会被恢复。但两年后，即1662年，贸易和种植园常务委员会成立，协助大贸易公司的工作，特别是与种植园的贸易。这个委员会是贸易委员会的前身，由40名"通情达理的干将"组成，其中一些人是代表东印度公司和其他贸易公司的商人，另一些人则代表"非贸易公司"的西班牙、法兰西、葡萄牙、意大利、西印度的种植园，而董事会则由一些"国王陛下的枢密院官员出席并协助，使其更严肃地运作"。董事会将特别注意严格执行《航海法案》，管理移民到种植园的事务，随时了解种植园、政府和贸易情况，以及调查可能出现的抱怨和任何不满情绪。

贸易和种植园常务委员会的主席是安东尼·阿什利·库珀。1673年到1674年，约翰·洛克短期担任该委员会的秘书。然而，库珀倒台后，联合委员会被废除，其职权移交给枢密院由司库、掌玺大臣和其他17位成员组成的委员会。贸易和种植园常务委员会继续控制殖民地事务，直到1696年一个新的贸易委员会成立为止。

第 17 章 殖民地和附属国（1603—1688）

与此同时，北美正在经历迅速发展。直到查理二世统治时期，新英格兰殖民地才被新尼德兰从其南部定居点分离出来。从本质上讲，与其说荷兰人是殖民者，还不如说是商人。但他们在哈德逊河上的定居点占据着重要的战略地位，给康涅狄格和纽黑文日益增加的英格兰定居点带来了很大的不便，甚至危险。在新荷兰南部特拉华河入海口，瑞典人建立了一个定居点。但1655年，这个定居点被荷兰人征服并吞并。因此，荷兰人占据了康涅狄格和马里兰之间的整个海岸线。

克伦威尔计划远征新荷兰。但1654年，英格兰王国和荷兰共和国达成和平协议，给了荷兰殖民地十年的喘息时间。然而，到1664年，查理二世派遣理查德·尼科尔斯上校指挥的一支小舰队到哈德逊河。于是，查理二世重新恢复了远征新荷兰这一计划。1664年8月，尼科尔斯带着四艘船和不到五百名士兵，出现在新阿姆斯特丹（**图142**），要求该殖民地投降。荷兰殖民者迅速放弃抵抗。新荷兰，包括新瑞典，悄悄落入了英格兰人手中。于是，英格兰人控制了从肯纳贝克到萨凡纳的整个海岸。

如此容易获得的领土由查理二世交给了自己的弟弟约克公爵詹姆斯。该殖民地及其首都新阿姆斯特丹也以约克公爵詹姆斯的名字重新被命名。在经历了一些变迁之后，1703年，新瑞典成为一个独立的殖民地并改名为特拉华。1664年，约克公爵詹姆斯把哈哈德逊河和特拉华河之间的土地交给了斯特拉顿的伯克利男爵和乔治·卡特里特爵士。为了向内战期间为国王统治泽西的卡特里特表示敬意，他们把这片土地命名为新泽西[①]。

---

① 乔治·卡特里特的出生地为泽西。——译者注

图 142 英格兰人占领后的新阿姆斯特丹

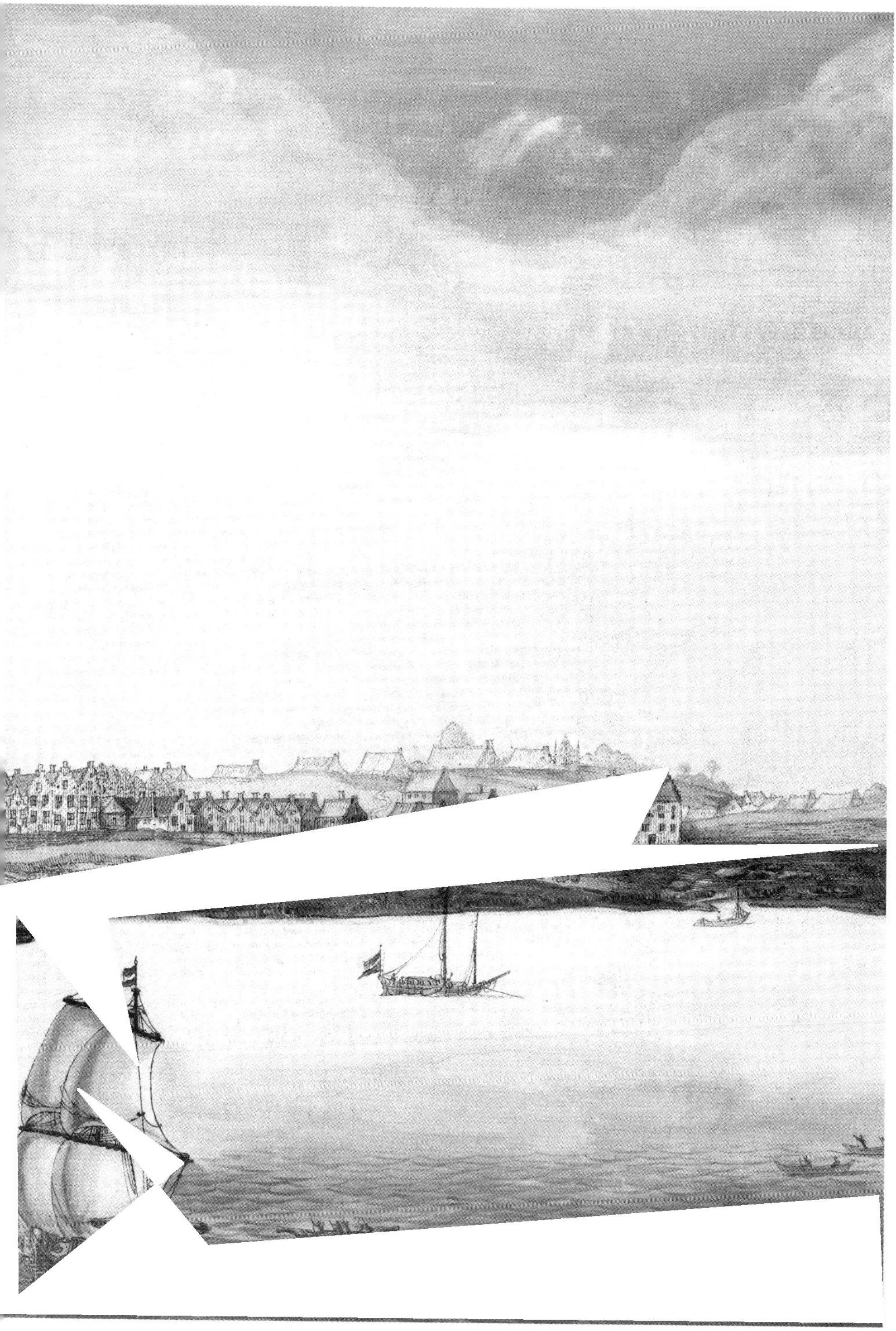

在中部殖民地中，最值得关注、最重要的是宾夕法尼亚。它的创始人是小威廉·佩恩，他是征服牙买加的海军上将威廉·佩恩爵士之子，也是基督教公谊会的领导成员。小威廉·佩恩因拒绝遵守教会纪律而被基督教教会开除，在海军短暂服役后，他便坚定地依附贵格会。在与圣公会和加尔文派的斗争中，小威廉·佩恩很快就陷入了世俗势力的困境。由于出版了《动摇的沙地基金会》，并且在他著名的《没有十字架就没有王冠》一书中再次犯下了罪行，所以他被关进了伦敦塔。后来，在支持宗教宽容的庇护者约克公爵詹姆斯的干预下，他才得以获释。为了减轻贵格会信徒遭受的苦难，他付出了不懈努力，结果屡遭监禁。最后，他决定为自己和朋友在新世界寻求庇护。1682年，他从约克公爵詹姆斯那里获得了一块面积为4.7万平方英里的土地，位于特拉华河西岸，南接马里兰，东接纽约和特拉华，北接五大湖。因此，查理二世很顺利地偿还了欠小威廉·佩恩的1.6万英镑的债务。小威廉·佩恩后来将这块土地遗赠给了自己的儿子。1682年，小威廉·佩恩和一百个同伴一起远航前往殖民地。新殖民地的名字是查理二世想的，他最初坚持优秀的水手和忠诚的皇家仆人的名字应该以"Sylvania"为前缀。去新世界的时候，小威廉·佩恩并没有抱着获得物质利益的希望，而是想在政府中进行一场"神圣的实验"。根据《宾夕法尼亚大法律》，由他和阿尔杰农·西德尼共同制定的法律应该以纯粹的民主原则为基础。政府的宗旨是"支持有利于人民的权力，尊重人民，保障人民，不滥用权力。没有服从的自由就是混乱，没有自由的服从就是奴隶"。一切符合一神论和宗教自由的崇拜形式都应得到宽容。从各个方面来看，宾夕法尼亚都是在宽松的环境下建立起来的。很快，在很大程度上，最初的英格兰殖民者

第17章 殖民地和附属国（1603—1688）

不仅得到了来自本土移民，而且得到了来自斯堪的纳维亚移民、荷兰移民和神圣罗马帝国移民的支持，从一开始，他们就与本土同胞保持着友好的关系。

随着宾夕法尼亚殖民地的建立，最初的十三个殖民地的故事就画上了句号[①]。除荷兰殖民采取了不流血征服的方式外，大西洋沿岸的所有殖民地都不是通过征服得来的，而是和平殖民的产物。它们的建立有许多动机。在性格、政治倾向、宗教观点、社会地位等方面，这些殖民地的建立者各不相同。这些差异也体现在了各殖民地的结构、法规和经济生活中。因此，各殖民地表现出来的不同寻常又最幸运的东西，就被它们传给了美国，并且注定要成为这个国家的核心。

在美国出现之前，殖民地的命运饱经沧桑。在圣劳伦斯河和密西西比河上站稳脚跟的法兰西人不仅威胁着它们的独立，而且威胁着它们的生存。它们被大不列颠舰队从危险中拯救了出来，然后卷入了与英格兰政府的争执中，最后导致了独立战争。它们从英国独立出来后，不得不面对在自己境内发生分裂的严重危险。通过勇敢的面对，危险得以消除，一个大国脱离英国独立了。

美国的起源时期正值英格兰人为争取自由进行不顾一切的斗争。因此，任何一部著作，要讲述其中一个国家，就不能忽视另一个。二者的故事确实是密不可分地交织在一起的。斯图亚特王朝前两任君主[②]的教会政策，克伦威尔坚守的新教主义和帝国主义，查理二世的重商主义，所有这些在殖民政策领域都有所反映。后来的斯图亚

[①] 从时间顺序来讲，佐治亚是最晚建立的殖民地，但前面已经讲过了。——原注
[②] 指詹姆斯一世和查理一世。——译者注

特王朝对本土自由进行的攻击，在殖民地也不乏类似的例子。查理二世不止一次试图"使新英格兰人民完全臣服于国王的政府"。殖民者被指控长期逃避《航海和贸易法案》，直接与欧洲各国进行贸易，不支付其祖国要求的关税，在殖民地造币厂中铸造钱币，拒绝给予英格兰国教成员居民权等。不幸的是，这些指控是真实的，由于无法得到满意的结果，根据一项维持现状的令状，1684年，《马萨诸塞宪章》被撤回了。……

詹姆斯二世进一步推行了兄长查理二世的政策。1686年，埃德蒙·安德罗斯爵士奉命废除地方自治，并且将从梅因到特拉华的地区统一在一个专制政府下。国教仪式在主要城镇举行，通常在公理会教堂举行；人身保护令状被暂时搁置；任意进行征税；建立严格的新闻审查制度；土地赠予制度被取消，公共土地被圈封……人们熟悉的所有专制管理机制都被引入了。新英格兰的清教徒并不是驯服顺从的人，只有詹姆斯二世"退位"的消息才避免了内战。英格兰已经完成了光荣革命，奥兰治亲王威廉和玛丽·斯图亚特被宣布成为国王和女王。

在新英格兰，斯图亚特王朝政权像纸牌屋一样崩溃了，埃德蒙·安德罗斯被罢免，宪章得以恢复。以前的制度重新建立了起来。

现在，让我们回到家乡英格兰。

第 18 章

1688年 革命

THE

REVOLUTION

OF

1688

正如我们看到的那样，王政复辟后，斯图亚特王朝广受欢迎的那种狂热氛围很快就烟消云散了。理由也并不难找。英格兰人非常依恋国教，已经学会相信议会主导的政府，非常怀疑外国人对英格兰事务的影响。同时，查理二世却越来越蔑视议会，越来越倾向于天主教和支持法兰西王国的事业。他那样做很自然。结果，他的声望迅速下降。但就在他的运气最坏的时候，他的对手犯了一个大错，正中他的下怀。将约克公爵詹姆斯排除在王位继承人之外的法案，极大地冒犯了支持世袭君主制的主流民意。

查理二世很快就利用了辉格党人的战术失误。在统治的最后几年，查理二世证明了自己是一个非常有能力的批评家，他自己是"在英格兰权力斗争中成功的政治家之一，也是最了不起的政治家之一"。他的胜利是这么彻底，甚至在他突然驾崩时，没有一个手指举起来阻止约克公爵詹姆斯的继位，尽管约克公爵詹姆斯毫不掩饰自己对天主教的虔诚。

在性格、气质和天赋方面，这对兄弟形成了奇特的对比。查理二世是一位杰出的机会主义者，机智风趣、讨人欢心、厌恶商业、热衷于享乐。在某种意义上，詹姆斯二世证明了自己是一个有原则的人。他尽管在处理国家事务时严格守时、做事精明，但在能力和权术方面明显不如兄长查理二世。在宗教信仰上，詹姆斯二世和查理二世一样放荡不羁，也没有丝毫的和蔼可亲之举①，更不用说弥补兄长查理二世的冷酷无情了。

第一次与议员见面时，詹姆斯二世宣称，尽管人们认为自己喜欢独断专行，但事实恰恰相反，他承诺将按照法律维持政府和教会。他知道英格兰教会的成员都是善良忠诚的臣民，所以他承诺支持和捍卫他们的教会。他永远不会放弃国王的正当权利和特权，但保证每个臣民的财产和人身安全。在一定程度上，这篇演说减轻了新教臣民的忧虑。但他继位后的第一次行动大大违背了之前的承诺。

恰当地说，只在已故国王在世时征税对已故国王有利，也被认为是对议会控制原则的侮辱。然而，议会在给新国王投票时，新国王不仅拥有前任国王的财政收入，而且拥有对糖和烟草征税的收入。因此，詹姆斯二世发现自己拥有了一笔每年200万英镑的可观收入。

短短的三年时间里，由于刚愎自用，詹姆斯二世违背了上面提到的四项主要承诺。同时，他疏远了各个阶层，并且损害了各个阶层的利益。

在最高法院首席法官的请愿书中，詹姆斯二世找到了合适的工具来建立残暴的政权。在起诉威廉·罗素和审判阿尔杰农·西德尼的过程中，乔治·杰弗里斯已经出名了，更不用说1682年他在获得一份与伦敦金融城对抗的追查令状方面对国王的贡献了。詹姆斯二世的首轮行动之一就是审判教皇阴谋派人物泰特斯·奥茨和托马斯·丹杰菲尔德。在杰弗里斯的审判下，奥茨被判有罪，被判处巨额罚款和终身监禁，并且被施以鞭刑（图143），如果他在鞭刑中幸存下来，每年将被处以四次戴

---

① 这一点他毫不掩饰。——原注

第18章 1688年革命

颈手枷示众。尽管备受折磨，奥茨还是挺过了鞭刑，并且在光荣革命后活了下来。丹杰菲尔德也被判处类似的刑罚，但他在一次街头斗殴中丧生。杰弗里斯暴行的另一个受害者是神职人员理查德·巴克斯特。杰弗里斯以诽谤罪起诉了他，判他有罪，判处他支付高额罚款。巴克斯特缴纳了罚款，被监禁了十八个月。

然而，这些惩罚只是蒙茅斯公爵詹姆斯·斯科特失败的追随者遭受惩罚的前奏。在黑麦屋阴谋被发现后，查理二世和露西·沃尔特斯不幸的儿子詹姆斯·斯科特回到了荷兰。但詹姆斯二世即位后，斯科特遭到奥兰治亲王威廉的驱逐。1685年6月2日，斯科特在莱姆里吉斯登陆，与多塞特和萨默塞特的农民一起，向汤顿进发。作为"王国新教势力的领袖和总指挥"，他宣称自己"拥有取得王位的合法权利"。在汤顿，斯科特被宣布为国王。但在塞奇莫尔（图144），他遇到的只有灾难和失败。他从战场上逃跑，但被俘虏了。在卑贱地屈服之后，斯科特得到了他应得的命运。然而，对他那些被迷惑又忠心耿耿的追随者，他本来可以成为一个表现得仁慈的明智的国王，但事实并非如此。战斗第二天，珀西·柯克上校手下存活下来的追随者不是被绞死，就是被杰弗里斯法官送到巴巴多斯。即便是现在，西方对这种"血淋淋的审判"的记忆依然没有消除。

杰弗里斯并不是唯一一个对国王的事业过分热心、对世袭君主制事业造成严重损害的法官。詹姆斯二世决定在军队中、法官席上都安插天主教徒。议会因拒绝废除《宣誓法案》而被休会，但詹姆斯二世还是继续执行他的"专横"政策。1686年7月，以杰弗里斯和森德兰伯爵为主要成员的高等法院成立。他们试图破坏国教的新教制度。即使对杰弗里斯来说，这也是一项庞大的任务。

图 143　泰特斯·奥茨被施以鞭刑

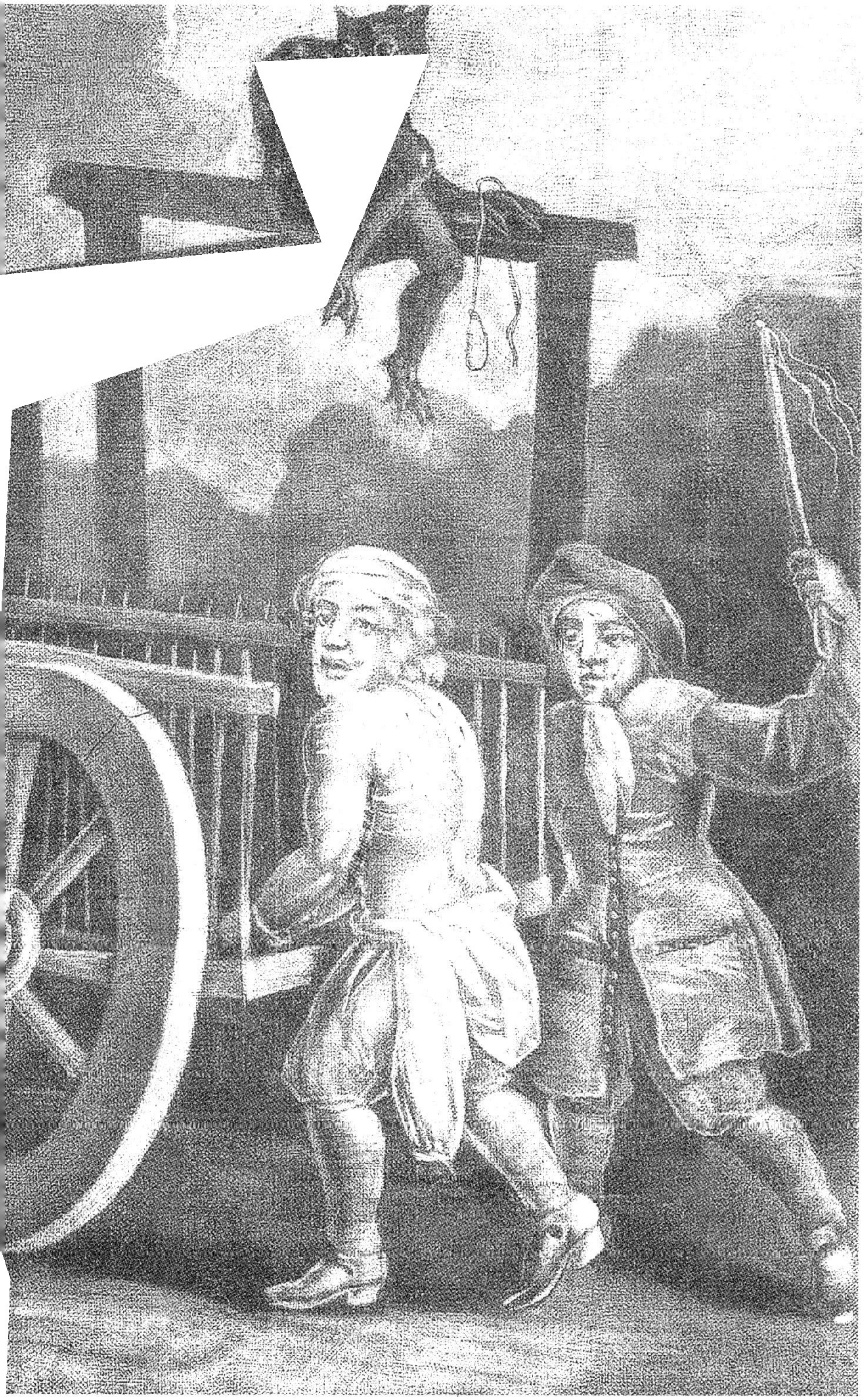

图 144 塞奇莫尔战场上的詹姆斯·斯科特

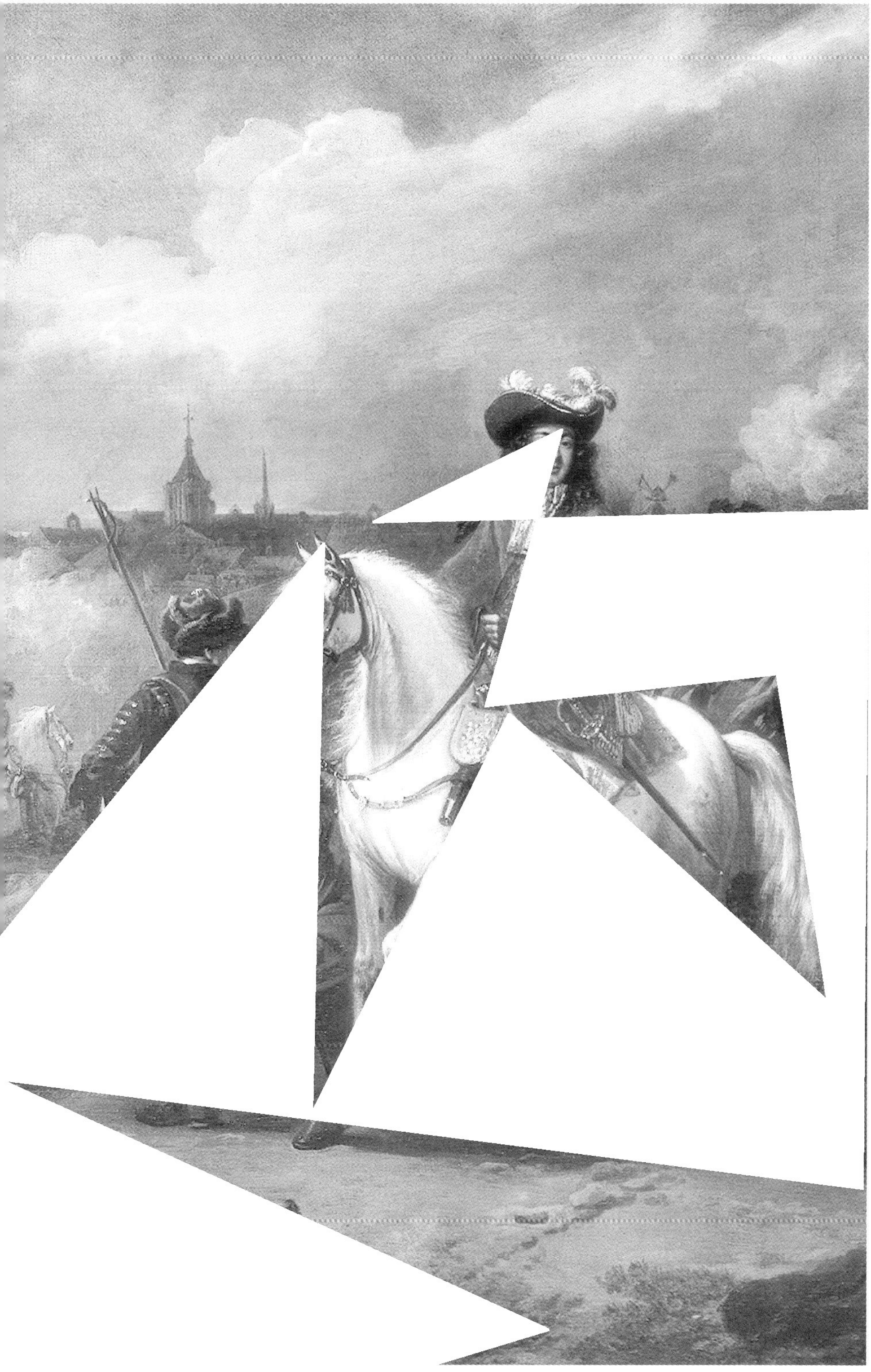

军队提出了一个不太困难的问题。在罗切斯特高等法院，自称是天主教徒的爱德华·黑尔斯爵士被判有罪，原因是他没有按照1673年的《宣誓法案》规定宣誓就担任了步兵上校。后来，案件被提交给王座法庭，一个叫戈登的人提出串通诉讼，要求根据法令向一个告密者追回500英镑的奖赏。在法庭上，黑尔斯请求詹姆斯二世的宽恕和赦免。在12位法官组成的全体法官席上，只有一个法官做出了赞成这一请求的裁决。判决书的措辞，如果有什么不同，那就是比清教徒革命前那些卑躬屈膝的法官的语言还要高明。首席大法官爱德华·赫伯特说："任何法律都可以由最高立法者来废除。因为上帝的法律可以被上帝自己废弃。在特定情况下，法院的正式判决宣布，国王有不可或缺的特权，即基于特定的必要理由免除刑法。在体现这些理由和必要性时，国王是唯一的法官。"

詹姆斯二世受到了这个判决的鼓舞，更受到了这个判决依据的理由的鼓舞，急忙着手计划全面恢复天主教。作为一项初步预防措施，在首都伦敦附近的豪恩斯洛，他建立了一个一万三千人的营地，由信奉天主教的军官负责。约翰·马西是天主教徒，被任命为牛津大学基督堂学院院长，白厅的王室教堂向所有希望参加弥撒的人开放。劳伦斯·海德由于拒绝改变自己的宗教信仰，被免去了财政大臣的职务。詹姆斯二世的妻弟克拉伦登伯爵亨利·海德被解除了爱尔兰总督的职位，取而代之的是理查德·塔尔博特。后来，1687年，塔尔博特被封为蒂康奈尔伯爵。我们将会看到，塔尔博特肩负着恢复天主教在爱尔兰的统治地位和在英格兰为詹姆斯二世征募爱尔兰军队的重任。

更重要的一步是，1687年4月，詹姆斯二世根据王室特权，发布了一项赦免声明，宣布暂停所有针对天主教徒和新教徒的刑法。这种

第18章 1688年革命

阴险狡诈的宗教宽容行为，詹姆斯二世是受到一个动机无比可疑的人煽动。詹姆斯二世打算破坏宪法和教会。小威廉·佩恩一如既往地为信仰自由而战。

小威廉·佩恩也没有因此完全失望。一位杰出的历史学家认为，1687年是"英格兰宗教自由的开端"。乔治·特里维廉说："监狱向英格兰数千名最优秀的人开放，各地的公众礼拜都由教会自由地恢复。从那以后，教会再也不用被迫关门了。"伦敦的学校是由耶稣会和天主教其他教会开办的。天主教贵族被允许进入枢密院。在伦敦，教皇的一个大使受到接待。与此同时，英格兰国教的布道坛也达到了最高委员会要求的高度。

接着是对大学的攻击。剑桥大学的约翰·皮克尔博士被召至宗教事务法院并被停职。他还被停掉了作为剑桥大学抹大拉学院院长的薪酬，理由是他拒绝授予本笃会一个叫弗朗西斯的修士学位，因为弗朗西斯拒绝接受抹大拉学院要求的宣誓。牛津大学抹大拉学院的学者因为拒绝选举詹姆斯二世任命的天主教候选人为院长而被剥夺了教职，取而代之的是教皇派学者。

这不仅是对国教的攻击，而且是对整个财产所有权原则的攻击。牛津大学以其对斯图亚特王朝的忠诚著称。不久，尽管牛津大学通过一项正式法令反对抹大拉学院教师抵抗行为的合法性，但它的忠诚并不能使它免于信奉天主教的詹姆斯二世的报复。全国每一个信奉新教的土地所有者都为此感到恐慌。

詹姆斯二世对爱尔兰总督塔尔博特的侮辱使新教徒更加惊慌。詹姆斯二世根据追查令状确保了市镇选区的顺从，为了天主教的利益改造市政委员会，现在又企图进行更艰巨的任务，破坏各郡的独立。塔尔博特奉命提供一份适合当选为议员的教皇派和不信奉国教者的名单。许多人因拒绝该名单而遭到解雇。

1688年4月，詹姆斯二世发布了修订版的《宽容宣言》。不仅所有审查都被取消了，那些曾反对取消审查的人也不会被委任文职或军职。5月4日，各教派的神职人员被命令连续两个星期日，即5月20日和5月27日，在布道坛上宣读《宽容宣言》。

这一宣言被认为是对教会自由的粗暴攻击，几乎所有人都不服从。大主教威廉·桑克罗夫特（图145）和他的六位副主教祈祷，希望已经出版的包含"分配给议会的权力非法"内容的宣言得到宽恕。后来，桑克罗夫特等人被告知，有人将在王座法庭对他们提出诽谤罪的刑事诉讼。他们声称自己享有贵族的特权，结果却被送进了伦敦塔。他们去伦敦塔的水路沿途有一支长长的队伍。河的两边都挤满了船，船上都是同情他们的人。1688年6月29日，他们因涉嫌撰写及发表"虚假、伪造、恶意、恶毒及诽谤性文字"被带到终审法院。翌日，即1688年6月30日，他们被判无罪。

桑克罗夫特等人被无罪释放的结果，敲响了斯图亚特王朝的丧钟。这一裁决受到普遍欢迎。除了天主教徒，所有党派和利益集团都联合起来反对

图145　威廉·桑克罗夫特

第18章 1688年革命

詹姆斯二世。各郡和各行政区的百姓，乡绅和商人，圣公会教徒和不信奉国教的新教徒，三年的时间足以让他们所有人被疏远。

詹姆斯二世找到了另一个违法的理由。他的才智并没有使自己失望。他仍然可以违背世袭君主制的原则。1688年6月10日，詹姆斯二世的第二任妻子摩德纳的玛丽生了一个儿子，即詹姆斯·弗朗西斯·爱德华·斯图亚特。这决定了詹姆斯二世后来的命运。辉格党和托利党，圣公会派和非国教派宣称，也许只是认为，耶稣会教徒密谋将一个假想的孩子强加给这个国家，并且将合法的新教继承人排除在继承人之外。

詹姆斯二世继承王位的原则现在也被推翻了。至于詹姆斯·弗朗西斯·爱德华·斯图亚特的合法性，没有任何理由怀疑。但只要有一个人怀疑就已经足够了。现在，新教徒决定采取行动。只要安妮·海德的新教的女儿们是王位的下一个继承人，新教徒的行动就可以推迟。詹姆斯二世已经不再年轻。他也许可以戴着王冠一直到死，但由天主教信徒继承王权是不被考虑的。

七位主教被宣判无罪的那天，即1688年6月30日，一封写给奥兰治亲王威廉的信被寄出，信中请求他调来一支军队保卫英格兰人民的自由。这封信由威廉·卡文迪什、什鲁斯伯里公爵查尔斯·塔尔博特、托马斯·奥斯本、被停职的伦敦主教亨利·康普顿、理查德·拉姆利、亨利·拉姆利、阿尔杰农·西德尼的兄长亨利·西德尼和海军上将爱德华·罗素共同签名。这封邀请信十分有力，并且得到了各方的同意。

在荷兰，路易十四比他的表弟①詹姆斯二世更活跃。1688年8月，路易十四就奥兰治亲王威廉的计划警告詹姆斯二世，并且提供了一支法兰西舰队帮助他。詹姆斯二世既骄傲又固执，轻蔑地拒绝了路易十四的帮助。1688年10月，灾难降临了。

奥兰治亲王威廉发表了一份声明，列举了詹姆斯二世的非法行为，质疑"假君主"的合法性问题，否认一切征服或暴力的想法，宣布自己打算带着一支足以保障议会自由的军队来到英格兰，将接受议会的决定。乔治·蒙克的喜剧再次上演。

1688年11月5日，在托贝，奥兰治亲王威廉率军登陆，然后向埃克塞特挺进（**图146**），丝毫没有遇到抵抗。早在1688年10月，詹姆斯二世终于意识到了危险。于是，他在最后一刻努力补救。在伦敦，他恢复亨利·康普顿和其他显要人物的职务，包括抹大拉学院的学者。他废除了宗教事务法院，恢复了伦敦市的宪章。但这些补救措施为时已晚，也不够充分。詹姆斯二世固执又忠诚地坚守着他的宗教信仰，他不同意权力分配，也不召集自由议会。然而，他的王位不是被推翻的，而是自然坍塌的。他的朋友，他的亲人，甚至他的女儿安妮，都抛弃了他，他的对手从四面八方包围了他。在这些"背信弃义者"中，最引人注目、最卑鄙的是他从前的侍从、现任中将的贵族马尔伯勒公爵。

然而，即使是现在，如果詹姆斯二世接受了奥兰治威廉在其英格兰朋友逼迫下提出的条件，即使不能挽救斯图亚特君主理解的君主制，至少也可以挽救一个君主立宪制的王室。但詹姆斯二世宁愿逃离

---

① 路易十四的父亲路易十三是詹姆斯二世母亲的哥哥。——译者注

图 146 奥兰治亲王威廉进入埃克塞特

自己的王国，向法兰西王国求助。

詹姆斯二世的逃跑（图147）大大简化了本来极其复杂的局势。詹姆斯二世深深冒犯了英格兰的牧师和保守党乡绅，但鉴于传统教条根深蒂固，英格兰的教士和保守党乡绅是否赞同他强行退位是值得怀疑的。詹姆斯二世的退位让他们失去了表达忠诚的机会。即便如此，他们中许多人仍然效忠詹姆斯二世。

詹姆斯二世的退位也给英格兰王国带来危险。法律权威随着国王的消失而消失。伦敦发生了暴乱，天主教教堂被烧毁，外国大使馆被洗劫。在希尔内斯附近，詹姆斯二世被一些渔民抓获（图148）并在他们的护送下返回白厅。这一切再次加深了人们的困惑。在市政厅，以贵族、伦敦市市长和市议员等为成员，设立了一个委员会，采取措施保障首都伦敦的安全。詹姆斯二世获准前往罗切斯特。结果，他又逃走了。于是，一场没有国王的非常会议匆匆被召集。新的委员会由上议院议员、市长、市议员、伦敦共同委员会的50名成员及上一届议会中的所有下议院议员组成。新的委员会要求奥兰治亲王威廉暂时管理政府，并且在接下来的一月，即1689年1月召集议会。

1689年1月22日，没有国王的议会举行了会议，会议的形式更严格。但关于下一步该采取什么措施，议会没有取得一致意见。所有持不同意见的保守党人都不敢采取任何与其绝对服从的教条不一致的行动。詹姆斯二世确实逃跑了，但即使他不再行使统治权，王位也不能是空的，他的继承人将代替他成为英格兰王国的国王。保守党高层希望能召回詹姆斯二世，条件是要保证人民的自由和国教的安全。大主教威廉·桑克罗夫特和很多托利党人希望任命摄政王。托马斯·奥斯本和一小撮支持桑克罗夫特的人将詹姆斯二世的逃亡视为退位，宣布

第18章 1688年革命

玛丽·斯图亚特为女王，成为合法的继承人。在这种情况下，对尚在襁褓中的詹姆斯·弗朗西斯·爱德华·斯图亚特继承王位的合法性的怀疑是无法消除的。因此，玛丽·斯图亚特被宣布成为下一个继承王位的人。

这些解决方案都没有让辉格党人满意。他们坚持认为，詹姆斯二世打破了国王和臣民之间的共同契约。他强调加冕宣誓的同时，又强调臣民宣誓效忠，从而强化王权。王位是空缺的，英格兰王国应选举一个新的国王，并且设置条件使新国王不会对国家施以恶政。

辉格党的观点基本上占了上风，1689年1月28日和1689年1月29日，下议院通过了两项历史性决议。

一、詹姆斯二世试图破坏宪法，由此破坏了国王和臣民之间的契约。在耶稣会传教士和其他邪恶人士的建议下，詹姆斯二世违反了基本的法律，放弃了自己的国家，从而让王位空了下来。二、经验表明，由一个天主教国王统治这个新教王国，不利于王国的安全和福祉。

上议院立即同意了第二项决议，但对第一项决议提出异议。王位是"空缺"的吗？如果是，摄政显然是权宜之计。但经过激烈的辩论后，摄政计划以151票对149票的微弱优势被否决。接着，关于"原始契约"的提法引起了争论。"原始契约"一词包含了托马斯·麦考利说的"辉格主义的精髓"。曾经有过这样的契约吗？如果有，它意味着什么？它真的是"辉格主义的精髓"吗？约翰·洛克的解释是肯定的，但他的解释晚于1689年的决议。理查德·胡克

图 147　詹姆斯二世出逃

图 148 詹姆斯二世被渔民抓获

提出的"社会契约论"最初是由马姆斯伯里的托马斯·霍布斯阐述的。但托马斯·霍布斯把社会契约论作为自己的君主专制理论的基础。洛克借鉴霍布斯的学说，从中得出了君主立宪政体这一有实践意义的结论。后来，在此基础上，卢梭提出了人民主权学说。霍布斯、洛克和卢梭都没有任何历史依据来证明自己建立的几个相互矛盾的哲学上层建筑理论。亨利·梅因的社会学研究清楚地表明，社会契约论作为政治社会起源的解释是毫无根据的。一个教条虽然在历史上毫无价值，但在哲学上可能是有价值的，甚至在更大程度上，在政治上也可能是有价值的。这就是社会契约论奇怪、矛盾的结局。1689年1月，社会契约论达到了当时的目的。整个18世纪大部分时间里，社会契约论为辉格党宣布的原则和奉行的政策起到了哲学上的辩护作用。

尽管人们普遍接受社会契约论，但委员会还是做出了努力，同意将王位授予玛丽·斯图亚特，由奥兰治亲王威廉担任摄政王，以此满足王位世袭的传统。这一典型的不合逻辑的妥协遭到挫败，因为玛丽·斯图亚特拒绝统治英格兰王国，除非与她的丈夫奥兰治亲王威廉一起即位（图149）。奥兰治亲王威廉拒绝在妻子面前扮演有绅士风度的引座员的角色。最后，决议以最初的形式获得通过，并且在1689年2月13日，委员会商定将王位联合授予奥兰治亲王威廉和玛丽·斯图亚特，玛丽·斯图亚特接受了该决议。

然而，在授予他们王位的同时，委员会声明了英格兰人民自古以来不容置疑的权利。奥兰治亲王威廉接受了这一声明，并且将其体现在一项法案中。后来，1689年，该法案成为法律。

《权利法案》是构成英格兰宪法自由的卓越法案之一。它以

第 18 章 1688 年革命

宣言的形式重申了詹姆斯二世的"退位"和随之而来的王位"空缺"。它宣称"前国王"曾试图"颠覆和消灭新教及这个王国的法律和自由"。它记录了前国王的主要罪行。《权利法案》进一步宣布以下内容是违法的：一、在未经议会同意的情况下中止法律的权力。二、行使原来的豁免权。三、行使宗教事务法院和其他类似法院的权力。四、以"国王特权为借口"且未经议会同意而征收财物。五、未经议会同意维持常备军。六、对犯罪嫌疑人定罪前的罚款、没收财产及做出相关承诺的行为。七、惩罚行使向国王请愿的合法权利的臣民。同时，它宣布请愿及新教徒携带武器是合法的。它进一步宣布议会成员的选举应该是自由的；议会中的言论自由不应在任何法院或议会以外的地方受到质疑；陪审员应该被适当地记入陪审团名单；不应要求过高的保释金，不应处以过高的罚款，也不应施加残酷、不正常的刑罚；最后，"为了消除所有不满，为了修改、加强和维护法律，应该经常进行谈判"。该法案还规定了效忠和最高宣誓的新形式。

《权利法案》进一步宣布，在这些条件下，奥兰治亲王威廉和玛丽·斯图亚特接受了王位，现有的议会应该继续作为一个合法的议会而存在，并且"在陛下的同意下，为这个王国的宗教、法律和自由做出有效的规定"。

当时已经通过了一项法案，来消除和避免因议会的召开和议会通过的法案产生的矛盾与冲突。这些法案"在没有任何令状、传票或任何形式的缺陷或违约"的情况下，仍然有效。议会紧接着通过了《兵变法案》及一系列关于加冕誓言和最高忠诚誓言的法案。

1688 年的光荣革命就是这样完成的：没有流血，对国家正常生活

图 149 玛丽·斯图亚特与丈夫奥兰治亲王威廉一起即位

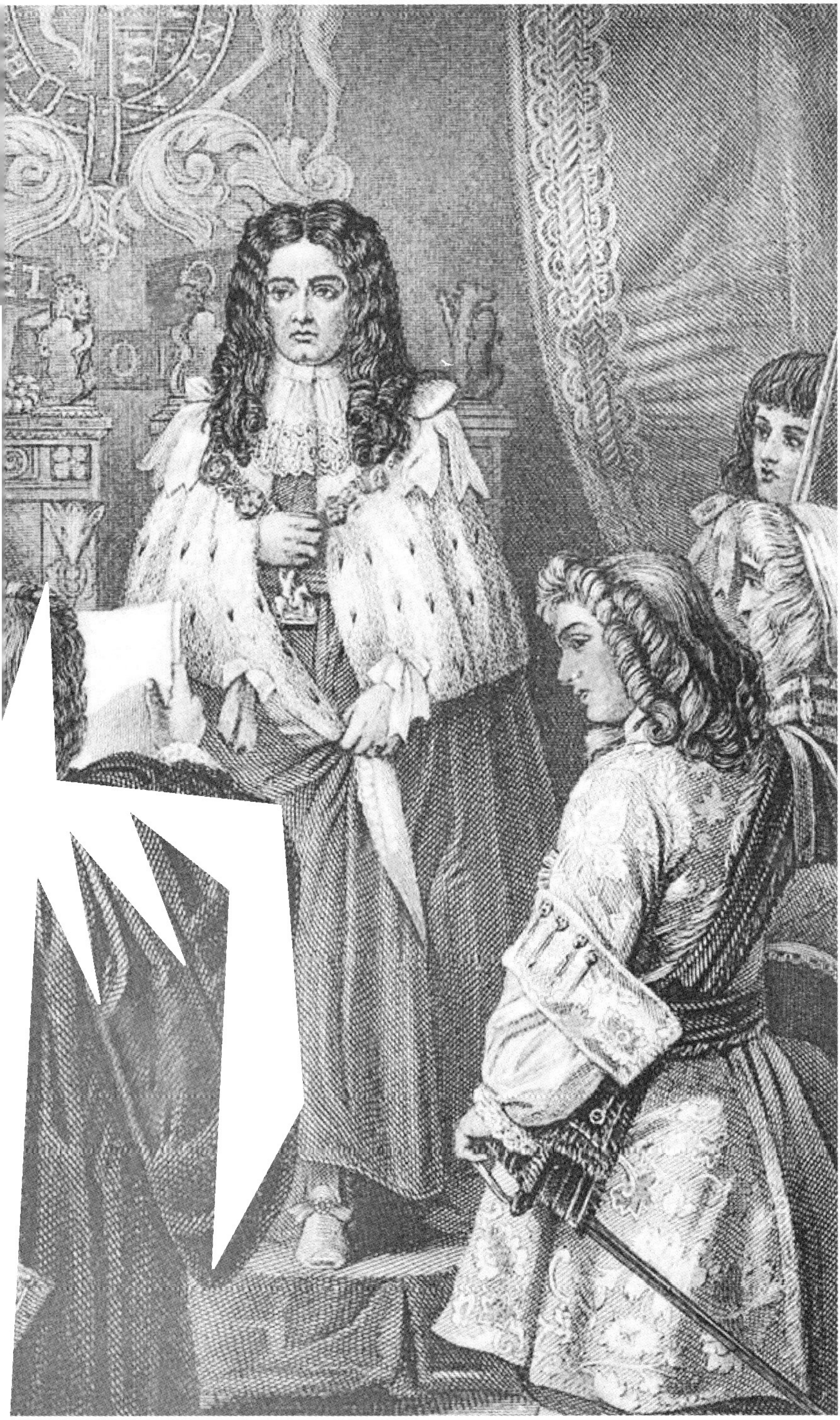

的干扰也相对较小。

与英格兰历史上所有类似的运动一样，光荣革命本质上是"保守的"，或者用托马斯·麦考利的话说，是"防御性的"。这是埃德蒙·伯克特别坚持的观点。伯克愤怒地嘲讽了1789年的英格兰激进分子。这些激进分子同情法兰西大革命，试图将法兰西大革命与1688年的光荣革命相提并论。但它们之间没有相似之处。在《沉思录》中，伯克回答了不墨守成规的神学家的疑问。他认为，光荣革命时，英格兰人民获得了三项基本权利：一、选择自己的统治者。二、检举不当行为。三、为自己制定政府框架。正确理解普莱斯博士的观点是对的，但不要像普莱斯博士解释的那样去理解。伯克否认了选举性王权的学说，并且坚持认为奥兰治亲王威廉和玛丽·斯图亚特的选择代表了"对常规世袭继承的严格秩序的一种微小的和暂时的偏离"。这个观点是正确的。假设1688年出生的婴儿詹姆斯·弗朗西斯·爱德华·斯图亚特是私生子，情况就更糟了。在伯克看来，1689年的决议远没有肯定任何"惩罚统治者的不当行为"的普遍权利，几乎是"过于谨慎"。但当时，"谨慎精神"明显占据主导地位，这至少证明了关键时刻影响事务发展的伟人的忧虑心理。让革命成为"解决问题之母，而不是未来革命的苗圃"。

到这时为止，托马斯·麦考利同意伯克的观点。他宣称"对1688年的革命，能讲出来的最高颂词是，这是我们的最后一次革命"。但他远没有伯克那么关心坚持保守的"特征"。相反，他强调的事实是，改朝换代是由议会代表蓄意造成的。

麦考利写道："对当时的英格兰王国来说，更有必要让詹姆斯二世成为篡位者，而不是英雄。没有朝代的更替，一个好的政府就没

第18章 1688年革命

有保障。尊崇世袭权利和绝对服从的教义深深扎根在保守党的头脑中。无论什么情况,如果詹姆斯二世复辟得以实现,保守党对詹姆斯二世的支持也会大体恢复。由于压迫产生的愤慨随之烟消云散,君主的王位与国家的自由已紧密相连。"

无论伯克认为这场革命本质上是"保守的",还是麦考利强调的由此产生的变革的根本性质,它们都有一个无可争议的特点。1688年的光荣革命和1660年王政复辟运动的性质一样,都是议会运动。有些人认为,这体现了辉格党原则的胜利。另一些人则认为,革命的成功是代议制政府优点的鲜明例子,证明了英格兰人天生的保守主义。"到目前为止,最重要的情景,"正如亨利·达夫·特雷尔公正地指出的那样,"是在召开审议大会的大厅内上演的,它们的历史可以在枯燥的投票和决议记录中找到。""严格意义上说,革命不是一场'民主'运动。它的工作没有得到公民投票或全名投票的确认。从某种意义上说,在整个关键时期,这个国家都是由"贵族"领导的,并且似乎满足于由其中最优秀、最聪明的人领导。很明显,人民默许了领导者做出的决定。但无论是严格意义上的运动,还是普通意义上的运动,它都不是一场人民运动。"

事实上,光荣革命获得的人气只是昙花一现而已。这也是有原因的。也许最令人震惊的是,尽管大主教威廉·桑克罗夫特和议会里保守党其他领导人采取了一切预防措施,但他们还是不可避免地屈从于绝对服从的原则。这一原则已牢牢地印在英格兰神职人员的脑海里。教会在查理二世统治下暂时偏离了传统的道路,随之而来的后果并没有被忘记。犯有叛教罪的人都受到了严厉的惩罚。

除不服从带来的不便后果之外,不抵抗的信条符合国家的良知，得到了领导人富有智慧的赞誉。这个国家最好的一切，和许多不好的东西一样，如果不是与罗伯特·菲尔默的哲学理论一致，至少完全符合托马斯·霍布斯宣扬的哲学理论。形成舆论的更持久的因素是1660年到1688年这段时期，这段时期总体上对自由是有害的。事实上，正如威廉·莱基坚持的那样，光荣革命是由暂时的、几乎偶然的原因造成的。

议会决定强制所有神职人员宣誓效忠的义务也没有减轻圣公会和保守党的震惊。总体来说，它们被动地接受新的政权就已足够了。但它们被迫放弃以前的忠诚，这既令人愤慨，又大错特错。唯一的结果就是英格兰国教产生了分裂，给那些不那么聪明，也不那么虔诚的神职人员带来了本不会得到的声望。法兰西王国的革命者确实重复了这个错误。但我们认为《教士的公民组织法》更具有法兰西式逻辑的特征，而不是英格兰常识性质的《宣誓法案》。

威廉三世亲自出面干预，软化辉格党支持者的强硬立场，同时诱导神职人员放宽《宣誓法案》的实施。威廉三世对自己的新臣民的宗教观并不感兴趣。他很乐意以一种理解的方式表示同意，即允许任何类型的新教徒享有公民的所有特权和义务。但辉格党不能原谅托利党神职人员抵制《主教排除法案》。托利党不准备放弃《宣誓法案》赋予教会人士的垄断地位。因此，神职人员不得不在他们的利益和信仰之间做出选择。六位主教和大约四百名神职人员拒绝宣誓，因此被剥夺了利益。《宽容法案》成为法律，但它只减轻了那些宣誓效忠上帝的人因不去教堂而受到的惩罚。虽然这样保证的"宽容"可能是有限的，但这是迈向宗教平等的一步。在《宣誓法案》通过之前，1727年通过的《赔偿议案》使非新教徒享有了实质

第18章 1688年革命

上的但不是名义上的平等。

英格兰人对光荣革命的好感是短暂的，其原因之一是威廉三世的性格及他和自己的英格兰支持者之间迅速产生的差异。威廉三世冷淡的性情、刻板的脾气和漠不关心的态度，妨碍了他受到普遍欢迎。实际上，英格兰君主对臣民都很薄情，但像威廉三世这样薄情的君主少之又少。不久，人们就明白了，当初，托马斯·奥斯本等人邀请奥兰治亲王威廉来英格兰的动机和促使他被人民接受为国王的动机是大不相同的。

简而言之，威廉三世被邀请到英格兰是为了保护英格兰的自由不受专制君主的侵犯；威廉三世来到英格兰，是为了拯救整个欧洲，尤其是荷兰的自由，避免一个试图在欧洲建立法兰西统治的国王的攻击。正如亨利·梅因或许有些夸张的表达，"威廉三世只不过是一个外国政治家和将军，为了在海外战争中使用自己的财富和武器，屈从于臣民的怪癖"。这个判断虽然严厉，但本质上还是准确的。关于威廉三世的个性，索尔兹伯里主教吉尔伯特·伯内特也许有着最好的理解。

> 他的力量不在于想象或创造，而在于真正敏锐和正确的判断。他的设计总是伟大而美好，但大家都认为他太相信自己的设计了。他还没放下身段使人民更能接受他和他的思想。在我们这样一个自由的政府里，让人民接受国王和国王的想法还是非常必要的。他变得越来越矜持，导致他的大多数侍从都感到厌恶。但他发现，错误是说得太多，而不是过于沉默。

无论是个人原因，还是政治原因，事实不容忽视。威廉三世尽管智商高，是出色的将领，在处理欧洲事务时极具政治家风范，并且为这个处在危急时刻的国家做出了贡献，但未获得人民的尊重，他的离去也没有人感到惋惜。

威廉三世虽然有序和平地完成了革命，但并不讨人喜欢。革命得到的拥护是短暂的。不过，革命取得的结果是伟大而持久的。君权神授的观念已经不能得到保障。英格兰的君主政体不是由选举产生的，但它的性质发生了根本性改变。我们没有权利废黜国王，但我们确实逐渐确立了选择和罢免统治者的有效权利。在不侵犯君主正式特权或侵犯君主个人尊严的情况下，我们得以确保共和政体的所有优势，而不牺牲君主政体固有的坚实基础。从这个意义上说，塞缪尔·加德纳是对的。

> 这场革命不仅是最高统治权的更迭。它否定了1641年少数人支持议会绝对权力的观点。终于，约翰·皮姆的政治思想实现了。国王的名字和头衔仍然和从前一样。但必须清楚地认识到，如果随后出现严重困难，国王必须让位给议会，尤其是下议院，因为下议院是国家的直接代表。在光荣革命之前，英格兰王国一直处于君主政体之下，并且时刻检查是否符合宪法的规定，其目的是防止君主的意志蜕变为专横任性……

到目前为止，加德纳的观点一定会得到大家的认同。光荣革命及其随后的结果是对约翰·皮姆先见之明的有力证明。但加德纳在说

第18章 1688年革命

到"在独立战争之前,英格兰王国一直处于君主政体之下,并且时刻检查是否符合宪法的规定,其目的是防止君主的意志蜕变为专横任性"的时候,犯下了夸大其词的过错。

要是加德纳再活二十年,看到君主制在英国所起的日益重要的作用[①],他几乎一定会重新考虑自己的观点。扬·史末资将军的观点更接近事实,他断言"你不能建立一个英联邦共和国"。君主政体作为一种有价值的国家制度,对英国来说是不可或缺的。

然而,光荣革命确实标志着一个重要的变化。从此,最高统治权属于"议会中的国王"。议会拥有国家税收和支出的专有权,通过年度《兵变法案》控制王室武装力量。最重要的是,随着内阁的演变,议会的行政控制力逐渐确立。这无疑使议会,尤其是下议院,在政体中具有了新的重要性。

另一个社会和政治变化也始于光荣革命。1688年到1832年的英格兰王国政府,被描述为"贵族统治",虽然约翰·罗伯特·西利和其他人认为随着时间的推移,贵族统治正在沦为寡头政治,但他们的行为还是很得体的。无论哪个称呼更准确,政府肯定掌握在少数人手中。在这个阶段的早期,"少数人"几乎都是拥有大量土地的领主。虽然是非常缓慢地,但土地权益的排他性影响逐渐地减弱了。与教会的不信奉国教紧密相连的"金钱利益"开始挑战土地利益的至高无上。通过与印度贸易而发财的"富翁",用金钱控制了自治村镇。他们或他们的提名者开始在下议院竞争。这些提名者包括佩勒姆家族、罗素家族、卡文迪什家族、本廷克家族等。

---

① 且不说君主制在减轻阶级仇恨方面所起的显著作用。——原注

> 在古老和已知的传统下，国家变成了一个新的、无法定义的怪物。它主要由一个没有君主荣耀的国王、一个缺乏独立性的贵族上议院和一个没有民主自由的下议院组成。

在1733年的《论政党》中，亨利·圣约翰这样写道，但他描写的是一个失望的政治家。一个世纪之后，即19世纪，本杰明·迪斯雷利在回顾同样的情景时写道：

> 再也无法掩饰的是，凭借一句表面似乎有道理的话，权力已经从王室转移到了议会。议员数量是极其有限的。他们是一个极小众的群体，不用对国家负责，可以自由进行辩论并秘密投票。大财阀会定期给议会金钱。大财阀通过这群议员永久地掌握了王国的财政权。辉格主义在这个国家开始腐烂了。

本杰明·迪斯雷利的控诉有一定的事实成分。他和亨利·圣约翰一样，是一个坚定的党派主义作者。史实已经证明，18世纪的贵族政权尽管还保留着自身的种种缺陷，但在当时的世界形势下和紧要关头，带领英格兰王国拥有了比其他欧洲国家更好的政治体制，给英格兰王国带来了巨大的胜利。[①]

最后，必须指出的是，在光荣革命开始的这段时间，英格兰王国自由的范围在三个重要方面得到了扩大。除之前提到的关于宗教

---

① 美国独立战争的责任不能归咎于贵族。——原注

第 18 章 1688 年革命

宽容的范围扩大之外，与此密切相关的是，表达意见的自由范围也扩大了。

约翰·弥尔顿在《论出版自由》中写道："给我求知的自由，表达的自由，辩论的自由。根据良知，这一切都凌驾于其他所有自由之上。"斯图亚特王朝一直拒绝给予臣民这种自由。在宗教改革之前，教会严格审查意见的表达。宗教改革之后，审查制度成为王室特权的一部分，王室对其特权中的任何部分都没有如此坚持。

厄斯金·梅写道："审查员、星室法庭、地牢、刑台和烙刑让'政治讨论'变得沉默。他们野蛮地迫害作家、印刷工和禁书的进口商。没有什么比这更能深刻地体现斯图亚特王朝前两任君主的残暴了。面对这些迫害，人民表现出英雄般的勇气和坚韧不拔的精神。没有什么比这更能说明人民对自由的热爱了。"

议会掌权时，自由的程度并不比国王掌权时高多少。但一些专制的国家机器，尤其是特权法庭，已被消除。因此，审查制度也没有之前那么严格了。1640年到1660年，共有三万多份政治小册子和报纸出版。

1662年颁布的《出版许可法案》将印刷业的全部控制权交给了国王。后来的斯图亚特王朝君主行使权力的严格程度不亚于他们的前辈。法官随意将作者和印刷商绞死、肢解、示众、鞭打、罚款和监禁。

光荣革命使出版自由从无法容忍的暴政中解放了出来。1695年议会拒绝重订《出版许可法案》后，新闻界进入了一个自由的时代。当然，言论不实或诽谤不在这个范畴之内。

从目前取得的成就来看，在光荣革命开辟的通向自由的新道路的各个方向，最重要的是把司法从行政的控制中解放出来。正如我们所见，《王位继承法案》中有一项条款规定，"法官委员会应由有资格的成员组成，并且应保障法官们的薪金，但上议院和下议院在发表声明后可以合法地将其撤职。"在这一点上，议会还没有取代国王的位置。正如我们看到的那样，斯图亚特王朝君主不断解雇令他们不快的法官。实际上，自《王位继承法案》颁布以来，是不可随意撤法官职的。他们无畏地履行了极其重要的职责。这对个人自由事业和政治自由事业具有巨大的好处。

对英格兰制度持尖锐批评态度的德国人格奈斯特将英格兰王国描述为一个法治国家。格奈斯特写道："英格兰王国议会政府是一个有法可依、践行法治的政府。"尽管该观点是显而易见的，但只有革命使法官摆脱对行政部门的依赖后，这句话才是正确的。

第19章

三个王国

THE

THREE

KINGDOMS

1688年发生的光荣革命，不仅在苏格兰王国和爱尔兰王国历史上是一件大事，在英格兰王国历史上也是如此。然而，三个王国在环境、相近的因素和最终结果方面都存在天壤之别。光荣革命就发生在议会的四面墙壁之内，英格兰王国没有流血冲突。在爱尔兰王国的历史上，光荣革命则与德里之围、利默里克之围和博因河战役联系在一起。在苏格兰王国的历史上，伦敦的腥风血雨，邦尼·邓迪在基利克兰基的胜利，格伦科大屠杀都发生在光荣革命的过程中。然而，与斯图亚特王朝这出精彩戏剧的高潮形成鲜明对比的是，三个王国的命运在这出戏剧中紧密地交织在一起。

詹姆斯一世即位后，英格兰王国和苏格兰王国没有形成私人的联盟，但形成了"共主联邦"。两个王国的王权统一在詹姆斯一世一人手中，但这两个王国依然保持独立。然而，对詹姆斯一世来说，王权的统一意义重大。当他宣布"长老会之于君主政体，如同上帝之于魔鬼"的时候，那是一种痛苦的体验。"上帝在苏格兰王国愚蠢的附庸"地位的确是奇耻大辱。另外，詹姆斯一世本人也经常向亲信透露，在他成为英格兰国王之前，他从来没有把自己看作苏格兰王国之外的国王。但现在，一个王国将帮助他统治其他王国，这让他研究的治国之术收效甚微。对詹姆斯一世和查理一世来说，王权的统一意味着一个王国与另一个王国的竞争机会。我们已经看到，他们试图玩一种适合一般人玩的游戏，结果却造成了灾难性的后果。

然而，国王们挑起的冲突在两国表现得截然不同。在英格兰王国，国王面对的是一个真正代表人民的议会，议会已经实现了很大程度的民族团结。贵族、乡绅和市民团结一致，反对国王对人民"权利"的侵犯。"权利"是社会所有阶层的共同遗产。

苏格兰王国则没有这样的团结局面。的确，当苏格兰王国的独立受到金雀花王朝的威胁时，苏格兰人民彰显出强烈的民族意识，足以消灭使苏格兰王国与南部邻居英格兰王国强行联合的一切企图。但在没有外来攻击的情况下，封建社会附带的分裂势力重新出现了。在封建的贵族、教会和市镇之间，没有真正的凝聚力。因此，反对王室的中心不是在苏格兰的庄园或议会，而是在基督教长老会的等级组织中。

把英格兰王国的宗教改革描述为政治运动，会给人一种错误的印象。主要由平民组成的议会在国内一直占主导地位。在苏格兰王国，宗教改革主要是一场教会运动，教会控制着整个国家。在英格兰王国，宗教改革则是国家对教会的统治。约翰·弥尔顿道出了一半的真相。他说："新长老只是夸大了旧牧师而已。"因此，在英格兰王国，对国王的反抗是由议会领导的，而在苏格兰王国，国王发现其最强大的对手是一个按照日内瓦模式组织起来的教会。

在登上英格兰王位之前，詹姆斯一世就已经竭力想将主教制度强加于苏格兰教会。但在苏格兰王国，"主教总是被嗤之以鼻"。1584年，尽管詹姆斯一世强迫许多神职人员承认圣公会，但他的成功只是昙花一现。1592年，苏格兰各郡废除了圣公会并通过法律确立了长老会制度。尽管遭到议会阻挠，但詹姆斯一世仍然试图通过召集议会引入主教制度。然而，他再次发现反对他的力量太强大了，也因此使他

第19章 三个王国

意识到继续坚持下去可能会失去王位。

作为英格兰国王，詹姆斯一世在伦敦统治着自己的北方王国，即苏格兰王国。然而，这次，他处在一个截然不同的位置。1604年，詹姆斯一世禁止召开大谘议会，违抗他命令的大臣被逮捕。这些大臣的领导者以叛国罪被审判、定罪。不过，其领导者由死刑减判为终身监禁。任何试图违抗詹姆斯一世意志的人都受到了残酷迫害。通过1609年到1612年的一系列措施，主教制度在苏格兰王国完全确立。三个苏格兰主教被召到英格兰，从圣徒的直系继承人手中接受神职，并且将同样的权力授予他们在苏格兰的兄弟。苏格兰圣公会大厦的"顶端"是两个具有王室特权、负责惩罚触犯教会法律的人的高等法院。

1617年，詹姆斯一世视察了苏格兰王国，亲自调查自己的政策进展情况，并且完成了接纳两个教会的事宜。最近被提升为格洛斯特主教的威廉·劳德在詹姆斯一世身边侍奉。詹姆斯一世特别强调了五点：在圣餐仪式上下跪，为病人举行私人圣餐礼，在特殊情况下举行私人洗礼，纪念重大的基督教节日，行圣公会的坚信礼。

虽然，这五点即便是苏格兰圣公会教徒也不喜欢并进行抵制，但被1618年在珀斯召集的非法的大谘议会接受，并且在1621年苏格兰议会上以微弱的票数优势通过并成为法律。但从1618年到1638年，大谘议会没有再召开过。

与此同时，詹姆斯一世不止一次试图在两个王国之间建立统一的立法。1604年，詹姆斯一世刚登上王位，就向议会吐露了自己有生之年渴望实现的事："只有一种形式的上帝崇拜，只有一个完全被统治的王国，只有一种统一的法律。"索尔兹伯里伯爵劝他不要操之过急。议会拒绝预判自己的决定，同意詹姆斯一世成为国王。然而，议会选出28位特派委员①，与苏格兰任命的一个类似的机构磋商立法统一的问题。除了几个小的建议，特派委员表示赞成在很大程度上实行自由贸易，让詹姆斯一世即位以来出生的苏格兰人加入英格兰国籍。这个问题通过一项司法裁决得到了解决，有利于此后出生的苏格兰人。但建立商业联盟的提议遭到了猛烈的抵制，尽管弗朗西斯·培根大力提倡，但最终还是被苏格兰拒绝了。苏格兰委员会仅仅接受了特派委员少量的建议。

查理一世没有采取任何措施来促进立法统一或商业联盟，但他对宗教完全统一的渴望甚至超过了父亲詹姆斯一世。几乎同一时间，即1633年，威廉·劳德成为坎特伯雷大主教。

正如上文讲述的那样，1638年到1660年，这两个王国的事务不可分割地交织在一起。第一次主教战争和第二次主教战争，"特别事件"，《神圣盟约》，英格兰第二次内战，查理二世加冕，受奥利弗·克伦威尔影响成立的立法联盟和贸易联盟等，所有这些都是英格兰王国和苏格兰王国历史的一部分，没有必要进一步提及。

查理二世复辟后，可以说苏格兰王国第二次把国王之位给了英格兰。苏格兰人的骄傲得到了满足，他们的希望不可理喻地高涨了起来。但结果让他们无比失望。正如查理一世在英格兰王国的统治证明的那样，苏格兰的情况更糟糕。苏格兰王国的复辟运动并不像英格兰王国那样意味着议会君主制的复兴，而是比苏格兰人所知的任何专制制度都更加肆无忌惮的专制制度的开始。爱丁堡确实恢复了议会，但它仅仅是向查理二世谄媚逢迎的工具；1633年以来议会所有条例和

---

① 上议院和下议院数量均等。——原注

第 19 章 三个王国

程序均被废除；詹姆斯六世①统治下，负责草拟议案等的议会常务委员会重新被启用了；建立了二万二千人的常备军；长老会制度被禁止；超过三分之一的牧师被剥夺了有俸神职；大谘议会暂时搁置；主教制度以最残暴的形式恢复了。一位苏格兰历史学家写道："谁要是把这批新主教与1612年的老主教进行比较，就会发现，与我们的新主教相比，他们简直微不足道。"其中最残暴、最无良知的是1661年成为圣安德鲁斯大主教和苏格兰大主教的詹姆斯·夏普。实际上，直到1679年詹姆斯·夏普被谋杀（图150）前，苏格兰政府都掌握在他和劳德代尔公爵手中。他们的法律后台便是枢密院和改进后的高等法院。

长老会教徒，尤其是苏格兰西南部低地的长老会教徒，丝毫没有向主教制度低头的迹象。由于无法进入教堂，长老会教徒只好参加野外聚会或秘密聚会。英格兰国王的军队主要从高地招募士兵，驻扎在他们周围。他们经常被处以重罚，许多人遭受酷刑，最后致死。但没有什么能够摧毁神职人员和人民不屈不挠的精神。1679年，政府和誓约派之间的冲突达到了高潮。1679年5月3日，詹姆斯·夏普被谋杀。6月1日，在德拉姆克洛斯战役中，约翰·格雷厄姆被击败。6月22日，在博斯韦尔布里格战役中，詹姆斯·斯科特血腥地战胜了誓约派。

在这个节骨眼上，约克公爵詹姆斯作为高级专员抵达苏格兰。他很快就显示出他的小手指比劳德代尔公爵的腰还粗②。最公正的历史学家亨利·哈勒姆认为，"在如此长的一段时期内，没有任何一段现

---

① 苏格兰国王詹姆斯六世在英格兰王国称"詹姆斯一世"。——译者注
② 直到1668年，劳德代尔公爵才接替查尔斯·米德尔顿成为高级专员。作为苏格兰枢密院主席，他对国家政策产生了巨大影响。——原注

图 150 詹姆斯·夏普被谋杀

第19章 三个王国

代历史可以与苏格兰政府的罪恶相提并论"。他的言辞尽管激烈,但不无道理。一种残酷的迫害政策稳步推进,"产生了一种愚昧的狂热主义,认为对自己所犯错误的报复就是执行上帝的正义。随着暴政的不断加剧,这种力量不断增强,斯图亚特王朝政府的继续存在很有可能导致苏格兰西部地区人民的灭绝"。保守党成员沃尔特·斯科特爵士也宣称,"最初显得谨慎的良知得到了进一步的确认,而没有向当权者的恐怖做出让步"。

在那些黑暗的日子里,当权者的权威的确是可怕的。苏格兰王国也不像英格兰王国那样,有办法可以抑制当权者的过激行为。一个臃肿而谄媚的立法机构,一个奴性十足的司法机构,一个完全由国王控制的行政机构,三者结合在一起,在国家和教会中建立了一个在独创性和残暴性方面都很少能被超越的专制统治。只有拥有强烈信念的人才敢反对已经颁布的法案。这样一来,一个狂热的领袖接替另一个狂热的领袖,每个人都带领忠实的追随者起义,结果只能遭受酷刑、处决或流放。理查德·卡梅伦是这些勇敢无畏的领导人之一。从他开始,叛乱分子被称为"卡梅伦派"。

1681年7月,新的皇家专门调查委员会专员召集了议会。这是九年以来第一次召集议会,并且强行通过了两项重要法令。《继承法案》称,"宗教信仰差异……不能改变或转移王位的继承权和王室血统"。《宣誓法案》迫使教会或国家的所有公职人员发表声明,确认被动服从的原则,并且承诺绝不试图改变教会或政府。

极端的卡梅伦派人士准备好了反驳。他们"像山上的鹧鸪一样"被猎杀,最后通过《致歉申明》向压迫者发起进攻。政府的特务人员不计后果地追捕他们,还警告说他们的行为会危及自己的生命。没有什么能够粉碎那些坚信自己是在十字架上与叛教和偶像崇拜做斗争的人的精神。

詹姆斯二世的即位使苏格兰长老会教徒的处境更加绝望。詹姆斯二世没有宣读约束苏格兰国王捍卫新教的加冕誓言。虽然如此，在苏格兰人的土地上，苏格兰的庄园主却进一步证明了自己的奴性。他们给国王增加了终身的财政收入，并且通过了一些法案，规定签订《神圣盟约》为叛国罪，参加秘密集会则面临被处以没收财产和死刑的惩罚。

然而，苏格兰长老会教徒的顺从是有限度的。詹姆斯二世下令废除针对"他的无辜臣民，即天主教徒"的刑法。苏格兰长老会教徒只承诺"根据他们的良心尽最大的努力"。毫无疑问，"国王陛下会小心翼翼地维护新教的合法地位"。对英格兰狂热的独裁者来说，苏格兰长老会教徒太过优柔寡断。詹姆斯二世向议会提出的请求"仅仅是出于礼貌"。由于没有得到回应，议会应该被解散。而君主特权有利于保持对天主教徒的宗教宽容。枢密院听闻此事则惊慌失措，大主教亦是如此。至此，在《宽容宣言》中，詹姆斯二世只对长老会教徒和天主教徒让步。较温和的长老会教徒利用其中的条款，把流亡在外的牧师接回国内。而卡梅伦派则不愿与天主教有任何瓜葛。

与此同时，詹姆斯·斯科特起义的失败与阿盖尔侯爵在苏格兰起义的失败十分相似。阿盖尔侯爵和斯科特的命运相同。但长期的暴政几乎已经过去。苏格兰王国和英格兰王国的危机都是由1688年6月10日出生的威尔士亲王引发的。1688年10月10日，奥兰治亲王威廉提出要来拯救苏格兰人民，使他们摆脱他们一直抱怨的暴政。就像在英格兰一样，在苏格兰，詹姆斯二世的党羽几乎没有做什么努力来避免即

第 19 章 三个王国

将到来的厄运。斯图亚特王朝崩溃了,圣公会政体随之瓦解。

1689年3月14日,苏格兰庄园主会议召开,宣布4月2日为权利主张日,并且授予奥兰治亲王威廉和玛丽·斯图亚特苏格兰王位。贵族声称有权罢免任何一个违反王国法律的统治者。他们列举了詹姆斯二世的十五条违法行为,并且宣布基于这些理由,詹姆斯二世必须放弃王位,空出的王位被授予奥兰治亲王威廉和玛丽·斯图亚特。继承权由玛丽·斯图亚特的继承人、公主安妮及其继承人确定,奥兰治亲王威廉的继承人则没有继承权。代表伯爵、男爵和市民的三位委员奉命向奥兰治亲王威廉和玛丽·斯图亚特转达王室的邀请。奥兰治亲王威廉和玛丽·斯图亚特正式接受邀请并按惯例宣誓即位。奥兰治亲王威廉确实反对誓言中关于"铲除所有异教徒和对手,使他们真正崇拜上帝"的条款,拒绝"使自己承担任何迫害者的义务"。但委员们的解释似乎是令人满意的。因此,奥兰治亲王威廉做出了让步。

然而,苏格兰王国不是英格兰王国。高地部落更感兴趣的是坎贝尔家族和麦克唐纳家族之间的世仇,而不是教皇派、主教制派和长老会派之间的冲突。坎贝尔家族的首领阿盖尔侯爵的倒台使麦克唐纳家族和其他反对坎贝尔家族的家族兴奋不已。对这些家族来说,威廉三世的出现意味着坎贝尔家族霸权的复兴。斯图亚特王朝即将瓦解前,即詹姆斯二世退位前,约翰·格雷厄姆被封为邓迪伯爵。他逃到高地以躲避逮捕。他的到来唤醒了高地部落的反抗意识。约三千名族人响应了格雷厄姆的号召。格雷厄姆和这些人一起占领了布莱尔城堡,并且控制了进入基利克兰基的要道。休·麦凯将军部队的人数与他们的人数相差无几,但装备比他们精良。麦凯奉命击溃他们。在隘口,高地人袭击了麦凯疲惫不堪的部队并将其击退。但在战斗中,英勇的格雷厄姆意外中弹身亡（**图151**），这使他们的胜利大打折扣。很快，麦凯集结部队击溃了那些在约翰·格雷厄姆战死之后仍然坚守阵地的高地人。

尽管族人被驱散了，作为一个整体的高地人远未与新政府和解。所有在1691年12月31日之前宣誓效忠并缴械的头领都将得到赦免和一笔可观的收买费。这笔收买费总计1万英镑到1.5万英镑。到了1691年12月31日，除了格伦科的麦克唐纳迟迟未到，其他所有首领都到了。他们把武器带到了新建的威廉堡。

这些头领准备进入政府，但威廉三世清楚他们臣服的意图，命令约翰·达尔林普尔铲除"那个贼窝"。他的命令以令人作呕的背信弃义和粗暴的方式得到了执行。一队奉命执行命令的坎贝尔家族的人向格伦科进发。麦克唐纳家族对他们的行动并不知情，所以热情地款待了他们。突然，坎贝尔家族的人毫无预兆地袭击了麦克唐纳家族的部队，用剑杀死了麦克唐纳家族40人。麦克唐纳家族其他人，包括妇女和孩子，逃到了山里，并悲惨地死在了那里。几年后，苏格兰议会调查了"大屠杀"（**图152**）的情况。威廉三世接受了达尔林普尔的辞呈。布雷多尔本伯爵约翰·达尔林普尔共同对暴行负有责任，他因叛国罪被判入狱。但后来，对他的起诉被撤销。

在威廉三世的记忆中，格伦科留下了污点。但这起罪行达到了目的，高地人不再给威廉三世带来更多的麻烦。

然而，两个王国之间的相互忌妒丝毫没有减弱。英格兰王国忌妒苏格兰王国的贸易。苏格兰王国争取其教会和法律的独立。无论站在哪一方，政治家都不能忽视现有安排带来的不便，这一点怎么强调都不为过。像曾祖父"沉默者威廉"一样，威廉三世特别渴望实现两个王国的统一。威廉三世驾崩之后，1702年，尽管委员们遵从他的意愿

图 151 约翰·格雷厄姆意外中弹身亡

图 152 格伦科大屠杀

第19章 三个王国

召开会议为统一问题谈判，但最终未能达成一致。

统一的障碍确实不容忽视，但1704年苏格兰庄园主会议通过的《安全法案》使所有头脑清醒的政治家认识到将问题进一步拖下去的危险。从某种意义上说，通过《安全法案》代表了苏格兰王国所有党派对英格兰王国的敌意。新教徒坚持认为，除非苏格兰王国的宗教、贸易和法律得到令人满意的保障，否则在安妮女王驾崩后，英格兰王国的任何君主都不应被承认为苏格兰王国的君主。詹姆斯二世党人和天主教徒把汉诺威的索菲娅的后裔排除在有权继承王位者之外。实际上，这意味着，安妮女王驾崩后，苏格兰王位将落到冒牌者的手中。如果这样，两国之间的战争将重新爆发。

这一观点没有得到支持。直到1706年，双方议会的谈判才取得进展，允许重新任命委员起草《联合议案》。尽管极端的詹姆斯二世党人和极端的长老会派人士反对，但最终还是达成了协议并通过了议案。

《联合议案》的主要条款如下：

一、翌年，即1707年5月1日，两国，即英格兰王国和苏格兰王国以大不列颠王国的名义永远合并成一个王国。

二、大不列颠王国君主政体的继承权应授予汉诺威的索菲娅，她的继承人应为新教徒。

三、应该设立一个共同的议会，其组成包括由苏格兰人选举产生的十六个苏格兰贵族，以及来自四十五个郡和市的代表。

四、在贸易和航海上，苏格兰与英格兰完全平等。

五、两国应有共同的铸币厂、共同的货币、共同的度量衡和平等的消费税，但在所有其他事务中，苏格兰保留自己的法律和司法程序。

六、英格兰议会投票通过了39.8085万英镑的资金，以补偿苏格兰人因货币兑换而遭受的损失。

七、苏格兰的公共债务得到偿还，通过投票每年给苏格兰2000英镑，用于支持和鼓励苏格兰工业。最后，同样重要的是，苏格兰长老会将作为一个机构保留下来。

1707年，英格兰王室以高度的重视，用富有情感的语言批准了《联合议案》。

"我希望，"安妮女王说，"并且期望，从现在起，我的两国臣民相互尊重、友好相处。这样一来，全世界就会觉得我们真心实意地要成为一个民族。"

两国合并的成功成为历史批评界司空见惯的话题。苏格兰人的恐惧彻底消散了。它丝毫没有丧失独立，还获得了巨额财富。英格兰王国也没有遭受损失。相反，苏格兰人的才智和性格对英格兰王国在世界范围内不断扩大的贸易和日益扩大的政治影响力做出了不小的贡献。

对当时两国合并的最佳记述当属丹尼尔·笛福的记述。他的对手乔纳森·斯威夫特也有讽刺性的评论。

女王陛下最近丧失了部分
"纯正英格兰人"之心，

第 19 章 三个王国

> 因为缺失，才去缝补，
> 她选择了苏格兰王国。
> 神圣的革命，创造了
> 分裂的心，合并的国家！
> 看看这个双重国家，
> 好像一件华丽的外衣拖曳着粗呢绒下摆，
> 又像一个扎花束的男子，
> 用玫瑰扎起蓟花勋章。

斯威夫特的讽刺并未局限于苏格兰王国。他用更好的理由、更好的效果，来反对英格兰王国在爱尔兰王国的统治。

对苏格兰来说，革命意味着一个新的繁荣时期的到来，意味着为后代开辟一条通往辉煌的新道路，而不会真正丧失独立。相反，革命给爱尔兰王国则带来了一个世纪的动荡和不满，最终促成了一个立法联盟。这个联盟或许减轻了旧的痛苦，但肯定会带来新的痛苦。

在爱尔兰王国，斯图亚特王朝的复辟受到了热烈的欢迎。如果有可能，这种热情甚至超过了英格兰王国和苏格兰王国。正如我们所见，查理一世被处死之后，许多臣民联合起来接受查理二世为国王。多年来发生的事件让他们与英格兰清教徒和议会党的情感恶化的同时，并没有疏远其对斯图亚特王朝的感情。

然而，1660年，爱尔兰王国的情况仍然是困难、尴尬的。接二连三的叛乱，随后是财产被没收，接着是殖民和土地定居计划。这些造成了几乎无法形容的混乱。整个爱尔兰王国都曾无数次被暂时占优势的政党把持。现在又是如此。在叛乱爆发之前，至少对这片土地提出了三种有效的主张：首先，是土地的"原始"所有者，也就是1641年叛乱之前就拥有土地的人，其中有些是新教徒，但大多数是天主教徒。其次，是那些"冒险家"，也就是借钱给英格兰议会，以换取爱尔兰债券安全的"冒险家"。最后，奥利弗·克伦威尔的士兵在爱尔兰王国得到作为报酬的土地。

王政复辟时期，阿尔斯特、芒斯特和伦斯特的大部分土地都在"冒险家"和士兵手中。但1660年11月，查理二世发布了一份宣言，随后的《王位继承法案》就是以这份宣言为基础的。该宣言合理公平。由于奥蒙德公爵所述的理由，其细节我们无须赘述。

奥蒙德公爵写道："如果'冒险家'和士兵必须满足查理二世的《宣言》的要求。如果1648年，所有要求被接受，并且依附君主的东西都能恢复，就像宣言希望的那样……必须对新爱尔兰有新的发现，因为旧爱尔兰将不能满足这些要求。仍需确定哪一方当事人在未采取手段满足所有人要求时必须承担责任。"奥蒙德公爵的观点是毫无疑问的。查理二世的宣言是诚心诚意的，但他错误地认为有足够的土地来满足所有合法的要求。

"然而，现在，"奥蒙德公爵的传记作者写道，"查理二世意识到了错误，看来一些利益集团一定会因为得不到回报而蒙受损失。他认为，为了王国的福祉、王室的利益和政府的安全，所有损失都应该由爱尔兰人来承担。这是他的委员会的意见。相反的行为会引起英格兰议会的不满。他希望保持良好的状态，以便处理政务，使政府更加轻松。"

继1662年《王位继承法案》后，1665年又颁布了《解释法案》。结果，叛乱前至少占有爱尔兰三分之二土地的天主教徒只能得

第19章 三个王国

到三分之一的土地。爱尔兰的领主主要是新教徒。

尽管《王位继承法案》遭到老领主的憎恨,但从王政复辟到光荣革命这段时间,爱尔兰王国经历着一种特殊的繁荣。

一个当时的见证者写道:"各处的土地都得到了改善,租金也比几年前翻了一番。爱尔兰王国财政状况良好,贸易繁荣,让邻国羡慕。城市,尤其是都柏林,发展得非常快,到处有已经建好或者在建的绅士座位,到处是公园、围栏和其他装饰。爱尔兰王国许多地方的进步堪比英格兰王国……国王的收入与日俱增,并且与国家财富的增长成正比。每年给国王的费用超过30万英镑,足够支付国王的所有开支,并且每年向英格兰王国归还一笔可观的款项。以前,这笔钱一直是爱尔兰王国的经常性开支。"

大主教威廉·金是一个党派观念很强的人。他将自己的宗教倾向归因于为了新教的利益。他对爱尔兰王国这一时期的繁荣的描述得到了当代其他作家和现代研究的充分证实。

> 在有煤和蒸汽以前,爱尔兰王国取之不尽的水力资源使它在制造业的竞争中具有天然的优势。它如果受到公平对待,就会吸引成千上万的技术移民者……这里所说的公平对待正是重建后的英格兰政府不允许的。现在,各党派都认为爱尔兰王国是殖民地,对爱尔兰王国的统治不是为了自己的利益,而是为了控制它的英格兰的方便。

爱尔兰王国虽然承认受益于1660年的第一个《航海法案》,但被排除在1663年的第二个法案之外。港口的发展给它带来了许多好处,但最初的航运利益逐渐被剥夺了。它被禁止向英格兰王国出口牛和农产品。后来，克伦威尔成功振兴了羊毛贸易。但由于英格兰制造商的忌妒，爱尔兰王国的羊毛贸易也受到了抑制[①]。然而，就这时而言，爱尔兰王国异常繁荣。爱尔兰人把18世纪看作沙漠，将查理二世统治时期视为郁郁葱葱的绿洲。与此同时，立法联盟被解散，爱尔兰议会恢复，新教圣公会教堂重新建立，新教的绝对优势得到恢复。1661年，在下议院的260名议员中，只有一名议员是天主教徒。

詹姆斯二世的即位标志着爱尔兰王国的命运之轮或厄运之轮再次发生彻底变化。詹姆斯二世使英格兰天主教化的努力必然是试探性的。他在爱尔兰王国的任务要容易一些，没有必要谨慎或有所隐瞒。因此，他的步伐既快又大胆。新教徒以各种借口被剥夺了武器。至高无上的誓言被悄悄搁置。军队、和平委员会及几乎所有部门都向天主教徒开放。为了同样的利益，枢密院也进行了改组。除三位法官外，所有新教法官都被解职，由天主教徒接替。最后，爱德华·海德被召回。他曾经接受了总督的职务，但条件是保留复辟制度的完整性。已经晋升为蒂康奈尔伯爵，有着"爱撒谎的迪克"之称的理查德·塔尔博特接受任命，接替爱德华·海德的位置。

"一切权力，"爱德华·海德在给堂弟[②]劳伦斯·海德的信中写道，"都掌握在被征服的人们手中，那些真正参与征服的英格兰人却一无所有，甚至被剥夺了武器。根据种植园的专利权，这些英格兰人有义务随时准备为国王效劳。"

---

① 在威廉三世统治时期。——原注
② 爱德华·海德的父亲亨利·海德是劳伦斯·海德的父亲的弟弟。——译者注

第 19 章 三个王国

甚至在以前，许多优秀的清教徒就移民到了新英格兰。现在，他们不仅得到了大量长老会教徒和其他不信奉国教者的支持，而且得到了圣公会教徒的支持。

因此，爱尔兰王国的事态迅速发展。1689年3月12日，从英格兰王国逃亡的詹姆斯二世在金赛尔登陆。

詹姆斯二世到达爱尔兰海岸（图153）。这表明两国关系危机的再次来临。

抓住事物的精确特性非常重要。根据威斯敏斯特议会的决定，詹姆斯二世不再是英格兰国王，威廉三世和玛丽二世继承了他的王位。难道他已经不再是爱尔兰国王了吗？尽管克伦威尔解散了立法联盟，都柏林重新建立了议会，但在宪法上，英格兰王国和爱尔兰王国的关系不同于英格兰王国和苏格兰王国的关系。只有王室把苏格兰王国和英格兰王国统一起来，而苏格兰王国从来没有被英格兰王国征服过。不过，某种意义上，弑君者和叛乱者也征服了英格兰王国。最终，爱尔兰王国还是被英格兰王国征服了，只是时间晚一点儿而已。根据1494年《德罗赫达法案》，也就是众所周知的《波伊宁斯法》，爱尔兰议会由英格兰枢密院管辖，并且在爱尔兰建立圣公会教堂。总之，爱尔兰王国被认为是英格兰王国的"殖民地"，而苏格兰王国则不是。

詹姆斯二世已经为自己和爱尔兰的教友做好了准备。爱尔兰天主教徒很自然地应该继续发展，抓住英格兰光荣革命和合法的国王来到爱尔兰为他们提供的机会。宗教的狂热、复仇的欲望、复辟的希望、物质利益的前景，所有这些加在一起，使他们倾向于支持詹姆斯二世。清教徒占统治地位的记忆仍然令他们十分痛苦。"克伦威尔的诅咒"笼罩着这片土地和人民。对爱尔兰天主教徒来说，王政复辟甚

图 153 詹姆斯二世在爱尔兰海岸（金赛尔附近）登陆

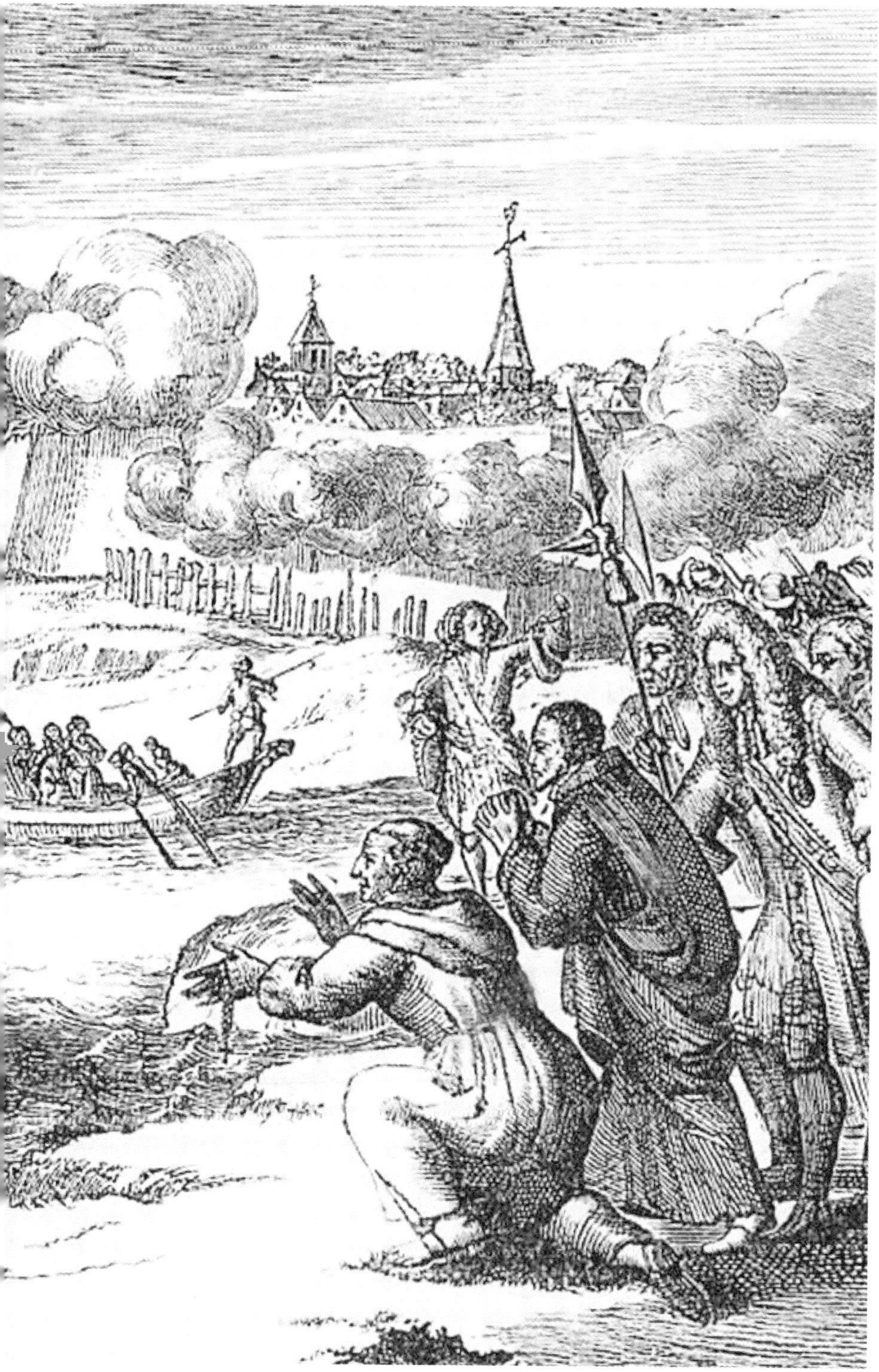

至意味着失望和幻灭。命运之轮的转动现在给了他们机会，不抓住机会肯定是思想上有问题。

1689年5月7日，在都柏林，爱尔兰上议院和下议院举行会议。因为议员们没有被"英格兰国王"召见，所以从确切意义上讲，他们是不是议会代表是一个有争议的问题。但显然，就像英格兰王国废黜詹姆斯二世，加冕威廉三世和玛丽二世的大会一样，他们代表一个议会。无论如何，詹姆斯二世是这么认为的。他们召唤所有从爱尔兰逃走的人回到英格兰来支持国王。但这一召唤没有得到回应，1689年返回的成员中只有六人是新教徒。1689年的法案反映了议会的天主教性质，正如查理二世的立法反映了复辟议会的新教性质一样。天主教被重新确立为爱尔兰王国国教，尽管爱尔兰王国对新教徒是宽容的，并且允许他们向自己的神职人员缴纳会费。关于土地，有人试图恢复1641年以前的状况。《定居法案》和《解释法案》已经被废除，但应向所有以这些法案为担保购买土地的人支付全部补偿。凡是效忠威廉三世和玛丽二世的人，其财产将立即被剥夺，并且通过了涉及很广的《褫夺公权议案》。大约二千名土地所有者被判叛国罪，除非他们能在指定日期前在爱尔兰法庭上证明自己无罪。

人们对本届议会的工作评价不一。托马斯·麦考利和辉格党其他批评家对那些无疑是武断的、带有充公性质的法案提出了强烈的谴责。它们是否比复辟时期新教议会的法案更武断、充公性质更明显？在爱尔兰王国，谴责的任务必须交给那些无罪的人，天主教徒不行，新教徒也不行。詹姆斯·弗劳德也许比大多数作者更能考虑到一个残酷的两难境地。

他写道："争论的问题是英格兰王国是否有权管理爱尔兰王

第19章 三个王国

国，这取决于两国的相对实力。如果爱尔兰人能够成功地用武力驱逐入侵者，历史将会在詹姆斯二世的议会议事过程中见证合法的惩罚……至于通过武力能否强迫议会批准法案，还有待观察。"

事实并非如此。英格兰王国和法兰西王国之间爆发了战争。詹姆斯二世与路易十四结盟。因此，在爱尔兰王国，这场运动自然而然地展开了。有关这场运动的故事，一位名家已经讲述过了，也可以在托马斯·麦考利的《历史》的第十二章、第十六章和第十七章中读到。惊恐的新教徒逃到爱尔兰北部城镇恩尼斯基林和伦敦德里避难。关于伦敦德里的情况，麦考利在自己精彩的作品中写道："避难城的墙后挤满了三万个男女老少的新教徒。最终，在大海的边缘，他们被赶到最后一个避难之地。他们中出现了一种情绪：人可能被毁灭，但不会轻易被征服。人们在绝境中反抗。"

伦敦德里被詹姆斯·汉密尔顿麾下的天主教军队包围，但英勇的守军的炮火如此猛烈，结果使围攻变成了封锁。詹姆斯·汉密尔顿希望伦敦德里的人在饥饿中屈服。1689年7月30日，当英格兰舰队奉命不惜一切代价打破福伊尔河上的水栅栏，解救伦敦德里时，伦敦德里只剩下两天的食物。最终，伦敦德里得救了，天主教军队撤退了。恩尼斯基林人让他们的撤退被变成了溃逃。在纽敦巴特勒，在威廉·沃尔斯利上校的指挥下，恩尼斯基林人向天主教军队发起猛攻**（图154）**，把天主教军队赶向南方。

然而，整个爱尔兰王国都为詹姆斯二世而战。威廉三世不敢对法兰西王国发动进攻，所以没有攻击法兰西的盟军。因此，1690年6月，威廉三世越境来到贝尔法斯特。1690年7月1日，詹姆斯二世尽管得到法兰西军队的增援，但还是在博因河惨败。詹姆斯二世逃

图 154 恩尼斯基林人在纽敦巴特勒向天主教军队发起猛攻

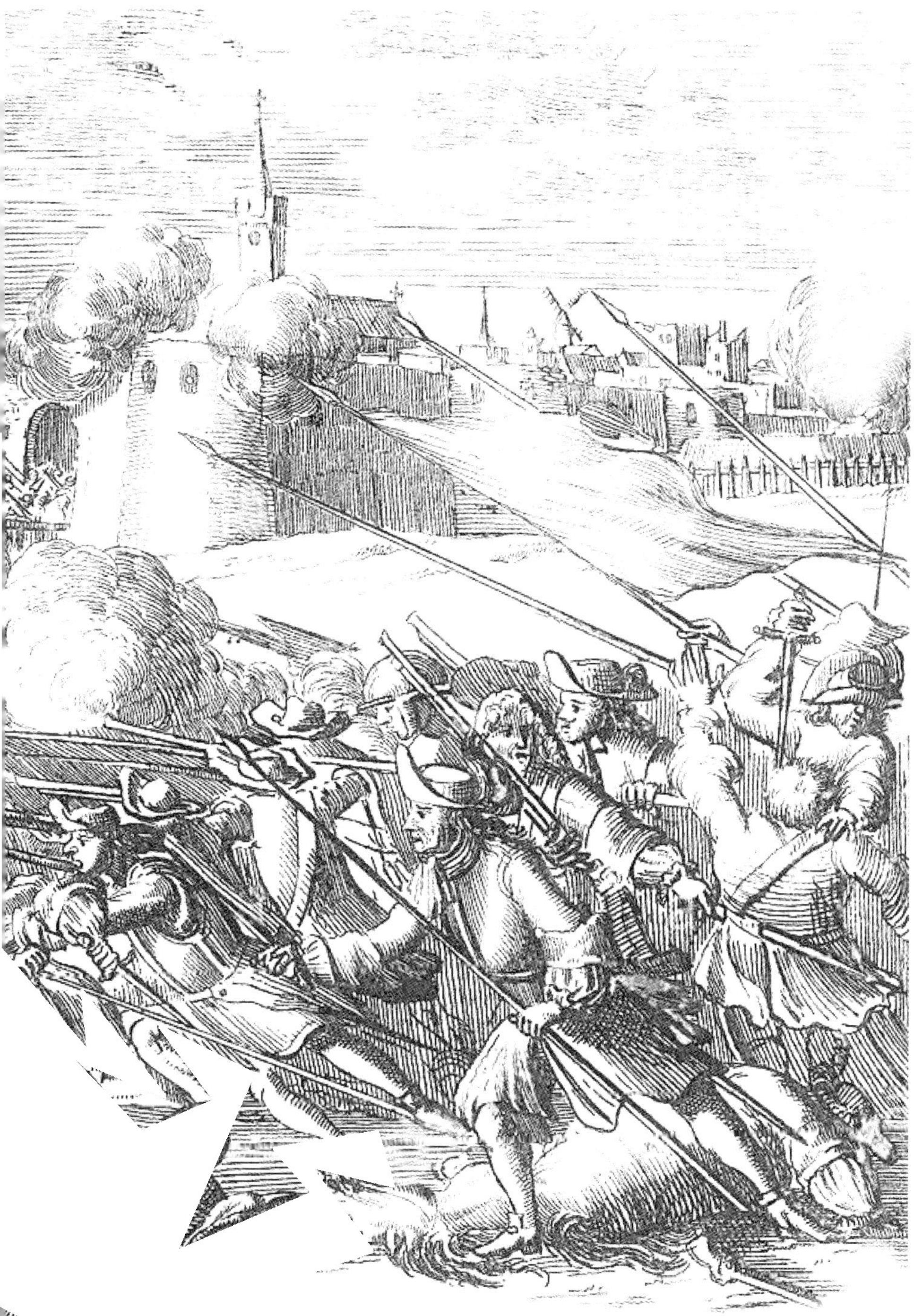

到南方，从金赛尔乘船去了法兰西。在爱尔兰，人们再也没有见到过他。威廉三世大获全胜，进入都柏林。他从都柏林出发，逐渐征服了爱尔兰王国。在利默里克城门前，帕特里克·萨尔斯菲尔德率领的爱尔兰军队顽强抵抗。1690年9月6日，威廉三世停止围攻，返回英格兰。

1690年秋，马尔伯勒公爵率领一支约五千人的部队来到爱尔兰南部。荷兰军队从利默里克之围中解脱出来，加入了马尔伯勒公爵的部队，接着迅速攻占了科克和金赛尔。这支荷兰军队随后归入荷兰将军戈达尔·德·金克尔麾下，进入了冬季营地。这时，威廉三世的军队控制了阿尔斯特和伦斯特，除伦敦德里和恩尼斯基林之外，还驻守都柏林、贝尔法斯特、邓多克、德罗盖达、沃特福德、科克和金赛尔等城镇。

1691年6月初，金克尔率军从马林加向北移动，遭到阿斯隆的爱尔兰军队的猛攻。

指挥前往香农的部队的金克尔是由富有军事才能的法兰西将军夏尔·圣鲁厄选出来的。但令他惊讶和懊恼的是，1691年6月30日，胜利属于金克尔。1691年7月12日，在奥赫里姆，荷兰将军金克尔大败爱尔兰军队，圣鲁厄也战死在这里。阿斯隆之围决定了整个威廉姆战争的胜负。戈尔韦被占领。金克尔在利默里克战役中第二次获胜。由于被占领香农的英格兰军队切断了一切救援的希望，1691年10月3日，利默里克率军体面地投降了。

利默里克守军投降标志着威廉三世完成了对爱尔兰的征服。另外，这也标志着建立爱尔兰共和国努力的失败，恢复了爱尔兰王国对教皇的顺从和对法兰西王国的依附。理查德·塔尔博特同路易十四签订了秘密条约，一旦詹姆斯二世王位继承失败，爱尔兰王国将交与法

第 19 章 三个王国

兰西国王并作为法兰西王国的一部分被统治。但他没有得到这样的机会。金克尔出现在利默里克之前，詹姆斯二世在爱尔兰的主要代表塔尔博特中风发作，并很快去世。

在同意两个条约的情况下，利默里克守军投降了，一个是金克尔签署的军事条约，另一个是上议院法官签署的民事条约。根据前者，爱尔兰军官和士兵被允许前往法兰西并为路易十四服务，前提条件是如果他们做出这样的选择，将永远放弃爱尔兰人与生俱来的权利，永远不得回国。部队的绝大多数人——总共一万人做出了这一选择，为自己赢得了作为爱尔兰军队的巨大荣誉。在接下来的五十年，他们大概有五十万追随者。这些追随者来自不同阶层的、被驱逐的同宗教信徒。最终，正如托马斯·麦考利所写："散布在整个欧洲的是勇敢的爱尔兰将军、精明的爱尔兰外交家、爱尔兰伯爵、爱尔兰贵族、圣刘易斯的爱尔兰骑士、圣利奥波德的爱尔兰骑士、怀特伊格尔的爱尔兰骑士、戈尔登弗利斯的爱尔兰骑士。如果他们继续留在被奴役之地，就不可能是行军步兵团的少尉，也不会成为自由民。"

《民事条约》规定，爱尔兰的天主教徒在"宗教信仰上应享有与爱尔兰法律一致的特权，或者就像他们在查理二世统治时期享受的那样的权利。威廉三世与玛丽二世会努力为这些天主教徒争取进一步的安全，使他们不会因为上述宗教问题受到任何干扰，前提是允许威廉三世与玛丽二世为了自己的事务在爱尔兰召集议会"。

1695年，在都柏林，爱尔兰议会召开，但拒绝批准《民事条约》。爱尔兰天主教徒对爱尔兰议会拒绝的行为深恶痛绝，给利默里克取了一个名副其实的名字，即"违反条约之城"。无耻地违反条约是1691年到1782年辉格党统治爱尔兰的前奏。其间，都柏林议会完全隶属于威斯敏斯特议会。爱尔兰王国的贸易因英格兰王国竞争对手的利益而遭到损害。最糟糕的是,约占爱尔兰王国总人口五分之四的爱尔兰天主教徒失去了法律保护,受到《法典》条款的约束。《法典》由一系列法案组成,埃德蒙·伯克将其描述为"它的各个部分都得到了很好的消化和妥善的处理。它是富有智慧的精心设计的机器,既适用于受压迫的、贫困的民族,也适用于思想堕落的人,就像以往一样,都是从人的邪恶的心计开始的"。

光荣革命对苏格兰王国和爱尔兰王国的影响,结果太过痛苦,无法进行详细描述。苏格兰王国幸亏有为继续建立苏格兰教堂采取的预防措施,能享受与英格兰王国商业上的平等,也幸亏摧毁了封建特权,让人羡慕其神圣的法律,更多亏了令人钦佩的教育制度,这一切让苏格兰王国在18世纪进入了前所未有的繁荣时期。

如果安妮女王领导的英格兰议会同意与爱尔兰议会建立议会联盟,爱尔兰王国历史上最黑暗的篇章就永远不可能被书写。事实上,爱尔兰王国遭受了立法从属地位的所有不利影响,也没有从联邦获得任何好处。在刑法的约束下,爱尔兰人被拒绝进入自己的祭坛,被学校拒之门外,被排除在英格兰扩大贸易伙伴关系的行列之外,由一个在信仰上和血统上都与他们对立的寡头政体统治。爱尔兰人只能在诅咒他们的征服者克伦威尔和威廉三世时,加深对他们的仇恨。然而,矛盾的是,对改革的要求最终并非来自被压迫的爱尔兰人,而是来自他们的直接压迫者——爱尔兰的英格兰殖民者。但无论改革的要求来自哪里,直到美洲的英格兰殖民者脱离英国独立后,改革的要求才得到重视。正是在北美殖民地独立浪潮的冲击下,英国才承认爱尔兰王国的立法独立,即"格拉坦宪法"。

第**20**章

英格兰和**欧洲**

ENGLAND

AND

EUROPE

"自由"是一个公认的难以界定的术语。但就国家而言，自由无疑涉及独立问题。在20世纪前的四个世纪里，英格兰曾四次被迫捍卫自己的独立，对抗强大的欧洲大陆势力。在每一种情况下，英格兰都"通过努力拯救了自己"；在每一种情况下，英格兰都"以身作则拯救了欧洲"。16世纪末，英格兰抵抗了以西班牙国王腓力二世为代表的哈布斯堡王朝的进攻。17世纪末，英格兰抵抗了法兰西国王路易十四的类似进攻。18世纪末，英格兰击退了一心要征服英格兰并将之作为征服世界前奏的拿破仑的进攻。20世纪初，英格兰维持了德意志帝国在争夺世界权力的过程中迟迟不愿建立起来的联盟。

　　英格兰与欧洲大陆的关系是本书第二次关注的重大危机。

　　正如我们所见，1688年的光荣革命标志着17世纪英格兰王国宪政冲突的高潮，但不仅如此。英格兰王国如果没有暂时接受一个从整个欧洲，而不是从孤立的角度来看待危机发展的政治家的领导，那么可能永远不会获得胜利的果实。可以肯定的是，威廉三世主要是从荷兰共和国独立的角度来看待欧洲局势的。他确实是这样做的，但凑巧的是，荷兰共和国的利益、英格兰王国的利益与整个欧洲的利益正好是一致的。

　　1659年的《比利牛斯条约》对1648年的《威斯特伐利业条约》做了补充，使法兰西王国在欧洲占据优势地位。16世纪，哈布斯堡王朝威胁了欧洲的平衡，而17世纪下半叶，法兰西王国威胁到了欧洲的平衡。

路易十四接替枢机主教的权力，拥有像德意志帝国皇帝威廉二世那样的财产——继承俾斯麦积累的财产。然而，路易十四和德意志帝国皇帝一样，不满足自己继承的财产。他的雄心是统治松散的神圣罗马帝国，踏平比利牛斯山脉。总之，他的目标不仅是实现法兰西王国的安定，而且是统治欧洲。

要不是路易十四傲慢地认为自己有责任谴责阻挠自己计划的荷兰共和国的共和派人士，要不是荷兰共和国培养出了奥兰治亲王威廉[①]这样一位了不起的政治家和军人，要不是奥兰治亲王威廉和斯图亚特王朝的君主[②]联合起来向英格兰新教徒指出路易十四是天主教国王的反对者，路易十四本可以实现自己的雄心壮志。

因此，英格兰王国国内政治的危机不可避免地卷入了威胁欧洲自由的危机。

查理一世之后，斯图亚特王朝的君主是所有统治英格兰的国王中最不像"英格兰人"的。查理二世和詹姆斯二世的祖父母和外祖父母中，有苏格兰人、丹麦人、法兰西人、意大利人[③]。他们的母亲亨利埃塔·玛丽亚是法兰西人。在金钱上，情妇和私生子提出的种种要求，让查理二世始终觉得钱不够花。出于关心，路易十四总是准备着及时满足查理二世的需求。查理二世不是路易十四的盟友，而是路易

[①] 即英王威廉三世。——译者注
[②] 即玛丽二世。——译者注
[③] 他们的祖父詹姆斯一世是苏格兰人，祖母丹麦的安妮是丹麦人，外祖父亨利四世是法兰西人，外祖母玛丽·德·美第奇是意大利人。——译者注

第 20 章 英格兰和欧洲

十四的津贴领取者。在同样的条件下,克伦威尔与枢机主教马萨林结盟。正如我们所见,由于克伦威尔未能对形势做出正确的判断,所以与法兰西王国结盟对抗西班牙王国,破坏了欧洲的平衡。后世明智的批评者很快谴责了他。

从对西属尼德兰的企图被英格兰王国、荷兰共和国和瑞典王国三国联盟部分挫败的那一刻起,路易十四就认识到法兰西王国保持友好中立的重要性。

1670年的《多佛密约》是路易十四和他的表弟查理二世秘密谈判的第一个成果。作为获得津贴的回报,查理二世将帮助路易十四实现称霸欧洲大陆的野心。如果事情发展顺利,他将获得西班牙的王位及其属地。因此,1672年,进攻荷兰共和国时,路易十四的军队中就有一支英格兰小分队。正如我们所见,虽然英格兰军队仍然在蒂雷纳子爵的指挥下,但1674年,英格兰议会坚持与荷共和国兰和平共处。实际上,直到法荷战争最后几个月,英格兰议会才将英格兰军队从法兰西成功地撤出,并派其去援助处境艰难的荷兰人。即使在这时,议会的行动成果也被查理二世和路易十四通过谈判达成的1676年和1678年两项秘密条约毁掉了。

1677年,正如我们看到的那样,奥兰治亲王威廉成了英格兰公主玛丽·斯图亚特的丈夫。1678年,路易十四与荷兰共和国缔结了和约,暂时没有进一步利用查理二世。但路易十四向英格兰国内的反对派透露了1678年与查理二世谈判达成的秘密条约。

英格兰议会对查理二世和路易十四之间的阴谋深感震惊,强烈要求通过一项法案,将天主教君主赶下英格兰王位。这一策略性错误的影响已经在前文部分讨论过了。与此同时,路易十四正稳步将法兰西王国的边境向莱茵河推进。根据1678年《尼梅根条约》，路易十四保留了弗朗什-孔泰大区，并且在法兰西东北边境上建立了从敦刻尔克到默兹河的坚固堡垒。1681年，路易十四通过钻法律的空子夺取了斯特拉斯的要塞。1684年，路易十四包围并占领了卢森堡。同年，签订的《拉蒂斯邦条约》使他控制了法兰西东部边境和东北部边境的其他战略要地。

到这时为止，路易十四的胜利推进得几乎是肆无忌惮。种种迹象表明，法兰西王国在欧洲的霸主地位已经确立，其威胁不亚于16世纪的哈布斯堡王朝。但在1688年，光荣革命把奥兰治亲王威廉和玛丽·斯图亚特推上了英格兰王位。奥兰治亲王威廉接受王位并不是想用"威尼斯式寡头统治"取代君主政体，而是想通过扭转整个英格兰局势来应对法兰西王国霸权的威胁。

奥兰治亲王威廉达到了自己的目的，但并非没有遇到困难。他的英格兰朋友的观点虽然有特点，但显得不寻常的狭隘。他们担心新教教会和议会宪法，更害怕教皇而不是路易十四。他们中比较开明的人相信，现在是实施长期议会初期约翰·皮姆提出的那些设想的时候了。当时，这些思想的发展暂时被英格兰第二次内战阻止。随后，其发展又被奥利弗·克伦威尔的军事独裁统治阻止。但这些思想以宪法演变的逻辑为基础，所以最终的胜利是有保证的。

1689年君主更迭为提出明确的宪法进展提供了便利的机会。对行政权的控制由威廉三世移交给议会。但威廉三世与奥利弗·克伦威尔、查理一世一样，不愿意放弃这一至关重要的权力。

个人性格加剧了威廉三世和辉格党领导人之间的紧张关系。威廉三世的习惯是隐士式的，他的话和威灵顿公爵一样少，他的举止并

第 20 章 英格兰和欧洲

不比罗伯特·皮尔更讨人喜爱。他既不向臣民呼吁，也不去安抚议员。最重要的是，他没有当执政党领袖的想法。他如果不能领导英格兰加入欧洲"十字军"，宁愿回到海牙。

然而，他尽管渴望成为国家的领袖而不是政党领袖，但还是被森德兰伯爵说服，把行政职位完全交给辉格党。1693年到1697年，辉格党成为严格意义上的党派。这时，约翰·萨默斯已经是成功的律师，很快便会作为著名的政治家而闻名，他将成为枢密院的掌玺大臣。查尔斯·塔尔博特被任命为内阁大臣。尽管爱德华·罗素与詹姆斯二世有通信往来，但在1692年的拉霍格[①]，他指挥海军取得了巨大胜利，并因此获得了英格兰海军权威人士的嘉奖。查尔斯·蒙塔古则首次在财政大臣一职上做出了杰出的贡献。如果想在辉格党的形成中找到现代内阁的起源，就夸大了它的意义。然而，它确实见证了现代内阁发展的一个重要阶段。

正如经常发生的那样，正是战争的迫切性和外交事务的压力加速了国内宪政的发展。对威廉三世和奥格斯堡同盟[②]的盟友来说，反对路易十四的战争并不顺利。在英格兰人眼里，1690年7月1日，威廉三世的军队在博伊恩战役的胜利因1690年7月10日法兰西人在比奇角让英格兰舰队遭遇一场很没面子的败仗而黯然失色了。1692年5月，在拉霍格，爱德华·罗素大获全胜，这是对比奇角战役（**图155**）失败的报复。然而，三个月后，即1692年8月，在斯廷克尔克（**图156**），威廉三世的军队战败。1693年7月，在尼尔温登和兰登，威廉三世的

[①] 今圣瓦斯特拉乌格。——译者注
[②] 后改称"大同盟"。——译者注

军队再次败北。1694年，英格兰军队远征布雷斯特被击退，损失惨重。但英格兰舰队通过轰炸敦刻尔克、加来、迪耶普和勒阿弗尔等港口进行报复。爱德华·罗素在地中海的成功行动为奥格斯堡同盟的事业做出了令人钦佩的贡献。1695年8月，威廉三世的军队赢得了巨大的胜利，重新夺回了那慕尔的要塞。

带着这次胜利的喜悦，威廉三世回到英格兰，解散了议会，然后选举出了下议院。支持他的辉格党人在下议院占多数席位，发誓要发动一场强有力的战争。但路易十四已经厌倦了战争，或者想腾出手来为更大规模的战争做准备。1697年5月，在里斯维克，各国代表大会召开，就和平条款达成了一致意见。法兰西王国归还了自1678年以来征服的所有领土，承认威廉三世为英格兰国王，英格兰公主安妮为他的继承人。

《里斯维克和约》在英格兰非常受欢迎，被认为是威廉三世个人的巨大胜利。但这并没有阻止裁军，也没有阻止威廉三世的荷兰近卫军被解散。1689年，威廉三世的荷兰近卫军被送回荷兰。威廉三世深感失望，考虑退位并返回海牙。但欧洲的形势危险，英格兰王国或许会再次意识到它的自由与整个欧洲的自由是相互依存的。威廉三世再次"为了在战争中利用英格兰臣民的财富和武器，向他们屈服了"。他清楚地预见到战争即将重新爆发。

《里斯维克和约》只是让参战国获得了喘息的机会。西班牙国王卡洛斯二世的身体和精神一直很虚弱，人们都知道他快要死了。他结过两次婚，但没有子嗣。那么谁将继承他的领地呢？尽管自鼎盛时期以来，西班牙王国领土已大大缩小，但仍然幅员辽阔，除西班牙本土之外，还有西属尼德兰、米兰公国、那不勒斯和西西里王国，以及西印度群岛到南美洲的广大地区。显然，处置的这些"遗产"远远超出西班牙自身的利益。

谁是继承者呢？卡洛斯二世有两个姐姐，长姐西班牙的玛丽亚是路易十四的妻子，而年轻的玛格丽特则嫁给了神圣罗马帝国皇帝利奥波德一世。在结婚时，西班牙的玛丽亚放弃了自己和后代对西班牙王位的继承权，并且已经得到了西班牙议会的正式批准。但路易十四因母亲是奥地利的安妮而有继承权，因为奥地利的安妮是西班牙国王腓力三世的女儿，也是即将去世的卡洛斯二世的姑姑[①]。神圣罗马帝国皇帝利奥波德一世是腓力三世的外孙[②]。利奥波德一世的妻子玛格丽特像姐姐玛丽亚一样，放弃了自己的继承权，但并没有得到西班牙议会批准，被认为是无效的。显然，将西班牙王位与法兰西王位或神圣罗马帝国皇位统一起来是违背欧洲的共同利益的。因此，路易十四放弃了自己的继承权，转而支持他的第二个孙子[③]安茹公爵腓力[④]。神圣罗马帝国皇帝利奥波德一世先是为了支持自己的女儿奥地利的玛丽亚·安东尼娅的儿子巴伐利亚亲王约瑟夫·斐迪南放弃了继承权，1699年斐迪南死后，又为了支持自己的次子奥地利大公查理[⑤]放弃了继承权。

然而，1699年，路易十四与威廉三世达成了一项分割西班牙"遗

---

① 奥地利的安妮是卡洛斯二世父亲腓力四世的姐姐。——译者注
② 神圣罗马帝国皇帝利奥波德一世的母亲西班牙的玛丽亚·安娜是腓力三世的女儿。——译者注
③ 安茹公爵腓力的父亲法兰西王太子路易是路易十四的儿子。——译者注
④ 即位后为西班牙国王腓力五世。——译者注
⑤ 即位后为神圣罗马帝国皇帝查理六世。——译者注

产"的协议。大部分"遗产"，即西班牙、印度和西属尼德兰将归巴伐利亚亲王斐迪南所有，因为他是所有继承者中影响力最小的；奥地利大公查理将拥有伦巴第[①]；西西里、吉普斯夸归法兰西王国。以上是1698年的《第一次分割条约》的条款。但1699年巴伐利亚亲王斐迪南去世。因此，这项工作必须重新开始，根据1700年签订的《第二次分割条约》[②]，西班牙、西印度群岛和西属尼德兰归奥地利大公查理。

在英格兰，《伦敦条约》的条款引起了极大的愤慨，部分是因为威廉三世自己充当外交大臣独自参与谈判。更重要的是，在英格兰商人看来，法兰西王国在地中海的扩张计划对自己的利益构成了严重的威胁。

事实上，这件事只是一纸空谈，因为路易十四根本无意让西班牙的大部分"遗产"落入竞争对手手中。他打算为自己的孙子安茹公爵腓力取得整个西班牙。因此，实际上，他是要"把比利牛斯山脉从欧洲地图上抹去"。于是，彼此竞争的外交家的阴谋诡计和彼此竞争的神父相互矛盾的建议，使可怜的卡洛斯二世在临终前备受折磨。最后，他听从劝说，没有使他继承的辉煌帝国解体，而是秘密地执行了一份遗嘱，把全部"遗产"产留给了安茹公爵腓力。

1700年11月，卡洛斯二世驾崩，他的遗嘱内容被公布。路易十四立即接管了给他孙子安茹公爵腓力的巨额"遗产"。威廉三世上当了：他辛苦的劳动成果化为乌有。

威廉三世尽管痛恨路易十四，但对英格兰人的愤怒更甚，因为英

[①] 旧米兰公国领地。——原注
[②] 又称《伦敦条约》。——译者注

第 20 章 英格兰和欧洲

格兰人更喜欢遗嘱，而不是分割条约。对英格兰人来说，西班牙王位是由奥地利人还是波旁家族的次子获得，都无关紧要。相反，地中海的控制权归法兰西人是他们十分关切的问题。威廉三世感到既懊恼又惊讶。他在给荷兰的大议长安东尼·海因修斯的信中写道："这里的人的愚昧程度令人难以置信。"虽然此事尚未公开，但一说到卡洛斯二世的遗嘱对安茹公爵腓力有利，英格兰人就认为法兰西王国接受遗嘱比履行分割条约对英格兰王国更有利。

面对这种普遍的观点，威廉三世深感无能为力。他只能承认安茹公爵腓力是西班牙国王。此外，他个人的声望已跌至谷底。他赠予荷兰朋友及其情妇大量被没收的爱尔兰土地，爱尔兰议会对此深恶痛绝，并且坚持通过1700年的《土地收回法案》。当时的波特兰伯爵威廉·本廷克、威廉·罗素、查尔斯·蒙塔古及约翰·萨默斯都遭到弹劾，只有对萨默斯的指控后来被撤销了。

显然，威廉三世的命运处于低谷时，他最重要对手的两个巨大失误几乎奇迹般地使他的命运得以扭转。路易十四愚蠢、厚颜无耻地用法兰西军队占领了西属尼德兰的要塞。更糟糕的是，1701年9月16日，在圣热尔曼，詹姆斯二世驾崩（**图157**），路易十四立即承认詹姆斯·弗朗西斯·爱德华·斯图亚特为英格兰合法的国王。

在这两个极其敏感的地方，英格兰人深感震惊。长期以来，荷兰共和国一直是英格兰王国外交的中心。英格兰王国外交政策的一个传统是，在任何情况下，低地国家决不能被一个强大的大陆政权吞并，或者在该政权影响下被吞并。1588年、1793年和1914年的危机证明了这一传统的力量和持久性，更不说其他的了。法兰西军队进攻西班牙的要塞是向全世界发出的一个信号：比利牛斯山脉已经被征服

图 157　詹姆斯二世驾崩

了，这是对英格兰珍视的、一贯的外交传统的挑战。

相比比利时独立的威胁程度，对英格兰王国国内政治的进攻性侵犯则更严重。没有什么比路易十四承认"王位觊觎者"詹姆斯·弗朗西斯·爱德华·斯图亚特更能激起英格兰人对法兰西王国的反感了。威廉三世不可能要求更适当或更有效的帮助。英格兰人的反应立竿见影。肯特郡向议会递交了一份请愿书，请求下议院"搁置争议，关注人民的声音，把人民的演说变成能够提供援助的法案"。

威廉三世迅速"调整船帆，顺风而行"，解雇了几乎所有下议院强加给他的保守党大臣，并解散了议会。国家给新的下议院明确的授权，支持威廉三世的外交政策。议会匆匆通过一项打击觊觎王位者的法案，主张新教徒才有王位继承权，要求所有在教会或政府就职的人员宣誓。

《王位继承法案》在1701年的上一届会议中已经成为法律。由于这一重大法案的颁布，革命的"宪法大厦"的顶石也就搭好了。威廉三世和安妮女王驾崩之后，如果他们没有子嗣，王位将由"汉诺威女选帝侯、已故君主詹姆斯一世的孙女、尊贵的波希米亚王后伊丽莎白·斯图亚特的女儿汉诺威的索菲娅或其信仰新教的后裔继承。该法案规定，未来的国王应"加入法律规定的英格兰教会"，而不应与天主教徒结婚。没有议会的同意，国王不得离开英格兰；没有议会的同意，国王不得发起任何为保卫君主在大陆上财产而进行的战争。任何外国人都不能在议会或枢密院任职，也不能享有国王赐予的土地。司法官员独立性得到保障的条件是，法官今后必须行为端正，并且只有上议院与下议院向国王提议才可被免职。"托马斯·奥斯本案"中出现的问题通过一项声明得以平息。该声明声称，在弹劾中，即使已盖上国玺的赦免也不可作为辩护的理由。最后，有人企图阻止当时宪政的发展，规定枢密院可审查的所有事项都应在枢密院处理。因此，通过的所有决议都应由枢密院建议并由同意者签署。同时该声明还提出，任何在王室担任盈利职位或在王室领取养老金的人都不得在下议院任职。安妮女王统治时期，修改了最后一项规定，关于枢密院的规定被废除。如果允许这些条款维持不变，内阁制度的发展就会受阻。立法机关和行政机关之间的密切联系也许是英格兰政体最显著的特点，但永远不可能建立起来。我们本应该以枢密院个别官员的个人责任来替代小内阁相互的、共同的责任。对部门主义和内阁制政府各自优点的意见可能有合理的分歧，在此也不便讨论。但显然，《王位继承法案》反映了1701年事件引起的恐惧和忌妒，如果不修正，它将会在很大程度上打击内阁政府的实践，并且阻碍它向世界展示优点。

然而，虽然《王位继承法案》中的主要条款是由当时情况决定的，但它作为英格兰"宪法大厦"重要的、典型的特点引人注目。大臣的责任、司法的独立及新教徒对国王的要求，这些都是宪法的"基本法则"。从技术上讲，宪法一直否认克伦威尔强调的"基本法则"和"视情况而定"之间的区别。

用亨利·哈勒姆庄严的话说："《王位继承法案》是宪法的保证，是光荣革命和《权利法案》的补充，是最后一个限制国王权力的重要法案。它明显体现出议会为了自己和臣民特权利益的戒备心理。这场战斗已经打响并取得了胜利……"

《王位继承法案》通过后十二个月，即1702年3月8日，威廉三世驾崩（图158）。他思维活跃，但身体虚弱，一次从马上摔下来后引发了一场疾病，最终驾崩。

图 158 威廉三世驾崩

对威廉三世来说，死亡比活着更快乐。他的一生是在与法兰西国王路易十四的长期斗争中度过的，接受英格兰王位只是斗争中的一个小插曲。他来英格兰最终得到的结果使各方期望都落空了。光荣革命对威廉三世来说，意味着一件事，对英格兰人或代表他们行事的寡头政治家来说，又意味着另一件事。尽管激发威廉三世和他的英格兰支持者采取行动的动机并不相同，但一方的政策是对另一方政策的补充和完善。只要英格兰王国的独立受到外国势力的威胁，英格兰人在国内的自由就必然是不安全的。正如之后发生的事情那样，如果不是英格兰王国真诚的合作，欧洲自由受到威胁也是不可避免的。亨利·圣约翰和乔纳森·斯威夫特的观点很可能是正确的。他们认为，为了满足辉格党个人、整个党派和将自己的命运与辉格党绑在一起的士兵的利益，西班牙王位继承战争被过度地、不必要地延长了。"不会的，"圣约翰克写道，"因为不可否认的是，1706年大联盟的所有目标都可以通过和平达成。"然而，圣约翰本人首先承认，英格兰王国的利益不逊于欧洲的利益。这要求我们积极干预战争，与我们的欧洲大陆盟友友好合作。

"我深信，"圣约翰写道，"二十多年的回忆、审视和思考后，1707年政策转变之前的战争是智慧而公正的，因为维护国际和平与共同繁荣依赖的欧洲势力均衡是必要的"。

对那些负责王位移交和接受王位移交的欧洲政治家来说，这段话是最好的证明。在英格兰王国获得自由之前，粉碎一个大陆强国在欧洲建立霸权的企图是必要的。在它以身作则拯救欧洲之前，必须通过自己的努力来拯救自己。因此，在欧洲历史上，至少对英格兰王国来说，17世纪的自由，从很大程度上来说，是至关重要的。

尾声

政治和历史

POLITICS

AND

HISTORY

《权利法案》和《王位继承法案》标志着国王和议会之间冲突的结束，标志着政治和个人自由斗争的高潮。英格兰人的自由无疑是建立在双重基础之上的：一是以议会主权原则为保障的负责任的政府，二是法制。尽管17世纪的宪法冲突使议会取得了决定性的胜利，驳斥了触及主体自由根源的政治理论，但当时，议会尚不清楚将以何种确切的方法有效控制行政机构，或者法院将以何种程序保障公民的个人自由。1688年的光荣革命，胜利是不言而喻的，但收获胜利的果实需要时间。然而，有待解决的问题不是原则问题，而是机制问题。如果一个民族成功维护了基本自由，就可以放心地设计适当的机制，认真保障基本自由。实际上，行政问题的解决途径是在内阁制的演变过程中被发现的。在具体案件的裁决中，个人自由问题由优秀的律师不断运用某些固定的原则解决。

苏格兰王国对17世纪的胜利做出了不小的贡献。在享受胜利果实时，由于立法联盟，苏格兰王国受益良多。如果不是辉格党领导人的短视和他们的商业支持者的嫉妒，爱尔兰王国可能也会采取类似措施来支持辉格党。但不幸的是，与爱尔兰王国的立法联盟被推迟了一个世纪。它也不像与苏格兰的立法联盟那样，是两个独立议会之间自由讨论和友好调整的结果。它是强加给爱尔兰王国的。当时，它被合理地描述为对叛乱罪采取的刑事措施。与苏格兰王国情况不同的是，绝大多数爱尔兰人热情拥护的信条并没有得到任何保证。

  17世纪不仅对英格兰王国、苏格兰王国和爱尔兰王国至关重要，而且正如我们所见，对海外的英格兰人也是如此。在同一时期，不同党派、不同阶层、不同信仰的英格兰人把自由的种子带过了大西洋，种在了美洲未开垦的土地上，后来收获了自由的果实。维多利亚时代的一位伟大诗人富有表现力地证明了保守思想和殖民斗争之间的联系：

  呵，你派人出去
  只是为了统治陆地和海洋，
  你狮子般坚强的母亲，
  要为强壮的儿子们骄傲，
  是谁从你那里剥夺了他们的权利！

  在高涨的情绪下，一切都不足为奇
  你用臂膀抵挡那些人，
  重温你曾经给予他们的教诲，
  用你的精神，与你并肩作战——
  他们流着英格兰人的血液！

  对成长中的世界，
  不管它的法则是否和谐，
  你的作品——只有一个音符，
  从汉普登那深沉的和弦中，

尾声 政治和历史

一直振动到世界末日。

维多利亚女王时代的很多人得意地回顾他们的祖先在17世纪完成的工作。"约翰·艾略特们""约翰·汉普登们""约翰·皮姆们"和"爱德华·科克们"都打了一场漂亮的仗,他们的胜利果实也没有被扣留。政治问题虽然呈现千变万化的形式,但其本质是永恒不变的。从集中在一个有组织的社会的那一刻起,他们就强迫自己,只有社会在无政府状态中解体时,才停止为解决问题而奔走。因此,今天的首席大法官戈登·休厄特应该重新戴上首席大法官科克曾经戴过的"盔甲",并且将其看作一种责任。乍一看,这样做不会那么令人惊讶。培根现在的继任者约翰·桑基应当认为,任命一个委员会重新审议17世纪被认为已经解决的问题,以消除人们普遍存在的担忧,实为明智之举。

帝国议会并不像一些人认为的那样过时了,今天的法官也不像他们的前辈那样对自由缺乏警惕或热情。议会正承受着来自商界的过度压力。同时,议会迟迟没有使程序和机制适应20世纪变化的情况。因此,议会的许多立法工作过于潦草。

同样的"潜伏疾病"也正在"侵扰"地方政府。

相似的原因导致相似的结果。越来越多的权力不可避免地被授予有职位的专家。专业人士正在驱逐业余人士。立法的权力正在从威斯敏斯特议会转移到白厅。地方行政机关的工作越来越多地交给办事效率越来越高的职员、秘书和部门主任。郡议会和市议会越来越多地掌握在它们的职员手中,教育委员会实际由它们的部门主任领导,监察委员会由警察局局长领导,卫生委员会由卫生官员领导等。

这种趋势可能是不可避免、不可抗拒的。但任何试图科学分析当代事务的人，如果想知道我们是在正确的道路上，还是在顺流而下滑向地狱的入口——阿弗纳斯，都不能对这种趋势无动于衷。今天的英国统治者肩负的责任比以往任何时候更重大，其重要性要超过罗马的恺撒、封建君主、自封为国王的人及现代总统或总理所负的责任。统治者只有摸准时代的脉搏，才能忠实地履行诺言。对过去的细致研究可以帮助我们更清晰地看到未来。有人说过，历史是过去的政治，政治是现在的历史。众所周知，历史会重演。从某种意义上说，这种说法是正确的。但在某些情况下，这种说法有严重的误导性。因此，正如詹姆斯·布赖斯曾经睿智地指出的那样，我们绝不能以历史为依据，提供"可以直接用于政治问题的方案，就像法官将报道的案件用于他们接手的诉讼案件一样"。

然而，对政治学专业的学生和负有政治责任的公民来说，历史研究可能是而且应该是非常重要的。尤其值得一提的是，应该从一个时期内英国人面临的问题中获得帮助和指导。这些问题就算不完全相同，也与他们今天面临的问题非常相似。17世纪，这些问题以一种更原始、更基本的形式被提了出来。也许它们与当今的问题同样难以解决，但起码更容易辨别。今天的现象要复杂得多，"袭击"我们制度的"病魔"也更阴险。因此，适当的"补救措施"就不那么明显了。但如果我们研究一个不那么复杂的病例的症状，就可以更快地找到解决办法。

我们渴望准确诊断"疾病"并找到"医治方法"。在这种热切期望下，如果"医疗方法"被找到，一定能被及时应用。以上就是本书的全部内容。

出版后记：烽火燃史鉴 文库启新章

当历史的烽烟在书页间重新升腾，当金戈铁马之声穿透时空在耳畔回响，我们深知，一套名为"烽火文库"的战争史丛书，其意义远不止于知识的传递。它是一座精心构筑的桥梁，横跨浩瀚的时间长河与广袤的地域分野，将尘封的战争史诗、跌宕的人类命运与今日的思索紧密相连。此刻，吉林出版集团股份有限公司北京图书出版事业部怀着敬畏之心，将这套丛书郑重呈献于读者面前。

一、烽烟万里，照见历史纵深

"烽火文库"，如同一幅精心绘制的战争历史长卷：《从太平洋到多瑙河的万里狂飙：蒙古帝国扩张史》带我们驰骋于欧亚大陆的广阔疆场，剖析冷兵器时代巅峰的军事组织与震撼世界的征服狂潮，见证蒙古帝国的兴盛与衰落；《君士坦丁堡深仇400年：俄土战争（1877—1878）》则聚焦黑海与巴尔干半岛，揭示地缘政治、宗教文明与民族主义在两大帝国激烈碰撞的复杂图景；《冰雪屠场：拿破仑远征俄国的死亡行军》以凛冽的笔触刻画了军事天才遭遇的严酷自然与战略溃败,成为帝国陨落的经典寓言;《欧罗巴的悲剧:经济危机、绥靖政策与第二次世界大战的爆发》深入剖析了和平愿景如何在经济崩溃与政治妥协的泥沼中滑向深渊,警示后世和平的脆弱;《自由的危机:全球视角下的英国内战史》则跳出本土叙事,将一场决定宪政体制的斗争置于全球殖民扩张与思想激荡的大背景下重新审视,等等。这些著作,主题各异,时空交错,却共同指向战争这一人类历史中最为暴烈也最富启示性的现象。它们不仅呈现了宏大的战役进程与关键转折,更致力于挖掘驱动战争的政治、经济、社会、文化及人性的深层动因,展现冲突如何塑造国家、颠覆秩序、淬炼文明。

二、跨越藩篱,搭建理解之桥

将如此厚重且视角各异的世界战争史名著引入国内,我们深知责任重大。本丛书恪守"尊重原著精髓"之铁律:一是遴选专业译者精研细作,力求译文既准确传达原著严谨的学术内核与深邃的历史洞见,又兼备中文的生动流畅,使读者在沉浸阅读中把握历史脉络;二是针对原著中涉及的特殊历史背景、文化术语或人物事件,我们审慎添加了必要的译注。这些注释如同路标,旨在扫清阅读障碍,拓展背景知识,帮助读者更顺畅地深入历史情境,理解原著深意。在此,我们必须郑重说明:书中承载的,是原作者基于特定历史语境、文化土壤及其个人学术视角的叙述与观点。吉林出版集团北京图书出版事业部作为出版方,其职责在于忠实呈现这些多元的历史声音,以供读者研究与思考。书中的某些表述、论断、评价或立场,不可避免地带有其时代烙印或个人色彩,仅代表原作者观点,不代表出版单位立场。我们深信，今日读者拥有开阔的视野与独立的判断力，必能审慎甄别，以批判性思维汲取其中真知灼见，扬弃其时代局限，从而获得更为丰富和深刻的历史认知。

三、以史为鉴，烛照未来之路

"烽火文库"的立意，绝非沉溺于对战争暴力的猎奇，更非宣扬征服与仇恨。我们期望，当读者合上书本，耳畔的烽火号角逐渐平息，心中升腾的是对历史的敬畏、对和平的珍视以及对人类命运的深刻思索。战争是极端的压力测试场，它无情地暴露人性的光辉与幽暗、制度的韧性与缺陷、决策的智慧与愚妄。阅读这些著作，如同手握多棱的历史棱镜，折射出权力博弈的残酷逻辑、文明兴衰的复杂轨迹，以及在绝境中迸发的人性勇气与智慧光芒。

历史没有简单的答案，但蕴藏着无尽的启示。"烽火文库"愿成为读者探索历史迷宫的一盏灯，理解当下世界格局的一面镜，思考人类和平与发展前路的一块基石。我们期待这套丛书能激发更多理性探讨，促进跨越时空的对话，让历史的经验与教训真正服务于构建一个更可期的未来。

丛书首辑付梓，仅是一个开端。我们将继续秉持专业与热忱，在世界战争史乃至更广阔的历史学术领域深耕细作，不断为"烽火文库"注入新的优质内容，使其真正成为一座连接古今、沟通中外的坚实知识桥梁。

谨以此书，献给所有敬畏历史、关切当下、思考未来的读者。